2012年度国家社会科学基金青年项目
[12CGJ022]

国际政治的地理基础

当代地缘政治思想的发展、特色及国际政治意义

葛汉文◎著

时 事 出 版 社
北 京

图书在版编目（CIP）数据

国际政治的地理基础：当代地缘政治思想的发展、特色及国际政治意义/葛汉文著．—北京：时事出版社，2016.6（2020.10重印）
ISBN 978-7-80232-970-6

Ⅰ.①国… Ⅱ.①葛… Ⅲ.①地缘政治学—研究 Ⅳ.①D5

中国版本图书馆 CIP 数据核字（2016）第 044033 号

出 版 发 行：时事出版社
地　　　址：北京市海淀区万寿寺甲 2 号
邮　　　编：100081
发 行 热 线：（010）88547590　88547591
读者服务部：（010）88547595
传　　　真：（010）88547592
电 子 邮 箱：shishichubanshe@ sina. com
网　　　址：www. shishishe. com
印　　　刷：北京建宏印刷有限公司

开本：787×1092　1/16　印张：26　字数：341 千字
2016 年 6 月第 1 版　2020 年10月第 3 次印刷
定价：96.00 元
（如有印装质量问题，请与本社发行部联系调换）

地理因素对人类活动的影响，并不仅仅建立在那些我们现在认定的、“应该是”的那些“现实”之上，而是建立在我们对这些现实的认识和想象的基础上……每个世纪都有着属于它的地理视角，我们对地理现实的认识是本着实践目的，由我们先验的历史记忆所塑造的。

——哈尔福德·麦金德

序：地缘政治思想的斑斓图景和统一格调

时殷弘

我们眼前的这部书出自中国人民解放军的一位相当优秀的中青年学者，他多年卓有成效地从事关于地缘政治、战略理论和国家对外战略的研究和教学工作，在这些意义重大的领域已经有较为丰饶的建树。在一定意义上，目前的这部书可称为这些建树的总结和提升。

其中特别值得注意和赞赏的，是它经过比较全面和系统的考察、透视和提炼，提供了当代地缘政治思想的一幅具有统一格调的斑斓图景。这里，斑斓是在屈原《离骚》“纷总总其离合兮，斑驳陆离其上下”意义上的，首先指它的内在丰富和多样性，因为与经典地缘政治理论一般惯于从全球地理空间的宏大视角论说国际权势格局和权势关系不同，它梳理和分析了多达十三个国家的当代地缘政治思想，透视和展示了它们各自的历史根源、当前表现、政策影响及其引发的国际政治后果。这十三个国家是美国、俄罗斯、法国、德国、日本、意大利、澳大利亚、印度、巴西、土耳其、乌克兰、越南和捷克。其中，既有现当代国际体系中的超级强国，也有传统的或当今的若干一流大国和影响非同小可的诸区域性强国，还有就规模和力量而言的弱小国家；既有典型的海洋国家，也有典型的大陆或内陆国家，还有更多的“陆海复合国家”；既有发达国家，也有发展中国家，还有个别多少可争议地介于这两大类型之间的国家。它们的这些不同属性全都与其地理特征关联，与如下所述一向交织在地缘效应中的广义的技术状态关联。这十三国总的来说，涵盖了当前世界的颇大部分国家类型。从其丰富程度和多样性看，在当今，像本书从事的这样的地缘政治思想考察即使并非独特，也实属罕见。

不仅如此，令本书更具价值的是它的统一格调，亦即它的贯穿始终的主题，或曰主要发现：上述多个国家自20世纪下半叶、特别是冷战结束前后以来，随世界环境和地区局势的巨变，无不从它们各自有别的国家基本目标出发，考虑和运用国家力量在某一甚至多个战略方向上的投射，以求国家权势与战略空间的同步增长；它们无不积极地将经典地缘政治的理论方法运用于国家战略实践，同时它们对世界、地区和自身的地缘政治想象由于各自的历史记忆、思想传统和政治文化不同，呈现出显著的个性化差异和浓重的民族印记。这样的发现当然避免了斑斓图景的碎片化，也当然具有理论思想方面的意义和重大的现实价值。

地缘政治基于一个在人类生活中最悠久和最广泛的根本事实：人类生活很大程度上由它处在其中的全部地表自然环境规定；各个不同的政治共同体的内外属性和行为方式，连同它们之间基本的政治关系和实在潜在互动，很大程度上由可以称作“国际关系物质基座”的地缘秉性或地缘动能规定。地缘政治思想是关于国际政治权势与国家地理环境之间的关系的思想。它涉及的是经久的地缘空间关系对国际权势关系和权势重心的影响，是地理环境的作用和与之关联的技术、社会政治组织及人口状况的变化趋势对国家间力量对比的内在含义。权势是地缘政治思想的最基本概念，安全或与安全有关的权势积聚、投射或扩展是其最基本的价值取向。

因此，地缘政治跻身于最悠久的人类政治之列，地缘政治和地缘战略思想是一类最悠久的人类政治思想。在此需要凸显和例解中国的古老和深刻的地缘政治、地缘战略理念。中国历史上单独一项最伟大的政治论文是贾谊的《过秦论》，它为层层阐析以至揭示极强大的秦帝国二世而暴亡的根本原因，几乎开篇就浓墨重彩地展示强秦的地缘政治优势和相应的地缘战略，显露出初汉地缘政治思想的灿烂光华：

> 秦地被山带河以为固，四塞之国也。自穆公以来，至於秦王，二十馀君，常为诸侯雄。岂世世贤哉？其势居然也。且天下尝同心并力而攻秦矣。当此之世，贤智并列，良将行其师，贤相通其谋，然困於阻险而不能进，秦乃延入战而为之开关，百万之徒逃北而遂坏。岂勇力智慧不足哉？形不利，势不便也。

不仅如此，接下来三句辉煌地揭示了六国联盟战争和制衡努力的内在困难，那出于地缘政治形势和更多因素：

> 秦小邑并大城，守险塞而军，高垒毋战，闭关据厄，荷戟而守之。诸侯起於匹夫，以利合，非有素王之行也。其交未亲，其下未附，名为亡秦，其实利之也。彼见秦阻之难犯也，必退师。

《史记·商君列传》记载了中国史上最伟大的政治改革家商鞅（在其改革的正负两面历史结果的规模和激进程度意义上的“最伟大”，还有在他的政治决心和非常创新性的政治哲学意义上的“最伟大”），包括记载他对魏国的关键的扩张主义地缘战略战役，那基于对秦王国最关键的地缘政治形势的透彻理解；同时，这记载也间接地体现了中国史上最伟大的史家司马迁的地缘政治和地缘战略灼见：

> 其明年［前341年，变法发动后15年］齐败魏兵於马陵，虏其太子申，杀将军庞涓。其明年，卫鞅说孝公曰：“秦之与魏，譬若人之有腹心疾，非魏并秦，秦即并魏。何

者？魏居领阨之西，都安邑，与秦界河而独擅山东之利。利则西侵秦，病则东收地。今以君之贤圣，国赖以盛。而魏往年大破於齐，诸侯畔（叛）之，可因此时伐魏。魏不支秦，必东徙。东徙，秦据河山之固，东乡（向）以制诸侯，此帝王之业也。”孝公以为然，使卫鞅将而伐魏。魏使公子卬将而击之。军既相距（拒），卫鞅遗魏将公子卬书曰：“吾始与公子驩（欢），今俱为两国将，不忍相攻，可与公子面相见，盟，乐饮而罢兵，以安秦魏。”魏公子卬以为然。会盟已，饮，而卫鞅伏甲士而袭虏魏公子卬，因攻其军，尽破之以归秦。

《史记·苏秦列传》记录合纵战略（为制衡或击破单独一个最强国家拥有的威胁性优势的大联盟缔造）推销员苏秦。他鼓舌如簧地分别向六国做的推销论辩都基于对一国根本战略形势的分析，而所有这些分析都有一个固定模式：地缘战略位置 + 总的和有特征的国力 + 与其他强国的关系。他的分析全都在其不同维度上具体细致，使人想起迈内克在《马基雅维里主义》一书内论述的、近两千年后的伟大国务家黎塞留及其“参谋人员”。

如此的、可彰显中国传统地缘战略思想之丰饶和悠久的例解几乎无穷无尽！信手拈来，一个例解可见于《后汉书·隗嚣公孙述列传》。在粉碎了王莽政权的“自然状态”似的革命战争之后，伟大的光武帝历时十多年从事统一战争，而其中有个最大最久的敌人——那个时代最强的华夏地区性军阀——公孙述。有一种地缘战略分析和提倡对公孙述大有影响，那是关于西南蜀地的地缘经济和地缘战略裨益的，而且事实上它们大大便利了他的分离主义事业：

蜀地肥饶，兵力精强，远方士庶多往归之，邛、笮君长皆来贡献。李熊复说述曰：“今山东饥馑，人庶相食；兵所屠灭，城邑丘墟。蜀地沃野千里，土壤膏腴，果实所生，无谷而饱。女工之业，覆衣天下。名材竹干，器构之饶，不可胜用，又有鱼、盐、铜、银之利，浮水转漕之便。北据汉中，杜褒斜之险；东守巴郡，拒扞关之口；地方数千里，战士不下百万。见利则出兵而略地，无利则坚守而力农。东下汉水以窥秦地，南顺江流以震荆、杨。所谓用天因地，成功之资。今君王之声，闻于天下，而名号未定，志士孤疑，宜即大位，使远人有所依归。”述曰：“帝王有命，吾何足以当之?”熊曰：“天命无常，百姓与能。能者当之，王何疑焉!”……建武元年［公元25年］四月，遂自立为天子，号成家。色尚白。建元曰龙兴元年。

另一个例解（如此的例解几乎无穷无尽!）是东汉班固为其《汉书·赵充国辛庆忌传》写的篇末评论，那洞察到了地理状况和地缘文化的至关重要的“传统缔造”效能，指出华夏的那部分可贵的“尚武精神”有其显著的历史性边疆源所：

秦、汉已（以）来，山［华山或崤山］东出相，山西出将。秦时将军白起，郿［今陕西眉县东］人；王翦，阳［今陕西富平县东北］人。汉兴，郁郅［今甘肃庆阳］王围、甘延寿，义渠［今甘肃宁县西北］公孙贺、傅介子，成纪［今甘肃通渭东北］李广、李蔡，杜陵［今西安市东南］苏建、苏武，上邽［今甘肃天水］上宫桀、赵充国，襄武［今甘肃陇西县东南］廉褒，狄道［今甘肃临洮县］辛武贤、庆忌，皆以勇武显闻。苏、辛父子著节，此其可称列者也，其余不可胜数。何则？山西天水、陇西、安定、北地处势迫近羌胡，民俗修习战备，高上（尚）勇力鞍马骑射。故《秦诗》曰：“王于［犹曰］兴师，修我甲兵，与子皆行。”其风声气俗自古而然，今之歌谣慷慨，风流犹存耳。

现在来说当今中国。当今中国在亚太地区乃至全球所处的地缘政治、地缘战略和地缘经济形势何等广泛和复杂，面对的有关任务和挑战又何等多样和愈益尖锐！从严格意义上的战略视野出发，大概最重大的一个事实和趋向在于：中国对外关系和对外政策的两个最重要的方面（两项重中之重），即对美和对亚洲邻国的关系和政策，都在一定意义上被“锁在”海洋战略竞争、海洋领土争端以及海洋权益争执之中。与此密切相关，世界已经看到关于西太平洋（至少是从中国海岸到第一岛链的西太平洋西部）的中美军备竞赛显著浮现。远望未来，如果这样的事态和趋向保持下去并进一步加剧，那么可以预料结构性的战略竞争和战略对立很大部分将直接是关于中国近海和西太平洋（至少是其西部）的。“修昔底德陷阱”首先是在海洋上！

在中国的对美关系（特别是其中的战略层面）上一定要牢牢记住以下根本事实：在经久不息的地缘政治与程度空前的全球化复杂交织的当今世界，太平洋西岸的巨型中国是高速增强着的最大发展中国家，太平洋东岸的巨型美国则是实力最强和权势最广的发达国家，两国间的当代关系实属多维、复杂、能动和意义非凡。中美两国既非单纯的对手，亦非单纯的伙伴，双边关系中基本的竞争、对立、协调和合作成分既有相对的稳定性质，又有不息的变动特征。中美两国都须明白，任何非同小可的彼此间轻视，任何左右相关国策的误识或偏见，任何就对方的紧要利益、实际能力和基本情感做出的严重误判，都会导致重大的损失和往往深远的后患；无论是试图以实力胁迫对方屈服的蛮横做法，还是出于激愤和莽撞的过激反应，都可谓政治上的浅薄和战略上的轻浮。

必须念念不忘，我们的长久和根本的战略对方颇大程度上由其基本的历史记忆、政治文化和政治思想塑造，其中包括以马汉和麦金德为最大宗师的西方现当代地缘政治和地缘战略思想。马汉相应于帝国主义扩张和霸权竞争的时代背景，试图通过从战略上分析并总结英国确立其世界权势的历程，既为英国维持其优越地位、也为美国崛起为一流强国提供根本的战略指南。在他的理论中，近海和岛屿殖民地以及海外基地，与强大的海军和远洋商船队一样，是世界性权势的基本要素。麦金德在19—20世纪之交做出了兼具深刻洞察和过头恐惧的著名预言："世界政治的枢纽地区难道不是这么一个广大的欧亚地区：那里海船不能进入，但在古昔却任骑马的游牧民族驰聘，而在今天将被铁路网络覆盖？"这枢纽地区"在世界上占据德国在欧洲战略的中心战略位置……对枢纽国家有利、导致它扩张鲸吞欧亚地带的力量对比的总格局，将使巨量大陆资源之用于舰队建设成为可能，到那时世界帝国就将为期不远。"这些都是"他们"的经久教义！不仅如此，20世纪开始后不久，在英德敌意愈益加深、特别是英德海军竞赛的背景下，英国政府认定德国为头号敌人，而在这战略定向方面起了重大作用的著名的克劳备忘录用麦金德的逻辑强调："最强大的陆军与最强大的海军结合于单独一个国家，将迫使世界（实为英美两强与德国的欧陆大敌法俄）联合起来挣脱这一梦魇。"这就是"他们"的根本信条！牢记这些地缘政治和地缘战略"意识形态"，大有利我们坚持在根本上正义和有利的国家战略方向。

目　录

前　言

作为国际政治和战略研究中的一门显学，地缘政治是个古老的话题。早在古希腊希罗多德那个时候，将地理知识应用于政治、外交和军事领域就成为历史上诸多战略大家的特殊喜好。特别是自 1899 年瑞典政治学家鲁道夫·契伦将“地理”与“政治”两个词汇相融合从而开创性地提出“地缘政治”概念以来，地缘政治研究以其独特的视角、综合性的研究方法及远为宏大、直观的叙事方式，在现代西方学术思想、特别是国际政治与战略研究领域中独树一帜。尤其在拉采尔、马汉、麦金德、豪斯霍弗等学界巨擘的不懈推动下，以“空间有机体”、“生存空间”、“海权”、“心脏地带”、“世界岛”等概念为代表，许多极具特色的地缘政治概念、结论和推理，早已为世人耳熟能详，对 20 世纪很多民族、国家思维模式的形成和历史记忆的塑造产生了重要持久的影响。地缘政治对现代世界历史进程的关键性意义还并非仅仅停留在学术和社会意识领域。作为“科学与艺术”的结合，地缘政治一向为现代诸多国务活动家和战略学者所器重，在部分历史时段甚至成为特定国家对外战略实践的理论依据和“行动指南”，推动或催生出 20 世纪上半叶诸多国际政治大事件、大趋势的显现和升级。

地缘政治同样是门崭新的学问。自 20 世纪七十年代、特别是在冷战结束以来，伴随全球权势格局的急剧演化与国际政治形势的复杂多变，在世界事务传统矛盾尚未消弭、新兴挑战大幅增生的严峻局面下，地缘政治作为一门结合地理分析与历史归纳的总体理论，再度呈现出旺盛的思想活力与强大的理论魅力，再度成为当下很多国务活动家和学者分析判断冷战后世界政治经济形势与国际政治格局、特定国家发展战略与对外关系的常用工具，对当前很多国家的公共话语、集体心态和对外战略制定发挥着日趋显著的影响。事实证明，冷战后诸多重大国际政治态势（如北约东扩、美国“重返亚太战略”，俄罗斯“欧亚战略”、印度“东进战略”、日本“海洋国家战略”等等）的出现，都与这些国家冷战后地缘政治思想的兴起与实践转化存在极为密切的关系。

值得注意的是，与早先主要集中于欧美一隅的情况不同，当前地缘政治研究的全球扩散步伐也在明显加快。地缘政治研究早已远远超越了英、美、法、德等传统的地缘政治学术中心范围，俄罗斯、日本、意大利、印度、巴西、土耳其、捷克、乌克兰、澳大利亚、越南等国学术界对地缘政治研究显示出愈发浓厚的兴趣。在这些权势规模迥异、社会发展程度悬殊的国家当中，当代很多国际政治学者与战略学家在吸取传统地缘政治理论和本国政治文化基础上，对于国家发展战略、地区安全形势乃至世界政治经济的历史、现状和趋势进行了卓有新意的分析与预测，形成了具有各自鲜明特色的研究成果和话语体系，极大影响了各国社会集体心态与政治认同的塑造进程，并对本国当前对外政策实践发挥了愈益显著的作用。

在历经了三十余年的高速发展之后，中国的崛起已经成为21世纪国际事务演进当中最具深刻历史意义的国际政治事实之一。在我国和平发展过程中，地缘政治同样是无法回避的问题。而本书所涉及的这十余个国家，无论是美、俄此类具有世界性影响的洲际大国、还是部分在特定地理区域内发挥显著国际政治效应的地区强国、乃至个别国家实力虽较为羸弱但仍与中国存在千丝万缕联系的小国，绝大多数都与21世纪中国的宏观地缘政治境况乃至气运国势息息相关。加强对上述国家当代地缘政治思想及实践的研究，无疑将极大有助于我们更好地认识这些国家的普通民众、专家学者与各种派别政治势力对于国际政治、地区安全和国家战略的理解与想象，从而为更具前瞻性、更具塑造力地实现战略应对提供相应参考。与此同时，加强对当代地缘政治理论发展动态的研究，还有助于我国学者更好地吸取借鉴当前国际地缘政治学界所取得的最新研究成果，推动构建坚持中国立场、解决中国问题、体现中国抱负、彰显中国气派的地缘政治理论体系，以期为更具智慧地化解我国现实面临的国际政治问题、营造更为有利的地缘政治环境贡献理论襄助。

本书是笔者近几年来在该领域进行的些许研究的一个小结，书中共描画评述了亚、欧、美、澳等四大洲 13 个国家当代地缘政治思想的发展、特色及其呈现的国际政治意义，其中很多章节均以学术论文的形式陆续刊载于国际政治类期刊。在研究撰写的过程当中，由于涉及国家数目较多，其历史道路与当下局面截然不同，政治传统与思维方式明显有别，加之笔者水平局限，疏漏谬误在所难免，切盼学界同仁不吝批评指正。

葛汉文

2016 年元月于南京板桥

第一章　全球大国的地缘政治思想

作为国际政治体系当中具有全球性影响的大国、强国，美、俄（苏联）两国一向都是决定国际政治格局演进乃至世界历史走向的关键性变量。早自 20 世纪初开始，在两国作为强势力量兴起和发展的过程中，地缘政治的思维角度从来都是两国政治—知识精英认识国际政治格局演进、思考本国全球地位、筹划国家对外战略的主要方法之一。第二次世界大战结束以来，伴随着两极格局的产生、巩固及瓦解，地缘政治在两国对外战略的制定与实践过程中均发挥了极为关键的作用，集中反映出不同历史时期里两国政治—知识精英对于全球空间的认识与想象。总的来看，美、俄（苏）两国地缘政治的理论与实践在精神上存在一定的共通之处：它们均对强调“国家竞争”与“空间争夺”的经典地缘政治理论方法情有独钟，均将本国权势在空间上的增减视为争取全球性影响、确保国家地位、维护国家利益的主要指标，均特别强调欧亚大陆对于国际政治格局演进及本国生存安全的关键性意义。与此同时，基于不同的历史道路、政治传统和社会文化，美、俄（苏）两国地缘政治思想亦有其迥异的历史渊源、独特的演进路径和表述手法，呈现出不同的政治、文化与审美倾向和各自鲜明的理论特色。

第一节　美国（上）：意识形态的地缘政治

一、美国地缘政治思想的根源

在20世纪的大部分时间里，美国主流学术界对于“地缘政治”的概念与逻辑持有一种几乎发自本能的冷漠态度。尽管在19世纪末期，美国学者、海军少将阿尔弗雷德·马汉（Alfred T. Mahan）通过对“海权”及其历史意义的杰出阐述，极大地影响了哈尔福德·麦金德（Halford J. Mackinder）、卡尔·豪斯霍弗（Karl Haushofer）等现代地缘政治理论主要奠基者的思想，为地缘政治研究的发展做出了至为突出的贡献，[①] 但自20世纪初美国国内帝国主义扩张思想退潮、对外政策重返孤立保守之后，马汉的思想在旧大陆吸引了越来越多追随者的同时，在美国国内却几乎无人问津。尽管在20世纪三四十年代，当以豪斯霍弗为主要代认的“德国地缘政治学”（Geopolitik）影响力席卷旧大陆并在世界范围内引发关注之际，包括汉斯·魏格特（Hans Weigert）、尼古拉斯·斯皮克曼（Nicolas Spykman）、欧文·拉铁摩尔（Owen Latimore）等人在内的部分美国地理学家和政治学者，企图借此将现代地缘政治思想引入美国，以打破很多美国民众对于世界形势蒙昧无知的状态；但即便如此，在第二次世界大战结束之前，地缘政治研究在美国主流学术界那里依然没有得到相应的礼遇。

这种局面的出现，一方面是美国自立国以来长期奉行的孤立主义传统使然。由于所处地理位置的相对隔绝与大致富足的生活，加之受华盛顿告别演说阐述的孤立主义思想的长期影响，很多美国人对于世界其他地区发生的事态既不愿意理睬，也不关

① 有关马汉地缘政治思想的评述，可参见周桂银、葛汉文：《传统地缘政治理论的当代价值及其局限》，载《中国军事科学》2006年第3期，第60—61页。

心。英国当代杰出的地缘政治学者杰弗里·帕克（Geoffrey Parker）颇有洞察力地指出，即使是在20世纪上半叶国际形势风云变幻之际，“哪怕是受过良好教育的美国人，他们的世界地理知识也一般相当肤浅而陈旧”。[①] 有感于美国普通民众对于世界形势的冷漠与无知，美国当时著名的地理学家魏格特不禁哀叹，“我们简直天生就与世界地理无缘”。[②] 与此同时，长期主导美国国际政治思想的理想主义传统，对于强调巩固加强国家权势与空间、信奉权力角逐、带有明显物质决定论倾向的现代地缘政治理论，在本能上就持排斥态度。“德国地缘政治学”最积极的批评者、美国地理学家埃德蒙·沃尔什（Edmund Walsh）就曾严肃指出：“（地缘政治）是一种粗俗的实利主义，……它是欧洲文艺复兴和工业革命以来所出现的世俗化进程的逻辑顶峰。这种理论强调‘物质的自主性和第一性’，现在通过神化国家的做法被表达了出来”。[③] 与他的看法相类似，美国大多数的地理学家都一再强调，正是地缘政治这种明显蕴含沙文主义与强权政治色彩的思想理论将世界引入到了20世纪上半叶那种战争频发、生灵涂炭的悲惨境地当中。

出于上述原因，即使是在二战爆发前后美国地缘政治研究较为活跃的时期，美国学者的主要努力也在于批评现代地缘政治理论中蕴含的强权色彩与决定论倾向，特别是致力于揭露“德国地缘政治学”的危险性及对世界和平的威胁。与之相对应，无论是魏格特提倡的“人道的地缘政治学”还是沃尔什主张的重视人类能动实践因素的“精神地缘政治学”，美国地缘政治学者大多主张采取一种更为宽广的“全球视角”和“人文精神”，审视美国与世界其他地区的历史文化关系，以求谋划出一种建立在“持久

---

① ［英］杰弗里·帕克著：《二十世纪的西方地理政治思想》，李亦鸣等译，北京：解放军出版社1992年版，第109页。

② 帕克著：《二十世纪的西方地理政治思想》，第109页。

③ 帕克著：《二十世纪的西方地理政治思想》，第117页。

和平”、“自由正义”基础上的“世界新秩序”。从这个意义上说，二战前后美国地缘政治研究在精神格调上更倾向于法国地理政治学派甚于“德国地缘政治学”。[①] 在这种情绪支配下，一些美国学者从政治现实主义出发、探讨世界权势分布的地缘政治论述（例如斯皮克曼对麦金德思想的修正及维持世界强国间实力均衡的表述）在美国一经出现，便引发诸多学者的口诛笔伐，甚至被斥之为“堕落的德国式的世界思想，……与豪斯霍弗的普鲁士黩武精神哲学毫无二致”。[②]

第二次世界大战的爆发及其恶果，更是加剧了普通美国民众对于地缘政治的厌恶情绪。早在战争进行之时，豪斯霍弗及其慕尼黑地缘政治研究所的同僚就被美国学者视为躲藏在希特勒幕后的、可恶的战争教唆者。1941 年，美国著名专栏作家弗里德里克·桑德恩（Frederick Sondern）就曾用生动和夸张的笔触将慕尼黑地缘政治研究所描述成为希特勒统治世界阴谋的主要智囊机构：“这是个由一千余名隐姓埋名的科学家、技术人员和间谍组成的机构，从一开始就指引着希特勒的行动”。[③] 1946 年纽伦堡国际军事法庭审判报告也断言：“地缘政治学是一种致力于征服欧亚大陆的心脏地带并进而统治世界的计划，并非仅仅是一个学术理论，希特勒仅仅是一个象征和煽动暴民的代言人，而豪斯霍弗则是希特勒知识内容的主旨”。[④] 一些泰斗级的美国学者也从不

---

① 对法国地理政治学派与德国地缘政治学的介绍，可参见葛汉文：《批判与继承：二战后法国的地缘政治思想》，载《世界经济与政治》2011 年第 2 期，第 40—54 页；葛汉文：《“退回未来”：冷战后德国地缘政治思想刍议》，载《欧洲研究》2011 年第 4 期，第 119—139 页。

② 帕克著：《二十世纪的西方地理政治思想》，第 121 页。

③ Klaus Dodds, *Geopolitics: A Very Short Introduction*, New York: Oxford University Press Inc., 2007, pp. 23 - 24.

④ Wolfgang Natter, "Geopolitics in Germany, 1919 - 1945: Karl Haushofer and the Zeitschrift für Geopolitik," in John Agnew, Katharyne Mitchell, and Gearóid Ó Tuathail, eds., *A Companion to Political Geography*, Malden: Blackwell Publishers Ltd, 2003, p. 187.

掩饰他们对地缘政治的憎恶之情：著名地理学家理查德·哈特向（Richard Hartshorne）将地缘政治痛斥为一种被纳粹主义所玷污，与屠杀、种族主义、空间扩张与占领政策相联系的“知识毒药”。[①] 在强大的、一边倒的社会舆论压力下，“地缘政治”一词在战后美国迅速声名涂地，相关学术研究随之销声匿迹。20 世纪六十年代初，当美国学者拉迪斯·克里斯托福（Ladis Kristof）试图重新启用“地缘政治”一词用以分析国际政治形势时，就遭到了其同事众口一辞的严厉谴责。1961 年美国地理学家刘易斯·亚历山大（Lewis Alexander）写道，“地理学家现在已经完全将地缘政治排除出研究日程。仅仅在论及学科历史时，‘地缘政治’一词才会在注脚中出现”。[②] 出于这种原因，战争结束后三十余年时间里，没有一本冠以“地缘政治”名称的著作在美国得以出版，直至 1977 年约翰·格雷（John Gray）《核时代的地缘政治》一书的发行方打破了这一局面。[③]

二、“自由世界”对抗“极权世界”：意识形态的地缘政治

尽管地缘政治研究在二战结束后受到了美国学术界的长期冷遇，在极端仇视社会主义的精神氛围当中，“巩固战后民主国家不被颠覆”、“防范共产主义全球扩张阴谋”等具有强烈意识形态色彩的政治词藻成为冷战时期美国对外政策和国家战略的基本表述方式；但也有部分美国学者坚称，主导冷战期间美国对外政策制订的，实际上仍然是一种地缘政治的思维模式。美国当代学

① Klaus Dodds, *Geopolitics: A Very Short Introduction*, p. 22.

② Lewis Alexaner, “The New Geopolitics: A Critique,” *The Journal of Conflict Resolution*, Vol. 5, No. 4, 1961, p. 409.

③ Geoff Sloan, “Classical Geopolitical Theory, Does it still Matter?” *Journal of Global Competitiveness*, Vol. 13, No. 1, 2005, p. 103.

者约翰·阿格钮（John Agnew）认为，冷战时期美国对外战略虽然在文本表述上似乎与地缘政治概念无关，但实际上，一种具有强烈语言—文化色彩的地缘政治思维模式依然强烈影响着冷战期间（特别是冷战初期）美国决策层和知识精英对本国、其他地区乃至整个世界的认识和理解。这种思维模式在精神逻辑上与经典地缘政治理论一脉相通，同时也体现出自身的鲜明特点，集中反映出二战结束之后，美国政治精英与普通民众是如何将特定的地理物质因素与政治生态、社会精神氛围相结合，从而塑造对于“自我—他者”、“安全—危险”、“利益—危害”等一系列问题的总体理解的。这种思维模式实际上就是一种“意识形态的地缘政治”（ideological geopolitics）。[①]

意识形态的地缘政治理论坚信：二战结束后世界政治经济形势已经发生根本性变动，美苏等两大权力中心的出现极大地改变了战前全球地缘政治空间的总体结构。战后初期，那些分别处在美苏两国控制或影响之下的地理区域，已经构成了两个具有巨大差异且相互敌对的地理空间，即“资本主义世界”（或所谓的“自由世界”）与“共产主义世界”（或所谓的“极权世界”）。主要在不同意识形态的强大作用下，这两大空间区域内部存在普遍的一致性，而彼此间在政治结构、经济活动、社会生活等各个方面却表现出恒久的巨大差异。正是这些差异决定了它们迥异的行为方式，最终导致它们之间的冲突对抗不可避免。在这种观念的影响下，依据意识形态标准世界被划分为两大均质的、内部几无变化的地理区域，这两大地理区域间的经久敌对，构成了国际政治演进的动力与基本特征。通过这种方式，作为一种政治组织思想的意识形态被转化为具有自然特征的实际地理现象，全球的意识形态大争斗也因其具有了现实的、以控制地域范围大小为“胜利—失败”评判标准的物质量器，而变得直观、清晰、简明

---

① John Agnew, *Geopolitics: Re-visioning World Politics*, London and New York: Routledge, 1998, p. 105.

易判。

这种建立于意识形态基础之上的空间划分，主要来自美国政治和学术精英对于战后国际形势的认识与归纳。二战结束后，欧洲的衰落、美苏两强的快速兴起构成了这种观念形成的时代背景；西方主流社会对于社会主义意识形态长久的敌对心态为其提供了必要的心理基础；而苏联在战争中展示出的强大实力，加上它对欧亚大陆腹地广阔区域的严密控制，则构成了那个时期美国主流政治—知识精英眼中一种令人畏惧的地缘政治事实："俄国的军队现在驻扎在汉堡郊外，距离西方海域的距离还不到远程大炮的射程。……俄国直接吞并了欧洲 25 万平方哩的地区，8 个东欧国家和另外 2 个国家的一部分变成了它的卫星国"。[①] 而到了五十年代冷战最为激烈之时，从堪察加半岛到符拉迪沃斯托克、从易北河到中国南海，"苏联及其社会主义盟友在世界政治版图上涂染出一片巨大且醒目的红色墨迹，形成了一个占世界陆地面积三分之一的共产主义集团，它所蕴含的力量似乎比自 13 世纪蒙古西征以来的任何势力还要强大。"[②]

面对苏联在权势与空间上的大扩张态势，早先"德国地缘政治学"最积极的批评者之一沃尔什则称，苏联意识形态的渗透与俄国在历史上的领土扩张具有相同的属性，英国地理学家麦金德在 20 世纪初阐明的"非凡的假设"（即有关欧亚大陆"心脏地带"对于世界历史与国际权势格局影响的论述）早已揭示了这一现象的本质："在二战结束之初那些年头里，麦金德的假设甚至比以前更符合国际政治现实"。[③] 在这种认识的主导下，早先现代地缘政治理论中的一些经典论断开始在一系列意识形态词汇的修

① ［美］霍罗威茨著：《美国冷战时期的外交政策：从雅尔塔到越南》，上海市"五·七"干校六连翻译组译，上海：上海人民出版社，1974 年版，第 57 页。

② 帕克著：《二十世纪的西方地理政治思想》，第 141 页。

③ ［英］杰弗里·帕克著：《地缘政治学：过去、现在与未来》，刘从德译，北京：新华出版社，2003 年版，第 134 页。

饰下被复活：海陆权之间的二元划分与永恒对立，此时被转化成为两大意识形态的敌对与争夺；麦金德对于“心脏地带”所蕴含的世界权势意义的诠释，开始直接与克里姆林宫统辖下的庞大地理疆域相挂钩。与较早那些更侧重于自然地理因素而非人类精神实践因素的经典地缘政治思想模式不同，冷战时期美国的地缘政治思想已逐步转变为一个更多以意识形态而非地理概念进行表述的话语体系，成为一种相对模糊、但却蕴含异常鲜明的价值取向、具有强烈形而上意义的“地缘政治想象”（geopolitical imagination）。①

意识形态的地缘政治建立于两种假定基础之上：第一，社会主义和自由主义两大意识形态的对立不仅是战后国际政治格局的基本特征，也是战后世界地理空间的基本特征：这两种意识形态所控制的地理区域在社会、政治、经济等属性上迥然不同，分别构成了“自由世界”与“极权世界”；第二，由于其独特的内在逻辑，社会主义意识形态具有在全球范围内进行空间扩张的意图和倾向。为了阻遏这种空间扩张态势，“自由世界”必须在前者扩张的每一个关键点上进行围堵和针锋相对的斗争，确保自身的控制范围不被侵蚀，从而巩固其意识形态和生活方式。② 根据以上两点假定，意识形态的地缘政治在其意识形态词藻背后，实际上为冷战时期美国的对外战略提供了一种可供意会但却不大明言的逻辑指引，塑造和强化了美国主流社会对于世界空间和国际政治的认识与理解，直接推动了战后美国一系列对外政策的出台，为冷战的出现和激化奠定了相应的思想基础。

二战后美国著名政治学者和遏制政策的主要理论筹划者乔治·凯南（George F. Kannan）在对苏联政策性质作出一系列判断之后，成为了这种意识形态地缘政治的主要代言者。在凯南眼

① John Agnew, *Geopolitics: Re-visioning World Politics*, p. 5.

② 葛汉文著：《历史视野下的西方地缘政治思想》，北京：军事谊文出版社，2011 年版，第 120 页。

中，苏联及其控制之下的地理区域是一个内部为残暴统治者治下的、封闭的、与西方社会迥然不同且对外界充满敌意的空间区域。出于“对世界事务的一种神经质的、传统的、本能的不安全感”，苏联在将自身标榜成一个“全新的、更为美好世界”的同时，总是倾向于将外部世界描绘成一个“罪恶的、敌视的、充满威胁的世界”，后者内部滋生着蔓延疾病的细菌，注定要被越来越多的内部骚动所破坏。在凯南看来，出于对资本主义制度“与生俱来的敌对仇视”，苏联所信奉的意识形态天然就具有一种“不可避免的”和“咄咄逼人的”空间扩张倾向，它所推行的是以社会主义为“遮羞布”、以扩张权势为目的的政策。二战结束后，苏联这种扩张主义“比以往任何时候都更危险、更狡诈”，它将“在一切认为适时和有希望的地方，努力扩大苏联的势力范围”，不仅东欧是其志在必得的权势范围，而且还妄图把扩张的触角伸向世界各个角落。因此，苏联与西方之间不存在任何共同利益，遏制与对抗是西方社会与苏联相处的最佳的、也是唯一的手段，美国的政策应当是在一系列连续的地理和政治地点“都以不可动摇的对抗力去和共产主义对峙”。[①]

在战后初期的美国政府当中，这种将国际政治视为两大意识形态空间对抗，而将“极权世界”视为一种完全敌对、性质迥异且不断进行空间扩张的观念，已在美国对外政策辩论中大占上风。包括时任美国国务卿乔治·马歇尔（George Marshall）、副国务卿迪安·艾奇逊（Dean Acheson）等人在内，美国政府中相当多的决策参与者虽然并不认为社会主义的全面进攻已经迫在眉睫，但都坚信其存在超越自身安全需求的扩张主义倾向，坚信苏联将经由希腊对中东、西欧乃至世界上任何易受攻击的地区加大入侵威胁。1947 年艾奇逊警告美国国会议员，社会主义的全球扩张方兴未艾，苏联人正以一种大胆的策略，试图进入三个大陆。

① George Kannan, “The Sources of Soviet Conduct,” *Foreign Affairs*, Vol. 25, No. 4, 1947, pp. 574 – 575.

如果希腊落入他们手中，土耳其、伊朗以及小亚细亚将会步其后尘。没有什么能阻挡他们经埃及进入非洲和通过意大利与法国侵入欧洲。随着英国全球权势的崩溃，现在唯有美国才能阻止他们咄咄逼人的步伐。[①]

这种在意识形态基础上对战后世界空间所进行的划分，还特别典型地出现于美国总统杜鲁门 1947 年 3 月对国会的演说当中："（资本主义世界的）特征是自由体制、代议政府、自由选举、保障个人言论与信仰自由，而且有免于政治压迫的自由。……（共产主义世界的）基础是少数人的意志强加于大多数人身上。它依恃的是恐怖和压制、控制着报章和电台，操控选举，并且压制人身自由。"[②] 在杜鲁门的讲话中，以苏联为首的"共产主义世界"处于"危险"的意识形态统治之下，是与西方资本主义世界截然不同的地理空间。通过这种方式，杜鲁门事实上"高傲地将世界划分为自由阵营与极权阵营"，从而排除了事实上广泛存在、并在国际政治中发挥重要作用的中间阵营。而全球空间也进而根据这种建立于意识形态之上的标准被分为两大均质的、对美国"友好"或"敌对"集团的地理区域。[③]

这种风行于西方主流社会的观念，在美国国家政策文件中以更加生动鲜明的表述出现。1950 年美国国家安全委员会第 68 号文件（NSC68）指出，当前世界政治就是自由主义与社会主义意识形态的空间争夺过程，"对美国安全最严重的威胁来自……苏埃维制度的本质"。[④] 这份文件通过预设一个侵略成性的扩张主义

---

① 转引自［美］孔华润（沃伦·I·科恩）著：《第四卷：苏联强权时期的美国（1945—1991）》，［美］孔华润（沃伦·I·科恩）主编：《剑桥美国对外关系史》，王琛等译，北京：新华出版社 2004 年版，第 257 页。

② ［美］基辛格著：《大外交》，顾淑馨等译，海口：海南出版社 1998 年版，第 405 页。

③ John Agnew, *Geopolitics: Re-visioning World Politics*, p. 107.

④ 转引自资中筠主编：《战后美国外交史：从杜鲁门到里根》，北京：世界知识出版社 1993 年版，第 66 页。

苏联的方法，宣布“自由主义国家”（特别是美国）在社会主义意识形态压力下，只有设法阻遏社会主义意识形态的“空间扩张”，“在实践上重申我们的基本价值，国内、国外皆然，我们方能保持自身的完整与正直，而这正是挫败社会主义的根本”。[①]

这种意识形态的地缘政治实质上蕴含着严重的等级化倾向。在这种观念下，世界各空间区域要么被贴上了“自由”、“民主”和“文明”的标签，要么成为“专制”、“独裁”、“奴役”甚至“邪恶”的代名词。因此，这种观念的形成与强化过程，就是对社会主义的贬低与妖魔化的过程。美国前总统艾森豪威尔就曾用一种近乎启示录般的言辞对国际政治进行了如下描述：“正义的力量和邪恶力量在历史上很少像现在这样聚集一堂、全副武装、相互抗争。以自由反对奴役、以光明反对黑暗。”[②] 里根总统也特别鲜明地表达出这种思想倾向。在他看来，在“共产主义世界”中，“马克思主义和列宁主义的暴政窒息了自由、阻止了人民意愿的表述，但自由和民主的行进终将会把这种暴政扫入历史的灰烬当中。……正义将重整旗鼓，并终将战胜邪恶。”[③] 正是此类夸张的、近似历史传奇般的言辞在很大程度上支配了冷战时期美国社会的公众意识，赋予了美国政策行为不容置疑的道德正当性。在这种语境下，美国谋取全球霸权之举被转化成一场类似摩尼教教义的“善恶之争”，一种光明与黑暗的决斗，而冷战则被描述成了一场归因于美国“顽强拼搏”、“自由民主最终战胜邪恶和专制制度”的现代地缘政治剧本。[④]

在几乎整个冷战期间，这种意识形态的地缘政治在美国主流

---

① 基辛格著：《大外交》，第 415 页。

② ［美］保罗·肯尼迪著：《大国的兴衰：1500—2000 年的经济变迁与军事冲突》，陈景彪等译，北京：国际文化出版公司 2006 年版，第 366 页。

③ 转引自 Klaus Dodds, “Cold War Geopolitics,” in John Agnew, Katharyne Mitchell, and Gearóid Ó Tuathail, eds., *A Companion to Political Geography*, p. 207.

④ ［美］克里斯托弗·莱恩著：《和平的幻想：1940 年以来的美国大战略》，孙建中译，上海：上海人民出版社 2009 年版，第 88 页。

社会中的影响力不断上升，并最终发展到极致。随着冷战的深入，全球任何有人居住的地理区域，开始被认为不是隶属于资本主义世界，便是隶属于共产主义世界，而这两大属性迥异的地缘政治空间拥有明确的地理界限，它们分别处于其核心国家的影响控制之下，少有回旋空间，非此即彼，一种空间的扩展必是另一种空间的萎缩。在这种观念的影响下，昔日地缘政治思想中“海上人与陆上人”的对抗场面，已被“资本主义”与“共产主义”两大空间区域的对抗所取代，诸如“北约”对抗“华约”、“资本主义”对抗“共产主义”、西方对抗东方、“自由”对抗“极权”等等冷战术语均建立于这一思想模式之上。帕克指出，这种对世界空间的区域化理解成为“一种信奉的强化武器，它把那种完备的二元论贯穿于人类生活的各个方面以至于这个星球的每一寸土地”。[①]

三、意识形态话语下的地缘政治权衡

长期以来，绝大多数的美国学者都惯于使用“价值”、“正义”、“安全与和平”此类具有浓厚道德说教意味的字眼，来描述本国对外战略的起因与逻辑，这无疑是具有悠久理想主义传统的美国社会在认识处理国际事务时贯有的“地道美式作风”[②]。从这个意义上说，意识形态的地缘政治在精神内涵上与二战前很多美国国际政治学者的思路是大体相同的：即均避免使用“权势”、“空间”、“领土”等“纯粹的”地缘政治术语来衡量具体利益得失或国际政治体系中的霸权问题，相反大多对经典地缘政治思想持有道德上的优越感，认为后者如同“均势”、“权力政治”、“势力范围”等传统外交术语一样，主要出自老旧欧洲自私自利的权谋喜好，与美国的价值观和民主政体绝难相容。因

① 帕克著：《二十世纪的西方地理政治思想》，第142—143页。
② 基辛格著：《大外交》，第411页。

此，长期主导冷战期间美国对外战略的意识形态地缘政治也极力突出自身的“信仰”和“价值”倾向，凭借“自由对抗极权”、“良善对抗邪恶”、“防御对抗扩张”等一系列具有强烈隐喻色彩的意识形态口号，以掩盖其维系权势、打击对手、巩固霸权的真实意图。

应当看到，作为对战后初期一系列重大历史事件（如社会主义的蓬勃兴起、社会主义阵营的形成和巩固、中国革命的胜利和中苏结盟、柏林危机爆发、苏联试爆原子弹以及朝鲜战争爆发等等）的反映，意识形态的地缘政治透过纷繁复杂的国际政治形势，注意到了二战结束后国际政治格局所发生的根本性变动，觉察到战后西方资本主义国家对于当时国际政治控制能力的下降态势，以及以苏联为主要代表的社会主义力量在全球事务中号召力和影响力的显著增强，从而敏锐地把握到当时国际政治格局的基本特征与主要矛盾，显现出宏大的思维格局、相当的现实敏感性和于细微中辨析关键的敏锐洞察力，对战后初期的国际政治形势具有一定的解释能力。

但同时也应当看到，这种将战后国际政治发展完全归结为两大意识形态进行空间争夺与空间对抗的观点，虽简明扼要、指出了战后国际政治格局的大趋势与大问题，但它最主要的缺陷就是无法对战后世界所出现的很多重大历史事件给予准确理解与精细描述，严重忽略了这些事件背后所蕴含的丰富的历史与现实含义。在这一过于笼统、机械的信念主导下，原本纷繁复杂的世界政治经济形态及其丰富含义被极大地简化，美苏两大超级强国控制区域内的个别现象（或个别趋势）被统统掩盖或抹杀，一些远为复杂的国际关系问题（特别是两大阵营当中美苏与其盟国、仆从国或卫星国间的利益与关系）被刻意忽视，而世界各个组成部分之间的一些政治、社会和文化差距却被无限放大（或有意地夸大）。因此，这种观念绝非是对世界政治经济空间分布态势的准确认识，其真正目的在于为冷战期间个别国家（特别是美国）的政策主张提供理论证明。

公允而论，这种意识形态的地缘政治所提供的一些主要论据（如社会主义意识形态的空间扩张态势、两种意识形态之间迥异的空间属性），一部分是真实的，而另一部分则完全是想象出来的。例如，战后初期苏联虽然军事占领并实际支配着东欧广大区域，并对世界范围内的社会主义和民族主义运动具有相当的影响，但直至冷战全面爆发前，苏联对外政策取向依然以审慎自制、巩固现有影响、避免刺激西方各国为主，甚至还在一定程度上主动约束了东欧、中国及希腊等国的革命进程。凯南后来也承认，这种所谓“社会主义全球扩张威胁”，大都“是西方社会幻想和宣传的产物”。① 著名国际政治学者摩根索也尖锐地指出，这是一种“根据道听途说和意识形态方面的假设，它为世界勾勒出一幅过于简单的、先验论的图画，并强加于经验世界”。② 因此，这种认为社会主义意识形态已经开始或注定进行空间扩张的观念，与战后初期的国际政治事实严重不符，它远非是一种对战后国际政治理性、平衡和细致的考察，而是“一种意识形态式的建构”或“一种模糊的想象”，它试图塑造一种“大众观念”和创造“新的现实”，而不仅仅是一种“知觉反应”或简单地描绘现实。③ 它如此罔顾事实地予以渲染和夸大的根本原因，在于战后美国统治阶层巩固国内统治、打击潜在对手、争夺全球霸权的现实政治考虑。在这个过程中，对于冷战对手的丑化扭曲，用艾奇逊的话来说，就成为了“比事实还要清楚”的一种需要。④

① 转引自霍罗威茨著：《美国冷战时期的外交政策：从雅尔塔到越南》，第 387 页。

② ［美］汉斯·摩根索著：《国家间政治：权力斗争与和平》，徐昕等译，北京：北京大学出版社 1991 年版，第 21 页。

③ Michael S. Sherry, *In the Shadow of War: The United States since the 1930s*, New Haven: Yale University Press, 1995, pp. 33 – 34.

④ Dean Acheson, *Present at the Creation: My Years in the State Department*, New York: W. W. Norton, Inc., 1969, p. 375.

意识形态的地缘政治在美国战后初期的出现和流行，直接推动了一系列国际政治实践的出现和发展，最终甚至发展成为一个“自我实现的冷战预言”[①]。“遏制”政策的出台即为鲜明的例证。作为战后美国最重要的对外政策之一，遏制政策将“自由主义与社会主义的空间争夺”视为战后国际关系的基本特征，将围堵“共产主义空间扩张”作为政策目的与基本手段。遏制政策可分为两种，一种是所谓“周线防御”，即将围绕社会主义意识形态控制范围的所有区域都视为同等重要，要求在其中任何区域找到“共产主义扩张威胁”时，使用保全该区域所必要的力量加以制止，而不考虑可用资源的限度；另一种则可称为“要点防御”，即区别不同地区不同的重要性，集中势必有限的资源，将其用于守护和加强那些特别重要的地区。[②] 冷战时期美国另一大外交战略“多米诺骨牌理论”则坚信，如果自由主义国家放任社会主义控制区域外围的任何一点倒向后者，将引起无法阻止的连锁反应：“如果中南半岛落入共产党手中，泰国、缅甸和印尼也在所难免，共产主义对马来亚、澳大利亚和新西兰的威胁将更加直接，而沿岸岛链也会断裂”，这种事态“一经开始，便会引发最为严重的后果。”[③] 正是在这种理论的指导下，美国在越南的战争迅速扩大，对中东各国的军事介入更为频繁，严重加剧了国际形势的紧张，在社会主义控制区域的周边，冷战几有变成“热战”之势。

但即使是在这种掺杂着恐慌与狂热的氛围中，仍有部分冷静的美国学者注意到意识形态地缘政治及其国际政治实践存在的严重缺陷。沃尔特·李普曼（Walter Lippmann）就颇有预见地警告说，这种思维方式及其具体表现是危险的，美国并不拥有足以包

① John Agnew, *Geopolitics: Re-visioning World Politics*, p. 118.

② 参见时殷弘：《与复杂局势相违的简单化政策——论冷战时期美国在东亚的安全政策》，载《美国研究》1997 年第 2 期，第 12—13 页。

③ 转引自基辛格著：《大外交》，第 582—583 页。

围苏联的军事力量，因此这个政策只能“间接地”予以贯彻，也就是要通过“在苏联的四周凑集、资助和支持一系列各式各样的卫星国、仆从国、附庸和傀儡”。这就意味着美国必须将赌注押在这些国家身上，而它们的底细通常不大为人所知。这些“攻不破的堡垒”常常会根据其自身的目的和判断行事，将使美国面临一系列无穷尽的进退两难的困境。“如果撒手不管，则等于姑息、失败和丢脸，要么以无法估计的代价去支持他们，卷入那种我们不打算有的、意想不到的、可能是要不得的争端”。[①] 随着冷战的发展，李普曼言中的这些“陷阱”现在已经广为人知（如朝鲜、越南、老挝、中国台湾等等）。

当20世纪五六十年代冷战的高潮过去之后，部分美国学者也开始发现，这种关于两种意识形态相互对立、全球争夺的观点显然过于宏观而忽略了细节，过于笼统武断而抹杀了诸多事态背后所蕴含的丰富含义。与此同时，以越南战争为代表，美国在这种观念影响下所施行的某些对外政策已经显示出大衰败的征兆。于是，这种观念已经不再具有它刚刚开始流行时那种近乎“启示录”般的理论魅力，其影响力开始逐步下降。但尽管如此，在冷战的宏观历史背景之下，两极对峙的阴影和对于所谓“共产主义空间扩张”的恐惧依然影响着美国社会大多数人的思维判断，而这种关于世界为两大地缘政治空间所分割、永恒对抗、不可转换的观念也成为长期主导美国思想界的一种基本信条。尽管这种信条似乎越来越机械、生硬、呈现出宿命的悲凉，但它仍然在美国主流社会当中发挥着强大的影响，不时提醒着人们注意到冷战这个冷酷历史进程的现实存在。特别是伴随着20世纪七十年代苏联攻势战略的推行（尤其是1979年底苏联对阿富汗的入侵和占领），这种观念在美国社会中被再度唤起和强化，直到苏联解体、冷战宣告结束时才有所消退。

① 霍罗威茨著：《美国冷战时期的外交政策：从雅尔塔到越南》，第80页。

第二节　美国（下）：打击对手、维系霸权

冷战的结束和苏联的败亡，标志着一场持续近半个世纪之久、涵盖全球范围的政治、经济、军事与意识形态大较量的告终。与国际环境的重大变化相伴随，美国国内对于美国在当今世界中应当扮演何种角色、应当奉行何种战略等问题展开了激烈辩论。在这场辩论当中，最值得注意的理论动向之一就是地缘政治思潮在美国当代学术界的再度兴起。包括亨利·基辛格（Henry A. Kissinger）、兹比格纽·布热津斯基（Zbigniew Brzezinski）、约翰·米尔斯海默（John J. Mearsheimer）、克里斯托弗·莱恩（Christopher Layne）等人在内，美国当代很多著名国际政治学者纷纷从经典地缘政治的概念、逻辑和命题出发，就冷战后美国国际地位与应有战略开展反复讨论，对美国当前对外战略的制定和实践发挥着日益重要的影响。在此过程中，地缘政治研究在当今美国主流学术界迅速成长成为一门显学，对冷战后美国对外政策持续发挥着强大影响，这与冷战时期地缘政治研究长期的低迷态势形成了鲜明的对比。

一、欧亚大棋局

冷战结束之初，美国学界对世界格局的看法一度被乐观的自由主义观点所支配，包括“历史终结论”、“民主和平论”、“相互依存论”、“国际制度和平论”等诸多充满浓厚理想主义色彩的理论主张甚嚣尘上。但自进入21世纪以来，现实主义的理论观点在美国学界有卷土重来之势。值得重视的是，在这些理论表述当中，经典地缘政治的思维模式发挥着极为关键的作用，包括“权势与空间”、“缓冲地带与冲突地带”等具有鲜明经典地缘政

治色彩的观点主张大量涌现。在冷战结束后复杂的国际形势背景下，这种情况的出现充分反映出当今美国社会对于国际权势体系和世界政治走向的认识与想象，体现出很多美国权力—知识精英对于国际关系当中“敌—友”、“利益—危害”、“合作—冲突”等诸多对立因子的基本判断，在当前美国对外政策的制定与实践过程中发挥着日益重要的作用。

冷战结束后，针对美国的唯一超级大国地位和美国主流社会对此的普遍乐观情绪，美国国际政治学者兼前国务活动家基辛格依然致力于发掘那些未来可能对美国霸权地位形成实质挑战的权力来源。作为一名长期活跃于美国政坛的著名学者，基辛格早在20世纪六十年代就断定，21世纪国际关系发展将由几个力量中心构成，它们是美国、欧洲、俄罗斯、日本、中国，可能还有印度和巴西。冷战结束后，基辛格依然坚持这一观点：新世纪里美国面临的国际政治形势绝非如弗朗西斯·福山（Francis Fukuyama）等人所描绘的那样美好，美国的全球霸权与“美国治下的和平”也绝非牢不可破。相反，冷战后的世界实际上更像18、19世纪时的欧洲国家体系。在一个更趋多极化的世界里，美国要想以有限的力量获取最大化的利益，就必须以力量均衡作为其对外政策的指导理念，并以此重建新的世界秩序。①

在对美国霸权构成特别重大挑战的诸个力量当中，基辛格特别担心来自欧亚大陆腹地权势的复兴。他早就尖锐地指出：“不论冷战存在与否，单一大国主宰欧亚大陆两大范围之一（欧洲或亚洲），都会对美国构成战略意义上的危险。”在他看来，尽管冷战结束后的俄罗斯已经朝西方民主化的方向努力，但由于地缘政治的作用，“不论谁统治俄罗斯，它都拥有麦金德称为地缘政治‘心脏地带’的领土，从而也继承了最丰富的帝国传统”。这一点，“即使是叶利钦治下的俄罗斯，也依然不顾地主国明白表示

① ［美］基辛格著：《大外交》，顾淑馨等译，海口：海南出版社1998年版，第747页。

的愿望，在绝大多数前苏联共和国中维持俄罗斯驻军。……俄罗斯外长一再提出，俄罗斯要垄断对‘近邻’（即除波罗的海三国外的前苏联各加盟共和国）的维持和平工作，这与企图重建莫斯科的主宰地位几乎无法分辨”。[①] 在基辛格看来，后冷战时期的俄罗斯仅仅基于地缘政治因素便不具备成为美国盟友的条件或基础，欧亚大陆的权势力量现在和未来依然是挑战美国全球霸权地位的主要候选者。

正是出于这种考虑，基辛格建议，美国应有的对策应当是加强与欧洲的关系。尽管欧美目前在双边关系中存在若干分歧，但美国依然要支持欧洲一体化进程，强化北大西洋公约组织，以防止欧洲大陆落入到一个敌对势力的统治之下。在东亚，美国应与中国和日本同时保持良好关系，并创造一个稳定和长期的架构，能够将中国和日本都包容进去，确保美国在东亚国际政治中关键的“仲裁者”地位。在西半球，基辛格呼吁美国应通过加快区域贸易经济一体化进程和巩固拉美“民主成果”，进一步巩固美国在拉丁美洲的主导地位，以使“美国的理想与地缘政治目标达到充分契合”。[②]

美国当代另一位著名学者和前国务活动家兹比格纽·布热津斯基（Zbigniew Brzezinski）对于当今国际政治的考察显然也建立在经典地缘政治思想基础上。在布热津斯基看来，欧亚大陆一直占据着世界事务的中心位置，对于历史上那些著名的帝国如罗马帝国、中华帝国、蒙古帝国和苏联而言，它们能否对欧亚大陆实施有效地控制便是这些帝国能否建立其全球霸权的主要标志。布热津斯基以一种经典的地缘政治论调来解释欧亚大陆对于全球权势分布的重要意义：这里是全球面积最大的大陆和地缘政治中轴，它的人口约占世界人口的75%，它的企业和地下矿藏占全世界物质财富中的大部分份额，国民生产总值占世界总额的60%，

① 基辛格著：《大外交》，第754—758页。
② 基辛格著：《大外交》，第770页。

集中了世界已知能源的四分之三左右。不仅如此，欧亚大陆还集中了世界上大多数在政治上非常自信和富有活力的国家：排在美国后面的六个世界经济大国都在欧亚大陆。公开的核大国只有一个不是欧亚国家，不公开的核国家也只有一个不是欧亚国家。世界上两个人口最多、并有意谋求地区霸权和全球影响的国家也都是欧亚国家，所有可以在政治或经济上对美国的首要地位提出挑战的国家也都是欧亚国家。出于这种原因，欧亚大陆在冷战后时代依然是全球地缘政治的中轴，主宰了欧亚大陆便能控制冷战后世界上最先进和经济最发达的三个地区中的两个（即西欧与东亚）。不仅如此，控制了欧亚大陆就几乎自然而然地控制了非洲，并使西半球和大洋洲在地缘政治上沦为其边缘地带。因此，美国是否能够确保对欧亚大陆的控制便成为美国全球霸权的关键。

但冷战后欧亚大陆的国际政治格局显然是异常复杂的。“在欧亚大陆这个巨大的、从里斯本一直延伸到符拉迪沃斯托克、形状并不规则的棋盘上一争高下的不是两个、而是数个实力不等的棋手。”[①] 这个棋盘相当拥挤的空间区域分属于西部、东部、中部与南部几个强国。在欧亚大陆东西两个人口异常稠密的地区之间，有一个辽阔的中间地带（指苏联地区），这里人口密度低，政治上不稳定，组织上四分五裂。在广阔的欧亚中部高原以南有一个政治上混乱但能源丰富的地区，它对于欧亚大陆西部、东部国家，以及最南部那个人口众多、有意谋求地区霸权的国家（印度），都有潜在的重大意义。

在布热津斯基看来，欧亚大陆依然是冷战后美国最重要的地缘政治目标。美国目前已经在这里取得了举足轻重的地位，美国的力量直接部署在欧亚大陆狭窄的西部边缘，在远东则有几个岛屿和一个小半岛为其提供了立脚点，而美国能否持久、有效地保持这种地位直接影响其对全球事务的支配，这一点“不仅对美国

① ［美］兹比格纽·布热津斯基著：《大棋局：美国的首要地位及其地缘政治》，中国国际问题研究所译，上海：上海人民出版社2007年版，第27页。

本身的福祉，而且在更广泛的意义上对世界和平都至关重要”。[①]在欧亚大陆国际政治形势的演进过程中，美国所应采取的战略，是将欧亚大陆的中间地带逐步并入扩大中的、由美国主导的西方势力范围；确保南部地区不被某一个国家单独主宰；以及防止东部国家联合起来将美国逐出近海的基地。[②]但是，如果中间地带（前苏联地区国家，特别是俄罗斯）拒绝向西方靠拢，而成为非常自信的单一实体，并控制了南部，或同东方的主要大国（中国）结盟；或者是东部两个主要的大国（中国和日本）实现某种联合；又或是美国的西部伙伴（欧洲）将美国从其西部周边地带的立足点逐出，美国对于欧亚大陆的控制将完全崩溃，其结果将意味着欧亚大陆最终会被那些大国所主宰，这也就是预示着美国全球霸权的彻底终结。为此，美国为确保其在欧亚大陆上的影响力，进而确保其全球霸权地位，就必须以更加高超的地缘战略手段，在欧亚大棋局中更加审慎地、更有选择性地和更加深思熟虑地部署美国的力量，而现在主要的做法应是“随机应变、施展外交手段、建立盟友关系、有选择地吸收新成员加入联盟，并十分巧妙地配置自己的政治资本”。[③]他用古罗马帝国实施霸权时采用的字眼来描述美国应有的战略：“帝国地缘战略的三大任务是，防止附庸国家相互勾结并保持它们在安全方面对帝国的依赖；保持称臣国家的顺从并维持向它们提供的保护；防止野蛮民族联合起来。”[④]

布热津斯基的理论逻辑源于经典的地缘政治思维。尽管面对冷战后世界形势的发展变动，布热津斯基也承认，对于多数民族国家来说，领土占有问题的重要性近来有所下降，一些与领土无关的因素（如经济规模、科技水平等因素）似乎更能决定一个国

① 布热津斯基著：《大棋局：美国的首要地位及其地缘政治》，第 26 页。
② 布热津斯基著：《大棋局：美国的首要地位及其地缘政治》，第 29—30 页。
③ 布热津斯基著：《大棋局：美国的首要地位及其地缘政治》，第 31 页。
④ 布热津斯基著：《大棋局：美国的首要地位及其地缘政治》，第 34 页。

家国际地位的高低或国际影响的大小；但他依然强调，从历史上看，领土控制与空间争夺是大多数政治冲突的焦点。与此同时，基于民族国家仍是世界体系主要单位的事实，民族国家间在领土和空间上的竞争仍在世界事务中占主导地位，只是现在的方式比过去文明了一些。而在这种竞争当中，地理位置仍是民族国家对外政策优先目标的出发点，国家领土面积也仍是衡量其地位和力量的主要标准。一个国家的军事、经济和政治力量越强，它在重要地缘政治利益、影响和参与方面超越其近邻的覆盖面也就越大。①

二、离岸平衡手

在肯尼斯·华尔兹（Kenneth N. Waltz）之后美国现实主义国际关系理论的重要代言人、“进攻性现实主义”（offensive realism）的主要阐释者约翰·米尔斯海默（John J. Mearsheimer）眼中，冷战结束后美国面临的国际权势体系与早先几个世纪相比并未出现实质性的变化：旧制度、旧时代的特征与逻辑依旧延续，无休止的竞争状态依然是国际政治的基本特征，国际政治仍处于“悲惨”的历史循环当中。在这一历史循环当中，国家总是按照自身的利益为指针，以“自助”（self-help）的方式进行运作。这是一种零和游戏，因为一国所得必为另一国之所失，同时这也是一种冲突频发的状态，国家追求权力的最大化必然使其具有一种进攻性倾向，即使其最终动机只是为了生存。② 在米尔斯海默看来，在这种状态当中，大国因其具有的军事经济优势，决定了国际政治的运作方式与主要特征，因此国际政治主要体现为一种大国之间的政治，主要模式表现为大国之间权势的分配。极其关

① 布热津斯基著：《大棋局：美国的首要地位及其地缘政治》，第32—33页。

② ［美］约翰·米尔斯海默著：《大国政治的悲剧》，王义桅等译，上海：上海人民出版社2008年版，第133页。

注世界权力分配状态的大国，在尽力使自己所拥有权力最大化的同时，伺机牺牲潜在对手的利益为自己增加额外的权力，因此它们往往倾向于进攻较弱一方，从而成为体系中最强大的国家，直至获得霸权，因此大国普遍具有侵略意图，“注定要进犯他国”。[①] 冷战结束后，国际政治并未发生根本的转变，国际无政府状态依然延续，大国之间依然相互畏惧并努力追求权力。特别是在欧洲和东北亚地区，大国之间仍然存在激烈的安全竞争甚至存在大国战争的可能性，这也正是美国冷战后仍旧在欧洲和东北亚各保留大约十万军队的原因。

米尔斯海默在继承了托马斯·霍布斯（Thomas Hobbes）有关政治现实主义的主要原则、结合了华尔兹政治经济学方法论（如权力最大化、利润最大化、权力—货币关系）的同时，还吸取了地缘政治理论的很多概念、逻辑与命题。如历史上很多地缘政治学家一样，米尔斯海默将地理因素视为国家战略起因、实施与效果的决定性因素，极为强调地理对于一个国家大战略具有的巨大影响，并以此作为理论立论的主要依据之一。米尔斯海默根据地理形态将大国区分为“岛屿大国”与“大陆大国”。前者是指处于四周被水环绕的一片巨大陆地上的唯一大国。英国、日本因为各自占据一个大岛屿，被认为是岛屿大国，美国因其是西半球的唯一大国也被认为是一个岛屿大国；大陆大国是指与其他一个或多个大国同时位于一片大陆的大国。法国、德国和俄国就是典型的大陆国家。

在地理分析与历史归纳的基础上，米尔斯海默指出，大陆大国与岛屿大国具有迥然不同的战略态势。与岛屿大国相比，大陆大国实际上更易受到攻击。他以欧洲大陆几个世纪以来的史实为例，这里国家众多且全副武装；同时，鉴于欧洲大陆的地理因素不能对侵略构成障碍，每一个欧洲大国都面临着随时被其他大陆

① 米尔斯海默著：《大国政治的悲剧》，第37页。

大国入侵，甚至被征服的危险：在法国和俄国这两个大陆国家自1792年以来遭到的12次侵略当中，有11次来自陆上，只有一次来自海上。因此，大陆大国一直生活在安全忧患当中，它们并无选择余地，只有通过征服其他大陆大国才能获得安全，这就是大陆国家长期以来奉行以霸权为追求目标的大战略的根本原因。由于在领土国家的世界里，领土是最高的政治目标，地面力量一向是军事力量的重要组成，因此大陆大国借助其庞大军队尽力扩张领土便是其获得安全、实现霸权最重要的途径与标志，“国际体系中最危险的国家就是拥有庞大陆军的大陆强国”。①

而岛屿大国则完全不同：由于水体的阻隔作用，岛屿大国只能在水上遭到攻击，而诸如英国、美国、日本这样武装完备的岛屿国家，自近代以来便从未被侵略过，地理因素所具备的良好防御作用与军事能力的结合，使得陆上大国很难攻击它们，因此具有相对较高的安全系数，使得攻防平衡由大陆大国向岛屿大国倾斜。② 但与此同时，水域的阻遏力量也极大地影响了岛屿大国向大陆投送地面力量的能力，因此岛屿大国在有效抵御大陆大国实现全球霸权（使得陆上大国的野心只能主宰它们所处的地区以及在陆地上能到达的毗邻地区）的同时，也限制了自身追求全球霸权的能力，“保护岛屿大国的巨大的水体同时也阻碍了它们投送力量的能力”，它们“不可能发动针对其他大国的征服战争”。③他辩解道，英国和美国都未曾严重威胁过要征服一个大国，英国决策者从未考虑过主动发动对威廉德国或纳粹德国的战争，冷战中美国决策者也不赞成发动对苏联的征服战。尽管英国和法国于1854年在克里米亚发动过对俄国的战争，但目标不在于征服俄国，而在于遏止俄国在黑海周边的扩张。冷战期间，北约决策者最致力于解决的问题也在于防止苏联对西欧可能的入侵，而非直

① 米尔斯海默著：《大国政治的悲剧》，第132页。
② 米尔斯海默著：《大国政治的悲剧》，第125页。
③ 米尔斯海默著：《大国政治的悲剧》，第133页。

接征服苏联。在此基础上，米尔斯海默指出，“国际体系中最危险的国家就是那些拥有庞大军队的陆上大国”，过去几个世纪以来大国间的大多数征服战争都是由此类国家发动的，而且它们几乎总是攻击其他大陆国家，而不是四周被水体围绕的岛屿国家。因此，“最和平的世界可能是，所有大国皆为岛屿国家，并拥有确保生存的核武库”。①

在认定大陆大国具有进攻性与岛屿大国多具防御性的基础上，米尔斯海默指出，美国由于其在自然地理方面具有巨大的战略优势，使得其在从未考虑过征服欧洲或东北亚的情况下，依然取得了难以撼动的霸权地位，“美国也许是历史上最安全的大国”。但随着冷战后欧亚大陆新兴力量的崛起及其势必愈演愈烈的安全竞争，美国在欧洲与东北亚的驻军反而可能使其被迫卷入欧亚大陆的争霸战争，从而危及其霸主地位。因此今后若干年内，美国可能会逐步减少在欧洲和东北亚承担的义务，更好地扮演“离岸平衡手”的角色，让其他大国去抗衡潜在的霸权竞争者。只有当这种方法失效时，美国才运用其军事力量去消除威胁，并在该区域重塑均势。②

如果说米尔斯海默的思想重点主要放在理论构建与系统论证上的话，冷战后美国著名战略学者克里斯托弗·莱恩（Christopher Layne）则明显倾向于政策谋划。与米尔斯海默如出一辙，莱恩同样强调地理因素对国家战略的突出影响。莱恩传承历史上许多杰出地缘政治学家如马汉、麦金德等人的衣钵，同样将大国区分成为陆上大国与海上大国。在他看来，陆上大国由于在地理上与其他陆上对手相毗邻，因此非常易受到攻击，消灭对手、成为唯一大国以获取安全便成为其最为常用的战略模式；而海上大国由于在地理上与大国对手相距遥远，加上自身军事能力，相对于陆上大国而言，它完全可以塑造和利用均势，支持其他国家完

① 米尔斯海默著：《大国政治的悲剧》，第133页。

② 米尔斯海默著：《大国政治的悲剧》，第414页。

成阻止霸权挑战者的任务，从而确保其战略优势地位。

在莱恩看来，美国本可奉行一种离岸平衡战略，继续安全地采取“旁观”策略，避免介入两次世界大战（尤其是第一次世界大战），但美国的野心及其充满扩张性的意识形态，促使美国卷入这些冲突当中。但这种野心所产生的大战略国际主义（the grand strategic internationalism）不仅没有增强美国的安全，反而使得美国更加不安全。冷战时期这种战略的弊端更是充分显现：从20世纪四十年代末至今，美国的联盟义务已经使美国的地缘战略逻辑本末倒置，因为这些义务使得危险系数最低（least at risk）的联盟伙伴（美国）——无论是在经济还是在安全层面——背负上最为巨大而沉重的负担（the greatest burdens）。[①] 莱恩指出，如果说二战结束之初美国在西欧和日本战后重建过程中暂时为其提供战略保护伞还比较具有意义，但到了20世纪末、21世纪初，已经没有“什么内在的原因可以驱使美国必须为保护其他国家不受直接攻击或为保护它们的海外利益不受地区动乱之害而付出巨大代价或进行冒险”。[②] 西欧、日本和韩国如今在独立维护自身安全方面已经具备了必要的经济和技术条件，但美国对其安全的过度承诺，既无端耗费了美国的国力，更使得这些盟国产生了搭乘美国安全担保便车的强烈动机。

莱恩告诫美国学者，美国影响国际体系中战争与和平的能力实际上极为有限，当今世界悄然出现的多极格局更使这些能力不断地被侵蚀。而美国在欧亚大陆的军事存在，很可能使得美国不得不让自己卷入到欧亚大陆未来悲剧性的大国冲突中去，从而使美国的全球地位受到致命损害。因此，美国应当奉行一种“离岸平衡”的战略，将所有自我防卫的义务移交给盟国，充分利用自身独一无二的战略和地理优势，远离其他国家的安全竞争，在战

① ［美］克里斯托弗·莱恩著：《和平的幻想：1940年以来美国的大战略》，孙建中译，上海：上海人民出版社2009年版，第311页。

② 莱恩著：《和平的幻想：1940年以来美国的大战略》，第312页。

略上达到袖手旁观的效果，迫使其他国家承担安全风险和代价，美国自身也可以避免因联盟义务而自动卷入到欧亚大陆大国冲突中去。[①]

具体地说，如果下一场欧亚大陆上的大国战争在未来几十年里爆发的话，美国既可以继续维持其对欧亚大陆的军事存在以防止这场战争，也可以从欧亚大陆撤回其前沿军事力量，依靠多极地区均势（multipolar regional power balance）来阻止下一个霸权国家的出现。相比较而言，莱恩更倾向于采取一种“离岸平衡”的战略。在他看来，美国撤离在欧亚大陆的军事存在对美国安全的影响微乎其微，美国作为海上大国受到地理因素和自身硬实力的双重保护，与欧亚主要大国相比不易受“不稳定”局势的伤害，而这种做法的好处则显而易见，美国既可以不再成为强大竞争对手注意的对象，同时也可以鼓励其在欧亚大陆的盟国着手发展本国的威慑力量为本国的安全服务。在此情况下，欧亚大陆将可以变得更加稳定，而不是更加不稳定。因此，考虑到欧亚大陆变幻无常的安全环境，对于美国而言，最好、最安全的办法就是让其他国家自己保卫自己。[②]

与美国当前奉行的霸权大战略不同，离岸平衡战略是一个多极而非单极的战略。其实质，是一种积极的均势战略，主要通过将驻外美军撤回本国以避免因前沿军事存在而带来的巨大安全风险，同时在西欧、东亚和中亚三个对美国大战略至关重要的地区培育区域均势机制，促使各地区的大国相互制衡，借此维持对美国最为有利的国际战略态势，从而自动维持霸主地位。离岸平衡战略包含了退出战略、均势战略、联盟战略、袖手旁观战略与选择性干预战略等多项内容，它要求美国政府根据不同情况来实施不同的内容甚至同时推行所有内容，这就要求政策决策者具有相当高的操作技巧，必须格外审慎与冷静，任何操作失误都将导致

① 莱恩著：《和平的幻想：1940 年以来美国的大战略》，第 312 页。
② 莱恩著：《和平的幻想：1940 年以来美国的大战略》，第 315 页。

无法挽回的重大损失。

三、历史宿命中的地理逻辑

无论是在冷战期间抑或是冷战后时代，美国地缘政治想象当中一些最基本的因素实际上一直没有发生太大的变化。与冷战达到高潮、全球核大战似乎一触即发时相比，冷战后生活在主要对手早告瓦解、经济全球化迅猛发展时代里的美国政治—知识精英仍然觉得不安全，仍然能够感受到来自外部的“威胁”，并且他们仍然对美国必然引领世界的“天定”历史使命深信不疑。从这点来看，冷战后美国地缘政治思想与冷战时期那种以强烈意识形态色彩而著称的地缘政治想象，在精神实质上并无二致，其理论的根本着眼点就在于寻找对手或者制造对手并摧垮之，进而永久维系美国的全球霸权。而地缘政治的思维和逻辑，显然在这个过程当中扮演了异常关键的作用。

冷战结束后美国地缘政治研究的复兴，其实是借助现实主义国际政治理论传统的大盛行而实现的。作为国际政治理论当中特别重要的一支，美国长期是现实主义国际政治研究的学术重镇。在汉斯·摩根索（Hans J. Morgenthau）、肯尼斯·华尔兹等著名国际政治理论大师的阐释与鼓吹下，现实主义国际政治传统长期在美国国际政治理论研究和对外战略制定中发挥重大影响。在这些学者看来，世界历史的发展必然是、也只能是“敌—我—友”之间关系的运筹和处置，他们从来不相信国家间（特别是那些历史经验不同、价值体系迥异的国家之间）的对立能够消失，因此霸权争夺或强权政治也就成为世界事务中的常态，霸权国家或其挑战者的兴亡沉浮也就成为人类历史的必然规律。但与摩根索偏重从“人性”角度、华尔兹从“国际政治的体系与结构”角度出发进行理论建构存在较为明显的不同，冷战后美国现实主义理论最具特色的一点，便是对经典地缘政治理论的借重和对国际政治中地理因素的强调。在这种逻辑指引下，诸如“欧亚”、“心脏地带”、“边缘地带”、“空间冲突”、“空间争夺”等等已经为人所熟知的经典地缘政治概念在当前美国学术界一再出现，一个国家的地缘政治属性（即它是邻近海洋抑或深处内陆，其周边国家领土多寡、实力如何等等）被视为决定这个国家政策行为方式与效果的关键性因素。

基于这种逻辑，尽管在具体主张上存在某种分歧（即美国是应当主动塑造欧亚大陆国际政治进程，抑或是退出欧亚大陆转而奉行灵活的均势战略），但很多美国当代学者都相信欧亚大陆腹地是全球权势体系当中一股不可忽视的力量，是最具影响力的空间区域，而美国在欧亚大陆中的地位与影响则是维系美国全球霸权地位的关键所在。从这个意义上讲，很多美国当代学者探讨的内容实际上依然是20世纪大多数时间里许多经典地缘政治学家所致力于探讨的命题，即不同的地理空间对于国际政治进程方式与效果的影响，而这些美国学者眼中的国际政治事实上同一个世纪之前他们的英国前辈（即麦金德）所描述的并无根本不同：世界历史总的来看不存在可能的进步或变革，仅仅是一个冰凉与机械的循环往复而已；欧亚大陆腹地所孕育的庞大权势或潜力权势将对海洋国家（大英帝国和美国）的全球霸权构成致命的挑战；而两者之间的敌对竞争无可避免。在这些学者看来，在这场前途惨淡的国际政治宿命当中，真正有价值的问题在于怎样采取一种冷静、灵活、审慎的方式，主动参与甚至主导欧亚大陆权势力量的互动过程，遏制来自欧亚大陆腹地权势的复兴，从而在这个空前动荡的世界中继续确保美国的全球霸权。

正因如此，这些美国学者或政治人物对于当今国际政治的反应与认识，也依然无法摆脱那种悲凉、冷酷、循环往复、没有任何进步可能的命定论色彩，在精神脉络上甚至在个别表述上依然是马汉、麦金德、豪斯霍弗、斯皮克曼等人的地理决定论和历史归纳法的当代延续，极为鲜明地体现出西方社会对于来自欧亚大陆腹地权势力量的一贯恐惧。因此，有学者评论道，从基辛格、布热津斯基到米尔斯海默，当代部分美国国际政治学者实际上“以军事与理论、历史与理论的结合完美复兴了地缘政治理论”①。

这种从地缘政治角度出发的国际政治现实主义观点，对于冷战后美国对外政策的制定影响颇巨。以美国对俄罗斯的战略为例，冷战结束以来，虽然俄罗斯开始了西方化和市场化的深刻转型，与西方各国间的关系普遍升温，呈现出与苏联时期有所不同的社会面貌，但美国依然对俄实行拉打结合的两手政策。美国在密切与俄关系（如对俄罗斯的经济援助、积极介入俄国内转型、帮助俄国加入七国集团等等）的同时，另一方面却通过推动北约东扩、强力渗透前苏联加盟共和国的等一系列战略措施，力图将整个东欧甚至将除俄罗斯外的所有前苏联加盟共和国统统纳入以美国为首的军事政治同盟体系，最大程度地压缩俄罗斯的战略空间，严防其权势再度复兴。在美国的这些战略举措中，似乎很难完全排除那些依然带有浓厚经典地缘政治色彩的美国战略家的谋划之功。

第三节　苏联：突破遏制封锁线

苏联并不存在严格意义上的地缘政治学术传统。尽管在20世纪二三十年代以尼古拉·特鲁别茨科伊王子（Prince Nikolai S. Trubetzkoy）、彼得·萨维茨基（Petr N. Savitsky）为代表的俄国流亡者曾发表了一些多少涉及地缘政治的著述。② 但在苏联国

① 倪世雄语，参见米尔斯海默著：《大国政治的悲剧》，序言第2页。

② 有关俄罗斯早期地缘政治思想的介绍，可参见杨勇：《俄国“白银时代”俄侨知识分子的地缘政治思想》，载《俄罗斯中亚东欧研究》2008年第3期，第70—75页；陈训明：《萨维茨基及其欧亚主义地缘政治思想》，载《东欧中亚研究》2001年第3期，第79—82页。

内，自 1917 年十月革命胜利至 1991 年苏联解体长达七十余年的时间里，地缘政治被苏联官方痛斥为一种垄断资产阶级所发明的"伪科学"、一种与马克思列宁主义势不两立的帝国主义侵略谬论。因此，除二战前夕著名地缘政治学家、美国海军少将阿尔弗雷德·马汉（Alfred T. Mahan）的两部著作曾被翻译为俄语在苏联出版外，苏联学者对大多数地缘政治理论都不甚了解或知之不深。[①] 特别是第二次世界大战结束后，由于"德国地缘政治学"（Geopolitik）在纳粹德国对外侵略中所发挥的不光彩作用，与之相关的地缘政治著作在苏联长期被禁止出版或者直接被用于理论批判，地缘政治成了苏联学术研究的一个禁区。

但应当承认的是，尽管苏联官方长期以来对"地缘政治"一词抱着强烈的批判态度，但斯大林、屠哈切夫斯基、朱可夫等很多著名的政治家、军事家和外交家在开展战略问题研究时，仍然自觉不自觉地使用了地缘政治的某些视角和方法，二战前斯大林关于建立"战略缓冲地带"（或"东方战线"）的思想就是极为突出的例子。20 世纪六七十年代，随着国际形势的显著变化和苏联国家实力的大增，一些明显带有地缘政治意味的政策思路开始越来越多地在苏联对外战略和建军方略中得以显现。这些政策措施以打破美国等西方国家对苏联的遏制封锁线为目的，致力于在传统东西方阵营交壤区域之外与美国展开争夺。这些政策措施构成了冷战中后期苏联的全球战略进攻态势，直接导致了冷战的全球扩散与纵深发展，极大地影响了国际形势的演进。

一、国际形势的变化与苏联实力的大增长

第二次世界大战结束后，国际政治乃至世界历史发展的关键

① Vladimir Kolossov, and Rostislav Turovsky, "Russian Geopolitics at the Fin-de-siecle," in Andrew H. Dawson, and Rick Fawn, eds., *The Changing Geopolitics of Eastern Europe*, London: Frank Cass Publishers, 2003, p. 143.

性事态之一，当属各殖民地民族解放运动的大发展。二战沉重地打击了英、法、荷等殖民国家，加之民族独立、民族自决思想的广泛传播，严重动摇了帝国主义列强的全球殖民体系。在此背景下，二战结束后不久，殖民地人民民族解放运动大潮随即涌现：自1945年至1949年间，越南、叙利亚、菲律宾、印度、巴基斯坦、缅甸、锡兰（现斯里兰卡）、马来亚、印度尼西亚、朝鲜等纷纷宣布独立建国。特别是1949年中华人民共和国的建立，使世界上人口最多的一个民族从此成为自身命运的主人，极大激励了世界上其他被压迫民族的独立解放事业。1955年万隆会议的召开，更加鼓舞了亚非拉被压迫民族争取民族独立的斗争，加速了西方全球殖民体系彻底崩溃的进程。迫于民族独立运动的冲击，加上国内和国际舆论压力等原因，英法等传统殖民国家开始从前殖民地纷纷撤离，大批新兴的民族国家在旧殖民体系的废墟上陆续赢得了独立。1945年时整个非洲仅有4个独立国家，但仅在1960年一年中便有17个非洲国家宣布独立，到20世纪60年代末时非洲绝大多数的国家已经取得了独立地位。① 到民族解放大潮临近尾声的时候，联合国成员国总数已经由刚创建时的50个增至1977年时的174个。除在个别地区留有部分残余外，一度几乎遍及全球的西方殖民统治体系已荡然无存。随着第三世界国家大批登上国际政治舞台，早先彼此界限分明、壁垒森严的两极格局也因此受到极大冲击。这些原本在西方殖民国家管辖下、附属于世界资本主义阵营的广大的殖民地地区，现在却随着民族解放运动的胜利和宗主国的撤离出现了所谓的“权力真空地带”，这便为美苏两大超级强国在这些地区竞相发挥影响、展开权力争夺提供了场所和机会。

20世纪六十年代以来国际政治发展呈现出的又一大特征，当属苏联国力的大增长及其导致的美苏两大超级强国国家实力对比

---

① 中国国际关系学会主编：《国际关系史》（第八卷），北京：世界知识出版社2004年版，第252页。

的显著变化。自第4个五年计划（1946—1950年）到第10个五年计划（1976—1980年）期间，苏联在二战中一度受到严重破坏的国民经济不仅得到有效恢复，并且还取得了大幅发展。1950年苏联的国民生产总值只相当于美国的30%；而到1975年时，已经接近美国的60%。特别是重工业方面，70年代时苏联在钢铁、煤炭、石油的生产方面，已居于世界前列。苏联在核武器和空间技术的发展（例如1949年原子弹和1953年氢弹的成功试爆、特别是1957年发射人造卫星和1961年首度载人航天飞行成功），都表明了它在国家实力方面取得了重大进步。尽管1962年的古巴危机表明，60年代初期苏联的总体实力、特别是它的海军力量尚无法与美国相匹敌，但此后、尤其是1964年勃列日涅夫上台后，苏联利用美国深陷越南战争泥潭之机，坚持高投资、高速度、全面发展军备的方针，全力扩充军事实力。在这一时期，苏联军费由1965年的300亿卢布增长到1976年时的800亿卢布，占年度国家财政预算支出的30%。到60年代末时，苏联已经扭转了与美国在战略核力量比较上的不利局面，双方基本形成了战略均势，而苏联在陆基洲际弹道导弹的类型和数量、投掷重量和总当量方面则占有优势。而到80年代中期时，在全面衡量战略武器的13项主要指标中，苏联有10项居领先地位。[①] 经大力发展，苏联已经逐步扭转了在美苏力量对比上的不利态势，从而为其与美国争夺世界霸权奠定了物质基础，为其跳过西方封锁线、在世界范围内发挥影响提供了可能。

二、突破遏制封锁线

正是在上述背景之下，20世纪60年代以来，苏联对外战略开始发生明显变化。二战结束后至20世纪50年代，苏联对外战

① 左荣凤著：《致命的错误：苏联对外战略的演变与影响》，北京：世界知识出版社2001年版，第238页。

略仍以巩固在东欧、东亚等地区取得的既有影响为主，但随着1955年赫鲁晓夫的上台、尤其是进入60年代以来，苏联逐步改变了早前较为审慎保守的、以防御为主的战略，转而谋求一种积极外向的、谋求确立和扩大世界影响的新方针，其核心就是利用五六十年代蓬勃发展的殖民地民族解放运动和社会改造运动风潮，大力支持和鼓励反殖民主义和反帝国主义力量，并且按照苏联的利益需要和能力以及风险大小，给予某些处于两大阵营之外的新兴国家以经济、军事援助，扩大苏联在这些“中间地带”的影响。在此情况下，苏联与美国之间的对抗从较早的欧洲与东亚，转移至中近东和非洲以及拉丁美洲，上述地区相继成为冷战的舞台和美苏争夺或竞争的场所，冷战也因此成为了两大超级大国的全球性对抗。苏联的这种战略转型，实质上是在坚持两种天然敌对的政治制度间生死斗争的同时，放弃了将与西方直接对抗甚至进行核大战作为追求社会主义全球最终胜利的手段，转而寻求间接和尽量低的代价在西方遏制包围圈之外扩展权势。

苏联向第三世界国家提供军事经济援助，其借口是为了论证第三世界国家“以社会主义为方向”走上“非资本主义发展道路”的可能性。通过这种方式，“进步”的或“走上社会主义道路”的阿拉伯国家，如埃及、阿尔及利亚、叙利亚和伊拉克开始被苏联视为是与帝国主义反动政权有所区别的国家，成为苏联“社会主义大家庭”的成员或同盟者，苏联大可以在巩固社会主义大家庭、履行援助民族解放运动“国际义务”的名义下，推广自己的模式，这些国家也因而成为苏联与美国争夺世界霸权的借助力量。[①] 特别是在勃列日涅夫时期，这一理论得到了空前广泛的宣扬。1971年，勃列日涅夫在苏共二十四大上断定，“今天的亚洲与非洲，已经有不少国家走上了非资本主义发展道路，即采取了以社会主义社会为前景的建设方针。苏联共产党意识到自己

① 左荣凤著：《致命的错误：苏联对外战略的演变与影响》，第218—219页。

的国际主义义务，它在国际事务中仍将奉行有助于进一步促进全世界反帝斗争和加强所有反帝斗争参加者的战略团结的路线。社会主义事业必将在全世界取得彻底胜利。而我们将为取得这一胜利而不遗余力地进行斗争”。“我们对外政策的实质，在于全力加强世界社会主义大家庭，支持各国人民的解放斗争和维护世界和平”，而“加强社会主义力量对资本主义力量的优势，会进一步改变国际舞台上的力量对比”[①]。

苏联这一政策最先实践于1952年革命后的埃及。当美国拒绝提供建造阿斯旺水坝的信贷之后，苏联向埃及领导人纳赛尔总统表示了支持，并通过捷克斯洛伐克向埃及提供军事援助。借此机会，苏联以埃及为立足点全力支持中东新近独立的阿拉伯国家，并与以色列断绝了外交关系。在非洲，随着西方殖民统治的瓦解，苏联通过军事和经济援助，极力争取那些有“社会主义倾向”、“走在通向社会主义道路上”或“具有民族主义性质”的新兴国家。60年代初期中苏分裂、社会主义阵营解体后，苏联这种战略变得更为迫切，苏联大幅提高了对第三世界国家经济和军事援助的力度，极力扩大影响。不仅如此，苏联还于70年代开始在第三世界部分地区支持和发动一系列战争：1976年至1978年苏联指挥古巴军队介入安哥拉内战；1976年至1978年支持古巴介入埃塞俄比亚同索马里的边界冲突，并策动古巴训练的加丹加雇佣军进攻扎伊尔；以及1979年支持越南侵略柬埔寨甚至直接出兵入侵阿富汗等，摆出在第三世界全面进攻的态势。

苏联这种积极进攻的战略态势产生了广泛的国际影响。首先，此举直接影响了苏美关系的“缓和”进程。尽管1971年勃列日涅夫在苏共二十四大上提出“缓和”政策，宣称苏联愿意使用和平手段而不是武力来解决国际关系中的分歧与争端，但苏联在第三世界国家中摆出的战略进攻态势、尤其是苏联在安哥拉、

① 左荣凤著：《致命的错误：苏联对外战略的演变与影响》，第198—199页。

埃塞俄比亚等地的政策举措，则对该政策的国际可信度造成了严重冲击。美国认为缓和应当意味着苏联在国际上“克制”自己的行为，而苏联则重申在缓和的条件下支持民族解放运动的义务和立场。在苏联坚持缓和不能妨碍苏联对“民族解放运动和进步、民主与民族独立力量的支持”情况下，美国国内反对缓和的呼声开始高涨，促使美国政府对外政策的转向。1977 年卡特当政后，开始用“新世界秩序”战略代替“均势”战略，将处理东西方关系放到了美日欧三边关系和与第三世界的“南北关系”之后，并加强了对苏联和东欧的人权攻势；里根上台后，更将与苏联展开针锋相对的争夺作为对外政策的首要考虑，再度掀起了冷战的高潮。

其次，苏联在第三世界权势的扩张，对冷战中后期国际关系的走向产生了巨大影响。在苏联的大力宣传下，其社会主义建设成为许多第三世界国家民族解放和社会改造运动中一个较具吸引力的政治、经济和社会楷模，鼓励了越来越多的第三世界国家着手改造本国的政治经济与社会模式，很多国家凭借苏联给予的经济军事援助，致力于反抗殖民主义和帝国主义在本国的政治与经济统治。与之相比，美国在欠发达世界则被动得多。出于政治文化传统中对于激进革命几乎本能的反感，加上在冷战中迁就西欧盟友（多为前殖民国家）的战略需要以及对于所谓“亲苏”国家的强烈厌憎，美国几乎无一例外地站在殖民势力以及封建半封建的反动派一边。对西欧殖民国家的迁就尤其有损于战后初期到六十年代美国的影响和地位，使它曾在二战中赢得的很高威望差不多一落千丈。[①] 很长时间里，美国在对欠发达世界的冷战竞争中远远落后于苏联。

---

① 时殷弘：《美苏冷战史：机理、特征和意义》，载《南开学报（哲学社会科学版）》2005 年第 3 期，第 9 页。

三、国家的海上威力

长期以来，海军在苏联军事力量当中只是处于从属地位，其主要职责被定义为对苏联海岸线进行“积极防御”，最主要的攻击任务是支援前进中的地面部队。苏联时期最著名的军事战略家之一、前海军司令谢·格·戈尔什科夫就曾经哀叹，“我们舰队的主要任务，不论进攻和防御都规定与地面部队共同作战”。[①] 在“大陆军主义”思想的指导下，苏联海军的发展一直较为迟缓，它在规模、训练、基地使用上的劣势已经在二战中暴露无遗。特别是在赫鲁晓夫时代，由于他极为热衷于发展导弹等远程打击力量，相信在核武器和导弹问世之后，海军已经完全丧失了重要性，而未来战争的一切基本任务，都可以在没有海军参与的情况下圆满完成，因此苏联海军的发展、特别是水面舰艇发展被严重搁置。

但随着20世纪六七十年代苏联对外战略的转型，苏联海军的建设被提上了发展日程，海军逐步被视为苏联打破西方国家遏制封锁线、推进全球影响的重要手段。特别是在古巴导弹危机当中，与美国海军展现出的强大实力形成鲜明对比，苏联海军力量的孱弱暴露无遗，极端缺乏可以借助的远程军事力量和威慑手段。受此刺激，苏联之后的军事政策与海军建设方针均发生重大变化。苏联在大力发展洲际弹道导弹生产的同时，将发展海军力量、特别是可以发射导弹的新型水面船只和攻击型潜艇列入计划当中。与此同时，海军还加强了日常训练，本国区域之外的军事活动急剧扩大，同时也大幅加强了苏联船只在远洋的贸易、考察研究和情报搜集活动。

实际上早在1945年，斯大林在海军建军节的演说中便提出

---

① ［英］戴维·费尔霍尔著：《俄国觊觎海洋——对苏联海上力量扩张的研究》，上海市“五·七”干校六连翻译组译，上海：上海人民出版社1974年版，第194页。

了新的海军建军思想。他指出红色海军应当去支援世界各地的革命运动，红色舰队应当开进全世界所有的海洋中去，努力使苏联从被包围的海域和其他地理限制中解脱出来。[①] 配合20世纪六七十年代苏联突破西方国家遏制封锁线、在第三世界扩大影响战略的实施，时任苏联海军司令的戈尔什科夫宣称，“随着苏联经济力量的增长，它在海洋上的利益分布得更广泛了，这就必然使海军要面对保护它们的新要求，以免受到帝国主义的侵犯”[②]，而苏联海军的任务，“就是在世界一切海洋中向资本主义海军的优势挑战”。[③]

在戈尔什科夫看来，在世界政治极端对立的集团被海洋隔开的情况下，政治措施的成效和战略任务的解决，在很大程度上将取决于海军的实力及其对武装斗争的实际贡献。由于海洋不属于任何国家，和平时期海军的活动不会受到很多限制就能够达到政治目的。长久以来，帝国主义将其在海洋上的力量优势用作“推行征服、奴役其他国家和民族的侵略政策”的工具，用作加剧国际紧张局势、在世界各地发动战争及军事冲突的手段。例如，二战结束后，美国借助于海军，封锁革命的古巴，派遣反革命军队进入古巴领土，镇压多米尼加共和国的民主运动，在智利推翻进步制度，在其他拉丁美洲国家帮助反民主力量，企图保持和恢复自己对摆脱了资本主义剥削压迫的老殖民地以及其他国家人民的统治。而苏联海军力量作为和平时期外交的重要支柱，其实力的提升可以打消帝国主义的侵略欲望，遏制战争冒险和坚决反对帝国主义大国实施的威胁各国人民安全的政策。与此同时，海军在进行外交活动时，可以向受访国家人民展示社会主义在苏联的胜利，展示苏联在科学技术和工业上取得的巨大成就，展示苏联的

① ［美］唐纳德·米切尔著：《俄国与苏联海上力量史》，朱协译，北京：商务印书馆1983年版，第509页。

② 费尔霍尔著：《俄国觊觎海洋—对苏联海上力量扩张的研究》，第284页。

③ 费尔霍尔著：《俄国觊觎海洋—对苏联海上力量扩张的研究》，第282页。

思想文化和生活方式，是加强苏联同各友好民族和国家在经济、政治、文化、科学技术方面的交流的重要手段，为"增进各国之间和人民之间的相互谅解以及巩固苏联的国际威信做出贡献"，"有助于苏联同一系列发展中的主权国家的国际联系"。[①]

在这种思想指引下，苏联从20世纪60年代开始，海军建设得到飞速发展，逐步摆脱了陆军战略的束缚。在苏联的国防预算中，海军经费所占比例早已从赫鲁晓夫时期的大约15%增长到七十年代中期的大约30%。在1967年至1977年间，苏联用以建造军舰的费用，比美国多50%左右，1978年仍比美国多三分之一。1966年，苏联宣布其核潜艇能够在潜水状态下抵达世界任何地方，1967年宣称能够胜任任何具有攻击性质的战略任务。60年代后期，苏联建立了地中海和印度洋分舰队，1970年起苏联海军开始进行全球性海洋演习，到70年代末时苏联已经建成并使用30多个海外军事基地。到了20世纪80年代，苏联已建成包括波罗的海、北方、黑海、里海、太平洋等五个舰队在内的远洋海军，共有水面舰艇1297艘、潜艇377艘、海军航空兵飞机1440架。[②] 此时，苏联的海军规模已位居世界第二，是传统海上强国英国海军规模的2倍。

与此同时，苏联海军开始以日益增多的次数，从波罗的海和黑海出发，驶入地中海、印度洋甚至加勒比海的暖水中巡弋。以1970年苏联海军在大西洋、太平洋、印度洋、黑海、波罗的海、地中海、日本海、挪威海、菲律宾海以及鄂霍次克海和巴伦支海同时进行"海洋演习"为标志，苏联海军已经发展成为一支强大的远洋海军，特别是以配备各型导弹且数量极为庞大的潜艇部队最为令人瞩目。海军力量的大发展，使得戈尔什科夫于70年代

① ［苏］谢·格·戈尔什科夫著：《国家的海上威力》，济司译，北京：三联书店1977年版，第411—412页。

② ［美］唐纳德·怀特著：《美国的兴盛与衰落》，徐朝友等译，南京：江苏人民出版社2002年版，第409页。

中期自豪地宣布："在这相对短暂的历史时期里，苏联海军已经变成了一个重要的战略因素，变成了一支能够抵抗来自海上各个方向的侵略和在世界海洋上完成重大战役和战略作用的力量。"[①]

在战略核力量保持大致均势的情况下，苏联大力发展海军之举当属在地缘政治上打破美国构建的遏制锁链、进行战略突破的重大举措，海军成为苏联推行意识形态传播的一种重要的工具。戈尔什科夫就宣称，"现在苏联船只的旗帜在海洋最遥远的各个角落飘扬着，我们的海军具有实力，顺利地担任为维护苏联和社会主义世界利益的各项任务"。[②] 在此情况下，苏联海军以及商船队都成为进行威慑、宣传或与海外友好国家维持联系的媒介，这便为苏联与非毗邻地区发展关系、发挥政治影响、打破西方国家遏制封锁线发挥了关键的作用。用戈尔什科夫在 1970 年海军节的发言来说就是，"苏联的舰只出现在这些地区，就束缚了帝国主义者的手脚，剥夺了它们随意干涉各国人民内部事务的机会"。[③] 而苏联远洋舰队的建立，"可以视为是同原子弹、洲际弹道导弹制成一样对世界政治起决定性影响的重大事件"。[④]

苏联大力发展海上力量、并在远洋频繁活动之举，引起世界各国的瞩目。1968 年当一支苏联舰队访问印度洋沿岸数国之后，印度报纸曾评论道，"苏联海军到达印度洋，意味着自达伽马以来，西方海军在印度洋的优势第一次遭到挑战"。[⑤] 1969 年 9 月，几乎在利比亚卡扎菲发动军事政变推翻伊德里斯王朝的同时，大批苏联海军船只在东地中海进行了战略部署，有效地遏阻了西方国家可能的干涉行动，引发了国际社会的高度关注。随着苏联海军舰只在伊拉克、印度、索马里、也门、坦桑尼亚和其他国家港

① 左荣凤著：《致命的错误：苏联对外战略的演变与影响》，第 231 页。
② 费尔霍尔著：《俄国觊觎海洋——对苏联海上力量扩张的研究》，第 286 页。
③ 米切尔著：《俄国与苏联海上力量史》，第 634 页。
④ 戈尔什科夫著：《国家的海上威力》，第 459 页。
⑤ 费尔霍尔著：《俄国觊觎海洋——对苏联海上力量扩张的研究》，第 252 页。

口和相关航道上的不时出现，很多西方观察家不无畏惧地看到，印度洋的两大入口之一——苏伊士—红海航道现在已为苏联的受援国——阿拉伯联合共和国（现埃及）所控制，另一大入口——马六甲海峡也曾有一段时间被亲苏的印度尼西亚苏加诺政权所控制，这对西方世界赖以生存的国际油运航道和其在印度洋上的传统军事地位均构成了几乎致命的挑战。

20 世纪六七十年代苏联在海军建设上的巨大努力及对海军作用的重视，表明了一种关于建设、使用海上力量的全新观念。尽管有学者认为，由于苏联没有将美苏竞争升级为一场热战的意图，苏联海军战略与马汉的“制海权”学说有所不同，“苏联决策者并不真正打算使用海上力量、通过与其主要敌手的决战夺取与控制海上霸权”，[①] 而苏联海军在水面舰艇、海军航空兵等很多领域当中也不足以直接挑战美国等西方国家的海上优势；但苏联海军的大发展，至少大幅削弱了美国海军的全球战略优势地位，前者已经具有足够的力量威慑、限制美国等西方国家在第三世界的行动，并将自身的影响力投射到西方国家遏制封锁线之外，这无疑是对战后苏联地缘政治态势的极大改善。

四、苏联对外战略中的地缘政治因素

美国著名苏联问题专家、前国务卿康多莉扎·赖斯（Condoleezza Rice）曾指出，苏联对外战略与传统国家存在根本的区别：苏联对外战略一方面受到意识形态的强烈影响，将追求“社会主义的全球胜利”作为最终目标，这便意味着要摧毁现有的国际体系；但另一方面，苏联也特别依赖使用“现实政治”手段以在现有的国际体系内保卫苏维埃国家。苏联对外战略的这两个方面存在着内在的紧张关系，这使得苏联在政治目的和军事手段之间进

① 戈尔什科夫就一向认为夺取制海权不是目的，而是为“控制世界”建立“一定的前提条件”。参见戈尔什科夫著：《国家的海上威力》，第 301 页。

行协调的努力比对任何其他大国都困难。[①] 尽管如此，在苏联对外战略的制定与实施的过程中，如何认识、分析和利用地理因素从而为既定的宏观战略目标服务，一向都是苏联决策者最常用的思维方式之一，这一点无论是在追求社会主义全球胜利、抑或是保卫苏联国家的对外战略中均表现得极为突出。

早在十月革命胜利之初，苏联实际上就面临着极为现实的地缘政治难题：当苏维埃政权大致消除了其所面临的内外危险的同时，原本一度高涨的社会主义革命浪潮却在欧洲逐步消退，成立伊始的苏联很快发现自己陷入到敌对的资本主义大国的重重包围之中，被孤立于整个国际秩序之外。为从理论和思想上解决这一难题，斯大林以“一国建成社会主义”取代了“不断革命”论，认为苏联正处于一个较长的、与资本主义世界“旗鼓相当、和平共处”的时期，而保卫苏维埃国家也正式被奉作苏联经久的日常目标。[②] 在这一战略的指引下，尽管苏联从未真正放弃“在世界范围内战胜资产阶级”的根本目的，但至少是在国家层面上，苏联尤为注重采取一种传统的、以衡量国家权势具体得失的对外战略。1939 年苏联与纳粹德国达成协议，划分欧洲势力范围，谋求建立“东方战线”之举，其目的也在于克服其地缘政治窘境、巩固并寻机扩大自己的势力范围。

第二次世界大战之结局，连同历史上所发生的诸次战争一样，再度证实了这一事实，即：从地理因素上讲，至少在常规战争当中，苏联在防御方面拥有着无与伦比的优势，它几乎是难以攻破的。历史上唯一真正获得成功的陆上征服者是蒙古人。而包括条顿骑士团、约翰三世的瑞典、拿破仑、协约国干涉军和纳粹

---

① ［美］康多莉扎·赖斯：《苏联大战略的演变》，载［美］保罗·肯尼迪编：《战争与和平的大战略》，时殷弘等译，北京：世界知识出版社 2005 年版，第 148 页。

② 厄尔·齐姆科：《阶级战争的战略：苏联（1917 至 1941 年）》，载［美］威廉森·默里、［英］麦格雷戈·诺克斯、［美］阿尔文·伯恩斯坦著：《缔造战略：统治者、国家与战争》，时殷弘等译，北京：世界知识出版社 2004 年版，第 544 页。

德国在内，来自西方的、经常性的大规模军事入侵都在俄国（苏联）广阔的幅员和严苛的气候条件面前败下阵来。拿破仑就曾感叹道，他所统帅的 60 万大军面临的对手，不是天才的俄军将领库图佐夫，而是俄罗斯的“二月将军”（le Général Février）①。对于来自海上的入侵者而言，成攻地攻入俄罗斯（苏联）也面临诸多地理困难：俄罗斯（苏联）大部分海岸线受到长年不融的坚冰的严密保护，历史上的海上入侵者仅在南方黑海沿岸的克里米亚地区和远东的符拉迪沃斯托克，方能找到一些可乘之机。

尽管在防御上拥有许多天然优势，但俄罗斯（苏联）在地理上的劣势也很明显：克里米亚战争与日俄战争表明，地理因素在成功地保护了俄国的同时，对其军事力量的向外投射也有巨大的限制作用。受到有限的入海口、特别是通向暖水的入海口数量和彼此距离上的限制，使得俄国（苏联）几大舰队之间的配合至为困难。丹麦海峡和土耳其海峡可以有效地封锁波罗的海舰队和黑海舰队，太平洋舰队和北方舰队虽然没有因必须使用外国出海口而受到限制，但冬季海水的封冻极大地妨碍了舰队的机动能力。正是由于这种原因，俄国或苏联在各个战略方向调遣海军舰队变得几乎不可能，这使得敌国海上力量如集中于单个战略方向便足以击败俄国或苏联海军。关于这一点，戈尔什科夫也承认，苏联海军为了进入大洋，被迫越过辽阔的区域，强行渡过要么是帝国主义国家海军控制的，要么是一贯受到帝国主义国家所在的军事侵略集团内的盟国监视的狭窄处和海峡。与此同时，俄国或苏联的海军基地大多数分布在寒冷地区，舰艇机动和维持海军战备等一系列活动均存在严重的困难。② 正是为了改善这种地缘政治困境，打开通向“暖水港口”的通道，便成为历史上俄罗斯一直锲而不舍的领土势力扩张方向。美国地理学家埃德蒙·沃尔什

① ［英］杰弗里·帕克著：《地缘政治学：过去、现在与未来》，刘从德译，北京：新华出版社 2003 年版，第 15 页。

② 戈尔什科夫著：《国家的海上威力》，第 301 页。

(Edmund Walsh) 指出，“通向海洋的渴望和不断开拓新领地的进程，就构成了俄国历史上最重要、最根本的因素”。[①]

二战结束后，特别是中国革命胜利后，以苏联为首的社会主义阵营势力大增，一度将影响力覆盖到欧亚大陆的绝大部分区域，只有西欧、中东、印度次大陆以及东亚部分附属岛屿处于社会主义阵营之外。但也正是在这些地区，美国等西方国家构建起北大西洋公约组织、中央条约组织与东南亚条约组织等一系列同盟体系，形成了所谓的遏制封锁线，极大地限制了苏联政治与军事影响力的对外扩散，社会主义的苏联依然被锁在资本主义世界所设置的囚笼当中。而 60 年代初中苏同盟的分裂，更对苏联的地缘政治形态构成了几乎致命的打击。为此，苏联自 60 年代开始加强对第三世界国家军事经济援助、大力发展海军、寻求建立海外军事基地甚至直接介入部分地区军事冲突的政策，均可以被视为是苏联打破西方国家遏制链条、改善自身地缘政治形态、提高国际影响力的战略性举措。

但正如上文所分析的那样，20 世纪 60 年代后苏联的对外战略虽具有一定的地缘政治意义和现实可行性，但其主要的缺陷，就是战略目标与手段的脱节。换言之，苏联所追求的大战略目标远远超出了其国力能够承受的范围：与美国构筑的同盟体系不同，也与苏东国家集团不同，苏联此时凭借大量经济与军事援助在第三世界国家争取到的所谓“友好国家”，大多经济羸弱、政局动荡。苏联虽可利用这些国家对西方殖民主义与帝国主义几乎出自天然的反感为自身利益服务，但同时也使自身背上了沉重的经济负担。有数据显示，苏联对外经济、军事援助的总额，从 1955 年的 67 亿美元猛涨至 70 年代末的 576 亿美元。到 80 年代中期，苏联向发展中国家提供的经济和军事援助总额已经占到其国民生产总值的 1.4%，而美国提供的类似援助则不到国民生产

① 帕克著：《地缘政治学：过去、现在和未来》，第 150 页。

总值的0.3%。[①] 在经济实力远不及美国的情况下，苏联同美国在第三世界的较量中，承受了比西方发达国家沉重得多的负担。加之苏联随着国力的膨胀，不断大辐增长对军事实力、特别是海军建设的投入，使得本已处于高度紧张的国民经济逐步进入停滞的状态，这都为苏联在20世纪90年代的消亡埋下了伏笔，最终出演了一幕现代版的“帝国过度扩张”的悲剧。

与此同时，尽管洋溢着浓厚的意识形态色彩，但冷战中后期苏联的对外战略依然体现出帝国主义争霸时代以空间多寡衡量权势大小的传统地缘政治思维模式，而苏联在第三世界国家和地区与美国展开的争夺、特别是苏联在部分地区所奉行的干涉和侵略政策，也具有特别鲜明的霸权主义与沙文主义色彩，基本无益于当地社会的稳定发展，格外加剧了部分地区乃至整个国际局势的冲突和动荡。特别是在苏联悍然入侵阿富汗之后，它完全失去了政治和道义上的优势，那些被纳入苏联体系的第三世界国家逐步认识到，苏联所谓的“国际主义”实际是为苏联利益及其全球争霸目标服务的，苏联的相关政策无法使它们走上真正的国家独立与经济繁荣之路，因此它们对跟随苏联对抗美国等西方国家的必要性开始逐渐产生怀疑，对苏联政策的霸权主义实质也有了愈发清醒的认识。在此情况下，苏联不仅没有达到扩大自身影响的目的，反而使自己背上沉重的包袱，其与第三世界国家的关系最终也受到极大的削弱。

第四节　俄罗斯：欧亚主义与心脏地带

在现代地缘政治研究的发展历程中，一向存在着一个颇为矛盾的现象：一方面，早自弗里德里希·拉采尔（Friedrich Ratzel）

① 左荣凤著：《致命的错误：苏联对外战略的演变与影响》，第223页。

和哈尔福德·麦金德（Halford J. Mackinder）那个时候起，俄罗斯帝国及后来的苏联便以其辽阔的疆域、丰富的资源、独特的位置及较西方社会大不相同的历史文化，始终吸引着地缘政治研究者的注意，对俄帝国（及后来的苏联）地缘政治形态及其影响的描述、假设与推断几乎占据了现代地缘政治思想文本的主要篇幅；但另一方面，除20世纪二三十年代以尼古拉·特鲁别茨科伊王子（Prince Nikolai S. Trubetzkoy）、彼得·萨维茨基（Petr N. Savitsky）等人为代表的个别俄国流亡者曾出版过一些多少涉及地缘政治的著述外，俄罗斯并不存在严格意义上的地缘政治学术传统。特别是在苏联时期，由于意识形态方面的原因，很多苏联的国务活动家和学者尽管在对外政策筹划和实践过程中往往自觉地使用地缘政治视角分析考察问题，但他们至少在政策表述和口头宣示上无一不对“地缘政治”一词抱有足够的警惕，大多都断然拒绝将自己的研究归于此类，“地缘政治”成为了苏联学术研究的一个禁区。①

但随着苏联的解体与冷战的结束，这种长久以来的沉寂局面却发生了令人瞠目的变化。自20世纪90年代开始，地缘政治研究在很短时间内就渗透到俄罗斯联邦政治、军事、外交与教育等各个领域：地缘政治作为一门大学课程在俄全国得到了普及，相关的著作、教材与研究机构大量出现；地缘政治研究得到了俄军方的高度重视，俄军事机构、很多军方杂志和军事院校的教学大纲都将其置于突出的位置；尽管在概念信条与文本表述方面存在分歧，但当代俄罗斯几乎所有的政治势力都在热情拥抱这一术语，“地缘政治已经成为横跨俄罗斯国内政治光谱的一门显

① Vladimir Kolossov, and Rostislav Turovsky, “Russian Geopolitics at the Fin-de-siecle,” in Andrew H. Dawson, and Rick Fawn, eds., *The Changing Geopolitics of Eastern Europe*, London: Frank Cass Publishers, 2003, p. 143.

学”[1]。经过20年的发展狂飙后，地缘政治的概念和论断在俄政治生活与公共政策话语中的流行已成为当代俄罗斯最值得注意的社会、政治与文化现象，它已经成为相当多的俄罗斯人认识思考自我历史身份、民族认同、政治局势、国家命运和全球地位的基本途径之一。

一、俄罗斯地缘政治思想的理论渊源

冷战后俄罗斯地缘政治思想的形成与发展，与两种思想传统紧密相关。一是所谓的“欧亚主义”（Evraziistvo）传统，它是20世纪二三十年代一些为躲避俄国革命而逃至布拉格、柏林与巴黎等地的俄国移民创立的一种文化—哲学思潮。主要以特鲁别茨科伊、萨维茨基等人的著述为代表，这种思想力图为苏维埃革命后的俄罗斯寻求一种新的文化视角，以拒斥布尔什维克主义和“堕落的”西方文明在俄罗斯的广泛“蔓延”，重塑俄民众对自身历史与文化的理解。在欧亚主义者看来，俄罗斯广阔的领土空间自古就是东西方文明的撞击点和结合部，历史上各个族群与文明在这里相互竞争、冲突与交融，从而形成了一个有机且不可分割的命运共同体。特别是俄帝国在4个多世纪的时间里向东方的扩张，将一大批非俄罗斯人纳入这一命运共同体当中，因此俄罗斯不仅含有诺曼人和斯拉夫人的欧洲成份，也传承了拜占庭和鞑靼人的东方基因，最终形成了一种独特的“欧亚”文化特性。出于这种原因，俄罗斯既不属于西方文明亦不属于东方文明，相反它应当是一个独特的欧亚文明共同体，这个共同体“显示了俄罗斯在历史文化和民族心理上的完整统一”[2]。

---

① Natalia Morozova, “Geopolitics, Eurasianism and Russian Foreign Policy Under Putin,” *Geopolitics*, Vol. 14, No. 4, 2009, p. 669.

② Mrak Bassin, “History and Philosophy of Geography,” *Progress in Human Geography*, Vol. 21, No. 4, 1997, p. 565.

在欧亚主义者眼中，西方是俄罗斯欧亚文明的天生大敌。值得注意的是，欧亚主义眼中的“西方”在地理上实际涵盖了包括波兰、立陶宛、瑞典在内位于俄罗斯以西的任何国家。在他们看来，“对东方发起猛攻”在历史上实际是整个欧洲的总口号。从条顿骑士团、约翰三世的瑞典、拿破仑、波兰白军到纳粹德国，来自西方的经常性大规模军事入侵已成为俄罗斯历史演进中格外痛苦的一部分。西方对俄罗斯的威胁不仅来自军事层面，更是文化层面的，其实质是两种文明（即“罗马—日耳曼”文明与“希腊—斯拉夫”文明）千年敌对的历史延续。而彼得大帝通过欧化改革从而使俄罗斯“融入欧洲大家庭”的尝试，实质上给俄罗斯独特的欧亚文明带来深重灾难：“（俄帝国）表面上的强大是以付出欧洲对俄罗斯全方位的文化和精神奴役为代价的”，它破坏了俄民族的统一与历史文化的传承，广泛挑起了俄帝国各阶层、等级和宗族之间的纷争，其结果则造就了一个“畸形的俄罗斯”。苏维埃革命后布尔什维克所推行的政策，在本质上是彼得大帝欧化政策“更大规模和更热情的继承者”，“从而使俄罗斯更加难以摆脱欧洲文明的桎梏”。①

与对西方文明的极端敌视不同，欧亚主义认为亚洲文明对俄罗斯更具亲和力，因为亚洲文明与俄罗斯的欧亚文明实际上拥有“共同的起源”。萨维茨基就将罗斯被迫臣服金帐汗国的历史视为罗斯防御西方文明威胁所采取的一项必要措施，甚至是一种与蒙古人的攻守同盟，因为那一年正好是罗马教皇宣布发动“反对分裂派教徒（即东正教教徒）与鞑靼人”的十字军东征的年头，而当年拒绝与金帐汗国结盟的白罗斯、基辅、加里西亚最终都成了西方（立陶宛与波兰）兵锋的牺牲品。因此，罗斯表面上的屈从实际上最终保护了自己精神的自由和独立，不再受侵略成性的

① ［俄］瓦列里·列昂尼多维奇·彼得罗夫著：《俄罗斯地缘政治：复兴还是灭亡》，于宝林等译，北京：中国社会科学出版社2008年版，第112页。

日耳曼世界的威胁。[1] 正是通过这种方式，蒙古等亚洲文明的历史被成功嫁接到俄罗斯的历史演进当中，俄罗斯也因此被认定为一种具有独特历史与文化认同、完全不同于西方的文明形态。

欧亚主义绝非仅仅是一种文化—哲学思潮，它还具有一定的地缘政治色彩。在欧亚主义者看来，欧亚大陆不应仅划分为欧、亚两个大洲，而应由欧洲、亚洲与“欧亚”（或“欧亚—俄罗斯”）三个部分组成。欧亚主义者眼中的欧洲是位于俄西部边界之外的一个半岛及其附属的岛屿，亚洲仅包括中东、伊朗、印度和中国等西亚、南亚和东亚国家，欧亚大陆除此之外的其他地区都属于“欧亚世界”。这里位于欧亚大陆的关键位置，它所拥有的特殊完整的地理形态（如辽阔的疆域与大致平坦的地形地貌）与近乎封闭的自然环境（如出海口之缺乏、大陆特征以及交通上相对隔绝），在为俄罗斯民族提供了独特的“发展空间”的同时，也决定了俄罗斯所独有的民族性与国家角色。总之，俄罗斯在文化与地理上不同于欧洲与亚洲的“第三洲”特征，使其必然拥有一条与西方文明截然不同的“特殊道路”。[2]

影响冷战后俄罗斯地缘政治思想的另一大理论传统，是以麦金德、卡尔·豪斯霍弗（Karl Haushofer）、卡尔·施米特（Carl Schmitt）等人为代表的经典地缘政治理论。特别是麦金德及其“心脏地带”理论，对冷战后俄罗斯地缘政治思想的形成影响颇深。作为现代地缘政治思想的主要奠基者，麦金德在其1904年的著名论文《历史的地理枢纽》中将欧亚大陆的中心和北方区域视为世界政治的“心脏地带”，这里地域辽阔，资源丰富，与外界相对封闭，没有通向适宜航海水域的通道，有利于陆地机动性的发挥。在历史上，严苛的自然环境致使这里只能维持稀少的人

① Marlène Laruelle, “The Two Faces of Contemporary Eurasianism: An Imperial Version of Russian Nationalism,” *Nationalities Papers*, Vol. 32, No. 1, 2004, p. 116.

② Marlène Laruelle, “The Two Faces of Contemporary Eurasianism: An Imperial Version of Russian Nationalism,” *Nationalities Papers*, p. 117.

口，向来就是军国主义的统治地与强权专制的栖息所，只能凭借某种形式的独裁或专制统治方可整合为一体。随着海权优势时代（即所谓“哥伦布时代”）的行将结束和交通通讯技术的飞速发展，愈发密集的铁路网与快速普及的工业化使得这一区域在更为紧密地聚合的同时，也大大有利于其机动性的大幅增强。其后果是对海权世界构成日益严重的压力，并终将发展成为“对世界自由的严重威胁”。①

麦金德的“心脏地带”理论引发了冷战后俄罗斯地缘政治学者的极大兴趣。尽管麦金德的出发点建立在巩固英帝国全球利益与维系霸权基础上，其政策建议目的在于如何阻挠和破坏“心脏地带”的权势潜力②，但麦金德宏大的战略视野，及其对俄罗斯民族气质、资源领土所具备的庞大权势潜力的认识，仍为当代很多俄罗斯学者所赞赏，并认为这正是他远远高于历史上大多数战略家的地方。俄当代最有名的地缘政治学者亚历山大·杜金（Aleksandr Dugin）就将麦金德视为“在解释世界政治历史方面最大胆和最具革命性的学者”，将其《历史的地理枢纽》一文视为“解释世界历史规律最重要的地缘政治文本”③。在这些学者的鼓吹下，麦金德的著述在一些重要杂志上反复被引用刊载，当代俄罗斯几乎所有的地缘政治论述都或多或少地与其理论有所关联。④ 尽管这些学者对麦金德理论的理解存在不小的差异，但他们都对“心脏地带”在世界历史中具有的重要意义持肯定态度。

---

① H. J. Mackinder, “The Geographical Pivot of History,” *The Geographical Journal*, Vol. 170, No. 4, 2004, p. 342.

② Klaus Dodds, and James D. Sidaway, “Halford Mackinder and the ‘Geographical Pivot of History’: A Centennial Retrospective,” *The Geographical Journal*, Vol. 170, No. 4, 2004, p. 292.

③ Mark Bassin, and Konstantin E. Aksenov, “Mackinder and the Heartland Theory in Post-Soviet Geopolitical Discourse,” *Geopolitics*, Vol. 11, No. 1, 2006, p. 106.

④ William C. Wohlforth, “Heartland Dreams: Russian Geopolitics and Foreign Policy,” in Wolfgang F. Danspeckgruber, ed., *Perspective on the Russian State in Transition*, Princeton: LISD, 2006, p. 265.

在俄罗斯实力大幅衰减、国际地位不断下降、政治经济迅速恶化的不利局面下，麦金德在一个世纪之前的预测与断言使很多俄罗斯人“开始相信他们的国家在世界历史中的胜利是不可避免的结果，俄罗斯恢复伟大地位的希望正寄托在这个理论上”①。

另外，经典地缘政治的又一大理论传统——“德国地缘政治学”（Geopolitik）也得到了俄罗斯当代学者的充分注意。虽然自二战结束以来，“德国地缘政治学”一直被苏联学者谴责为一种垄断资产阶级的反动理论及纳粹德国疯狂侵略政策的帮凶，但以“德国地缘政治学”领军人物豪斯霍弗的著作2002年在俄罗斯首次出版为标志，“德国地缘政治学”重新引起了当代部分俄罗斯学者的极大兴趣，包括“有机体”（Organismus）、“空间征服”（Raumüberwindene）、“生存空间”（Lebensraum）、“大空间”（Grossraum）等在内的很多概念和观点，经过俄部分学者与政治家的解读与论证，开始在俄罗斯当代公共政策和学术辩论中被引用与讨论。② 这部分学者希望通过对上述观点的考察与审视，从中发掘对俄当前地缘政治形态与未来战略规划可能具有的启示与意义。

除直接受益于上述两种思想传统外，冷战后俄罗斯地缘政治思想还多少掺杂了其他许多政治与社会理论，如共产主义理论、东正教教义、原教旨民族主义等等。在部分俄罗斯地缘政治拥护者那里，这些看似彼此矛盾的政治与社会学理论都被吸纳与调和，地缘政治也因而成为了一把“哲学的大伞”，吸收了后苏联时代俄社会中先后涌现的很多激进的政治思想。③ 因此，一些学者将冷战后俄罗斯地缘政治思想视为一种无所不包的理论集合体

---

① Charles Clover, “Dreams of the Eurasian Heartland: the Reemergence of Geopolitics,” *Foreign Affairs*, Vol. 78, No. 2, 1999, p. 9.

② Mark Bassin, and Konstantin E. Aksenov, “Mackinder and the Heartland Theory in Post-Soviet Geopolitical Discourse,” *Geopolitics*, p. 101.

③ Charles Clover, “Dreams of the Eurasian Heartland: the Reemergence of Geopolitics,” *Foreign Affairs*, p. 9.

并非全无道理，这可能也正是它能够同时被俄左右翼政治势力广泛接受的主要原因。

二、保卫心脏地带：防御的欧亚主义

冷战后俄罗斯地缘政治最为鲜明的特色，在于其集中围绕欧亚主义与经典地缘政治理论（特别是麦金德“心脏地带”理论）的叙事风格。但是，俄罗斯当代地缘政治研究界对于上述两大思想传统的认识实际上存在着极为明显的差别。

在一部分俄罗斯学者看来，欧亚主义传统中的“欧亚”概念与麦金德“心脏地带”概念在地理范围上是大致等同的，两者都明确定义了俄罗斯的地缘政治属性。在这种观点最为著名的拥护者——俄罗斯联邦共产党领导人根纳季·久加诺夫（Gennadii Ziuganov）看来，在过去几百年间，俄帝国的辽阔疆域在为俄罗斯独特的文明形态提供地理空间基础的同时，也界定了其历久不变的地缘政治身份。这一地带在地理上由辽阔的内陆空间构成，具有向内的凝聚力，但它与海洋之间的联系却几乎完全被切断，这正是俄罗斯政治文化从一开始就具有的基本特征。麦金德将该地带赋予“心脏地带”的称谓，是对其极端重要的地理与历史地位的承认。从历史上看，俄罗斯只有一次越过太平洋在阿拉斯加半岛建立了统治，但俄罗斯最终失去这个殖民地并从北美迅速后退，实际上为其大陆特性提供了一种历史反证。[①] 与麦金德对这个大陆堡垒“交通不便、不易受到攻击”的描述相比，久加诺夫从逆向的视角出发，将“心脏地带”视为一个在防御上相对有利、内部高度整合和自给自足的政治地理区域。

在全球地缘政治层面上，这些学者赞同麦金德关于世界历史中陆权与海权不可调和、永恒对立的观点，也同样认可欧亚主义

① Mark Bassin, and Konstantin E. Aksenov, “Mackinder and the Heartland Theory in Post-Soviet Geopolitical Discourse,” *Geopolitics*, p. 103.

者将西方作为俄罗斯头号大敌的论断。在他们看来，俄罗斯的全球地位与应有战略，归根结底取决于“陆权—海权对立”这一基本的地缘政治事实，这是不受历史或政治因素变化影响的，无论“俄罗斯是独裁主义、共产主义或如今天一样——虚假民主的”①。在历史上，西方国家正是基于这种事实不断地封锁与围堵“心脏地带”：一战后《凡尔赛和约》在中东欧地区制造一系列新民族国家的做法，完全是西方试图构筑起一条“带状防疫线”从而阻止苏联与德国“大陆集团”的贯通，并对“心脏地带”实施直接威胁；冷战期间，美国等西方国家的“遏制”政策同样出于围堵“心脏地带”的需要，而非单纯地从意识形态角度出发反对苏联；当代俄罗斯的地缘政治地位依然建立在这一“地缘政治事实”的基础上：不论俄罗斯如何努力融入西方主导的国际体系、加快西方式民主步伐并主动消除对西方的军事威胁，但仅仅是由于地缘政治原因，西方社会在思想深处长久隐藏的“恐俄症”（Russophobia）就注定会延续下去。② 而一个世纪前“麦金德的基本诉求就是清除俄罗斯对‘心脏地带’的控制，这与俄罗斯今天的‘死对头’布热津斯基与基辛格的理念是完全一致的。……冷战结束后北约完全是在按照麦金德的方式，力图建立起对东欧的控制以便控制‘心脏地带’”③。

这部分学者据此指出，俄罗斯的切身利益、应有战略及其历史命运也是由这个基本的地缘政治事实所定义的。基于“心脏地带”是一个在地缘政治上自我整合、在经济上自给自足、具有独特文明形态的地理历史区域，因此，冷战时期苏联在世界范围内极力扩大影响、与美国进行全球权势争夺的战略显然是错误的：

① Mark Bassin, and Konstantin E. Aksenov, “Mackinder and the Heartland Theory in Post-Soviet Geopolitical Discourse,” *Geopolitics*, p. 103.

② Charles Clover, “Dreams of the Eurasian Heartland: the Reemergence of Geopolitics,” *Foreign Affairs*, p. 12.

③ Mark Bassin, and Konstantin E. Aksenov, “Mackinder and the Heartland Theory in Post-Soviet Geopolitical Discourse,” *Geopolitics*, p. 104.

“苏联这种‘海市蜃楼’般的举动在分散了其力量的同时，也丧失了对‘鼻子底下’的政治进程的必要的控制能力，这正是导致苏联解体的一个主要因素”①。因此，当代俄罗斯必须从中吸取教训，应当在承认“心脏地带”有机统一特征的前提下，通过积极加强俄罗斯与“心脏地带”其他部分（即前苏联已独立的加盟共和国）在政治经济上的相互联系，积极应对西方文明的压迫与威胁，最终恢复“心脏地带”在政治上的统一，使俄罗斯能够在精神与物质资源上得到健康重生。

在文化层面上，这部分学者力图吸取欧亚主义的精神内核，从而为当代俄罗斯的民族身份定位与重塑国家认同提供帮助。他们拒绝将欧亚主义简单地等同于俄罗斯民族主义，久加诺夫就将欧亚主义中有关“欧亚文明共同体”的论述与列宁的民族友好原则相结合，以期在理论上将“心脏地带”内的所有族群都整合为一个拥有共同“欧亚”历史、彼此命运相联的文明整体。在他看来，纯粹的俄罗斯民族主义并不符合俄罗斯联邦的民族、文化与社会现状，完全无助于在鞑靼斯坦与高加索等地区创建国家政治认同。因此，久加诺夫拒绝将自己视为一个俄罗斯民族主义者，而且称是“巴什基尔民族主义者、鞑靼民族主义者、卡尔梅克喇嘛教的坚定保护者”②。这种相对宽泛的民族主义观点，正是久加诺夫1996年总统竞选中在俄少数民族地区能够轻松取胜的原因所在，这与亚历山大·列别德（Aleksandr Lebed）等人较为狭隘、排外的俄罗斯民族主义形成了鲜明的对照。

久加诺夫等人的地缘政治主张，实际上是对俄罗斯独立伊始外交政策的一种理论回击。苏联解体后，俄罗斯对外战略的基本考虑是主张全面加入美国为首的西方国际政治经济和安全体系，

① Mark Bassin, and Konstantin E. Aksenov, “Mackinder and the Heartland Theory in Post-Soviet Geopolitical Discourse,” *Geopolitics*, p. 105.

② Charles Clover, “Dreams of the Eurasian Heartland: the Reemergence of Geopolitics,” *Foreign Affairs*, p. 12.

仿效西方的政治经济制度，争取西方的经济援助和政治支持，从而摆脱国内危机，实现经济繁荣与振兴。与此同时，这一政策还被视为是一种“回归文明”之举，俄罗斯力图再次成为一个“欧洲的学徒”，重新开始其在17世纪中后期由彼得大帝发起的、但在20世纪大部分时间里已经中断的“西方化传统”[①]。不仅如此，重返西方还被认为预示了一个崭新的地缘政治的开始，俄罗斯将永远放弃重建帝国的野心，告别帝国主义的过去，致力于创建一个现代的俄罗斯民族国家。正是在这种思想指导下，俄罗斯在独立之初积极参与西方主导的国际政治与经济机制、力争成为西方国家平等的合作伙伴、与北约合作并分享安全机制，并在削减战略核武器、从波罗的海三国撤军、制裁伊拉克等一系列问题上都向西方做出重大让步。与此同时，俄罗斯还在很大程度上忽视了与其他独联体国家的关系，甚至对部分独联体国家采取了相当强硬的立场，相互关系普遍有所恶化。但是随着时间的推移，俄罗斯向西方的“一边倒”政策，却事与愿违：不仅西方国家的资金、技术援助可望不可及，国内全盘西化的激进改革也陷入重重危机，而且在政治、外交和安全领域，俄罗斯亦常常被以美国为首的西方国家排除在一些重大国际问题决策之外。美等西方国家还利用俄国力衰弱之时大举向其周边渗透，大力挤压俄战略空间，对俄国家安全构成了直接威胁。

在此背景下，久加诺夫等人在地缘政治方面的思考，体现出当代俄罗斯部分左翼人士对于俄独立伊始政治、经济与外交政策的强烈不满，还体现出他们对于苏联解体及由此导致的国家实力与国际地位骤然下滑的极大痛惜，他们力图通过来自地缘政治的解释，重新唤起俄罗斯民众对于苏联时代的“美好记忆”和对俄罗斯发展潜力与光明未来的信心。另外，久加诺夫等人将欧亚主

① Graham Smith, “The Masks of Proteus: Russia, Geopolitical Shift and the New Eurasianism,” *Transactions of Institute of British Geographers*, Vol. 24, No. 4, 1999, p. 482.

义与列宁民族观点相联系的做法，还体现出俄左翼政治力量在社会主义意识形态受到巨大冲击、社会主义运动在俄国内处于低潮的情况下，力图将部分新观点、新思路引入传统意识形态、使后者重获活力从而争取更多公众支持的考虑。他们所宣扬的诸多观点，如西方与俄罗斯经久敌对、俄理当主导“心脏地带”的整合过程、捍卫“欧亚”不受西方入侵等等，表达出很多俄罗斯普通民众由于国力下降、民生凋敝加之对西方希望幻灭所导致的深刻的挫败感，以及由此激发出的要求恢复苏联时代强盛国威、捍卫在原苏联边界内影响、恢复在欧亚大陆传统地位的呼声。

三、拓展心脏地带：进攻的欧亚主义

冷战后俄罗斯流行的另一种更为激进的地缘政治观点，主要体现在以杜金、弗拉基米尔·日里基诺夫斯基（Vladimir Zhirinovsky）等人为代表的右翼政治势力的相关论述当中。同久加诺夫等人类似，麦金德在全球地缘政治层面上有关海陆权永恒对立的观点受到了这些学者的热情拥护。杜金就将陆上文明与海上文明视为世界文明的两种最主要的类型，分别有其独特的经济增长与国家建构方式，并且两者通常处于一种长久延续的洲际战争当中。杜金用“欧亚主义”与“大西洋主义”的对抗来替换麦金德的陆权与海权的对抗，并将这种对抗认定为全球历史中最重要和最持久的政治断层线。在他看来，俄罗斯在欧亚大陆上独特的地缘政治位置，必然导致它在经济与政治模式上与西方之间存在永久的差异，正是这种差异而非不断变动的意识形态，是西方社会对俄罗斯抱有持久敌意的真正来源。[①] 冷战结束后，美国等西方国家在北约东扩等问题上所采取的政策，其实质是西方不惜一

① Vladimir Kolossov, and Rostislav Turovsky, “Russian Geopolitics at the Fin-de-siecle,” in Andrew H. Dawson, and Rick Fawn, eds., *The Changing Geopolitics of Eastern Europe*, p. 145.

切代价最大程度削弱“心脏地带”政策的当代延续：“正是麦金德这个‘出色的’英国海上帝国主义代表确立了英美地缘政治的主要倾向，使其成为美国和北约的地缘政治：即以任何方式阻碍‘心脏地带’在地缘政治上影响的加强和扩大”。[①]

如麦金德当年发明“海权—陆权”两分法解释世界历史与国际政治规律一样，杜金也引入了一系列两分法（如“基督教—东正教”、“西方—东方”、“民主—威权”、“个人主义—集体主义”、“以变动为特征的社会—以延续性为特征的社会”等等）来描述俄罗斯与西方之间在宗教、地理、政治与社会等各个层面上的恒久差别。在杜金等人看来，这些差异性正是俄罗斯与西方延续几个世纪的冲突对抗的根源。虽然随着冷战的结束，资本主义与社会主义之间的对抗已成为历史的一部分，但这种对抗——特别是俄罗斯与西方国家之间的对抗却依然以不同形式继续着，而对此的忽视（如俄罗斯独立之初的对外政策）则是违背历史规则的，是对俄历史与文化的彻底否认，也有悖于俄罗斯的根本利益。在这一点上，这部分学者的思想与久加诺夫等人的观点和结论大致相似。

杜金等人对俄罗斯地缘政治的思考，还深受拉采尔、豪斯霍弗、弗里德里希·瑙曼（Friedrich Naumann）以及施密特等德国地缘政治学家的影响，特别是拉采尔、豪斯霍弗、施密特等人有关“大空间”与“空间征服”的观点极大影响了杜金对于俄罗斯未来战略的思考。在他看来，俄罗斯作为一个大陆强权同样处于不断寻求“大空间”的斗争当中。在这个过程中，俄罗斯的命运不能与欧亚大陆的命运相脱离，相反，两者在地缘政治上是共生共存的，欧亚大陆作为一个单独的、紧密联接的地缘政治单元，也是一个具有庞大潜力的地域，而俄罗斯在欧亚大陆“心脏地带”的位置使其成为欧亚大陆的组织中心，它必须也有能力独

① Mark Bassin, and Konstantin E. Aksenov, “Mackinder and the Heartland Theory in Post-Soviet Geopolitical Discourse,” *Geopolitics*, p. 107.

自动员整个欧亚大陆的一体化融合进程，从而再次控制整个欧亚大陆，“这是俄罗斯被注定了的命运”。[①] 而那些位于欧亚大陆边缘的权势力量（即麦金德所说的“内新月型地带”或斯皮克曼所说的“边缘地带”）将与俄罗斯产生“充满活力”的地缘政治互动，结果必使其与俄罗斯建立起同盟或依附关系，保持地缘政治上的从属地位。在杜金看来，欧洲（特别是德国）与俄罗斯存在战略妥协的可能性，前者最终将成为俄罗斯主导下的欧亚大陆体系下的一个同盟者。日本是俄罗斯在东方的天然同盟者，伊朗则是俄在欧亚大陆南方的同盟者。随着这一进程的不断发展，最终将会出现一个四边形的大陆国家同盟体系（即“柏林—莫斯科—东京—德黑兰轴心”），将西方与海权国家的影响完全逐出欧亚大陆。[②] 杜金这种关于建立欧亚大陆同盟从而驱逐海权国家影响的观点，与豪斯霍弗近80年前提出的观点惊人的相似。唯一不同的是，杜金将这个联盟的主导国家从德国换成了俄罗斯。

从严格意义上讲，杜金等人的观点与传统的欧亚主义存在显著区别。后者将“欧亚”限定在原俄罗斯帝国边界内，它构成了一个完整的、自给自足的、具有共同文化—历史特征的地理区域。而杜金对于俄罗斯应有地缘政治形态的理解，不仅远远超出了俄帝国与前苏联的边境，甚至将东欧前社会主义国家，中国东北、西藏与新疆，蒙古，阿富汗甚至土耳其在内的几乎整个欧亚大陆统统都纳入其中，这远远超出了历史上欧亚主义者的论述。杜金在20世纪九十年代初期创办的《要素》杂志中，更是描述了一个领土从都柏林延伸到符拉迪沃斯托克的庞大的“欧亚帝

① Graham Smith, “The Masks of Proteus: Russian, Geopolitical Shift and the New Eurasianism,” *Transactions of the Institute of British Geographers*, Vol. 24, No. 4, 1999, p. 484.

② Marlène Laruelle, “The Two Faces of Contemporary Eurasianism: An Imperial Version of Russian Nationalism,” *Nationalities Papers*, p. 130.

国”。[1] 这种领土扩张的地缘政治目标之一，则正如日里基诺夫斯基所生动表达的那样，“要到达印度洋的海岸”[2]。如果说久加诺夫对俄罗斯未来地缘政治形态的理解用的是一种回归传统的苏联视野（即满足前苏联边界范围内的地理空间）的话，那么杜金等人则得出了俄罗斯整合整个欧亚大陆从而“控制世界上最为有利的地理平台”的结论。杜金的相关论述及其所绘制的这些具有高度挑衅性的示意图露骨地体现出其狂妄的扩张野心。

杜金与欧亚主义之间的又一大区别在于，他对欧亚主义中文化因素（特别是俄罗斯在融合了亚洲文化后所呈现的独特文明特征）的基本忽视，而这一向被认为是欧亚主义最基本的表述方式。相反，他的地缘政治观点表现出一种类似于“德国地缘政治学”的、生硬的、冰冷的表述风格，完全破坏了欧亚主义借用文化手段在俄罗斯民族主义与俄境内其他民族文化之间所构建出的微妙平衡。但是，我们还不能将杜金的观点归结为纯粹的地理决定论，因为杜金从不掩饰其极端的俄罗斯民族主义（甚至是种族主义）立场：在他看来，俄罗斯的民族认同不应来源于传统欧亚主义所断言的“斯拉夫—鞑靼”传统，而应来源于“北欧—雅利安”传统，而这种传统正是俄罗斯在欧亚大陆乃至全球范围内生存发展所具有的优越性所在。杜金在这个方面的论述与纳粹主义当年的言论存在惊人的类似，而杜金本人也从不否认他对纳粹主义的向往。[3] 因此，我们可以将杜金的观点视为 1933 年后融合了纳粹“种族优越论”的“德国地缘政治学”的俄罗斯翻版，他仅仅是借用了欧亚主义与地缘政治研究的外壳，用于装饰其极端激进的种族主义与扩张主义意识形态。

---

① Mark Bassin, and Konstantin E. Aksenov, “Mackinder and the Heartland Theory in Post-Soviet Geopolitical Discourse,” *Geopolitics*, p. 109.

② Marlène Laruelle, “Aleksandr Dugin: A Russian Version of the European Radical Right?” *Kennan Institute Occasional Paper#294*, 1999, p. 7.

③ Marlène Laruelle, “The Two Faces of Contemporary Eurasianism: An Imperial Version of Russian Nationalism,” *Nationalities Papers*, p. 131.

总的来看，杜金的观点实际上是将一些经典的地缘政治表述与俄罗斯部分思想传统进行生硬嫁接的结果，实际存在许多问题。在概念与逻辑方面，“欧亚”时而被理解为俄罗斯，时而被认为是欧亚大陆，并且还不时与“心脏地带”混用，概念与逻辑极为混乱。杜金似乎也乐于刻意模糊这些概念，以便更好地为其论点服务。[①] 而他的理论依据与政策建议，基本上要么是严重落后于时代的发展，要么是早已被历史唾弃。杜金有关建立以俄罗斯为首的反西方“大陆国家联盟”、从而重新培育出一个世界权力中心的观点，更是完全不着边际。在他所规划的这个反西方大陆同盟当中，有两个（德国与日本）都是美国的盟国和公认的西方社会的一部分，并且在这个同盟中除俄罗斯外都不是纯粹意义上的陆权国家。然而就是这些充斥着逻辑和概念混乱的观点，却在冷战后的俄罗斯社会大行其道，获得了很多极右翼政党与拥护者的支持，其部分观点甚至在一定程度上占据了当代俄罗斯公共政策与对外战略辩论的中心位置。

四、质疑“心脏地带”、挑战欧亚主义

在冷战后俄罗斯地缘政治研究当中，欧亚主义与“心脏地带”等经典地缘政治观点被广泛接受，对这两者的现实价值及其意义的探讨，成为后苏联时代俄地缘政治研究的基本线索。但同时，在冷战后俄罗斯的地缘政治思想中，还存在着一些质疑和反对上述两大思想传统的声音。部分俄罗斯学者在批判欧亚主义与“心脏地带”理论的基础上，力求以一种新的地缘政治视角对俄面临的现实政治问题与发展战略进行评判与检讨。虽然此类观点在影响力方面，远不及久加诺夫、杜金等政治人物与公共活动家的相关论述，在冷战后俄罗斯对外政策领域中发挥的作用亦相当

① Mark Bassin, and Konstantin E. Aksenov, “Mackinder and the Heartland Theory in Post-Soviet Geopolitical Discourse,” *Geopolitics*, p. 107.

有限，但这些治学严谨的学者在俄罗斯领土认同、国家建构、文化符号、对外政策等问题上的探讨，可以为全面认识评价俄当代地缘政治研究提供一些新的角度。

这些持批判态度的学者首先力图打破将麦金德“心脏地带”以及“欧亚”概念与俄罗斯历史地理形态相等同的做法。俄当代学者瓦迪姆·辛别斯基（Vadim Tsymburskii）指出，麦金德在1904年和1919年划定的“心脏地带”，从范围上并没有对应俄罗斯真正的历史—地理空间。历史上，俄罗斯实际具有四种不同的政治领土形态：即中世纪的莫斯科大公国、18世纪至20世纪初的俄罗斯帝国、苏联和今天的俄罗斯联邦，但所有这些政治形态的领土轮廓都与“心脏地带”不相吻合。辛别斯基指出，麦金德关于“心脏地带”的构想是一片由沙漠、草原和森林所环绕的、位于欧亚内陆深处的大片区域，但这片区域并不包括欧亚大陆西北部由针叶林与落叶林构成的“辽阔的森林地带”，而这一地带正是俄罗斯历史发展的主要区域。辛别斯基据此认为，确认俄罗斯民族与领土身份的关键，在于判定那些真正支撑俄民族起源和生存发展的地理空间，但“心脏地带”理论显然无法解决这个问题。[①] 不仅如此，这些学者认为“欧亚”概念也同样无法解释当代俄罗斯的地缘政治身份问题：尽管“欧亚”概念在提出之时基本符合苏维埃俄国的地缘政治现实，但后来的苏联在领土范围上逐步扩大，在意识形态上更不同于欧亚主义所构筑的文化认同。而冷战结束后前苏联地区在领土空间上的大幅变更，更拉大了“心脏地带”、“欧亚”等概念与当代俄罗斯在领土、文化上的巨大裂痕。

正是意识到上述问题，这些学者开始寻求一种文化地理而非自然地理方面的解释，以重建俄罗斯民众的政治与文化认同。辛别斯基发展出一种“民族文明平台”概念以取代“心脏地带”

---

① Mark Bassin, and Konstantin E. Aksenov, “Mackinder and the Heartland Theory in Post-Soviet Geopolitical Discourse,” *Geopolitics*, p. 113.

与“欧亚”的提法。他将这个概念定义为由俄罗斯人所征服、居住与开发的区域，即俄民族历史上和现今集中居住的领土。从地域上看，这个民族文明平台包括乌拉尔山以西俄罗斯的“欧洲”部分、乌拉尔与西伯利亚。在辛别斯基看来，从文化角度考察，俄罗斯是一个与欧洲文明（即所谓的“罗马—日耳曼”文明）和亚洲诸文明平行发展的、独立的文明样式；以地缘政治角度考察，则是一个长期被周围文明所包围的“岛屿”（ostrov）。[①] 冷战结束后，这种文明样式开始受到其周围文明的强力渗透，因此俄罗斯目前最紧迫的任务应当是致力于在内部巩固并发展这个民族文明平台，而非谋求“心脏地带”霸权并在未来重建某种帝国模式。

尽管在表述方式上与久加诺夫和杜金等人存在很大区别，并致力于强调“心脏地带”、“欧亚”等概念对于当代俄罗斯并不适用，但辛别斯基思想的基础还是主要来自欧亚主义，其观点同样也建立在对俄罗斯文明排他性和独特性的理解上。而对这种排他性和独特性的强调，在逻辑上必然导致这些学者对俄罗斯步入西方文明道路持有相当的保留态度。因此，他们所讨论的不仅仅是俄罗斯的地缘政治身份，还包括民族与文化身份问题，他们力图通过确定俄罗斯的地理、历史、领土等“客观事实”，为俄罗斯的民族文化身份认定提供理论支持，从而有助于打破那种以迎合西方文明模式、融入西方国家主导的全球化为目标的政策模式，进而实现俄罗斯的“再度复兴”。

真正对“心脏地带”等经典地缘政治理论思想方法提出颠覆性挑战的，则当属以库马卢丁·加吉耶夫（Komaludin S. Gadzhiev）为代表的部分学者的观点。这些学者在回顾了传统地缘政治文本后认为，麦金德理论与其所处的历史时代以及与其本人的价值观背景密不可分，代表了那个时代大英帝国相当一部

---

① Mark Bassin, and Konstantin E. Aksenov, “Mackinder and the Heartland Theory in Post-Soviet Geopolitical Discourse,” *Geopolitics*, p. 114.

分政治精英的国际战略理念。例如，维护大英帝国政治边界之内的经济繁荣，而非与世界经济的其他部分保持紧密联系等“重商主义”观点在麦金德理论逻辑中占据突出的位置。正是这种观点为20世纪初期一些国家（如两次世界大战之间的德国和苏联）谋求经济上自给自足的梦想提供了有力的理论支撑。但随着经济全球化进程的加快与越来越多的国家采用市场经济模式，麦金德理论的重商主义基础与当下被广泛接受的政治经济组织规范存在根本对立，显得越来越不合时宜。与此同时，这种由政治精英所阐发、通过秘密外交与幕后操纵方式应用于国际政治的战略理念，在当时就与平民政治的发展趋势相抵触，现在更是与当代政治民主化的发展严重脱节。因此，麦金德对“民主和自由贸易”直言不讳的敌视态度，实际上代表着当时大英帝国一部分政治精英对于“那些支撑当代世界秩序的结构”的敌视与反对。①

麦金德理论中的地理决定论倾向与一些主要结论也受到了这些学者的质疑。加吉耶夫指出，认为自然地理具有持续的战略关键性这种假设实质上是一种过于粗陋的物质决定论，并不能作为一个可信的地缘政治分析基础。而麦金德关于陆海对抗的论断不仅完全违背历史经验（如二战中的反法西斯同盟），也与技术发展不相符合。正值麦金德做出其论断之时，飞机、电报等交通通信技术的发展就已经从根本上改变了全球的地缘政治形态。当代科技的发展，特别是航空航天、互联网技术的迅猛发展，更是对麦金德有关海陆机动性的对比形成了颠覆性的挑战，并从根本上调整了中心与边缘、心脏地带与边缘地带、海洋与陆地之间的关系。而麦金德启示录般的预言：“谁控制了欧亚大陆的心脏地带，谁就控制了世界”，从来就没有贴合过世界历史的发展，更与当今全球政治经济中心位于北美和亚太地区的事实严重偏离。因此，麦金德那些陈旧的、古板的理论早已脱离了国际政治现实，

① Marlène Laruelle, “The Two Faces of Contemporary Eurasianism: An Imperial Version of Russian Nationalism,” *Nationalities Papers*, p. 129.

任何力图借此来规范当今国际关系的努力显然都是不合时宜的，只是“一种具有嘲弄意义的现象”①。

这些学者清醒地看到，地缘政治在当代俄罗斯公共政策辩论中所受到的热切关注，特别是部分学者与政治人物所坚持的反西方立场以及对特定地理区域施加控制的主张，实际上体现出很多俄罗斯人希望借助欧亚主义与经典地缘政治理论等思想传统重建大国地位的迫切心态，而“对于‘心脏地带’理论不加批判的接受催生了一系列关于俄罗斯地缘政治身份的陈词滥调”。② 因此，这些思想与麦金德当年的论述一样，虽打着“科学”、“学术”的幌子，却直接服务于俄罗斯国内的大众心态、政治家的竞选野心与激进的社会舆论。在此类观念影响下，俄罗斯似乎无需付出特别努力，仅凭借其地理位置就肯定能够恢复大国地位。但实际上，这种过于简单的地理决定论既忽视了苏联解体后俄罗斯日渐窘迫的地缘政治状况，同时也无助于审慎谋划一种可行的、符合时代需要与国家利益的对外战略。相反，它反映出当前很多俄罗斯人的思想还停留在对上个世纪的回忆与迷恋之中，并不符合地缘政治现实与时代精神。如果当代俄罗斯还陷于其中不能自拔，它必将在一个历史死胡同中继续停滞乃至衰落。

五、作为“爱国科学”的地缘政治

荷兰当代地缘政治学者海尔曼·乌斯滕（Herman Wusten）指出，“一般说来，如果地缘政治在一个国家社会生活与日常政治辩论中的作用开始大幅增强，表明其国内社会已经充分意识到这个国家的权力地位或者正在面临极大危险，或者正处于急剧变

① Mark Bassin, and Konstantin E. Aksenov, “Mackinder and the Heartland Theory in Post-Soviet Geopolitical Discourse,” *Geopolitics*, p. 111.

② Mark Bassin, and Konstantin E. Aksenov, “Mackinder and the Heartland Theory in Post-Soviet Geopolitical Discourse,” *Geopolitics*, p. 113.

动当中”。[①] 地缘政治在冷战后俄罗斯的骤然兴起，其历史与社会背景正源于冷战结束前后俄国际国内形势的急剧变化。

作为近现代世界历史中传统的大国、强国，俄罗斯帝国及后来的苏联在近现代国际权势体系中一向占据显要地位。大致自女沙皇叶卡捷琳娜二世时代开始，俄罗斯帝国便以其辽阔的疆域、庞大的军事力量、锲而不舍的扩张野心，不断引发欧洲各国的疑虑与敬畏。二战结束后，苏联在欧洲诸强普遍衰败之时迅速上升为一流强国，它与美国的争夺对抗成为战后近半个世纪国际政治的主要表征。但随着苏联的解体与冷战的结束，这种局面发生了戏剧性的改变：作为苏联的继承者，俄罗斯虽然是前加盟共和国中领土面积最大、人口最多的一个，但与苏联相比，它损失了四分之一的人口和一半的领土，它在高加索的疆界退回到 19 世纪，在中亚则退回到 19 世纪中叶，在西部甚至退回到 1600 年左右第一任沙皇伊凡雷帝统治时期的边界。[②] 尤为令人瞩目的当属俄罗斯初创之时的经济贫弱和国力拮据。特别是在采取了经济“休克疗法”后，俄罗斯几乎处在了一个国家濒临分裂、经济大幅衰退、国民普遍贫困、卫生保健与教育体系迅速恶化、基础设施破败的绝境当中。与此同时，以美国为首的西方国家对俄罗斯采取的防范、贬抑与挤压态势并没有明显的收敛。从坚持推行北约东扩、插足高加索和中亚、武力打击南斯拉夫联盟到强烈指责俄罗斯镇压车臣叛乱武装，美国等西方国家对俄罗斯的政策态度远非很多人当初一厢情愿的那样友善。作为直接后果，俄罗斯在冷战后国际权势体系中的地位快速败落，超级大国地位荡然无存，除了苏联时期遗留下的庞大核武库尚能佐证其往昔的赫赫国威外，俄罗斯几乎已经沦为了当今国际权势体系中的二流国家。

---

① Herman Van Der Wusten, and Gertjan Dijkink, “German, British and French Geopolitics: The Enduring Differences,” *Geopolitics*, Vol. 7, No. 3, 2002, p. 21.

② ［美］兹比格纽·布热津斯基著：《大棋局——美国的首要地位及其地缘战略》，中国国际问题研究所译，上海：上海人民出版社 1998 年版，第 75 页。

正是上述情形的出现给普通俄罗斯人带来了异常苦涩的记忆，加剧了他们的危机感及对俄罗斯未来的不确定感。至少从18世纪初开始，许多俄罗斯人都已经习惯了他们的国家至少能够与世界最强大的国家平起平坐，有能力在其漫长的领土边界线之外发挥影响。但冷战结束后国家实力的骤然下降、超级大国地位的丧失、国内政治经济局势的严重恶化，在极大地削弱了俄抵御各种风险挑战能力的同时，也在其国内激发出一种掺杂着懊恼、不安和怨恨的情绪氛围。有调查显示：直至2003年，仍有超过一半的俄罗斯人表示难以适应苏联解体给他们带来的异常痛苦的认同危机以及国家地位的一落千丈。[①] 国际关系学者格雷汉姆·史密斯（Graham Smith）因此评价道，冷战后俄罗斯地缘政治思想的骤然兴起，不应仅仅将其视为一种为政治与学术精英话语的历史回归，它反映出当代俄罗斯社会由于苏联解体、强权地位丧失所引发的巨大的心态上的集体变迁，“反映出九十年代初期俄罗斯面临的巨大的系统性危机”[②]。

总的来说，冷战后俄罗斯的地缘政治思想，特别是对欧亚主义与“心脏地带”的再度探讨，在很大程度上有助于巩固俄罗斯独立之初相当不稳定的政治形势、推动后苏联时代俄国内政治的整合进程、重塑俄境内各民族的国家认同，同时还有助于填补当代俄罗斯在意识形态领域中的巨大空白，有助于抚慰俄普通民众因国内经济恶化、国外利益受损、国际地位大幅下降所导致的挫败感与失落感。正是出于这种原因，地缘政治在冷战后的俄罗斯学术界、舆论界与公共政策辩论中一经出现，便立即引发俄国内很大一部分民众与政治精英的关注，并迅速被视为一种“揭示了国际关系发展规律与不同文明演进动力的理论体系”，甚至成为

---

① Vladimir Kolossov, “High and Low Geopolitics: Images of Foreign Countries in the Eyes of Russian Citizens,” *Geopolitics*, Vol. 8, No. 1, 2003, pp. 132 – 133.

② Graham Smith, “The Masks of Proteus: Russian, Geopolitical Shift and the New Eurasianism,” *Transactions of the Institute of British Geographers*, p. 481.

在艰难时局下，能够挽救俄国家命运、复兴俄民族精神的一种“爱国的科学”[①]。随着地缘政治在当代俄罗斯影响的不断扩大，俄罗斯的领土空间、地理位置、自然地貌以及附着其上的、迥异于其它文明的民族文化特征，开始成为俄当代政治、学术精英与普通民众界定理解自我身份、认识想象外部世界的基本方式之一，成为当代俄罗斯人解读俄罗斯历史与现状、理解其独特文明演进轨迹、复兴俄传统精神“必不可少”的工具。

除少数例外，冷战后俄罗斯地缘政治研究的基本思路依然是传统的，它并没有突破20世纪上半叶经典地缘政治的思维逻辑。俄很多地缘政治研究者仍坚信：地形、位置等自然地理因素对社会和政治进程能够而且必将产生决定性影响，他们大多依然力图通过对所谓“客观的”、“恒久不变的”地理环境的分析考察，从中寻找可提升国家实力地位、复兴民族精神的“科学法则”。这种地理决定论倾向，使得冷战后俄罗斯地缘政治思想同历史上很多地缘政治理论一样，难免被贴上“伪科学”标签的命运。另外，一些学者在模仿“德国地缘政治学”的基础上提出的明显蕴含霸权主义、沙文主义与扩张野心的论断，在完全脱离国际政治现状与时代精神的同时，也格外削弱了这一理论的适切性与可信度。尽管如上文所提到的那样，部分俄罗斯学者已经意识到：地缘政治实际上同其他任何社会人文科学一样，兼具描述性与规范性功能，它并不仅仅来自于那些所谓的“不变量”或“客观现实”，同时也来自于研究者自身的历史背景与思想倾向；但这些明显吸收了后现代主义或“批判地缘政治学”[②] 思路的呼声在俄国内的影响力远不及欧亚主义、“心脏地带”此类主流话语强大。对此，俄当代著名国际关系学者齐甘科夫尖锐地指出，“当前俄

① Mark Bassin, “History and Philosophy of Geography,” *Progress in Human Geography*, Vol. 21, No. 4, 1997, p. 563.

② 有关批判地缘政治学的介绍，参见葛汉文：《批判地缘政治学的发展与地缘政治研究的未来》，载《国际观察》2010年第4期，第42—48页。

罗斯的地缘政治学源于19世纪和20世纪上半叶的地缘政治理论，它完全脱离了现代理论的发展”①。

冷战后俄罗斯地缘政治研究在学科建构上也存在很大问题：它还没有形成一个总的学科标准和理论规范，在概念界定上至今还存在一定的混乱。为了证实自己的观点，俄国内各种政治势力、公共传媒与学术界都在频繁使用诸如“欧亚”、“心脏地带”、“空间”等地缘政治概念与论断，但很多人对于此类概念缺乏明确的界定与说明。如上文所述，甚至连当代俄罗斯最知名的地缘政治学者杜金也在有意无意地混淆一些概念，从而为其结论服务。另外，冷战后俄罗斯地缘政治思想的方法论与逻辑基础也不够清晰和连贯。在很多地缘政治文本中，地理决定论与民族优越论、历史归纳与地理分析时常交替出现。甚至在同一篇地缘政治著作中，一些在方法论、认识论甚至在重大观点上彼此矛盾的政治学、经济学、宗教与社会学命题也不时被用作证实其主张的直接证据。② 这些情况都对当代俄罗斯地缘政治研究的发展造成了不利的影响。

地缘政治对冷战后俄罗斯社会影响颇深。在当代俄罗斯，很多学者和政治活动家都相信地缘政治在保卫俄国家政权、巩固领土完整、维持国内稳定与确保全球地位方面将发挥重要作用，用久加诺夫的话说就是，“我们生活在地缘政治的时代，我们忽视它并非仅是个错误，而是一种犯罪”。③ 俄当代很多政界、军界人物或公共传媒从业者都乐于使用一些地缘政治概念来佐证自己的观点，希望借此引起公众舆论的充分注意。特别是一些所谓的

---

① 见［俄］巴·阿·齐甘科夫：《俄罗斯国际关系学：现状与前景》，载《世界经济与政治》2006年第5期，第47页。

② ［俄］Э.Г. 索洛维约夫：《当代俄罗斯的地缘政治学》，［俄］A.П. 齐甘科夫、П.A. 齐甘科夫主编：《当代俄罗斯国际关系学》，冯玉军等译，北京：北京大学出版社2008年版，第190页。

③ Charles Clover, “Dreams of the Eurasian Heartland: the Reemergence of Geopolitics,” *Foreign Affairs*, p. 10.

"民族主义爱国者"，他们在介绍"地缘政治"这个概念时表现得尤为积极，在俄国内社会发挥了显著的影响。[①] 例如，杜金就曾担任过多家地缘政治类杂志的编辑，还创建了独立的学术机构与出版社，他的许多书籍和文章多次再版，他的一些代表性著作被俄很多高等院校采纳为地缘政治课程的标准读本。另外，杜金在俄政坛也异常活跃：他曾担任俄国家杜马保守议员的政治顾问，并于 2002 年发起了"欧亚运动"。有迹象表明，他的地缘政治论述对久加诺夫、俄前总理叶夫根尼·普里马科夫（Yevgeny M. Primakov）与弗拉基米尔·普京（Vladimir Putin）的思想观点都有所启发。[②]

正是通过这种方式，地缘政治对冷战后俄罗斯对外政策制订发挥了广泛的影响。因受到地缘政治的部分启发，叶利钦政府自 1993 年开始便基本放弃了原先对美国等西方国家的幻想，转而实行以俄国家利益和大国地位为重、反对美国霸权和单极意图的对外政策，力图藉此重新确立俄罗斯的大国地位。特别是俄此后采取的"既重视西方又重视东方"的所谓"双头鹰"政策、强调优先发展与独联体的关系、稳定东欧等一系列对外政策措施，均体现出冷战后俄地缘政治思想中的一些立场与信条。杜金在评价这一时期的俄对外政策时曾表示，"普里马科夫的政策实际上正是'欧亚主义'与'心脏地带'的政策，即：在国内实行左翼的经济政策，在国外帮助阿拉伯国家、朝向东方、加强前苏联地区的一体化程度"[③]。普京执政后，在对叶利钦时期外交政策进行调整、发展和创新的基础上，实施重建俄大国地位、维持巩固独

① Vladimir Kolossov, and Rostislav Turovsky, "Russian Geopolitics at the Fin-de-siecle," in Andrew H. Dawson, and Rick Fawn, eds. , *The Changing Geopolitics of Eastern Europe*, p. 143.

② Marlène Laruelle, "The Two Faces of Contemporary Eurasianism: An Imperial Version of Russian Nationalism," *Nationalities Papers*, p. 127.

③ Charles Clover, "Dreams of the Eurasian Heartland: the Reemergence of Geopolitics," *Foreign Affairs*, p. 13.

联体、坚决抵制北约东扩、重返中东、重视东亚的全方位的“双翼外交”战略。与此同时，普京还希望用一种强调文明独特性的“俄罗斯思想”来整合俄社会的意识形态，这在很大程度上是一种借助传统的欧亚主义以重塑俄国家与文化认同的努力。

冷战结束以来，面对俄罗斯国内国外形势的巨大变化，俄部分学者与政界人士在发掘欧亚主义思想传统、吸取“心脏地带”等经典地缘政治理论的基础上，力图从地缘政治视角出发，为冷战后俄罗斯的生存发展寻找一个足以恢复俄大国荣誉、确保国家地位、实现民族复兴的可行战略。在他们的努力下，俄罗斯地缘政治研究在其后二十年时间里快速兴起，体现出独特的理论特色与极强的政策针对性，在冷战后俄国内社会中广泛流行，成为当代很多俄罗斯人认识理解国际权势体系、分析俄地缘政治身份的基本手段之一，并在俄当代对外政策的制定中发挥着日益显著的影响。但公允地讲，俄当代地缘政治研究迫切需要在继承宏扬传统思想优势的同时，应坚决抵制其中的沙文主义、强权政治与极端民族主义倾向，在结合地理历史分析基础上，采取一种更为宽广的视野与人文关怀，以更加平衡、更加成熟、更加符合时代特点的态度分析理解世界总体政治经济形势的发展变化，从而将俄罗斯的未来发展与世界的和平繁荣实现有机的统一。

第二章　地区强国的地缘政治思想

作为地区性强国，德国、法国、意大利、日本、印度和巴西的地缘政治研究具有较为久远的学术传统。特别是20世纪三四十年代，上述国家发展出包括“德国地缘政治学”、法国政治地理学、意大利地缘政治研究及日本“地政学”等在内的地缘政治理论流派，以其直观的研究手法和鲜明的政策主张，对20世纪上半叶它们的对外战略发挥了极为关键的影响。冷战结束后，随着传统国际政治格局的瓦解及国家权势力量对比的极大变动，地缘政治研究在上述国家又呈复兴之势。这些国家很多当代政治—知识精英，基于确保“国家利益”、发挥“大国影响”、进而重现“历史荣光”等目标，纷纷开始致力于从本国早期的地缘政治论述中发掘所谓的“合理性内涵”，从本国历史文化传统中寻找理论养分，着力推动将地缘政治考量更多地融入本国对外战略当中，以期对冷战后国际政治格局、地区安全形势以及拓展本国权势空间发挥更为显著的影响。总的来看，德国、意大利、日本、印度和巴西等国当代地缘政治思想的发展，具有强烈的国际政治现实主义风格并借重了地理历史分析的研究手法，因而呈现出浓郁的经典地缘政治色彩；而法国当代地缘政治研究，归因于其独特的历史与现实根源，开创出独辟蹊径的演进路径，进而呈现出全新的学术风格。

第一节　德国：退向未来

德国是现代地缘政治研究的发源地与最重要的学术中心之一。早在19世纪末、20世纪初，德国地理学家弗里德里希·拉采尔（Friedrich Ratzel）便从国家实有和应有的空间形态出发，通过分析国家与其所处地理环境之间的关系，力图从中揭示影响国家权力兴衰起伏的重大规律性因素，开地缘政治研究之先河。在他之后，包括约瑟夫·帕奇（Joseph Partsch）、弗里德里希·瑙曼（Friedrich Naumann）等在内的一批德国学者，在历史归纳与地理分析的基础上，深入探究了德国在欧洲所处的地理位置及其蕴含的国际政治意义，力图据此为20世纪初叶的德国谋划出一种足以克服"地缘困境"、夺取霸权的"应有战略"。第一次世界大战结束后，主要以卡尔·豪斯霍弗（Karl Haushofer）、埃瓦尔德·班斯（Ewald Banse）、伍尔夫·萨沃特（Wolf Siewert）等人为代表，一大批德国学者在部分吸取了拉采尔、鲁道夫·契伦（Rudolf Kjellén）、帕奇、瑙曼以及阿尔弗雷德·马汉（Alfred T. Mahan）与哈尔福德·麦金德（Halford J. Mackinder）等人观点的基础上，以慕尼黑地缘政治研究所与1924年创办的《地缘政治学杂志》（Zeitschrift für Geopolitik）为主要学术阵地，对德国、欧洲乃至世界范围的地缘政治现状与趋势进行了深入的分析与预测，由此形成了具有鲜明特色的"德国地缘政治学"（Geopolitik）。在20世纪二三十年代，"德国地缘政治学"的很多概念与命题，如"有机体"（Organismus）、"生存空间"（Lebensraum）、"中欧"（Mitteleuropa）、"东进"（Drang nach Osten）等，得到了包括希特勒、赫斯等人在内的很多德国政治人物的赏识与引用，直接参与塑造了1933年之后纳粹德国对外战略的形成，产生了重大的理论与实践影响，德国地缘政治研究也因此发展到其历史的顶峰。

第二次世界大战结束之后，“德国地缘政治学”因其与纳粹德国对外政策的紧密联系，受到了世界各国知识界与舆论界的一致谴责。1945 年纽伦堡国际法庭的一份报告对“德国地缘政治学”做出了如下评价：“是豪斯霍弗而不是赫斯为纳粹的圣经（即《我的奋斗》）提供了主要的理论依据。（德国）地缘政治学并非仅仅是一个学术理论。它是一个致力于征服欧亚大陆心脏地带并进而统治世界的计划。实际上，希特勒仅仅是一个象征和煽动暴民的代言人，豪斯霍弗则是希特勒知识内容的主旨”①。在强大的社会压力下，以 1946 年豪斯霍弗夫妇自杀身亡为标志，“德国地缘政治学”成为了纳粹疯狂野心的殉葬品，随“第三帝国”一并遭到了彻底毁灭。出于这种原因，“德国地缘政治学”在战后很长的时间里被广泛认为是一种建立于地理决定论基础上的“伪科学”，一种为纳粹扩张、帝国主义以及种族灭绝政策提供正当性证明的“邪恶代言人”与“知识滋补品”②。受此拖累，“地缘政治”一词也最终成为了一种不折不扣的“知识毒药”和“学术禁忌”。③

随着世界历史的演进，以苏东阵营瓦解、冷战结束与德国重新统一为标志，战后欧洲持续近半个世纪之久的分裂与武装对峙局面被完全打破，欧洲乃至世界的空间权力结构得到了革命性的重组。在旧的国际政治格局骤然崩溃、新的国际秩序仍未完全成

---

① Wolfgang Natter, “Geopolitics in Germany, 1919 - 1945: Karl Haushofer and the Zeitschrift für Geopolitik,” in John Agnew, Katharyne Mitchell, and Gearóid Ó Tuathail, eds., *A Companion to Political Geography*, Malden: Blackwell Publishers Ltd, 2003, p. 187.

② 参见［英］杰弗里·帕克著：《二十世纪的西方地理政治思想》，李亦鸣等译，北京：解放军出版社 1992 年版，第 86 页。

③ 直至 2002 年，德国外交部网站方刊载了一篇名为《德法关系与地缘政治》的文章。这是二战结束半个多世纪以来德官方第一次使用“地缘政治”这一名词。Andreas Behnke, “The Politics of Geopolitik in Post-Cold War Germany,” *Geopolitics*, Vol. 11, No. 3, 2006, p. 397.

形的复杂历史背景下，包括德国在内的很多欧洲国家的学界人士开始寻求采取一种新的国际政治视角，以求对冷战后欧洲政治的权力格局与空间秩序进行深入解读，地缘政治也因此进入到他们的视野当中。自20世纪90年代以来，以弗兰克·艾伯林（Frank Ebeling）、阿尔弗雷德·赞克尔（Alfred Zänker）、弗里克斯·布克（Felix Buck）等人为代表，部分德国学者开始在重新认识评价德国传统地缘政治研究的学术意义、历史影响与战略得失的基础上，主张以地缘政治的视角理解与分析统一后的德国在欧洲乃至世界中的地位与作用，以期为德国的对外战略与未来发展提供相应的政策建议。尽管在冷战后德国的国内政治舞台上，这些学者的思考和言论还远未占据公共舆论的中心位置，其观点视角受到德国主流社会的刻意忽视甚至排斥，但地缘政治研究在德国的再度出现，反映出在重新统一后的特殊社会背景下，德国国内社会在分析国际政治形态、谋划德国对外政策等问题时，在立场、方法、视野上出现了重大的理论分野。因此，认真考察冷战后德国地缘政治研究的立场方法与政策主张，对我们认识理解冷战后德国国内政治与社会心态的发展、分析判断其未来政策走向与在欧洲及世界政治中可能扮演的角色、评判当代西方地缘政治的学术发展具有重要意义。

一、对“德国地缘政治学”的辩护与反思

冷战后德国地缘政治研究的再度兴起，首先建立在重新认识评价德国传统地缘政治（特别是以豪斯霍弗为主要代表的“德国地缘政治学”）的基础之上。当代部分德国学者力图通过发掘德国传统地缘政治研究中一些具有代表性意义的思想文本，重新解读其形成发展的历史社会背景与基本逻辑，“辨析”或“去除”那些被纳粹套用从而“扭曲”了的“杂质”，从而对其研究目的、方法表述与历史影响进行一种新的，或者如他们所言，较为

“中肯”的理解。

藉此目的，他们大多选取了两次世界大战期间“德国地缘政治学”的领军人物豪斯霍弗作为主要的研究对象。当代学者艾伯林在重读了豪斯霍弗的生平与著述后指出，从政治背景方面考究，豪斯霍弗实际上是魏玛共和国时期一名“反现代主义”的政治保守主义者，但绝非是一个纳粹分子，“只是一个完全由爱国主义所驱动，极具天赋，有时或者有点偏激的学者”[①]。豪斯霍弗力图通过自己的研究，将地缘政治发展成为一门具有足够实践指导意义的应用科学，帮助国务活动家与普通公众更好地理解地理空间对于国家外交政策制订与“治国之道”所发挥的限制性因素，顺应他所发现的所谓“地缘政治规律”，从而将德国从第一次世界大战和《凡尔赛和约》所造成的“灾难性境况”中摆脱出来，而这几乎是两次世界大战期间所有德国保守主义势力的共同目标。艾伯林指出，与纳粹意识形态中的现代主义与激进的理想主义不同，豪斯霍弗的保守主义立场使他并未将冲突与战争视为国际体系与历史进程的本质或常态，相反却是国务活动家与主政者不了解地缘政治规律所带来的恶果，因此他对于那些致力于从根本上颠覆现有秩序的理想主义激进政策往往抱有本能的怀疑态度，认为此类政策实质上是“对国际共同体的空间演进所进行的人为且无效的干预”[②]。出于这种原因，艾伯林相信，豪斯霍弗实际上早就暗示：由于建立在无视地缘政治规律的基础上，希特勒征服欧洲的计划一开始就注定要承受失败的命运，这种扩张主义政策实际上完全是一种“无知者的错觉”[③]。

---

① 见 Mark Bassin, “Between Realism and the ‘New Right’: Geopolitics in Germany in the 1990s,” *Transaction of the Institute of British Geographers*, Vol. 28, No. 3, 2003, p. 356.

② Andreas Behnke, “The Politics of Geopolitik in Post-Cold War Germany,” *Geopolitics*, p. 408.

③ Andreas Behnke, “The Politics of Geopolitik in Post-Cold War Germany,” *Geopolitics*, p. 407.

与此同时，德国部分学者还着力强调“德国地缘政治学”与纳粹意识形态在基本逻辑上的本质区别。他们指出，“德国地缘政治学”最主要的逻辑基础是地理决定论。从拉采尔那个时候开始，德国历代的地缘政治学者几乎一致认定：国家强大的原因在于其地理基础与自然环境特性，而勿论其属于哪个种族，“历史的进程及大国的兴衰本质上是空间决定而不是人所决定”①。与之形成鲜明对比的是，国家社会主义极端强调“种族”的意义，认为“种族”不仅超越一切空间与历史概念，其优劣更是决定其生存发展与国际政治地位的根本性因素。在部分德国学者看来，这正是“德国地缘政治学”与纳粹意识形态的根本区别所在。至少在 1933 年前，“德国地缘政治学”强调的重点主要放在地理环境而非种族上，这从前者对“土地”（Boden）和“命定空间”（Schicksalsraum）等概念的反复探讨上便可见一斑。纳粹上台后，尽管豪斯霍弗同其他纳粹御用学者一样，在写作之前往往首先论及种族、血统、民族气质等“非”地缘政治概念对德国生存发展的影响，但他那种主要建立在地理决定论基础上、偏重于物质主义、相比而言较为保守的思维方式，显然无法完全满足纳粹官员的要求。② 豪斯霍弗本人也曾表示他充分意识到自己的地理决定论与纳粹的种族优越论之间的矛盾，并一度试图与纳粹意识形态保持一定的距离。其结果是，他的观点被很多纳粹分子视为一种以牺牲种族为代价、过于重视空间环境的异端邪说，因此绝不能完全接受。③

不仅如此，当代德国学者还注意分析了“德国地缘政治学”与纳粹对外战略的异同。他们发现，在《慕尼黑协定》签署后德

---

① ［英］杰弗里·帕克著：《地缘政治学：过去、现在和未来》，刘从德译，北京：新华出版社 2003 年版，第 48 页。

② Wolfgang Natter, “Geopolitics in Germany, 1919 – 1945: Karl Haushofer and the Zeitschrift für Geopolitik,” in John Agnew, Katharyne Mitchell and Gearóid Ó Tuathail, eds., *A Companion to Political Geography*, pp. 190 – 191.

③ 帕克著：《地缘政治学：过去、现在和未来》，第 51 页。

国对外战略选择（在欧洲采取“满足现状、自我克制”政策还是继续“无限制的领土要求”）、处置德苏关系（即“维系德苏合作”还是“发动侵苏战争”）与德美关系（即“与美和平共处”还是“跟随日本对美宣战”）等一系列问题上，豪斯霍弗所提出的、较为审慎的战略谋划与纳粹实际奉行的外交政策可谓大相径庭。艾伯林着重指出，从这个意义上说，“德国地缘政治学”不能为纳粹德国的疯狂侵略政策负责，它也并没有被第二次世界大战的爆发与结果证伪，相反后者显示出“德国地缘政治学”若干假定的正确性。[①] 在这一点上，部分英美学者也承认，假使“德国地缘政治学”关于美国、地中海、欧洲以及东部领土诸问题的忠告被采纳，那么德国有可能会赢得胜利。[②] 因此，包括卢尔弗·布莱腾施泰因（Rolf Breitenstein）、葛莱格·肖尔根（Gregor Schöllgen）及赞克尔在内的很多德国学者都指出，“德国地缘政治学”的悲剧在于，纳粹通过“变态”和“宣传”手段滥用和曲解了豪斯霍弗的地缘政治教义，从而为自己疯狂、非法、侵略性的外交政策服务，“德国地缘政治学”也从此为纳粹分子所绑架和扭曲，豪斯霍弗的自杀则将这场悲剧彻底推向了高潮。[③]

事实上，这种将“德国地缘政治学”与纳粹意识形态相分离的努力，在20世纪七八十年代的西德学术界便有所显现。冷战结束后，部分德国学者试图通过将“德国地缘政治学”与纳粹德国对外战略的联系视为一段“误入歧途”的历史，从而将它从纳粹意识形态的泥淖中抢救出来，以期恢复其“应有的”学术名誉，进而强调其现实价值。应当承认，当代德国学者重新解读传统地缘政治研究文本的做法，对于我们理解“德国地缘政治学”

① Andreas Behnke, “The Politics of Geopolitik in Post-Cold War Germany,” *Geopolitics*, p. 408.

② 帕克著：《二十世纪的西方地理政治思想》，第84页。

③ Mark Bassin, “Between Realism and the ‘New Right’: Geopolitics in Germany in the 1990s,” *Transaction of the Institute of British Geographers*, p. 356.

形成发展的社会历史背景，全面认识其立场、方法、结论（特别是其思想与纳粹对外战略之间的互动反馈过程）存在一定的学术价值。但同时也应当看到，尽管纳粹意识形态与“德国地缘政治学”在精神格调、基本逻辑与具体表述上存在某些不同，但将“德国地缘政治学”与纳粹意识形态进行“彻底的切割”显然证据不足：在纳粹早期政策中可以找到豪斯霍弗观点的重大影响，如要求恢复德国被《凡尔赛和约》所掠夺的领土、结束东欧“小国群立”的局面、建立一个以德国为主导的中部欧洲、向东方拓展以获取足够的生存空间等。而在纳粹掌权之后，德国地缘政治学家的表述更是逐渐与纳粹主流意识形态相接近：一些地缘政治学者迫于压力不得不修正其观点以迎合纳粹分子的种族主义偏好，另外一些学者压根就是纳粹主义者。其结果则是，在“德国地缘政治学”早先呈现出的“理性的、存在因果关系的、受自然法约束的、具有‘科学’色彩的地理决定论”与纳粹“浪漫的、主观主义的、对民族牧人般的狂热”之间出现了“某种融合”。[①] 1933 年后“德国地缘政治学”发展中一个明显的特征，就是逐步将“民族”和“空间”等概念结合起来，从强调国家的空间环境转而强调由人类所创造、遍布人类痕迹的“文化景观”（Kulturlandschaft），“鲜血和土壤”（Blut und Boden）成为“德国地缘政治学”将所谓的“民族命运”与地理空间联系起来的标志性口号。通过这种方式，实际上源于拉采尔、契伦、麦金德并被豪斯霍弗重构的地缘政治理论，被强大恐怖的政治力量所粉碎和改变。就这点而言，曾在纽伦堡协助讯问豪斯霍弗的美国地缘政治学者埃德蒙·沃尔什（Edmund Walsh）正确地指出，尽管在霍斯豪弗的著作中有相当多的科学元素，但最终却自觉不自

① 帕克著：《地缘政治学：过去、现在和未来》，第 51 页。

觉地导向了不合逻辑的结论。[①] 帕克也指出，“不管‘德国地缘政治学’对他们的纳粹主子所采用的手段曾有些什么保留，但他们毕竟与纳粹走到了一起，并且不可避免地被有关种族和生存空间的永世罪名所玷污。在这方面，他们与那些当纳粹的蜡烛燃得最亮时像飞蛾一般在其周围盘旋的人并没有什么不同”[②]。

二、有机体、生存空间与现实政治

在重新解读德国传统地缘政治研究的基础上，德国当代学者力图证实传统地缘政治、特别是“德国地缘政治学”在分析当前国际政治形态、规划冷战后德国对外政策选择时可能具有的现实价值。海因茨·布里尔（Heinz Brill）中肯地指出，地理事实对国家生存发展的重大意义，不仅仅为地理学家所认可，很多著名的政治学者与哲学家，如柏拉图、亚里士多德、马基雅维利、孟德斯鸠、休默、海德格尔与黑格尔，在他们对国家的研究思考中都一再加以强调。[③] 因此，权力与空间的关系过去是、现在依然是认识判断国际政治和指导“治国之术”的一个有效途径。德国当代学术界必须摆脱过去几十年间长期避而不谈、甚至全然否定地缘政治的“武断”态度，承认地缘政治视角在分析解决当今诸多国际政治问题（如国家的统一与分裂、世界政治中的主体与客体、均势、环境政治、东欧的经济转型、地区主义与新民族主义等）时具有的重要意义。

与此同时，部分德国学者还认为，越是动荡不安的国际形势，越是需要采取地缘政治视角对之加以研判。一战后国际形势

① Wolfgang Natter, “Geopolitics in Germany, 1919 - 1945: Karl Haushofer and the Zeitschrift für Geopolitik,” in John Agnew, Katharyne Mitchell, and Gearóid Ó Tuathail, eds., *A Companion to Political Geography*, p. 188.

② 帕克著：《二十世纪的西方地理政治思想》，第84—85页。

③ Andreas Behnke, “The Politics of Geopolitik in Post-Cold War Germany,” *Geopolitics*, pp. 404 - 405.

的革命性变动，如凡尔赛秩序的出现、国际联盟的诞生、亚洲的解放、殖民帝国的没落、两大具备庞大空间资源的侧翼大国（Flügelmacht）的勃兴等等，为“德国地缘政治学”的兴起提供了宏观的历史与社会背景。作为对当时特定历史环境的反应，以豪斯霍弗为主要代表的德国学者力图从地理环境视角出发，更为准确地理解把握那些主导国际秩序变动的规律性因素，从而为德国的对外政治行为提供一种“科学”的指导。冷战结束后的国际政治形势与一战之后存在某些相似性，即在很短时间内国际政治格局急剧变动，以及这种变动所造成的欧洲乃至世界范围内的大规模空间重组。因此，德国当代学者也必须如其先辈一样，在吸取德国传统地缘政治理论长处的基础上，更好地理解、控制与推动德国与欧洲的政治实践进程，否则世界将很可能坠入一种灾难性的、“冲突频发的秩序”（Gegeneinanderordnung）中去，而德国乃至欧洲也肯定无法幸免。[①]

藉此目的，部分德国当代学者着力探究德国传统地缘政治研究中一些经典命题的当代价值，以期为当代德国对外政策进行某些理论上的指导。最为典型的案例，当属对“有机体”概念的重新诠释。德国地缘政治研究的一大思想传统与理论特色，就是将国家视为一个类似于自然组织的、有生命的地缘政治实体，一个遵循普遍生物法则的“植根土壤的有机体”（bodenständiger Organismus）。拉采尔早在其《政治地理学》（Politische Geographie）一书的开篇中就阐述过这种观点，他的许多学术努力就是围绕探究导致这种现象的所谓“自然法则”及这种空间有机体的行为与状态而展开的。[②] 经由契伦与豪斯霍弗等人的反复阐释，这种观

① Andreas Behnke, “The Politics of Geopolitik in Post-Cold War Germany,” *Geopolitics*, p. 407.

② Michael Heffernan, “On the Origins of European Geopolitics, 1890 - 1920,” in Klaus Dodds, and David Atkinson, eds., *Geopolitical Traditions: A Century of Geopolitical Thought*, London and New York: Routledge, 2000, p. 45.

点已经成为德国传统地缘政治研究最为人所熟悉的基本命题之一。值得注意的是，类似的词汇也出现于当代德国地缘政治的表述当中。但与拉采尔、契伦及豪斯霍弗的观点存在一定的区别，“有机体”现在更常见地被比喻为“人民”或“民族”而不是国家。例如，布克就将“民族”视为一种有机的“共同体”（Gemeinschaft），一种自然存在的集合，其成员均为这个共同体的一个单元，他们虽具有自身独特的个性但共享一种身份。海因里希·洛豪森（Heinrich Jordis von Lohausen）也认为，“民族”是地球表面有机的组成部分，正如树的根茎、躯干、树冠是森林的有机组成部分一样，它们都是自然形成的、“不可移动”的。[①] 在此类学者的笔下，属于政治范围的“民族”不被视为人类意识实践的产物，而是一种具有生物学特质的、先验的物质实体。在个别学者眼中，“民族”甚至成为世界历史与世界政治中跨越千年、伟大不朽、明白无误且不可改变的基本单位。

以此为逻辑，当代部分德国学者甚至还忠实地沿着拉采尔的思路，开始着手为“生存空间”这个臭名昭著的概念“恢复名誉”。在他们看来，两次世界大战期间豪斯霍弗等人对于德国生存空间的强调，实际上只是要求打破《凡尔赛和约》给德国带来的不公枷锁、收复所失领土、为德国人民寻求恢复一个“足够和安全的领土空间”而已。只是希特勒受疯狂野心驱动所提出的“过分”的要求，最终导致“生存空间”概念受到“诽谤”，成为了一种话语禁忌。布克就指出，“我们必须承认这个基本的假设，每一种生物都要有一定的生存空间，人同样也有权被赋予同样的生存空间”。在他看来，民族人口的增长，决定了一个民族生活的空间也应当是多变的和增长的，这就为民族间的竞争提供了原因与动力：“部落与民族的斗争是为了争取到更为合适的地区去保证他们的生存，这便与冲突、征服、放逐、奴役或湮没相

---

① Mark Bassin, “Between Realism and the ‘New Right’: Geopolitics in Germany in the 1990s,” *Transaction of the Institute of British Geographers*, p. 357.

联系，这种现象贯穿于人类整个历史当中。”① 即使在当今世界，大国出于权力目的对地理空间与资源的争夺、资源枯竭导致的难民浪潮的不断涌现、领土边界纷争引发的冲突战乱，都显示出这个论断的科学性。从这个角度出发，一部分德国学者坚持认为：当今德国生存发展的一些根本性的问题仍与这个概念密切相关。关键问题在于，这个概念能否摆脱历史阴影，在多大程度上与何种方式下可以被再度使用。②

这些将民族视为一个充满活力的“有机体”、不断需要“生存空间”的观念，导致了一种激进的现实主义国际政治观点，而后者也正是德国当代部分学者眼中“德国地缘政治学”最具价值与最值得发扬之处。赞克尔就毫不掩饰他对现实主义国际政治观的强烈认同。在他看来，冷战期间德国对外政策的制订与实践受到意识形态因素的巨大影响，所谓的“赎罪意识”、反对“极权主义”与对人权原则的极端强调主导了二战之后德国的对外政策。但随着苏联的解体与冷战的结束，时代的发展迫使统一之后的德国急需采取一种新的对外政策原则，从过去关注意识形态等主观因素变得更加现实客观。赞克尔指出，再也不能让一种“简单的道德主义”引导德国的外交了。这种道德主义在过去就几无用处，仅仅能将整个世界划为“好”与“坏”的两个阵营而已。当代德国外交应采取一种“头脑清醒的、非意识形态的立场”，从全球角度对德国国家利益进行认真界定。③ 从这种立场出发，一些汉斯·摩根索（Hans Morgenthau）与肯尼斯·华尔兹（Kenneth Waltz）式的经典表述现在又出现在部分德国学者的地缘政治著作当中。这些观念包括：民族国家是国际事务中最重要的行

① Mark Bassin, “Between Realism and the ‘New Right’: Geopolitics in Germany in the 1990s,” *Transaction of the Institute of British Geographers*, pp. 357 – 358.

② Andreas Behnke, “The Politics of Geopolitik in Post-Cold War Germany,” *Geopolitics*, p. 409.

③ Mark Bassin, “Between Realism and the ‘New Right’: Geopolitics in Germany in the 1990s,” *Transaction of the Institute of British Geographers*, pp. 351 – 352.

为体，它提供了国际政治的动力，并指明了方向；国家主权的完整是其生存的必要条件；民族国家彼此相处最终不是靠理想主义或国际机制，而是靠仔细衡量和计算各自国家的自身利益；国家与国家之间经常保持竞争，而这种竞争的本质与程度由“权力”（Macht）所决定，一个国家完全有权凭此追求自己的国际政治目标等等。在他们看来，冷战后的德国无疑应当放弃空洞乏味的意识形态词藻，坚定地回到俾斯麦所奉行的外交传统上来，秉持所谓的“权力意志”（Machtvergessenheit），从地缘政治视角出发，以“权力政治”（Realpolitik）为手段，“严肃而坚定”地主张其在国际政治中的国家利益。[①] 换句话说，未来的德国必须从更为“客观”的立场出发去制订它的外交政策与欧洲政策：“它将更加以自我为中心，更加工于计较具体得失”。[②] 从这种立场出发，德国学者格哈德·德特莱夫斯（Gerhard Detlefs）在其 1998 年出版的著作中就以法国著名外交家塔列朗（Charles Maurice de Talleyrand-Périgord）的名言开头：“国家没有它的朋友，国家只有它的利益”。[③]

总的来说，尽管存在细微的差别，但当代部分德国学者的思考，依然建立在大体继承了“德国地缘政治学”的精神格调、基本逻辑甚至具体表述的基础之上。他们大多坚持认为，尽管拉采尔、豪斯霍弗等人的思想中存在着一些偏差，但德国传统地缘政治研究所创设的分析框架、研究范畴与基本逻辑大致都是“适宜的”（Tauglichkeit），这些遗留下来的论断与原则仍可为解决当代德国面临的诸多难题提供有益的参考。以布克等人为代表的另一些学者则走得更远，他们几乎完全赞同德国地缘政治学的全部内

① Andreas Behnke, “The Politics of Geopolitik in Post-Cold War Germany,” *Geopolitics*, p. 410.

② Jonathan Bach, and Susanne Peters, “The New Spirit of German Geopolitics,” *Geopolitics*, Vol. 7, No. 3, 2002, p. 7.

③ Mark Bassin, “Between Realism and the ‘New Right’: Geopolitics in Germany in the 1990s,” *Transaction of the Institute of British Geographers*, p. 352.

容。在他们看来，豪斯霍弗的教导至今仍是不容置疑的，他的地缘政治思想依然是当代德国人一种“尚未兑现的遗产”。在冷战后时代，“德国地缘政治学”继续保持着足够的适切性和极端的重要性，德国未来生存发展的关键就在于它能否继续沿着上述先辈所反复强调的那些原则前进。

三、对德国外交政策的批评与谋划

德国当代部分学者在地缘政治研究上的努力还不限于此。随着苏联的解体与冷战的结束，持续长达近半个世纪之久、为德国普通民众所熟悉的欧洲冷战空间权力结构骤然崩溃。在一种普遍存在的、交织着乐观、忧虑或迷茫的复杂社会氛围中，部分德国学者开始在借鉴吸取德国传统地缘政治研究视角、方法与观点的基础上，结合德国的历史经验，力图从地缘政治的角度分析理解德国在冷战后欧洲空间权力格局中的地位与作用，从而对德国对外战略的谋划与未来走向提出政策建议。

这些学者的思考，首先集中在对冷战后德国在欧洲地缘政治格局中的地位与作用的判断上。大多数德国当代地缘政治研究者都同意：从地缘政治角度观察，一个重新统一的德国在欧洲中部再度崛起，急剧改变了欧洲的地缘政治格局。其结果，则如德国当代历史学家与地缘政治研究者阿努尔夫·巴林（Arnulf Baring）所指出的那样，德国在欧洲的传统地位终于在1990年得以恢复，这种地位与其在1871年到1945年间并无本质不同，“虽然它现在是一种康拉德·阿登纳（Konrad Adenauer）式的共和国而非俾斯麦的帝国”①。约亨·迪斯（Jochen Thies）也认为，随着冷战在欧洲的结束，从权力政治角度看，1992年夏天的德意志联邦共和国再度在欧洲获取了一种“半霸权地位”，这种地位如同1871

① Jonathan Bach, and Susanne Peters, “The New Spirit of German Geopolitics,” *Geopolitics*, p. 8.

年俾斯麦时代的德意志帝国以及 1922 年《拉巴洛条约》（Vertrag von Rapallo）签署后的魏玛共和国一样。[1] 在这种巨大变动面前，德国必须对其外交政策进行恰当的反思与调整，否则很难适应欧洲地缘政治格局的革命性变迁。

在这种历史背景下，部分德国学者就德国是否应当延续所谓的“融入西方”（Westbindung）政策展开了广泛的讨论。“融入西方”政策是冷战时期西德历任政府对外政策的核心原则之一。由于地处东西方两大集团武装对峙的前沿，应对来自东方的威胁、保持强化与美国等西方各国的结盟关系，一直是西德历任政府构建对外关系的主要目标。“融入西方”政策还不仅仅是一种安全上的考虑。西德首任总理阿登纳指出，为了“消除西方各国到处存在的对德国人的不信任”以及与历史错误保持距离，战后德国将“始终如一地、毫不动摇地明确表示皈依西方国家”作为对外政策的主要基石。[2] 作为战后西德对外政策的基本立场，“融入西方”政策意味着德国全面放弃了其长期奉行的德意志“特殊道路”（Sonderweg）立场，在价值文化、经济活动与政治体制上与西方全面接轨，并通过欧盟与北约等机构推动西德与西欧、北美在经济、政治与军事上的一体化进程。冷战结束之后，这种政策得到了延续与强化：1990 年德国的统一并非是以中立化为前提的，德国毫不含糊地宣布其西方国家立场，冷战后将继续立足于西方联盟，积极致力于欧盟的一体化建设，维持巩固同美国的传统同盟关系。从科尔（Helmut Kohl）政府到施罗德（Gerhard Schroeder）政府再到默克尔（Angela Merkel）政府，“融入西方”依然是德国对外关系的主轴。

但是，部分德国学者对这种政策的当代适切性却提出质疑。

---

① Jonathan Bach, and Susanne Peters, “The New Spirit of German Geopolitics,” *Geopolitics*, p. 8.

② ［德］康拉德·阿登纳著：《阿登纳回忆录（1945—1953）》（一），上海外国语学院译，上海：上海人民出版社 1973 年版，第 99 页。

他们认为，德国在冷战结束后依然延续与西方在思想、文化与组织机构上的紧密联系，实际上是在否认一种确定无疑的地缘政治事实，即德国注定要在欧洲独自发挥重要作用。冷战期间，分裂的德国不得不躲藏在僵化的两极格局之下，联邦德国与西方在文化与思想上的结合、对西方承担的义务应当被理解为是对二战结束后世界政治特殊结构的一种反应，以及对纳粹侵害的一种检讨和补偿。但随着冷战的结束，德国的统一与强大致使其外交政策的回旋余地大幅上升，德国必须对其“融入西方”政策的成本与收益进行审视与评估。在他们看来，“融入西方”政策在过去近半个世纪的时间里已让德国失去了决策能力、果断和集体牺牲精神，现在更不能为德国的强大提供任何实际帮助，只会使德国的“特殊利益”淹没在欧洲多民族的集合体与快速发展的一体化进程当中。相反，统一之后一个具有强大实力的、自信的德国无疑能够确定自身的国家利益而无需西方的指导，这就使德国重新调整与西方的关系成为可能。[①]

这些学者提出的替代性方案，就是对所谓“中部”（Mittellage）视角的回归。作为一个具有悠久历史、存在巨大争议并在地理上含混不清的概念，“中部”实质上是一种将欧洲在地理上分为西方、东方与一个中间地带的观点。早在19世纪三四十年代，德国著名经济学家弗里德里希·李斯特（Freidrich Liszt）就主张建立一个以德意志同盟为基础的关税同盟，以保护欧洲中部那些内部关税较低，但外部关税较高的新的经济空间，帮助克服这些地区经济生产的混乱和不平衡状况，并成为东方与西欧的调解人。[②] 到19世纪末、20世纪初时，在帕奇、瑙曼等人的鼓吹下，“中部”概念已经发展成为一种建立一个以德国为核心的中

① Andreas Behnke, “The Politics of Geopolitik in Post-Cold War Germany,” *Geopolitics*, p. 410.

② ［德］弗里德里希·李斯特著：《政治经济学的国民体系》，陈万煦译，北京：商务印书馆1983年版，第345页。

部欧洲联邦的要求，这个联邦将保护欧洲中部民族抵御英法等西方帝国与沙俄东方帝国的威胁。在这个概念最权威的诠释者瑙曼那里，一个统一的、由德国主导和自给自足的中部欧洲是解决欧洲地缘政治问题的关键，也是德国在英法文明与俄罗斯东方专制主义之间生存的唯一渠道。这个区域最终会催生出一个以它为基础的欧洲联合，但目前它应当用“中国长城”来隔离其东方和西方敌人。①

冷战结束后，“中部”概念又引起了当代部分德国学者的热议。在他们看来，“中部”过去是、现在依然是德国天然的、不可更改的、具有决定意义的地理现实。人们可以把欧洲与世界地图随意旋转，但德国始终是欧洲的中心。这是德国相较欧洲其它强权所独有的特殊优势，德国的位置塑造了德国的“命运”(Schicksal)。虽然由于冷战的爆发与德国的分裂，这一进程在过去半个世纪被中断，但随着苏联集团的崩溃和德国的再次统一，德国的历史命运再次移回到传统的地理“中部”位置上来。不仅如此，冷战结束后苏联集团内的东欧国家由于政治经济转型受挫、国家局势动荡不安，其毗邻德国的地理位置已经对德国的安全与经济利益造成直接的损害，而西欧各国却由于地理原因无法与德国感同身受。在一些学者看来，这种情况的出现，实际上为德国恢复其“正常国家”地位、谋取自身独特利益、扩大在东欧地区影响、重建以德国为核心的“中部欧洲”（Mitteleuropa）提供了充分的理由与绝好的契机。② 与此同时，这些学者也意识到，德国采取这种政策的后果，则如俾斯麦很久前说的那样，是绝不会为德国的东西方强邻所容忍的，因此德国必须利用自身的特殊

① Michael Heffernan, “On the Origins of European Geopolitics, 1890 - 1920,” in Klaus Dodds, and David Atkinson, eds., *Geopolitical Traditions: A Century of Geopolitical Thought*, p. 44.

② Paul Reuber, and Günter Wolkersdorfer, “The Transformation of Europe and the German Contribution-Critical Geopolitics and Geopolitical Representations,” *Geopolitics*, Vol. 7, No. 3, 2002, p. 50.

位置，采取一种权力政治的手段去加以化解，在西方与俄罗斯之间扮演一种致力于稳定两者关系的“霸权平衡者”角色。[①] 总之，德国的地缘政治位置，即“回到欧洲‘中部’、处于东方与西方之间”，应当被作为理解德国对外政策与欧洲国家间关系的关键。

不仅如此，德国传统地缘政治研究的又一个关键性概念——“东进”，也引起了冷战后德国学者的再度关注。拉采尔早就指出，德国作为一个健全的“空间有机体”，它通过领土扩张而增加力量是自然且合理的。但是，它的领土增长方向并不应仅仅局限在中欧区域之内，它的领地应在东方更远的区域。后者目前是斯拉夫世界的一部分，但“这是德意志帝国在未来世纪中的生存空间，可供德国人在新时代里殖民”[②]。豪斯霍弗也同样认为，德国天然的生存空间在东方，那里是德国的“命定空间”。德国未来的根本战略就是以结盟等方式控制欧亚大陆辽阔地带的丰富资源。其结果，将会组成一个从易北河到阿穆尔河（黑龙江）的巨大城堡，足以瓦解英国与西方对全球的统治。尽管在“东进”的具体方法策略（即是以《拉巴洛条约》的方式还是《布列斯特和约》的方式，或更形象地说，对“俄国熊”是“用蜂蜜引诱”还是“持枪偷偷接近”）上，慕尼黑地缘政治研究所与威廉大街存在着某种分歧，但地缘政治学者们与纳粹分子至少在根本目标上是一致的。[③] 正是在他们的鼓吹下，乌克兰草原、俄罗斯森林及其在粮食、能源和工业原材料生产方面的巨大潜力，成为了二战结束之前很长时间里德国地缘政治学家与纳粹分子念念不忘的迷梦。

---

① Mark Bassin, “The Two Faces of Contemporary Geopolitics,” *Progress in Human Geography*, Vol. 28, No. 5, 2004, p. 623.

② Michael Heffernan, “On the Origins of European Geopolitics, 1890 – 1920,” in Klaus Dodds and David Atkinson, eds., *Geopolitical Traditions*: *A Century of Geopolitical Thought*, p. 47.

③ 帕克著：《二十世纪的西方地理政治思想》，第 72 页。

20 世纪 80 年代末以来，俄罗斯等前苏联国家在政治、经济与社会转型上经受严重挫折，导致上述地区较为普遍地出现了经济困难、社会动荡的不利局面。但在当代一些德国地缘政治学者看来，尽管俄当前在经济与社会发展上存在诸多困难，然而一旦这个占世界领土面积六分之一的国家稳定下来，恢复了正常的社会经济功能，它所拥有的庞大发展潜力很可能在未来 20—30 年时间里成为“地球上的决定性力量”。这些学者分析认为，德俄两国之间在地理、历史、经济与民族气质等方面存在高度的互补性和共存共荣的可能。这种互补性既是物质层面的，但也是人文层面的：俄罗斯充沛的自然资源、丰富的想象力和激情（Emotionalität）与德国的技术和组织能力相结合，将是一个巨大的力量组合，能够全面提高两国在未来世界中的作用与地位。出于这种原因，德国现在就应充当东方的“稳定之锚”和该地区秩序的守护者，必须立即着手通过政治与经济手段加强对前苏联地区的影响，建立德俄两国特殊的伙伴关系，从而确保德国在上述地区的利益与影响。尽管西欧和美国对于德国依然具有重要意义，但由于俄罗斯将为德国提供更多的战略利益，因此德俄关系的优先程度要在德国与西欧及德美关系之上。在这点上，布克就曾充满信心地指出，“基于对历史的正确认识，我们要充分认识自己的义务与职责，我们要为那些属于前苏联帝国的地区塑造未来。……德国的前途‘位于东方’”。[①]

当代德国部分地缘政治学者对俄罗斯这种直言不讳的热情，与“德国地缘政治学”在精神气质甚至部分表述上有着极强的延续性。事实上，正如上文所论及的那样，德俄结成同盟以共同对付西欧与北美曾是豪斯霍弗的一个基本原则，也正是这种原则使得纳粹分子对他及其地缘政治理论疑虑丛生。而德国当代地缘政治学者所反复强调的信仰，即德国未来发展仍将有赖于欧亚大陆

---

① Mark Bassin, “Between Realism and the ‘New Right’: Geopolitics in Germany in the 1990s,” *Transaction of the Institute of British Geographers*, pp. 354 - 355.

的广阔空间，显示出他们依然热衷于豪斯霍弗的“柏林—莫斯科—东京”轴心。如同豪斯霍弗在80年前衷情于引用麦金德的警句一样，今天的德国部分学者仍力图通过发展德俄伙伴关系孕育出一个世界权力中心，以期再度印证麦金德的预言。

值得强调的是，冷战后德国部分地缘政治学者对“融入西方”政策的批评以及有关德国重回“中部”视角、强调“东进”政策的讨论，实际反映了这些学者对于欧洲一体化进程与北大西洋联盟机制可能阻碍了当代德国谋求“独立地位”、追求“特殊利益”而持有的强烈不满情绪。冷战结束后，面对欧洲一体化进程的快速发展，一些持保守立场的德国学者以及部分德国民众在主张重视本国政治、经济与文化利益的基础上，对一个联合的欧洲是否可以创造出一种共同的精神基础与政治认同提出了强烈质疑，并对这一进程对德国独立地位、“特殊利益”与德意志“民族精神”造成的威胁表示极大忧虑。从这个角度出发，个别学者甚至用一些“可怕”的字眼来描述欧洲一体化进程的“过快”发展。例如，洛豪森便将《马斯特里赫特条约》描述为一个“彻底的错误”、一个“没有战争的凡尔赛条约”。[①] 本着同样的精神，部分德国学者对于美国领导下的北约机制在未来是否能够真正保障德国的利益也表示极大怀疑，强调德国应当警惕甚至摆脱对美国的军事依赖为转而寻求推动欧盟军事力量的建设。在这个问题上，赞克尔、洛豪森等人就曾引用北约首任秘书长伊斯梅爵士（Lord Ismay）的话来证实北约机制长久以来对德国暗含的“险恶用心”：“这个同盟的目标，是让美国人留下，让俄国人出去，让德国人倒下”[②]。从上述立场出发，这些学者大多主张德国必须以现实主义态度对其在欧盟与北约等此类国际机制中的角色

① Mark Bassin, “Between Realism and the ‘New Right’: Geopolitics in Germany in the 1990s,” *Transaction of the Institute of British Geographers*, p. 354.

② Mark Bassin, “Between Realism and the ‘New Right’: Geopolitics in Germany in the 1990s,” *Transaction of the Institute of British Geographers*, p. 354.

与作用进行一定程度的修正甚至变更，从而实现本国与本民族的真正利益。

但与此同时，几乎所有的德国地缘政治学者都已经认识到：鉴于欧洲一体化进程的快速发展及北约机制的现实存在，这些对德国来说机遇与挑战兼存的机制性安排已经渗透到其国内外政治生活的方方面面，德国的生存发展早已与这些机制性安排密不可分，统一后的德国在对外政策上采取彻底的“地缘政治”视角与纯粹的现实主义态度的可能性已经大大降低。因此，德国地缘政治学者实际上从未真正思考过德国脱离欧盟与北约的可能性：卡尔·费尔德迈耶（Karl Feldmeyer）认为，在当今时代中一个缺少了同盟体系的欧洲安全是不可想象的；“中部”概念的热烈拥护者迪斯也将“保持与西欧及美国的伙伴关系”、“积极推动欧洲一体化建设”同“现实冷静地主张德国国家利益”一同视作未来德国外交政策的基石。[①] 从这个意义上说，这些学者对于德国地缘政治历史、现状与趋势的思考，其根本目的在于在欧盟与北约成员国间合作力度不断加深、成员国范围不断扩大的情况下，探讨德国应以何种手段实现自身利益、加强对上述国际机制的影响、恢复德国的大国地位。

四、地缘政治：保守主义的精神诉求

时隔40余年，德国地缘政治研究在冷战后的再度兴起显示出德国历史社会发展的巨大变迁。荷兰地缘政治学者海尔曼·乌斯滕（Herman Wusten）说得有理，“一般说来，如果地缘政治在一个国家社会生活与日常政治辩论中的作用开始大幅增强，表明其国内社会已经充分意识到其国家的权力地位或者正在面临极大

---

① Andreas Behnke, “The Politics of Geopolitik in Post-Cold War Germany,” *Geopolitics*, p. 412.

危险，或者正处于急剧变动当中。”[①] 在1871年之后的70余年时间里，德国凭借其强大的工业实力、在欧洲首屈一指的领土面积与人口基数、极度膨胀的称霸野心与冷酷的现实政治手腕在欧洲快速崛起，成为欧洲列强中最强大同时也是最危险的一个，并最终发展成为两次世界大战的策源地。二战结束后，作为战败国的德国受到了极为严厉的惩罚：国家被分裂为东西两个部分；其东部边界被推回到奥得—尼斯河一线，德国失去绝大部分的西里西亚、大部分波莫瑞地区，包括什切青、勃兰登堡州东部与小部分萨克森州，世代居住在上述地区的德裔居民亦被全部逐出。在其后近半个世纪的时间里，分裂的德国不得不分别凭借与美苏的结盟关系在两大超级强国的羽翼下艰难生存。在饱尝了近半个世纪国家分裂之苦后，随着苏联的解体与冷战的结束，一个实现了国家统一、拥有8100万人口与强大经济实力的德国再度出现在欧洲中部。在此背景之下，右翼基民盟的政治人物沃尔夫冈·朔伊布勒（Wolfgang Schaeuble）的言论事实上代表了很大一部分德国普遍民众的感受：“摆脱了冷战桎梏、实现了国家统一、不再为民族统一问题困扰的德国，现在是一个正常国家了”[②]。德国著名历史学家汉斯—彼德·施瓦茨（Hans-Peter Schwarz）在1994年俄罗斯完成从德国撤军后亦指出，重新统一的德国已经重返世界舞台，因此它必须在态度上作出改变，特别是要告别冷战的梦魇，德国的处事态度须像其他欧洲民主国家一样正常。[③] 正是在这种普遍存在的、掺杂着欣喜与憧憬的气氛当中，有关德国外交政策未来发展走向的大讨论成为20世纪90年代以来德国社会关注的焦点问题之一，而部分学者在地缘政治研究方面的努力就是

---

① Herman Van Der Wusten, and Gertjan Dijkink, “German, British and French Geopolitics: The Enduring Differences,” *Geopolitics*, Vol. 7, No. 3, 2002, p. 21.

② 转引自连玉如著：《新世界政治与德国外交政策——“新德国问题”探索》，北京：北京大学出版社2003年版，第10页。

③ 连玉如著：《新世界政治与德国外交政策——“新德国问题”探索》，第9—10页。

上述历史背景的直接产物。

德国当代地缘政治研究在基本逻辑与表达方式上与德国传统地缘政治研究（或更确切的说，“德国地缘政治学”）存在着共同的基础：两者使用大致相同或相似的逻辑与表述方式，在精神格调方面更是一脉相承。因此，“德国地缘政治学”的一些理论特色，如现实主义国际政治取向、国家中心视角等，在当代研究中也得以体现。而“德国地缘政治学”的诸多缺陷不足，如过于牵强的地理决定论与生物学类比、机械僵化的理论风格、对人类意识实践因素的基本忽视、将学术研究与政策建议严重混淆等等，当代研究同样无法避免。个别学者对“德国地缘政治学”很多命题概念几乎不加审视的全盘接受，也严重削弱了德国当代地缘政治研究的学术价值。与此同时，与传统的“德国地缘政治学”一样，冷战后德国的地缘政治思想同样没有超越“德国中心”的狭窄视野，它过多集中于对德国传统思想文本、德国地缘政治形势与对外战略的讨论与筹划，但对经济全球化与地区一体化、南北差异、国际冲突、气候环境等一系列严重影响国际安全形势与人类发展的重大宏观地缘政治议题缺乏关注，而上述问题在当代地缘政治研究议程中的位置在不断前移。因此，就学术贡献而言，尽管当代德国地缘政治研究在发掘解读德国地缘政治传统文本方面所作的努力，为客观全面地评价“德国地缘政治学”提供了一些颇有参考价值的启示；但由于缺乏批判创新精神与研究思路的局限，他们始终无法克服“德国地缘政治学”存在的诸多致命缺陷，学术贡献较为有限，这与美、英、法等国当代学术界近年来在相关领域中取得的大幅进展形成了明显的反差。①

冷战后德国的地缘政治思想特别集中地表达出新时代德国国

① 对其他西方国家当代地缘政治研究发展的介绍，可参见葛汉文：《批判地缘政治学的发展与地缘政治研究的未来》，载《国际观察》2010 年第 4 期，第 42—48 页；葛汉文：《批判与继承：二战后法国的地缘政治思想》，载《世界经济与政治》2011 年第 2 期，第 40—54 页。

内社会对于本国国际政治身份及未来发展方向的巨大困惑：当冷战期间两个分属不同阵营的德国重新合二为一时，它究竟是属于一个变化中的西方，还是属于一个转型中的东方，抑或具有其独特的历史道路？德国的未来是将完全融入到一种具有全新国际政治规范意义、但却时常无法准确预测与把握的欧洲超国家体系当中，还是将再次回到那种令很多德国人异常熟悉、但令所有欧洲国家都不寒而栗的民族国家争霸循环中去？然而令人遗憾的是，在面对此类直接涉及德国与欧洲发展的大趋势与大问题时，德国当代地缘政治研究除了明确表达出这样一个信息，即统一后的德国已经是一个“正常的”、“自信的”、理应追求自身“独特利益”的民族国家外，实际上并没有给出一些符合世界发展潮流，对德国、欧洲乃至世界人民有益且具备足够操作性的外交原则与思路。当代德国所面临的一系列异常复杂、彼此交织的地缘政治问题，如德国国内各区域经济社会发展的不平衡（特别是在原东西德之间）及其地缘政治后果、欧盟与北约东扩对德国与欧洲地缘政治环境的影响、欧洲一体化与经济全球化的加快发展对传统民族国家规划（特别是领土边界）的冲击及其后果、德国在欧洲与世界中的地缘政治地位等等，当代德国地缘政治研究要么是根本没有涉及，要么则是对一些极端陈旧的、严重脱节于时代发展的概念的老调重弹。有学者评价，从这个意义上说，德国当代地缘政治研究并没有给德国对外政策提供任何的实质性规划，而只是建立和反映出一种具有强烈复古色彩的地缘政治隐喻而已。①而其中一些较为极端的提法，如真的被德国决策者所采纳的话，无疑将对德国现行欧洲政策与对外政策造成极大冲击，甚至可能使其重返20世纪30年代扩张主义的老路上去。因此，法国当代地缘政治研究的领军人物伊夫·拉考斯特（Yves Lacoste）在认真考察了德国当代地缘政治研究后认为，尽管其有关民族文化的

---

① Andreas Behnke, “The Politics of Geopolitik in Post-Cold War Germany,” *Geopolitics*, p. 412.

地缘政治影响等方面的论述存在一些与自己观点相近的地方，但总的来看，其基本逻辑、表述方法和很多观点充斥着那种保守的、狭隘的民族主义的精神气质，因而是一种与“德国地缘政治学”几无本质差别的危险理论。[①]

值得注意的是，在当代德国地缘政治研究者和拥护者中，很多人实际上是公共传媒从业者、历史和社会学的热衷者、商界或军界人士。[②] 他们大多不具备专业学术背景，在严肃的学术研究方面努力有限，但他们在提供公共政策建议时都喜欢借助一些地缘政治概念来论证其观点的正确性。从效果上看，他们因其具有的话语优势，使得一些地缘政治概念与论断在很大程度上超越了单纯的学术研究领域，在更大范围的公共政策辩论中发挥了一定的影响。正是在他们的鼓动下，冷战结束以来，特别是在 20 世纪 90 年代初期，很多有影响力的德国学者在其著述中都开始对地缘政治有所涉及：他们大多对 1949 年后德国地缘政治研究的止足不前倍感遗憾，强调引进地缘政治视角重新审视德国对外政策的必要性。直到今天，随着德国社会由于冷战结束、重新统一所引发的躁动心态逐渐消散，很多早先的地缘政治拥护者对该领域的兴趣才有所下降。但是，仍有部分传媒和学者继续以他们的视角论证“地缘政治”的特殊价值，不断告诫普通民众“中部”与“东方”对德国生存发展的决定性意义。

正是基于上述原因，在英国地缘政治学者马克·巴森（Mark Bassin）看来，德国当代地缘政治研究实际上是一个“东拉西扯”的领域，其拥护者与其观点在冷战后德国对外政策中充其量发挥了一种边缘的作用，“至多是德国国内政治谱系中的一小段

① Mark Bassin, “Between Realism and the ‘New Right’: Geopolitics in Germany in the 1990s,” *Transaction of the Institute of British Geographers*, p. 362.

② 例如，弗里克斯·布克就是一名长期在法兰克福工作的企业主、一位“德国地缘政治学”的狂热拥护者。但在一些严肃的学者眼中，此人实际是一个“政治学与地缘政治研究的‘真正’外行”。参见 Andreas Behnke, “The Politics of Geopolitik in Post-Cold War Germany,” *Geopolitics*, p. 404.

而已"[1]。那些质疑德国"融入西方"政策、呼吁重回"中部"视角并力争在东西方之间发挥"桥梁作用"的学者也并不是冷战后德国知识舆论界的主流。与这些学者的论述形成鲜明对照的是：在当今德国社会，大多数公共知识分子都不再将重新统一后的德国视作是对1871至1945年间历史的简单回归。他们大多认为，德国处于欧洲中央的位置虽是一个地理的客观事实，但无疑需要一种如俾斯麦那样天才的、机敏的、冷酷的现实政治手腕才可能把这变成一种机会。德前外长菲舍尔（Joschka Fischer）就指出，德国的历史已经清楚地表明，"'中部'是一种累赘、一种负担与一种霸权目标的诱惑"，"（德国）从'中部'中突破出来的努力从来也没有成功过"。德前总统魏茨泽克（Richard von Weizsaecker）更进一步称，"'中部'是一场噩梦，最终将导致德国重陷两次大战般的处境"。[2] 至少在冷战后历任德国政府的官方表述中，"融入西方"政策不仅被认为是德国在冷战期间以安全为目的而采取的政策，还是一种克服地缘政治"中部"与"德意志特殊道路"诱惑的一种保证。随着时代的演进，特别是随着欧洲一体化进程的深入发展，今天的德国被认为已经不再是传统意义上的民族国家，它已自愿让渡了部分主权并受到国际机制和欧洲超国家机构的制约，其发展已经与欧洲一体化进程密不可分。前外长菲舍尔也于2000年明确指出，德国的利益就包含在欧洲的利益当中。德国外交政策与欧洲政策已经密不可分，德国目前的根本任务就是如何在欧盟内部发挥合适的作用、为一个联合的欧洲作出贡献。[3] 十年之后，德国外长吉多·韦斯特韦勒（Guido Westerwelle）也同样将加强欧洲的合作与一体化、主张和

① Mark Bassin, "Between Realism and the 'New Right': Geopolitics in Germany in the 1990s," *Transaction of the Institute of British Geographers*, p. 351.

② Jonathan Bach, and Susanne Peters, "The New Spirit of German Geopolitics," *Geopolitics*, p. 9.

③ Jonathan Bach, and Susanne Peters, "The New Spirit of German Geopolitics," *Geopolitics*, p. 9.

平与裁军、紧抓全球化的机遇作为德国外交政策的三原则。[①] 当今的德国，早已成为欧洲一体化进程中的一部分，而不再是东西方之间的迷失者。时代的发展，并没有如传统地缘政治家们所期望的那样，为德国的重回“中部”提供“机遇”，但却为德国全面超越这种格局提供了可能。

但是应当注意的是，尽管德国当代地缘政治研究者一些过于极端的观点基本未被德国主流政治所接纳、对德国对外政策的制订影响有限，然而考察冷战后德国在一些特定时段、对特定事态的政策行为，我们依然可以依稀地看到一些来自地缘政治方面的考虑。这些事态包括：前南斯拉夫危机爆发后，德国于 1991 年率先承认斯洛文尼亚与克罗地亚的独立，并推动欧盟在该问题上奉行相同立场；德国大力加强与中东欧国家的经济、政治与文化联系，并在中东欧国家加入欧盟等问题上异常积极；德国努力推动与俄罗斯等前苏联国家的关系（特别是在科尔与施罗德政府时期）；以国家软硬实力为后盾，积极拓展在国际舞台上的活动空间；德国在伊拉克战争以及北约军事打击利比亚行动中所采取的不同于其他西方国家（特别是美国）的独特立场等等。统观德国政府在上述问题上的一系列决策，无不显示出冷战后德国以自身经济、安全与战略利益为指针，在中东欧及前苏联地区巩固扩大影响，避免对美国的过度依赖，在欧盟内部乃至在世界政治经济中发挥大国作用等地缘政治考虑。这与德国部分地缘政治学者所提出的、较为审慎克制的观点（即以德国国家利益为导向、强调德国在中部欧洲的作用、调整德国与美俄等大国关系、主张恢复德国在世界事务中的重要作用等）存在精神上的共通之处。因此在可预见的时间里，以推动加强西方社会国际合作与欧洲一体化、和平发展等为基本原则的德国外交政策不会发生根本动摇，但来自地缘政治方面的考虑依然会在特定时段与特定事态上对德国对外政策发挥一定影响。

---

① http：//www. auswaertiges-amt. de/EN/Aussenpolitik/101021 – BM-dgap-grundsatzrede_ node. html.

冷战后德国的地缘政治思想，应当被看作德国乃至整个欧洲快速兴起的“新右翼”保守主义政治的一个组成部分。20 世纪九十年代，主要由于受到信息技术发展滞后、经济全球化冲击、产业结构僵化、人口老龄化等内外部因素的拖累，欧洲的经济增速陡然放缓，社会内部压力上升。而一直被视为欧洲经济增长火车头的德国，则由于统一支出过大，加之受到数次经济危机打击，财政赤字更是高居不下，经济发展疲弱不振。与此同时，以美国为主导的经济全球化进程的迅猛推进以及欧洲一体化进程在范围与程度发展上的不断扩大，更加重了德国与欧洲普通民众对于未来发展的危机感与不确定感。以此为背景，以“变革”为口号“新右翼”政治势力迅速兴起，成为冷战结束后德国与欧洲政治发展中一个颇为引人瞩目的现象。可以发现，德国当代地缘政治思想与德国“新右翼”势力的某些政治主张实际存在很多相似之处：他们都极力呼吁“超越历史”，认为德国在战后近半个世纪的时间里已经彻底完成了对历史的“反省”与“赎罪”，因此它不能再让 12 年纳粹专制的回忆束缚自己的手脚，而要以本国利益为指针决定其内外政策；他们致力于批评政府官僚机构在制订内外部政策时的保守心态与低效无能；他们对美国在经济全球化进程及北约内部的主导性作用感到不满，呼吁高举“国家”和“民族”的旗帜，通过精确衡量民族利益以决定德国对全球化与欧洲一体化的基本态度等等。不仅如此，当代德国地缘政治的研究者与拥护者很多来自右翼保守阵营，个别甚至是极右翼政治势力的成员部分。德国地缘政治研究与右翼阵营在精神上与人员上的紧密关系，也客观上导致德国很多“新右翼”分子同其外国同行一样，时常将一些地缘政治概念作为其政治理念的组成。[1]

---

① 这些外国同行就包括俄罗斯极右翼政治家弗拉基米尔·日里基诺夫斯基（Vladimir Zhirinovsky），他虽在严肃的学术研究中作用有限，但在自己的著作中反复肯定地缘政治对当代俄罗斯发展的重要意义。Mark Bassin, “Mackinder and the Heartland Theory in Post-Soviet Geopolitical Discourse,” *Geopolitics*, Vol. 11, No. 1, 2006, p. 100.

总的来看，冷战后德国地缘政治研究的兴起，实际上体现了一部分坚持国家主权、民族特性与唯理主义等传统保守思想的德国民众对于欧洲一体化进程所体现的跨国主义、主权让渡与乌托邦理想的抵触情绪，也体现出部分民众在重新统一后要求克服历史创伤、在欧洲乃至世界范围内恢复往昔荣耀、取得应有强国地位的巨大期望，更反映出冷战结束后很多德国民众对于德国在欧洲乃至世界政治中角色定位的巨大困惑。面对冷战结束后快速变动的国际形势，特别是面对德国重新统一、欧洲一体化与经济全球化进程不断加快对德国社会带来的冲击与挑战，德国当代地缘政治研究通过对德国传统地缘政治研究的重新解读，几乎完全从原教旨的立场出发，提出了德国未来外交政策与生存发展的“应有”战略。但与当前世界地缘政治研究发展现状相比较，冷战后德国的地缘政治研究在采纳新的立场方法、超越传统地缘政治固有缺陷等方面努力尚显不足，严重限制了其观点的学术价值、时代适切性与社会影响。在此情况下，德国地缘政治研究迫切需要更新观念、开拓视野、加强学术交流、顺应时代发展，否则终将仅仅是少数右翼极端势力的喃喃自语而已。

第二节　法国：批判视角下的学理审视

长期以来，“地缘政治”一词在法国学术界是被排斥和不受欢迎的。尽管早在20世纪二三十年代，以维达尔·德·拉·布拉什（Vidal de La Blache）、阿尔贝·德芒戎（Albert Demangeon）、雅克·昂赛尔（Jacques Ancel）为主要代表的法国学者，通过对德国地缘政治传统（特别是它的一些主要假定，如“国家有机体”、“生存空间”理论等）的剖析，反驳了后者蕴含的物质决定论倾向、宿命论色彩与沙文主义格调，强调人类精神力量、能动性对全球地缘政治进程的影响，主张以“国际合作”取代“权势争夺”、以“边界开放”取代“领土对抗”，开创了所谓的“维达尔传统”（la tradition vidalienne），为地缘政治思想的发展作出了独特的贡献；[①] 但即便如此，出于对德国地缘政治学的痛恨和维护所谓“纯正地理研究”的立场，法国学者显然更乐意将其研究归为“政治地理学”（géographie politique）而非“地缘政治”（géopolitique）。尤其是二战结束之后，由于德国地缘政治学（Geopolitik）在纳粹侵略中扮演的不光彩角色，在蒙受了深重战争灾难的法国，地缘政治研究连同原先一度兴盛的政治地理学很快便销声匿迹，成为一种知识上的“禁忌”。[②] 战后初期，除让·戈特曼（Jean Gottmann）、克劳德·德尔马（Claude Delmas）等少数学者尚能在选举地理、领土概念等少数几项课题中继续从事相关探讨之外，法国地缘政治研究在整体上陷入了低谷。[③]

一、法国地缘政治研究复兴的历史与社会背景

自20世纪60年代末、70年代初开始，法国内外部形势的变化，特别是当时世界政治经济发展中涌现的诸多极富历史意义的新事态、新趋势，在显著或微妙地改变了法国社会整体精神氛围的同时，为战后法国地缘政治研究的复兴提供了历史与社会背景。这些事态或趋势包括：

第一，法国对国际政治影响力的大幅衰落。作为欧洲最早形

---

① ［法］安德烈·梅尼埃著：《法国地理学思想史》，蔡宗夏译，北京：商务印书馆1999年版，第20—21页。

② Jacques Lévy, "Beyond Geopolitics: A French Connection," in Jacques Lévy, ed., *From Geopolitics to Global Politics: A French Connection*, London: Frank Cass Publishers, 2001, p. 2.

③ Paul Claval, "Hérodote and the French Left," in Klaus Dodds, and David Atkinson, eds., *Geopolitical Traditions: A Century of Geopolitical Thought*, London and New York: Routledge, 2000, p. 239.

成的民族国家与传统的大国、强国，法国在近现代国际关系中长期扮演着重要角色。几个世纪以来，法国不仅在欧洲大陆占有显赫地位，并且通过持续的海外征服，在19、20世纪之交构筑起一个庞大的殖民帝国。但也正是在这个时期，随着德、美、俄（苏）等新兴强权的快速崛起，法国在全球权势体系中的地位开始持续下降。这种趋势在20世纪后半叶得到了继续与强化：二战期间，法国的败降不仅严重打击了其国家实力，同时也极大损害了其国际形象，致使战后初期法国甚至一度无法获得战胜国的待遇。冷战初期，法国在戴高乐的领导下虽采取独立自主的外交政策，力争在美苏两极之外扮演第三势力以恢复世界政治影响；但在两极对峙的历史大背景下，法国已根本无法与美苏两大超级强国相抗衡，它在1956年苏伊士运河危机中的窘迫境遇就是鲜明的例证。不仅如此，随着战后殖民地、半殖民地民族解放运动的蓬勃发展，特别是在越南、阿尔及利亚人民武装斗争的沉重打击下，作为法国往昔权势象征的法兰西殖民帝国已风雨飘摇，并最终于20世纪60年代全面崩溃。上述事态的发展，充分昭示了这样一个时代的到来，即法国作为世界大国的地位受到了根本性动摇，其原先一度兴盛的全球政治影响力已经大幅丧失。在此局面下，法国社会传统的"大国心态"开始受到严重冲击，法国学者不得不以一种更为审慎的态度重新评估法国在冷战时期国际政治格局中的地位与作用，以求维系法国现实的国家利益与国际影响，从而为法国的未来发展提供相应的指导。

第二，欧洲一体化进程的发展、作用与启示。作为欧洲一体化进程的最先倡导者与坚定支持者，法国积极参与了战后欧洲煤钢联营以及欧洲经济共同体的创建。在此进程中，包括法国在内的西欧各国在内部削减贸易壁垒、统一关税、实行共同农业政策、协调对外战略等方面取得长足进展。尽管这一进程不时受到严重的阻滞，各成员国间的分歧不时出现，但在法、德等主要国家的大力推动下，欧洲一体化进程在战后大部分时间内均保持了不间断的发展，成员国范围不断扩大，内部统合程度不断提高，对国际事务的影响日渐增强，联合起来的欧洲已经成为冷战时期世界政治中不可忽视的重要角色。到20世纪60年代末期，欧共体各成员国的经济总量甚至已经能够与美国相抗衡。面对这一趋势的发展，很多法国学者不无欣喜地发现：20世纪30年代法国政治地理学家的一些观点（特别是有关“国际合作”、“欧洲联合”、“开放边界”的观点）正在逐渐成为现实，一种新的、有别于纯粹民族国家范畴的国际关系新范式似乎正出现在欧洲。受到上述事态发展的鼓舞，越来越多的法国学者开始重新审视维达尔、德芒戎等法国传统政治地理学家的思想成果，力图从中发现可资借鉴的现实价值，以期对欧洲一体化进程的发展以及法国在这一进程中应当扮演的角色作出更为精确的说明。

第三，战后经济、社会危机的出现与其思想反映。经战后20余年的发展，包括法国在内的西欧各国普遍平复了战争创伤，经济发展逐渐恢复甚至取得了初步繁荣。但到20世纪60年代后期，西欧各国大多出现了工业景气下调、通货膨胀高企、失业人数剧增的困难局面。这种情况的出现，不仅使西欧战后初期的经济繁荣局面戛然而止，并且使以往为经济快速发展所掩盖的社会矛盾日趋激化与表面化。出于对贫富矛盾、分配不公、大学教育僵化等社会现象的极度不满，加之受到60年代民族独立运动、革命运动与“新左派”运动蓬勃兴起的激励，以学生造反、城市骚乱为代表的社会危机开始在西方各国广泛蔓延。特别是在战后学生运动的重镇——法国，以1968年“五月风暴”爆发为标志，包括学生、少数族裔、妇女等在内的社会少数阶层开始通过大规模抗议甚至暴力革命的方式挑战现存的社会秩序，并将批判的目光转向了知识、权力、文化等社会各个领域。[①] 战后社会危机的

---

① R. J. Johnston, and Peter J. Taylor, "Introduction: A World in Crisis?" in R. J. Johnston, and P. J. Taylor, eds., *A World in Crisis: Geographical Perspectives*, Cambridge: Basil Blackwell Inc., 1989, p. 4.

出现，极大影响了法国社会的集体行为与社会结构，迫使不少法国学者走出战后经济复苏带来的乐观心态，开始以批判的视角剖析传统的社会秩序与政治理论，以求在这个“文化—政治天翻地覆的时代”① 里对法国面临的诸多现实问题（如空间经济关系、城市化进程及影响、区域发展失衡等）作出相应的解读。

正是在上述三种几乎同步发生、彼此关联并且异常复杂的历史与社会背景下，自20世纪60年代末以来，以伊夫·拉考斯特（Yves Lacoste）、保罗·克莱瓦（Paul Claval）、克劳德·拉费斯汀（Claude Raffestin）为主要代表的一大批地理学家开始关注哲学、政治学等其他社会科学领域中的一些理论成果，并将之与传统的地理研究相融合，一些以往被忽视的政治学概念和课题逐步进入到他们视野当中。特别是以1976年《希罗多德》（Hérodote）杂志的出版为标志，当代法国地缘政治学者以此为主要学术阵地，通过反思传统地缘政治思想在人类精神发展与政治实践中所发挥的历史作用，重新界定地缘政治的研究方法与问题领域，力图借此探究当时的世界特别是法国面临的诸多地缘政治议题及其背后的丰富含义。法国学者的这些努力与思考，形成了具有鲜明特色的研究风格，对当代地缘政治研究的发展发挥了积极的影响。

二、对地缘政治本体论、认识论与历史功用的反思与批判

当代法国地缘政治研究可大致分为两个发展阶段。第一个阶段为20世纪60年代末至70年代末。受到1968年法国五月风暴中“批判一切、质疑一切”思潮的强烈影响，这一时期法国地缘

① Paul Claval, “Hérodote and the French Left,” in Klaus Dodds, and David Atkinson, eds., *Geopolitical Traditions: A Century of Geopolitical Thought*, p. 240.

政治研究的重点在于致力于从本体论和认识论的角度强烈批判西方传统的地缘政治思想，揭露其在理论建构与精神实质中存在的根本缺陷，剖析它与近现代世界政治中的冲突、暴力、压迫等现象间存在的紧密联系，力求与传统地缘政治进行理论上的彻底切割。

战后法国地缘政治的复兴，首先建立在反思传统地缘政治本体论的基础之上。长期以来，地缘政治被定义为一种“关于国际政治权力与地理关系的观点”，或者是“一种从地理中心论的观点对国际局势背景进行的研究及整体认识”。[①] 本着这种立场，传统地缘政治研究者往往强调通过对地理环境、人口资源与领土边界的考察，以期了解后者对国家政治行为的影响与制约作用，从而作出“科学”的理论诠释。法国学者一向对上述判断保持相当的距离：早在20世纪二三十年代，包括维达尔、德芒戎在内的法国地理学者就十分厌恶地缘政治学从地理环境当中寻求“政治法则”或“历史法则”的努力。维达尔等人早就指出，传统地缘政治学（特别是德国地缘政治学）过于重视所谓的“自然地理基础”，导致它几乎完全忽略了人类主观努力对于地理空间的改造作用，极易沦为一种简单粗鄙的物质决定论，因此它不具备足够的科学要素，缺乏基本的可信性，并最终发展成为“一种服务于政治的虚假科学”。[②]

战后法国学者同样对传统地缘政治的本体论判断抱有充分的警惕。其领军人物拉考斯特指出，实际上一直存在两种不同的地理研究，即“司令部的地理”（将地理知识应用于军事、政治领域）与“学术研究的地理”。在19世纪末现代地理学创立并进入学校课堂之时，这两种地理研究实际上就已经分道扬镳。其中，

① ［英］杰弗里·帕克著：《二十世纪的西方地理政治思想》，李亦鸣等译，北京：解放军出版社1992年版，第2页。

② ［英］杰弗里·帕克著：《地缘政治学：过去、现在和未来》，刘从德译，北京：新华出版社2003年版，第67页。

将地理知识应用于军事、政治领域并非源自20世纪的马汉、麦金德和豪斯霍弗，其始作俑者甚至可以追溯至希罗多德（这亦是《希罗多德》杂志命名的原因）。自那时起，运用于军事政治领域中的地理知识（即“地缘政治学”）就成为军事、政治、殖民和商业战略的一个重要组成部分，脱离了学术研究的范围，最终沦为“国家、商业与官僚权力的侍女”。[①] 丹尼斯·勒达莱（Denis Retaillé）也从学科建构的角度指出，作为一门介于社会科学与自然科学之间的研究门类，地缘政治事实上长期游移于这两种彼此不同且相互冲突的知识体系之间。它首先是“历史性科学”，是实用主义与描述性的，建立于对过去及当前形势的经验分析之基础上；它同时也是一种“预测性科学”，目的在于通过研究对未来作出预测及证实这种预测。这正是地缘政治无法成为一门真正“科学”的原因所在。[②]

通过上述言论可以发现，法国学者对作为一个学科门类的地缘政治的态度绝非友好。他们的某些观点，如对“地理知识在政治军事中的应用”的敌视，对所谓“学术型”地理研究的推崇，实际上是“反”地缘政治的。公允地讲，他们的这些观点虽然指出了地缘政治在学科建构方面存在的一些问题，但也由于倾向于完全否定地缘政治的学术与现实价值，存在一定的片面性，有矫枉过正之嫌。而拉考斯特对地缘政治这种近乎完全否定的看法，在法国学术界也并非毫无争议，即使在他本人的研究中都很难将上述两种地理研究类型截然分开。因此，我们可以将法国学者在该问题上的表述，理解为从本体论角度修正地缘政治长期与国家政策相混淆（甚至直接为国家政策提供理论注解）的状态，使其

---

① Leslie W. Hepple, “Géopolitiques de Gauche: Yves Lacoste, Hérodote and French Radical Geopolitics,” in Klaus Dodds, and David Atkinson, eds., *Geopolitical Traditions: A Century of Geopolitical Thought*, pp. 273 - 274.

② Denis Retaillé, “Geopolitics in History,” in Jacques Lévy, ed., *From Geopolitics to Global Politics: A French Connection*, p. 46.

向一种更为严谨、更具客观性但也不完全排除实用性的学科转变。这一点在日后法国地缘政治发展中也得到了某种程度的证实。

其二就是对传统地缘政治认识论的反思。拉考斯特指出，在历史发展当中，尽管存在着很多差别很大甚至彼此矛盾的地缘政治观点，但由于它们涉及到因领土、资源、人口等因素所引发的权力竞争，因此必然承载着研究者的价值取向，蕴含着一定的目的性，很难做到真正客观。[①] 而那种将地缘政治研究视为纯粹意义上的“科学”的观点，既是过分的学术自负，也具有相当的欺骗性。例如，地缘政治学的鼻祖弗里德里希·拉采尔（Friedrich Ratzel）虽一再宣称其理论建立于缜密的地理学数据之上因而是“自然（历史）法则”的重现，但在他那些“科学”、“客观”的理论说辞的幌子下，实际隐藏着其真实的政治目的，即为帝国扩张提供正当性的证明，为国家的侵略提供伪科学的理由。[②] 法国学者指出，拉采尔、马汉、麦金德、豪斯霍弗等人的研究已经充分证明，地缘政治从不是一个中立的学术领域，地缘政治研究者的根本目的在于根据地理经验为国家的政治活动提供指导和政策建议。而当地缘政治知识在政治与战争的实践过程中积极发挥作用的同时，逐步被国务活动家和学者所“神秘化”，甚至地缘政治研究者通过将自己的观点有意无意地等同于真实世界也将自身“神秘化”了。[③] 因此，地缘政治绝非是一种“纯技术”与“客观中立”的知识体系，其本质是一种战略性和政治性的“思想品”，一种意识形态，或如福柯（Michel Foucault）所说的“权

---

① Yves Lacoste, “Rivalries for Territory,” in Jacques Lévy, ed., *From Geopolitics to Global Politics: A French Connection*, p. 152.

② Michael Heffernan, “On the Origins of European Geopolitics, 1890 – 1920,” in Klaus Dodds, and David Atkinson, eds., *Geopolitical Traditions: A Century of Geopolitical Thought*, p. 48.

③ Yves Lacoste, “La Géographie,” in F. Chatelet, ed., *La Philosophie des Sciences Socials*, Paris: Hachette-Litterature, 1973, pp. 294 – 295.

力—知识”的结合体[①]。

法国学者对传统地缘政治的理解，可谓是对后者认识论的一场彻底清算。受到20世纪六七十年代流行于法国学术界的“结构主义—马克思主义”的强烈影响，法国学者拒绝承认地缘政治的中立性与客观性，强调其目的性与规范性，致力于揭露传统地缘政治观念中那些隐藏在“法则”、“真理”背后的真实动机，借此追问研究者理解与建构空间、领土、边界等概念的方式与原因。正如《希罗多德》杂志的副标题“战略、地理与意识形态”（Stratégies，géographies，idéologies）所暗示的那样，战后法国地缘政治研究的目的，不在于传统的、从地理视角考察国家权力的增减，而在于揭露地理知识在国家战略与意识形态中的应用与后果。在他们看来，当代地缘政治研究的核心问题显然就是厘清认识论问题，特别是需要从认识论的角度出发重新审视历史上各种地缘政治观点建构和理解空间的方式、原因及其所要达到的根本目的，唯此方能对其本质得出较为适当的认识与评价。

其三则是对地缘政治历史作用的揭露与抨击。在反思传统地缘政治本体论与认识论的基础上，法国学者对地缘政治在国家政策实践中扮演的历史角色进行了猛烈的抨击。拉考斯特指出，传统地缘政治过于专注领土边界等所谓的物质因素，忽略甚至刻意掩饰政治矛盾与社会问题，结果则有助于统治者对平民施加暴力、对社会进行空间控制与促进国家间的领土冲突。因此，地缘政治的全部信念都是为近现代以来强权国家之间的领土争夺、权力竞争提供理论依据，具有根深蒂固的沙文主义和实用主义色彩，它“基本上服务于统治者、战争和政治控制”。[②] 正是基于以上原因，地缘政治自其诞生之日起就得到了国务活动家与极权

① Leslie W. Hepple, “Géopolitiques de Gauche: Yves Lacoste, Hérodote and French Radical Geopolitics,” in Klaus Dodds, and David Atkinson, eds., *Geopolitical Traditions: A Century of Geopolitical Thought*, p. 292.

② 帕克著：《地缘政治学：过去、现在和未来》，第75页。

者的狂热偏爱。在他们的反复鼓吹与实践下，地缘政治在为特定国家实施军事战略与政治强权提供理论来源的同时，也成为一种进行空间控制和领土争夺的思维方式，在近现代世界历史中更成为“导致战争的首要因素”。但这一事实长期以来笼罩在所谓的“科学”或“学术”的烟雾之下。①

早在维达尔那个时候开始，地缘政治就被绝大多数法国学者视为一种与拉采尔、豪斯霍弗、马汉和麦金德等人相联系的地理—军事—政治符号，它迫切需要批判与探讨，几乎不具有什么积极意义。这种观点得到了战后法国地缘政治学者的基本认可：他们将学理探究的重点放在揭露地缘政治在加强资本主义国内统治、推动强权政治与国际战争、破坏国际正义等方面的恶劣作用上，这一点在战后法国地缘政治研究复兴之初体现得尤为明显。②法国学者的这些看法，折射出法国社会左翼人士对于近现代世界历史中帝国主义、强权政治、暴力压迫与不平等现象的一贯不满，同时也体现出生活在美苏全球核大战阴影下的法国社会，对于紧张僵化的冷战格局以及自身受制于人命运的愤怒与无奈。因此，尽管自20世纪70年代末、80年代初以来，很多法国学者对待该词的态度出现一定松动，很多冠以“地缘政治”的研究成果开始在法国涌现，但以拉费斯汀为代表的部分学者对使用这一概念依然抱有相当的疑虑，他们仍将其与法西斯主义、民族主义与扩张政策联系在一起。③

---

① Leslie W. Hepple, “Géopolitiques de Gauche: Yves Lacoste, Hérodote and French Radical Geopolitics,” in Klaus Dodds, and David Atkinson, eds., *Geopolitical Traditions: A Century of Geopolitical Thought*, p. 268.

② Jacques Lévy, “Beyond Geopolitics: A French Connection,” in Jacques Lévy, ed., *From Geopolitics to Global Politics: A French Connection*, p. 3.

③ Leslie W. Hepple, “Géopolitiques de Gauche: Yves Lacoste, Hérodote and French Radical Geopolitics,” in Klaus Dodds, and David Atkinson, eds., *Geopolitical Traditions: A Century of Geopolitical Thought*, p. 279.

三、更新的视野与拓展的议程

进入20世纪80年代特别是冷战结束之后，当代法国地缘政治研究步入第二个发展阶段，重点逐步从理论批判转移到具体课题研究上。特别是在地区一体化进程、特定国家文化、民族性、语言宗教等人文意识因素的变迁及其地缘政治后果、一体化与全球性进程中民族国家的功用等方面，法国学者以其独特的研究方法，着力在相当广泛的议程上展开探讨，取得了大量的研究成果。

有关“欧洲联合”与“国际合作”的观点一向是法国传统政治地理学的重要内容之一。早在两次大战期间，德芒戎在提醒人们注意欧洲衰落的同时便指出，如果“原有的大陆”（le vieux continent）要继续发挥世界性的作用，欧洲各国就必须建立一种以国际合作和彼此开放为基础的“欧洲联合”。[①] 德芒戎的设想一度得到法国政界的支持，1932年法国总理阿里斯蒂德·白里安（Aristide Briand）甚至就建立“欧洲合众国”向欧洲各国提出了倡议。尽管随着二战的爆发，德芒戎的设想在纳粹侵略的隆隆炮声中化为泡影，但战后欧洲一体化进程取得的大幅进展，使有关“国际合作”与“欧洲联合”的思想重新得到了法国学者的注意。他们大多指出，欧洲一体化进程的发展，标志着在经历了两场大战的浩劫后一种新的“欧洲意识”逐步在欧洲主流社会占据了上风，这种意识有助于克服以领土争夺、权势冲突为标志的旧地缘政治观，并正在改写《威斯特伐利亚和约》以来以现代民族国家为核心的传统国际关系秩序。因此，法国学者不无自豪地指出，欧洲联合进程的发展体现出法国传统政治地理学思想的伟大历史意义（特别是与德国地缘政治学相比），欧洲共同体的发展实际就是“国际合作”主张对“权力思想”的胜利，是欧洲超

① 帕克著：《地缘政治学：过去、现在和未来》，第167页。

越民族国家的胜利。[①]

法国学者在坚定支持"欧洲联合"、"国际合作"思想的同时，还认真考察了欧洲一体化进程对于欧洲各国国内事务的复杂影响。雅克·列维（Jacques Lévy）通过研究发现，西欧各国的一体化进程实际描画出一种新的政治地图，这个地图由三种不同层次的政治经济关系构成，即国家层次、地区层次与城市层次。在此过程当中，尽管西欧各国对于欧洲一体化进程持有不同的立场，但其国内的诸多亚国家行为体（地区、城市、族群）对于欧洲一体化进程的反应却更为复杂。[②] 法国学者还发现，在欧洲一体化大幅发展的同时，欧洲各地在亚国家行为体层面上的"非集中化"（decentralization）、"分散化"（disintegration）与"地区化"（regionalization）的趋势也在加速。[③] 与这种情况互为因果的则是，一体化进程中欧洲各国民族认同、传统文化与民族特性受到了一定程度的侵蚀与削弱。因此，法国学者特别呼吁应加强法国、德国和拉丁语系其他民族的民族文化与民族概念，从而有效抵御这种威胁。

在上述考察中，法国学者敏锐地注意到地区一体化及之后的经济全球化进程对民族国家的作用所形成的挑战。在他们看来，自20世纪60年代至今，诸多事态或趋势的发展已经对民族国家的传统功能形成了越来越严重的威胁，民族国家几乎已经成为一个夹在外部的、超国家的和全球力量与内部的、地区或地方主义离心力量之间的"三明治"。[④] 在日趋增大的全球、地区与内部

---

① 帕克著：《地缘政治学：过去、现在和未来》，第73页。

② Jacques Lévy, "Geopolitics after Geopolitics: A French Experience," *Geopolitics*, Vol. 5, No. 3, 2000, p. 110.

③ Bertrand Badie, and Marie-Claude Smouts, "The Turnaround of the World," in Jacques Lévy, ed., *From Geopolitics to Global Politics: A French Connection*, p. 91.

④ Leslie W. Hepple, "Géopolitiques de Gauche: Yves Lacoste, Hérodote and French Radical Geopolitics," in Klaus Dodds, and David Atkinson, eds., *Geopolitical Traditions: A Century of Geopolitical Thought*, p. 287.

分裂压力面前，民族国家必须努力调整其自身功能加以应对和抵御，否则社会将会在这些压力下四分五裂。法国学者的这些观点表明其意识到民族国家在当今世界政治中面临的严峻挑战，但与20世纪70年代以来逐步流行于英、美等国学术界的“民族国家无用论”、“民族国家消亡论”不同，法国学者对于民族国家的历史地位给予了充分尊重，他们依然重视民族国家在当今世界政治，特别是促进特定社会发展中的重要意义。贝特朗·巴蒂（Bertrand Badie）分析指出，作为历史的产物，民族国家尽管从来都不是国际关系中唯一的行为体，但几个世纪以来，民族国家大致根据自己的形象与意念建构并维系了现代国际关系的基本图景。因此，尽管当下诸多危机的发展使民族国家在一定程度上受到了削弱，但那种认为世界面貌就此改变，一个新的、理想的人类共同体就此形成的观念显然还缺少足够的依据。[①] 拉考斯特也强调，几个世纪以来，民族国家在凝聚社会政治认同与争取公民效忠等方面发挥着不可替代的重要作用。这种作用虽然当前面临一定的挑战，但它无疑仍将延续很长时间。[②]

在这一阶段，法国学者还对世界政治经济中的不平等、种族、冲突、宗教、环境与欠发达问题进行了深入讨论。部分吸取了20世纪60年代皮埃尔·乔治（Pierre George）、让·德施（Jean Dresch）等法国地理学家对非殖民化与第三世界国家发展问题的观点，法国地缘政治研究者早在70年代初期，便将目光投向了革命与战争、民族主义与民族解放运动、欠发达和依附问题的研究上。例如，1973年拉考斯特曾应邀研究了美军对越南的战略轰炸的地理环境后果，认为美国正在通过战略轰炸系统性地

① Bertrand Badie, and Marie-Claude Smouts, “The Turnaround of the World,” in Jacques Lévy, ed., *From Geopolitics to Global Politics: A French Connection*, p. 86.

② Paul Claval, “Hérodote and the French Left,” in Klaus Dodds, and David Atkinson, eds., *Geopolitical Traditions: A Century of Geopolitical Thought*, p. 263.

破坏越南经济的农业基础，引发西方社会的热烈反响。[①] 进入八十年代，随着国际国内形势的变化，法国学者以个案研究的方式，集中展开了对西方国家城市化进程、外来移民与国内政治认同问题、欠发达地区边界冲突、以伊朗伊斯兰革命为代表的宗教原教旨主义兴起、一体化与全球化的国内政治后果等课题的探讨，这些成果大量刊载于80年代的《希罗多德》杂志上。[②] 冷战结束后，诸如民族主义、种族主义、分离主义、环境恶化与资源匮乏以及由此引发的矛盾冲突也引起了法国学者的充分注意，他们以波斯尼亚、亚美尼亚、阿塞拜疆、车臣、塔吉克斯坦等"热点"（Points Chaudes）问题为案例，着重从政治认同、文化差异、社会集体心态等角度对上述现象加以描述和解释，并力图在此过程中对"民族"、"国家"等概念进行新的解读。[③]

法国学者的研究日程，体现出他们致力于拓展传统地缘政治研究领域的努力。拉考斯特认为，地理学（以及地缘政治学）现在所出现的"危机"，在于传统学者拒绝面对当今世界涌现的诸多现实问题，而这些现实问题已经严重改变了战后世界政治经济与社会发展的基本面貌。[④] 为了改变这种状况，战后法国地缘政治研究不仅与法国传统地理学在问题领域上发生了极大的背离，也与传统地缘政治研究存在很大不同，它不仅涉及特定社会所处的地理环境与历史发展，涉及地区形势与国际经济，甚至还与文化—人类学产生了关联。法国学者的努力，在于要采取一种新的视野，努力扩大研究的范围，以期从地理的视角出发对当今这个

---

① Yves Lacoste, "An Illustration of Geographical Warfare: Bombing of the Dikes on the Red River, North Vietnam," *Antipode*, Vol. 5, No. 2, 1973, pp. 1 – 13.

② Leslie W. Hepple, "Géopolitiques de Gauche: Yves Lacoste, Hérodote and French Radical Geopolitics," in Klaus Dodds, and David Atkinson, eds., *Geopolitical Traditions: A Century of Geopolitical Thought*, p. 289.

③ Paul Claval, "Hérodote and the French Left," in Klaus Dodds, and David Atkinson, eds., *Geopolitical Traditions: A Century of Geopolitical Thought*, p. 255.

④ Paul Claval, "Hérodote and the French Left," in Klaus Dodds, and David Atkinson, eds., *Geopolitical Traditions: A Century of Geopolitical Thought*, p. 244.

急剧变动的世界进行更为细致的解读。列维评论道，战后法国学者们的研究，充分表明了他们试图打破主要建立在考察国家权力增减、领土边界变动上的传统研究思路，相反将地缘政治更多地视为“强调发展的全球复杂性”的研究领域。① 尽管如此，拉考斯特依然认为，战后法国地缘政治研究在严格意义上并未脱离地理学与地缘政治的研究领域，不同之处仅在于法国学者在关注行为体及其对社会与政治现实的理解方式时主要采取了多元和综合的视野，这与传统的“物质决定论”与“领土—权力”视角迥然不同。②

四、地缘政治研究的法国学派

战后法国地缘政治研究大致建立在批判性地继承法国政治地理学研究传统（主要是“维达尔传统”）的基础上。尽管在研究领域等方面与法国传统政治地理学发生了一定的背离，但后者的研究方法还是得到了战后法国学者的充分尊重与大体继承。拉考斯特在回顾了现代地缘政治思想后承认，与拉采尔、麦金德、豪斯霍弗等人相比，包括维达尔、埃利泽·雷克吕（Elisée Reclus）等人在内的法国传统地理学家在抵制主观因素干扰、坚持“学术型”、“非政治化”的地理研究方面实为当代研究者的楷模，是“审慎且适当研究”的典范。③ 本着这种立场，法国传统政治地理学的很多思路和观点，如强调人文因素在空间上的重要作用、呼吁国际合作反对领土竞争、对区域地理研究的极其重视以及主

---

① Jacques Lévy, “Beyond Geopolitics: A French Connection,” in Jacques Lévy, ed., *From Geopolitics to Global Politics: A French Connection*, p. 4.

② Paul Claval, “Hérodote and the French Left,” in Klaus Dodds, and David Atkinson, eds., *Geopolitical Traditions: A Century of Geopolitical Thought*, p. 249.

③ Leslie W. Hepple, “Géopolitiques de Gauche: Yves Lacoste, Hérodote and French Radical Geopolitics,” in Klaus Dodds, and David Atkinson, eds., *Geopolitical Traditions: A Century of Geopolitical Thought*, p. 278.

张个案研究、拒斥宏观理论归纳等等，都得到了战后法国地缘政治研究者的足够重视，并在他们的研究中得到了相应体现。正是出于这种原因，战后法国学者的学术风格既与传统地缘政治存在很大差别，也与稍晚流行于英美等国的当代地缘政治研究有很大不同，呈现出鲜明的历史传承性与独特的学术风格。

战后法国地缘政治研究最具特色之处在于，它重视个案分析、谨慎对待宏观归纳和历史大势推断的研究风格。1984 年，拉考斯特评价道，马汉与麦金德等人关于全球历史进程的宏观思考，建立在一种夸张的，关于“陆地”、“海洋”的地理隐喻基础上。尽管这些观念具有极大的政治感染力，但却是一种历史概括而非精细分析，严重缺乏科学内涵。[①] 与法国传统政治地理学注重区域分析与微观研究的风格一脉相承，战后法国地缘政治研究的复兴，同样表明了法国学者试图摆脱那种传统的、大而笼统的国际政治两分法（即陆权对抗海权、心脏地带对抗海洋新月型地带、苏联对抗美国）的决心，以及向注重个案研究、更具时代敏感性和跨文化解读方向迈进的努力。出于这种立场，法国学者很少涉足那些英美学者通常喜好的、较为宏观的地缘政治议题（如冷战期间美苏的全球战略与军备竞赛、冷战结束后“新国际秩序”的建构以及当下英美学界对全球化与民族国家“消亡”问题的讨论等），相反却主要从国家规模研究入手，对非洲、地中海、巴尔干、南亚与东南亚等地的政治文化与经济状况展开了较为精细的考察。[②] 这种倾向的出现，既与法国政治地理学传统存在一定的继承关系，也体现出战后法国社会对超级大国及其主

① Yves Lacoste, “Geography and Foreign Policy,” *SAIS Review*, Vol. 2, No. 4, 1984, p. 214.

② 直至 1997 年，《希罗多德》杂志方刊发了一篇直接与美国有关的文章。但这篇文章的研究兴趣在于美国种族主义与民族关系问题，而非美国的全球地缘战略。参见 Leslie W. Hepple, “Géopolitiques de Gauche: Yves Lacoste, Hérodote and French Radical Geopolitics,” in Klaus Dodds, and David Atkinson, eds., *Geopolitical Traditions: A Century of Geopolitical Thought*, p. 286.

导下的世界政治经济秩序的憎恶和不满。当然，法国学者的这种倾向并不代表他们缺乏全球视野。相反，20世纪六七十年代法国学者对第三世界国家非殖民化与依附问题的研究、80年代对宗教原教旨主义的考察、冷战结束后对分离主义、民族主义与资源环境问题的研究，都表明其对于此类具有重大历史影响的问题与趋势具有很强的现实敏感性。

战后法国地缘政治研究的又一大特色，在于对语言、文化、宗教等人文因素的重视。德芒戎早就指出，在人文地理学研究（包括地缘政治研究）当中，因果关系是非常复杂的：自然因素诚然制约着人类政治活动，但具有意志和主动性的人类自身，也是扰动自然秩序的一个重要因素。在他看来，没有绝对的决定论，只有人类主动地开发利用的可能性；没有命定论，只有人类的意志。[①] 这种观点在战后法国地缘政治研究中得到了继承与发扬：从战后法国地缘政治学的研究项目上看，文化、民族性，特别是语言与宗教在国家内部治理与国家间冲突中的作用得到了法国学者的高度重视，此点既与传统地缘政治学对领土、资源、边界等物质范畴的研究偏好迥然有别，同时也是法国学者重点关注民族解放运动、宗教原教旨主义、民族主义、分离主义等人类意识实践及其地缘政治后果的直接原因。在对经济全球化进程的地缘政治分析中，法国学者的这一立场同样得到了相应体现：民族和地方性的政治和文化反应对于全球化的制约作用引发法国学者的关注，他们并且对盎格鲁—撒克逊文化在全球化进程中的强势扩张感到极度不安。

关注法国需求、坚持法国立场、维系法国利益，也是战后法国地缘政治研究的一个鲜明特征。尽管早自维达尔那时开始，大多数法国学者便对地理知识在政治中的运用持强烈的反对态度，拉考斯特更是对地理研究与国家战略目标的结合（或如豪斯霍弗

① ［法］阿·德芒戎著：《人文地理学问题》，葛以德译，北京：商务印书馆2007年版，第9页。

所言的“科学与艺术的结合”[①]）深恶痛绝，但公允地讲，法国学者的研究具有极强的针对性与应用性，他们关注的问题都是法国在不同历史时期面临的迫切问题，其出发点与结论大都建立在确保法国的利益基础之上。例如，两次世界大战之间，面对动荡不宁的欧洲形势，法国学者着力鼓吹“欧洲联合”、“国际合作”、“开放边界”等观点，力图借此化解德国咄咄逼人的复仇威胁，确保法国的国家安全与地区影响。但与此同时，法国学者却几乎一致要求加速发展其殖民帝国，从而平衡德国在欧洲大陆的优势地位，维持在全球权力争夺中的有利地位，部分学者甚至将此视为“恢复法兰西活力”的一剂良方。[②] 因此，我们应将法国学者提倡的“国际合作”、“摒弃领土争夺”等观点更多地视为一种策略性主张，他们的出发点与归宿都建立在维护法国根本国家利益之上。又例如，二战结束后，由于乐见法国在西欧一体化进程中发挥的领导作用，法国学者大多以相当积极的态度欢迎该进程的长足发展；但当面对主要由美国主导的经济全球化进程以及强势扩张的英美文化的压力时，法国学者又转而探讨全球化进程对于文化多元性与民族国家功用所造成的威胁，呼吁加强民族文化与民族认同以有效应对上述挑战。再如，在法国殖民帝国全面崩溃、法国全球政治影响力大幅下降的背景下，20 世纪七八十年代法国地缘政治研究的重点课题，没有放在美苏两强权力消长、国际格局趋势走向等宏观战略问题上，相反却着力分析前法属殖民地国家独立后的政治、经济与社会状况，力图借此为法国确保在前殖民地国家中的政治影响、获取现实经济利益提供相应的智力支持。[③] 法国学者这种坚持法国立场、紧密关注法国现实问题、注重维护法国利益的态度，体现出极强的政治敏感性，这

---

① 帕克著：《地缘政治学：过去、现在和未来》，第 46 页。

② 帕克著：《二十世纪的西方地理政治思想》，第 99 页。

③ Tomáš Profant, “French Geopolitics in Africa: From Neocolonialism to Identity,” *Perspectives*, Vol. 18, No. 1, 2010, pp. 41 – 58.

一点特别需要引起我们的注意。

严格地讲，尽管在学术风格、研究议题等方面存在相似性，但战后法国地缘政治研究绝非是一种严整精细的理论体系。虽然早自20世纪60年代末期，法国学者便在吸取当时哲学与社会学领域的新思想、新方法（特别是结构主义—马克思主义）的基础上，在西方学术界率先高举批判的大旗，着重从本体论和认识论的角度对传统地缘政治的基本思路、研究方法与历史作用进行较为深刻的批判，取得了丰富的理论成果；但在批判的高潮过去之后，法国学者对于运用吸取其他社会理论的热情便有所下降。拉考斯特本人就认为，有关理论方面的研究工作已经结束，接下来的工作仅仅是将理论方法加以运用而已。① 与法国政治地理学的传统（注意经验方法、排斥规范，甚至刻意“反”理论化）一脉相承，法国地缘政治研究在战后复兴之初便以批判、反思见长，在后续发展中又以注重具体案例分析而非综合归纳世界大势为主要特色，因此在战后法国学术界基本没有出现建构一种新的、系统性的地缘政治总体理论的努力。法国学者对系统理论建构的刻意忽视，既在西方地缘政治发展中独树一帜，亦是法国地缘政治研究的主要缺憾之一。

战后法国地缘政治研究一经复兴便体现出极强的学术延续性。这种延续性既体现在时间上，也体现在大量研究成果在方法、特色方面的相似性上。特别是《希罗多德》杂志，自其创刊以来发表了大量地缘政治著述，争取到广泛的读者群，为地缘政治研究在法国的复兴和兴盛发挥了巨大的推动作用。在他们的努力下，战后法国地缘政治研究的影响不仅超越了单纯的学术研究与大学教育领域，甚至直接介入到法国国内公共政策的辩论当中，参与塑造了战后法国社会对世界空间的理解与想象。与此同

① Leslie W. Hepple, “Géopolitiques de Gauche: Yves Lacoste, Hérodote and French Radical Geopolitics,” in Klaus Dodds, and David Atkinson, eds., *Geopolitical Traditions: A Century of Geopolitical Thought*, p. 286.

时，战后法国的地缘政治研究还具有相当广泛的国际影响：战后法国学者的研究成果一向受到拉丁语系国家和地区（如南欧与拉美）知识界相当的重视，《希罗多德》杂志的编委也大多为欧洲、中东、非洲与南美地区的知识界所熟知。[①] 而法国地缘政治研究与英美学者之间长期以来对话不足的状况，在冷战结束前后也得到了一定的改善：20 世纪 90 年代起逐步流行于英美学术界的“批判地缘政治学”（critical geopolitics），便受到法国学者很多观点（特别是拉考斯特关于“地理知识在国家对外政策与军事政策中所发挥的作用”）的启发。[②] 尽管在系统理论建构、研究手段等方面存在一定的分歧，但批判地缘政治学在对传统地缘政治本体论、认识论的批判与文本解读等方面，都与法国学者的基本立场颇为相似。

不仅如此，法国地缘政治研究与战后法国的对外政策亦存在极为紧密的联系。在欧洲政策上，战后法国在坚定支持“欧洲联合”的同时，一向强调欧洲各国保持民族特色与国家主权的重要性（即实现所谓的“多国家的欧洲”），对一体化进程中“超国家因素”的增长保持着相当的警惕，这一点与法国学者关于一体化与全球化进程中防止国家权力基础遭受侵蚀、保证国家地位与民族文化的思考相当接近。在对第三世界国家政策上，为保障原料、能源的稳定供应以及为工业品提供可靠市场，法国通过长期向发展中国家提供贸易优惠、财政援助、技术合作等方式，加强同发展中国家的经济联系，以期获取经济利益、体现政治影响。法国政府的这一政策也得到了法国地缘政治学者的响应与配合：早自 20 世纪 60 年代开始，法国学者便将研究的重点放在非洲、

① Paul Claval, "Hérodote and the French Left," in Klaus Dodds, and David Atkinson, eds., *Geopolitical Traditions: A Century of Geopolitical Thought*, p. 263.

② Klaus Dodds, *Geopolitics in a Changing World*, London: Pearson Education Ltd., 2000, p. 33. 有关批判地缘政治学的介绍可参见葛汉文：《批判地缘政治学的发展与地缘政治研究的未来》，载《国际观察》2010 年第 4 期，第 42—48 页。

拉美等地区，对后者的政治、经济与社会发展进行了很多相当精细的个案分析，这在上文里已经有所提及。另外，冷战期间法国地缘政治研究在冷战格局的兴起与演变、美国全球战略与军备竞赛等议题上的冷淡态度，也与法国政府不满冷战格局、在处理法美关系时坚持独立自主、注意抵制美国干涉的作法存在精神上的共通之处。与此同时，一些法国地缘政治学者还曾直接参与到法国的外交活动当中。例如，《希罗多德》杂志前编委米歇尔·富歇（Michel Foucher）不仅长期担任欧盟委员会与法外交部长的政策顾问，甚至还在1999—2002年期间担任法国外交部政策分析与规划中心主任，对法国对外政策的谋划与实践发挥了直接的影响。

过去近40年时间里，法国学者在批判传统地缘政治的基础上，继承了法国政治地理学的诸多观点与方法，在相当广泛的议题上展开了深入研究，极大地推动了地缘政治的研究进展与学术争鸣，其成果之丰富、学术延续性之强在当代学术发展中也较为罕见。进入21世纪后，伴随着经济全球化进程的加快、科学技术迅猛发展、国家间相互依存程度的日益加深和国际紧张局势的大体缓和，当今世界政治的主要议程与地缘政治的传统领域显现出极大不同，生态、资源、人口、污染、粮食等所谓“低级政治”问题在当今世界事务中的重要性日趋凸显。这些事实或趋势的出现都对传统的地缘政治研究提出了巨大的挑战。[①] 在国际政治体系中传统矛盾尚未消弭、新兴挑战急剧增长的复杂局面下，战后法国的地缘政治思想因其较为独特的研究风格、在一些既定问题上较英美学者有所区别的态度立场，可为我们推动地缘政治研究的进一步发展、认识当今世界政治的现状趋势、理解法国社会的集体心态变化、分析其对外政策走向提供某种有益的启示。

---

① 参见周桂银、葛汉文：《传统地缘政治理论的当代价值及其局限》，载《中国军事科学》2006年第3期，第57页。

第三节　意大利：重返现实主义

与长期扮演地缘政治研究学术中心的美、德、法等国相比，意大利的地缘政治研究虽长期不为国际学术界所熟知，但却有值得一提的理论传统。早在20世纪二三十年代，面对两次世界大战之间诡谲难测的国际政治情势，包括乔治·罗莱托（Giorgio Roletto）和埃内斯托·马西（Ernesto Massi）等人在内的部分意大利学者，在梳理南欧、北非以及全球地缘政治形态基础上，以《地缘政治》（Geopolitica）杂志为主要学术阵地，对意大利其时"应有的"战略对策进行了理论筹划。这些学者的很多观点，如巴尔干、地中海地区之于意大利"生存"的重要意义，热带殖民地在"复兴罗马帝国荣光"中的关键作用等等，获得了广泛的社会与政治影响，甚至得到墨索里尼、朱塞佩·博塔伊（Giuseppe Bottai）等法西斯政权要员的赞赏与引用，在法西斯对外战略的谋划与实践中发挥了举足轻重的作用。第二次世界大战结束后，由于在法西斯侵略扩张政策中扮演的恶劣角色，意大利地缘政治研究很快就遭到了意国内进步势力、舆论和国际知识界的一致谴责，"地缘政治"等受到法西斯玷污的词汇连同墨索里尼政权一并遭到了彻底覆灭，地缘政治在战后40余年的时间里成为了意大利学术领域中的一个"禁区"。

冷战结束后，主要归因于意大利国内、地区和国际形势的革命性演进，很多当代意大利学者、军人和政治人物或是出于对冷战结束前后周边安全形势复杂多变的困惑，或是出于对意大利国际地位不断下落的焦虑，或是出于对国家未来发展方向的迷茫，开始主张以全新的视野审视意大利在当今国际秩序中的地位作用。而作为一门学科理论、一种思维方式或一套话语模式的地缘政治，再度进入到这些知识与政治精英的视野当中。在他们的推波助澜下，“地缘政治”一词开始在意大利的学术研究、公众传媒、政治辩论乃至政策文本中频繁出现，俨然成为当下意大利国内政治中的时髦术语。在部分意大利知识—政治精英那里，地缘政治甚至成为一种“理性的”、“现实的”、足以确保“民族利益”的国家战略，或者说是一把能够真正理解国际政治的“万能钥匙”（passe-partout）[①]。这种情况的出现，与冷战后法、德、俄罗斯、捷克、乌克兰等国地缘政治研究的回潮一起，构成了地缘政治研究在当代欧洲的大复兴态势，极为深刻地体现出冷战结束以来欧洲各国政治局势、集体心态乃至对外战略判断的剧烈变动。

一、意大利地缘政治的思想渊源

意大利的地缘政治研究最早出现于20世纪初现代地缘政治理论初兴之时。1903年，意大利著名地理学家奥林托·马里内利（Olinto Marinelli）便饶有兴致地向其国内知识界介绍了现代地缘政治研究主要奠基人——德国政治地理学家弗里德里希·拉采尔（Friedrich Ratzel）的相关著述，并对地缘政治在理解国家空间形态及其对外战略的重要价值给予了相当高的评价。[②] 一战结束后，受塞尔维亚著名地理学家约翰·茨维伊奇（Johan Cvijic）应邀在凡尔赛和会上阐述巴尔干地区政治地理状况从而争取到对南斯拉夫王国相当有利的领土边界划分一事的启发，很多意大利学者同样希望凭借其地理知识为意大利在新世纪里的“生存”与“扩

① Elisabetta Brighi, and Fabio Petito, “Geopolitics ‘in the Land of the Prince’: a Passe-partout to (Global) Power Politics?” in Stefano Guzzini, ed., *The Return of Geopolitics in Europe? Social Mechanisms and Foreign Policy Identity Crises*, New York: Cambridge University Press, 2012, p. 127.

② David Atkinson, “Geopolitical Imaginations in Modern Italy,” in Klaus Dodds, and David Atkinson, eds., *Geopolitical Traditions: A Century of Geopolitical Thought*, London & New York: Routledge, 2000, p. 94.

张”出力。而20世纪20年代后，德、法等国地缘政治研究的狂飙突进，更是引发了意大利学者的巨大兴趣和热情响应。在此背景下，以1939年《地缘政治》杂志出版为标志，部分意大利学者开始聚集在地缘政治研究的旗帜下，试图提供一种对当时国际权势空间状态的意大利式解读，为重现意大利“历史辉煌”、“复兴罗马帝国”梦想提供理论襄助。在他们的不断努力下，《地缘政治》杂志最终发展成为在欧洲学术界足以与其时赫赫有名的德国《地缘政治杂志》（Zeitschrift für Geopolitik）相媲美的著名刊物，社会和政治影响名噪一时，意大利地缘政治研究也发展到了其历史的顶峰。

两次世界大战期间的意大利地缘政治研究者具有广泛的学术兴趣。在地区层面上，一战后意大利周边国际政治环境的变动及空间态势的发展，特别是意大利宣称拥有“独占权利”的亚德里亚海以及存在“广泛利益”的达尔马提亚地区、巴尔干半岛和爱琴海，均是这些学者的研究重点。在更高一级规模上，这些学者将研究视野投向了对“复兴罗马帝国荣光”极为关键的中东、北非和东非等地中海东、南部毗邻区域，并对意大利在既定区域与英、法、德、西等国势必进行的权势争夺进行了大量的描述和预判。在诸多麦金德式的预言（如“控制了阿尔巴尼亚，就控制了巴尔干”以及“统治地中海，就意味着统治世界”[①]）的鼓动下，这些学者详细考察了上述据说是意大利“命定”的“生存空间”（spazio vitale）的政治地理现实以及域外大国在这些地区的政策意图及权势伸张状况，以期为意大利发挥位于地中海核心位置的地理优势，在地中海周边区域进一步拓展权势空间，进而“重现罗马帝国伟业”提供理论支持。[②]

① C. J. Lowe, and F. Marzari, *Italian Foreign Policy*, *1870 - 1940*, London: Routledge, 1975, p. 326.

② Marco Antonsich, "Geopolitica: The 'Geographical and Imperial Consciousness' of Fascist Italy," *Geopolitics*, Vol. 14, No. 2, 2009, p. 266.

在全球层面上，意大利学者着力对一战结束后帝国主义列强对全球资源的占有和使用情况提供一种“意大利式”的描画和解读。两次世界大战期间意大利地缘政治研究的领军人物之一、《地缘政治》杂志主编埃内斯托·马西通过对全球自然资源和殖民领土位置、列强的控制与开发情况，乃至全球主要贸易通道的分析，为世人揭示出一个严重“两极分化”的世界。在他看来，一战后国际政治经济的基本事实，在于英、法等“富裕民主强国”对全球几乎所有重要战略资源和殖民地领土的严密控制。这正是上述国家在当时的世界秩序中占据绝对优势地位、工业水平和民众生活水平普遍高企的根本原因。与之相比，包括意大利在内的“资源贫乏的国家和民族”，既不能占有足够的自然资源服务于工业生产，也缺少足够的殖民地市场供其制成品销售，其结果则导致了工业生产能力和民众生活水平不断衰退。[①]

面对这种“不公正”局面的存在，马西呼吁建立一种“全新的”世界秩序从而更为“公正”地分配全球资源特别是殖民地资源。在他看来，一个民族在未来全球资源的再分配中拥有份额的多少，应当根据“历史传统、民族意识、文化宗教以及成为强权和帝国的意愿”来衡量。而像意大利这类被《凡尔赛和约》“抛弃”，但却具备足够能力对当时世界秩序提出挑战的强国，其对自然资源、工业原材料、殖民地领土和贸易通道的要求必须得到“充分的尊重”。唯有通过这种方式，方能消除全球政治经济当中的“不公正”现状，从而消弭那些对世界秩序心怀不满的国家与“富裕民主强国”未来可能发生的大冲突。[②] 而意大利的最终目标，正如当时另一位重要的地缘政治学者马里奥·莫兰迪

---

① David Atkinson, “Geopolitical Imaginations in Modern Italy,” in Klaus Dodds, and David Atkinson, eds., *Geopolitical Traditions: A Century of Geopolitical Thought*, pp. 102 – 103.

② David Atkinson, “Geopolitical Imaginations in Modern Italy,” in Klaus Dodds, and David Atkinson, eds., *Geopolitical Traditions: A Century of Geopolitical Thought*, p. 103.

(Mario Morandi) 所描绘的那样，就是建立一个由意大利为核心和主导、排除其他强国进入以及存在基本南北关系的“自主经济空间”（spazio economico autarchico），该区域在地理上涵盖东南欧、地中海、中东和非洲殖民地，能够为意大利的国家发展提供坚实后盾，进而成为未来意大利“帝国共同体”（comunità imperiale）建立的基础。[①]

两次世界大战期间意大利地缘政治研究的出现及活跃，与一战结束后意大利国内社会集体心态的发展紧密相关。作为一战“五大战胜国”之一，意大利对于通过凡尔赛和会“补偿”其战争损失乃至满足扩张野心的期望极高，但和会结束后意大利获得的领土补偿，远远少于英、法、俄在 1915 年《伦敦条约》中所承诺的部分，更没能满足其在中东和非洲获得新殖民地的要求，这无疑令几乎所有狂热的扩张主义者大失所望。而 1935 年国际联盟对意大利入侵埃塞俄比亚的制裁，也是意大利很多知识—政治精英对当时的国际体系心怀不满的一个主要原因。面对这种局面，意大利相当一部分地缘政治学者乃至绝大多数的法西斯理论家开始确信，将意大利建设成为一个“自给自足”的强盛国家的目标，受到了主要由英、法等国所主导的国际权势体系的“故意排挤”，这种不公正的国际政治现状完全忽视了意大利的“合法权利”，直接减少了意大利成为殖民强国，进而谋取“世界地位”的可能性。[②]

出于这种原因，正如《地缘政治》杂志的副标题“政治、经济、社会和殖民地地理学”（rassegna mensile di geografia politica, economica, sociale, coloniale）所昭示的那样，两次世界大战期间意大利地缘政治研究的根本诉求，在于通过对特定地区自

---

① Marco Antonsich, “Geopolitica: The ‘Geographical and Imperial Consciousness’ of Fascist Italy,” *Geopolitics*, p. 266.

② David Atkinson, “Geopolitical Imaginations in Modern Italy,” in Klaus Dodds, and David Atkinson, eds., *Geopolitical Traditions: A Century of Geopolitical Thought*, p. 102.

然资源、人口规模、工业能力和其他“静态”现象的考虑，为意大利实施“正确的”政治联盟、经济生产、殖民主义和扩张主义政策服务，以期最终达成“复兴罗马帝国历史荣光”之目标。在此过程当中，尽管罗莱托和马西等人均坚称其理论主要受马基雅维利、马志尼、贾科莫·杜兰多（Giacomo Durando）将军等意大利历史先贤思想的启发，因此具有与同时代法国政治地理学和“德国地缘政治学”（Geopolitik）迥然不同的精神传统和学术风格，是对当时国际政治经济形势的一种“意大利式理解”；但是统观这一时期意大利学者的研究，特别是对所谓“生存空间”的强调以及建立“排他性”经济区域的主张可以发现，两次世界大战之间意大利的地缘政治研究依然受到“德国地缘政治学”的强烈影响，它的基本逻辑不外乎是地理决定论和“国家意志论”的混合物，很多观点都是对拉采尔“生存空间”概念和卡尔·豪斯霍弗（Karl Haushofer）“大空间”、“泛区”思想的模仿和运用。

两次世界大战之间意大利的地缘政治研究，产生了广泛的学术与政治效应。在《地缘政治》杂志影响力最为兴盛之时，其编辑部成员囊括了包括“德国地缘政治学之父”豪斯霍弗、西班牙的海梅·比韦斯（Jaime V. Vives）在内的很多著名的欧洲学者，甚至部分来自罗马尼亚和阿尔巴尼亚的学者也参与其中。意大利地缘政治研究与法西斯政权的关系更非同一般。罗莱托、马西等人自身就是狂热的法西斯党徒，长期以来致力于通过其理论观点影响法西斯政权的对外战略实践，并取得了相当“显著”的效果。意大利地缘政治研究者对于“控制”巴尔干地区、在非洲“拓展帝国空间”的观点以及为此进行的大量精密考察，均为法西斯政权入侵埃塞俄比亚、阿尔巴尼亚的军事行动发挥了理论筹划之功。在罗莱托等人的积极争取下，长期担任法西斯政权教育部长的朱塞佩·博塔伊成为《地缘政治》杂志最坚定的支持者和资助者之一，“领袖”本人据说也是地缘政治的热情拥护者——早自20世纪20年代开始，墨索里尼在其胡言乱语中就特别喜好选择一些似是而非的“地缘政治”观点为其侵略说辞服务。[①]

1943年9月8日，意大利在第二次世界大战中向盟国投降，直接宣告了意大利地缘政治研究的终结。如同“德国地缘政治学”在纳粹德国侵略扩张当中扮演的丑恶角色一样，两次世界大战期间意大利的地缘政治研究由于与法西斯意识形态及对外扩张的紧密联系，在二战结束后意大利国内的影响力骤然下降，连同法西斯政权一并遭到了彻底覆灭。一些法西斯当权时期相当“热门”的地缘政治与政治学词汇（如空间、权势、民族竞争、国家利益、世界地位等）很快便被认定是法西斯主义发动侵略战争的理论托词和愚弄民众的工具，甚至本身就是法西斯意识形态的组成部分。出于这种原因，地缘政治在战后近半个世纪的时间里成为意大利学术研究的禁区，很快就被意大利知识分子和民众所遗忘。

二、冷战后意大利地缘政治的复兴及主要议程

随着苏东阵营的瓦解和冷战的结束，欧洲乃至世界的空间权力结构得到了革命性的重组。在旧的国际政治格局骤然崩溃、新的国际秩序仍未完全成形的复杂历史背景下，很多欧洲国家的知识界和政治人物开始寻求采取一种新的国际政治视角，以求对冷战后欧洲的权力格局与空间秩序进行深入解读，地缘政治的理论价值也再度进入到他们的视野当中。在冷战结束后地区秩序大变革、大振荡的背景下，很多意大利当代学者开始在重新认识评价地缘政治的学术意义、实践影响与历史得失的基础上，试图通过

① 例如，20世纪20年代墨索里尼使用“我们的湖”来描述意大利对地中海的独占野心，10年之后他将地中海视为一条“通向帝国的道路”；随着其对外扩张野心的不断膨胀，30年代晚期他将地中海称作“为向海洋进军必须逃离的‘牢笼’”。参见Elisabetta Brighi, and Fabio Petito, “The Renaissance of Geopolitics in Post - 1989 Italy,” *Geopolitics*, Vol. 16, No. 4, 2011, p. 823.

地缘政治的视角，为新历史时期里意大利对外战略与未来发展提供政策建议。在他们的努力下，特别是以1993年《国境：意大利地缘政治评论》（Limes：Rivista Italiana di Geopolitica）[①] 杂志的出版及迅速流行为标志，大批冠以地缘政治名称的文章、刊物和著述在意大利国内得以出版，各种形形色色的地缘政治论调在意大利公共政策辩论、国际关系研究和大众传媒中已经取得了极其强势的地位。尽管在此过程中，作为一种理论体系的地缘政治不断被演绎、被误读甚至被扭曲，但在很多政治人物和学术精英那里，“地缘政治”已经成为意大利“在不可预知的未来世界前行的指南”[②]。

冷战后意大利地缘政治研究的理论基础和首要问题，在于对地缘政治研究本质和目的的思考。当代意大利知名地缘政治学者、前将军卡洛·让（Carlo Jean）认为，尽管地缘政治也许不是一门真正意义上的科学，在历史上还时常与战争、侵略和帝国主义相联系，但与其他学科门类相比，地缘政治作为一种融会地理、历史、经济、政治等不同参考变量的“理性体系”（sistema di ragionamento），在认定一个特定国家之国家利益以及为其对外战略提供建议方面具有特殊的价值。[③] 意大利当代另一位著名地缘政治学者、曾在兰贝托·迪尼（Lamberto Dini）政府时期任国防部副部长的卡洛·马里亚·桑托罗（Carlo Maria Santoro）也主张，应充分发掘地理、历史、文化等“基本的、具有决定性意义的因素”，以尽可能“自然”和“客观”的态度分析当前意大利

① “Limes”在意大利语中意为“国境”或“边疆”，传统上是指罗马帝国时期的古老边界。David Atkinson，“Geopolitical Imaginations in Modern Italy，” in Klaus Dodds，and David Atkinson，eds.，*Geopolitical Traditions：A Century of Geopolitical Thought*，p. 108.

② Elisabetta Brighi，and Fabio Petito，“Geopolitics ‘in the Land of the Prince’：a Passe-partout to (Global) Power Politics?” in Stefano Guzzini，ed.，*The Return of Geopolitics in Europe? Social Mechanisms and Foreign Policy Identity Crises*，p. 136.

③ Elisabetta Brighi，and Fabio Petito，“The Renaissance of Geopolitics in Post－1989 Italy，” *Geopolitics*，p. 829.

国家安全面临的一系列现实问题，从而推演出一种足以适应国际形势发展、“现实”且“理性”的对外政策。[①] 与上述两人的观点相当接近，意大利当代著名时事评论家、《国境》杂志主编卢西奥·卡拉乔洛（Lucio Caracciolo）也认为，尽管地缘政治在历史上时常受到“决定论”和“准科学”的指责，但地缘政治作为一种“君王的地理”（geography of prince），其真正价值并不在于所谓的“学术中立性”，而在于筹划出一种特定的对外政策或国家战略，并且最终说服决策者或公共舆论接受之。从这一点上讲，地缘政治就是“对国际态势尽可能客观的理解、对国家利益的界定以及为争取国际和国内共识而采取的宣传行动”。[②]

当代意大利学者对于地缘政治本体论的理解，与传统的、将地缘政治视为“永恒存在的自然法则”的经典地缘政治本体论主张，保持了一定的距离。但卡洛·让等人所推崇的“地缘政治应当尽可能服务于国家决策”的认识，却与两次世界大战之间英、德、意等国经典地缘政治研究者的论调存在惊人的相似：罗莱托和马西早在20世纪30年代就指出，地缘政治因其能够在“科学与政治”之间扮演一种“桥梁”角色，或者说，能够将国家权力、领土资源、种族文化、精神意志等诸多相互“分离”的因素进行一种“融合式理解”，定能为更加全面地筹划特定国家的总体战略提供相当的助益，而意大利地缘政治学者的任务也正在于通过这种方式，帮助意大利人民“建立起地理、政治和创建帝国的抱负”，从而“为法西斯国家作出独特的贡献”。[③] 从这点上看，尽管当代意大利地缘政治学者大多自称其对于地缘政治本体

① Elisabetta Brighi, and Fabio Petito, “Geopolitics ‘in the Land of the Prince’: a Passe-partout to (Global) Power Politics?” in Stefano Guzzini, ed., *The Return of Geopolitics in Europe? Social Mechanisms and Foreign Policy Identity Crises*, p. 140.

② Elisabetta Brighi, and Fabio Petito, “The Renaissance of Geopolitics in Post-1989 Italy,” *Geopolitics*, pp. 829-830.

③ Marco Antonsich, “Geopolitica: The ‘Geographical and Imperial Consciousness’ of Fascist Italy,” *Geopolitics*, p. 264.

论的理解主要受到20世纪70年代以来法、美等国后现代主义哲学思维的启发；但他们还是习惯将地理分析与历史考察作为其理论构建的主要依据，在总体风格上依然呈现出浓厚的政治现实主义倾向，并热切希望为国家决策者提供“可靠的”政策建言。从这一点上说，意大利当代的地缘政治研究依然延袭了豪斯霍弗关于“地缘政治就是科学加艺术”的认识，他们至少在逻辑方法上仍对20世纪三四十年代英、德、意等国的地缘政治“学术前辈”怀有基本的敬意。

秉承这种认识，当代意大利地缘政治研究的重要议题之一，在于通过对冷战后时代意大利周边安全形势的细致考察，以求为冷战后意大利的对外政策提供理论指引。在卡洛·让等人看来，尽管随着苏联解体与冷战结束，意大利面临外来大规模军事入侵的威胁基本已告消弭，但以海湾战争、前南地区冲突、科索沃战争、阿尔巴尼亚危机、伊拉克战争为代表，冷战结束之初巴尔干、地中海和海湾地区等意大利周边区域的剧烈动荡、武装冲突的频发及其引发的灾难性后果，均对意大利国家安全形势构成了严重冲击。与此同时，主要源于中东、北非马格里布方向的非法移民、跨国犯罪、恐怖主义活动等非传统安全问题对冷战后的南欧地区安全形势亦构成了严峻的挑战。[1] 在各类安全威胁复杂多发的情况下，早在冷战结束之初便有意大利学者着重指出，意大利自二战结束以来维持了四五十年之久的对外政策，由于无法适应新时代国际和地区安全的发展趋势，实际上“已经宣告了死亡”。后冷战时代的意大利迫切需要着手改变传统的、以承担同盟“国际义务”为核心的对外政策，而应当在细致考量“国家利益”的前提下，发展出一种足够“理性”和“现实”的地缘

---

① Osvaldo Croci, “Italian Foreign Policy after the End of the Cold War: the Issue of Continuity and Change in Italian-US Relations,” *Journal of Southern Europe and the Balkans*, Vol. 9, No. 2, 2007, p. 125.

战略，积极适应地区和国际安全环境的巨大变化。[①]

在地区层面上，包括巴尔干、中东、北非在内的东地中海安全形势，成为了冷战结束以来意大利地缘政治研究的重点议题。早在冷战结束之初，在前南地区动荡不宁的背景下，《国境》杂志在1993年6月的创刊号中，便集中刊发了多篇研讨前南地区局势的文章。这些文章大多由意大利知名的知识分子、时评家、前外交官所撰写，分别从不同的角度集中探讨了后冷战时代前南地区局势异常动荡的历史、地理根源及演进趋势，意大利“国家利益”的分布状况及其已经或即将造成的损害。而自20世纪90年代以来在意大利出版的冠以“地缘政治”名称的著作当中，大多数也都将意大利周边地区的安全形势以及如何确保意国家利益作为研究的重点。[②] 在此过程当中，海湾战争、巴尔干冲突、伊拉克战争、巴以冲突、“阿拉伯之春”、北约军事打击南联盟和利比亚等行动以及仍在延续的叙利亚内战等一系列重大国际安全事件，均引起了意大利地缘政治学者的极大关注。他们尤为不安地看到，与冷战时期相比，意周边地缘政治环境如果不能说是空前恶化的话，至少也正经历着极为复杂的变化：两极阵营瓦解、冷战结束所导致的诸多国际政治效应，至今仍在意周边地区不断引发振荡。自冷战结束一直到21世纪第一个10年已经结束之际，东地中海地区的大多数国家仍身陷混乱之中。

在考察地区地缘政治形势演进的过程当中，对于诸如民族主义、恐怖主义、种族矛盾、非法移民、跨国犯罪等不太被传统地缘政治重视的研究领域，部分意大利学者也给予了充分的关注。卡拉乔洛就指出，上述这些新型地缘政治问题在冷战后时代的凸

---

① Paolo Tripodi, “A Half-century of Italian Foreign Policy,” *Contemporary Review*, Vol. 269, No. 1, 1996, p. 118.

② Elisabetta Brighi, and Fabio Petito, “Geopolitics ‘in the Land of the Prince’: a Passe-partout to (Global) Power Politics?” in Stefano Guzzini, ed., *The Return of Geopolitics in Europe? Social Mechanisms and Foreign Policy Identity Crises*, p. 135.

显，正在以前所未有的力度影响着地区安全形势的走向，因此当代意大利学者必须以“理性的方式”充分发掘这些议题具有的“空间性”和“领土性”意义，推演这些冷战后新的安全问题对意大利国家利益可能构成的冲击。[①] 这些学者强调，意大利在欧洲及地中海地区所处的特殊地理位置，使得其在应对此类安全挑战时处于首当其冲的位置：意大利实际上扮演了为欧洲抵御此类安全威胁的“缓冲区”角色，其面临的压力和承担的责任明显高过欧洲其他国家，但这些巨大付出却往往没有得到欧洲其他国家的承认和回报。为此，意大利务必推动欧洲进一步重视并加强与地中海周边相关国家的安全合作，在权利与义务相平衡的情况下，有效消除上述问题对意国家利益的威胁。

除了直接与安全问题相关的周边和地区问题外，意大利在当前国际体系中的地位与作用也是冷战后意大利地缘政治研究最热衷讨论的议题之一。在很多意大利学者看来，与 19 世纪后半叶和 20 世纪的上半叶相比，20 世纪末期的欧洲显然已经失去了全球国际政治的中心地位，而作为欧洲几大传统强国的意大利在当前全球权势体系中地位的不断下降也已成为一个不争的事实。但是这些学者坚持认为，意大利异常辉煌的历史文化传统，以及其地处南欧及地中海正中的特殊地理位置，完全可以在新的历史时期中发挥一种“桥梁”作用，即充当西方与穆斯林世界，欧洲与中东、北非地区，甚至欧盟和北约新老成员国之间的“桥梁”。这种新型的建设性作用，既对确保和拓展意大利国家利益具有现实的政治经济意义，还对提升其国家影响具有无可比拟的历史和文化意义，意大利完全可以凭此在当前诸多重大国际事务（如巴尔干冲突、巴以危机、欧非合作等等）中发挥“调解者”的作用，在确保在意大利国家利益同时，彰显其大国地位。

意大利地缘政治学者的建议，在冷战后意历届政府的对外战

---

① Elisabetta Brighi, and Fabio Petito, “The Renaissance of Geopolitics in Post－1989 Italy,” *Geopolitics*, p. 826.

略当中均得到一定程度的体现。早在冷战结束前后，在前外交部长詹尼·德米凯利斯（Gianni De Michelis）的主导下，意大利便以部分地缘政治学者的论证为依据，以确保意大利“国家利益”与“地缘战略需要”为口号，着手展开了一系列令人瞩目的对外政策调整。在此过程当中，意大利提议召开“地中海安全与合作会议”（CSCM），推动欧盟与地中海地区国家建立“欧盟—地中海伙伴关系”（EMP），发起“地中海和平稳定宪章”的倡议，积极促进欧盟与地中海国家的对话与合作。与此同时，意大利极力强调欧洲南翼在安全方面的重要性，呼吁北约关注地中海地区局势发展，推动北约成立“地中海常设舰队”，并力争与法、西等国合作组建“地中海快速反应部队”。[①] 冷战结束以来，意大利还尤为关切巴尔干、中东、北非、海湾等周边区域局势发展，积极介入海湾战争、伊拉克战争、北约军事打击南联盟及利比亚行动，深度参与巴以冲突、叙利亚内战的国际调解等等。在这些政策举措的筹划和实施过程当中，“地缘政治”均成为意大利对外政策转型的重要理论依据：包括德米凯利斯、前外长安东尼奥·马尔蒂诺（Antonio Martino）、前总理西尔维奥·贝卢斯科尼（Silvio Berlusconi）等人在内，多位意大利政府对外政策主管都曾以地道的地缘政治词汇表达其政策诉求，德米凯利斯本人甚至还多次在《国境》杂志上撰文以证实“新”对外政策实践正确性之所在。

三、欧洲还是美国：对意大利对外政策的再思考

作为欧盟和北约成员国，欧洲政策和北约框架一直都是意大利对外政策的两条主线。欧洲政策一直都是意大利对外政策的重心之一：早在第二次世界大战结束后不久，意大利便与法、德等

---

① Maurizio Carbone, and Valter Coralluzzo, “The Politics of Italy’s Foreign Policy in the Mediterranean,” *Mediterranean Politics*, Vol. 14, No. 3, 2009, p. 430.

国一起发起成立欧洲煤钢共同体和经济共同体，并持续积极推动欧洲一体化进程，将建设强大且团结的欧洲视为维护意大利安全和利益的基础；与此同时，作为北约创始成员国之一，意大利重视发展跨大西洋盟友关系，承认美国在世界秩序中的主导作用，全力巩固与美国的安全合作关系。在二战结束后长达近 50 年的时间里，意大利对外政策的这两条主线基本上得到了延续。[①]

冷战结束后，随着国内外形势的巨大变动，意大利部分当代地缘政治学者开始对其战后延续多年的“双轴”政策提出尖锐的批评。很多学者认为，作为西方最具影响力的两大同盟体系，欧盟与北约尽管在目标和利益等方面存在若干一致之处，但在冷战结束后美欧间隙逐渐扩大的背景下，华盛顿和布鲁塞尔在安全判断和利益诉求上不可避免地存在认识上的差距。其后果则导致兼具欧盟和北约成员国身份的意大利在诸多重大国际事务上时常陷于窘迫境遇当中：一方面，在美欧分歧明显的北约东扩、欧盟扩大、对俄政策、安全能源等问题上，意大利不得不身处美欧的竞争当中；另一方面，与正逐渐主导欧盟事务的法、德等国相比，意大利由于其国力衰退在欧盟中的地位不断下滑。在此情况下，意大利的利益关切不被欧盟其他成员所重视和承认，甚至还很可能被迫在欧盟框架下执行一些明显不符合其自身利益的政策；与此同时，由于其“欧洲—地中海国家”的地理身份，意大利同近东、北非与中东等地区形势紧密相关，但它作为美国的亲密盟友，却不得不承受美国中东政策的后果，并且这种后果往往对本国的国家利益损害极大。[②]

正是意识到上述问题的切实存在，部分意大利地缘政治学者

---

① Paolo Tripodi, “A Half-Century of Italian Foreign Policy,” *Contemporary Review*, Vol. 269, No. 3, 1996, p. 119.

② Elisabetta Brighi, “Europe, the USA and the ‘Policy of the Pendulum’: the Importance of Foreign Policy Paradigms in the Foreign Policy of Italy (1989 - 2005),” *Journal of Southern Europe and the Balkans*, Vol. 9, No. 2, 2007, p. 100.

指出，随着国际形势的发展，意大利必须将维护自身利益和提升在国际事务中的地位作用为目标，更为审慎地评估“欧洲主义”（Europeanism）和“大西洋主义”（Atlanticism）政策倾向对意国家利益的影响，从而作为恰当的平衡。在这个问题上，一些学者甚至走得更远，他们强调在过去几十年的时间（特别是20世纪70年代以来）意大利在欧洲一体化进程当中承担了过多的国际义务却回报甚微。因此，在冷战后“国家意识和民族责任重占上风”的情况下，意大利应当彻底反思欧洲一体化进程当中所体现出的“跨国主义”、“主权让渡”等乌托邦理想，重回“保守主义—民族主义”的对外政策传统，以意大利的国家利益为政策制定依据，用灵活的结盟战略，在大国或大国集团之间重回“钟摆”（pendular）政策，从而在国际政治当中扮演“关键分量”（determinant weight）的角色，通过这种方法力争重归大国的行列。①

在具体对策上，意大利地缘政治学者大多是“欧洲怀疑论”的拥护者，而对加强意美“特殊伙伴关系”兴趣甚浓。卡洛·让就提出了当前意大利对外政策所必须遵循的三大原则：第一，加强泛大西洋关系，特别是与美国的双边关系。在他看来，美国是当今世界上维持国际秩序唯一的核心力量，但欧洲（即使是一个团结的欧洲）并无足够的能力发挥这种作用，因此“一种保卫全球化的全球警察的存在是绝对有必要的”。第二，意大利对外政策应当是一种新型的双边主义而非传统的多边主义。第三，尽管意大利应当加入未来欧洲的政治体制安排当中去，但有必要减小对欧洲事务承担过多的、明显超出其国家利益的国际义务。另外，在欧盟扩大等问题上，意大利必须要求欧盟向土耳其等国家打开大门，以此避免意大利等“地中海欧洲”在欧盟内部的权力地位被进一步边缘化，甚至最终蜕变成为一个保卫中、北欧免遭

① Elisabetta Brighi, “One Man Alone? A Longue Durée Approach to Italy's Foreign Policy under Berlusconi,” *Government and Opposition*, Vol. 41, No. 2, 2006, p. 280.

不稳定的大中东地区威胁的缓冲区。[1] 简而言之，卡洛·让等人的主张实际上就是，在坚定追求国家利益的前提下，借与美国的特殊双边关系提升自身地位，但同时对欧洲持怀疑态度，即实施所谓的“欧洲现实主义”。

冷战后意大利另一位著名的地缘政治学者桑托罗则力图用经典地缘政治视角对当前意大利对外政策的“欧洲倾向”与“大西洋倾向”之争进行一种总体的解释。在他看来，意大利位处欧洲与地中海之间的地理区位，决定了自1861年统一以来意大利便在“海洋定位”与“大陆定位”之间长期的摇摆不定。作为一条隐藏于对外政策当中的“主线”（grandes lines），意大利在19世纪时摇摆于德、法两国之间，稍晚则摇摆于同盟国与协约国之间，两次世界大战之间时摇摆于德国与英、法之间，冷战后则摇摆于欧洲与美国之间，这就是所谓的“钟摆”政策。[2] 在桑托罗看来，意大利在地理上的两栖身份，自然而然地导致了其对外政策存在的内在矛盾，因此长期以来“意大利对外政策众所周知的软弱和易变，不应当归咎于具体的人，不应归咎于特定的政权，更不应归咎于意大利的政治文化传统”。相反，这应当被认为是意大利独特的“地理边缘性”这种结构性因素的后果。[3] 为此，桑托罗对意大利对外政策的建议就是，意大利应当充分发挥这种地理上的优势，在21世纪欧洲显然已经失去了国际关系中心地位之时，它需要发掘其与“欧亚的东方”及“大西洋的极西方”之间的差异，重申其作为“真正西方”的历史；另外，

① Elisabetta Brighi, “Europe, the USA and the ‘Policy of the Pendulum’: the Importance of Foreign Policy Paradigms in the Foreign Policy of Italy (1989 - 2005),” *Journal of Southern Europe and the Balkans*, p. 111.

② Elisabetta Brighi, and Fabio Petito, “The Renaissance of Geopolitics in Post - 1989 Italy,” *Geopolitics*, p. 833.

③ Elisabetta Brighi, and Fabio Petito, “Geopolitics ‘in the Land of the Prince’: a Passe-partout to (Global) Power Politics?” in Stefano Guzzini, ed., *The Return of Geopolitics in Europe? Social Mechanisms and Foreign Policy Identity Crises*, p. 142.

它必须发展出一种地缘文化和地缘历史战略，以便在弱化海洋国家“海洋控制战略”霸权倾向的同时，以遏制和对抗来自大陆强权的威胁，在海洋国家与大陆强权之间发挥独特的作用。[①]

意大利地缘政治学者的政策建议，对冷战后意大利的欧洲政策与大西洋政策发挥了重要影响。在冷战结束之初的头10年里，欧洲政策还是意大利对外政策的重心，意大利仍致力于在欧洲一体化进程中发挥更大作用，而对发展意美双边关系不甚重视。但进入21世纪后，特别是在贝卢斯科尼领导的中右联盟第二次和第三次执政期间[②]，意大利对外政策开始出现从欧洲一体化建设转向北约的明显偏移：意美两国的特殊关系得到了意大利政府的空前重视，“大西洋主义、新民族主义和欧洲怀疑论构成了贝卢斯科尼政府对外政策的三大标志”。[③] 在此指导下，意大利积极参与北约事务，注意追随美国步伐，在欧洲导弹防御计划、北约东扩、伊拉克战争、阿富汗战争等问题上坚定地站到美国一边，与法、德等欧洲国家明显拉开了距离。意大利学者罗伯托·阿利伯尼（Roberto Aliboni）和皮耶罗·伊尼亚齐（Piero Ignazi）指出，在贝卢斯科尼执政期间，意大利减少了对欧洲一体化进程的支持力度，将加强与美国的双边关系作为对外政策的首要重点，而对欧洲事务则“明显缺乏热情”，这与卡洛·让极力鼓吹的那种保守的、以“地缘政治理性”为标志、具有明显民族主义倾向的“大战略”不谋而合。[④]

公允地讲，在冷战结束之后意大利历届政府的对外政策当

① Elisabetta Brighi, and Fabio Petito, “The Renaissance of Geopolitics in Post－1989 Italy,” *Geopolitics*, p. 833.

② 参贝卢斯科尼政府三次执政时期分别为1994年5月11日至1995年1月17日、2001年6月11日至2006年5月17日以及2008年5月8日至2011年11月12日。

③ Elisabetta Brighi, “One Man Alone? A Longue Durée Approach to Italy's Foreign Policy under Berlusconi,” *Government and Opposition*, p. 281.

④ Osvaldo Croci, “Italian Foreign Policy after the End of the Cold War: the Issue of Continuity and Change in Italian-US Relations,” *Journal of Southern Europe and the Balkans*, Vol. 9, No. 2, 2007, p. 117.

中，“欧洲倾向”与“大西洋倾向”之间并不存在绝对的对立关系。在冷战结束以来的20多年时间里，无论是中左政府还是中右政府执政，意大利在其欧盟成员国身份与巩固跨大西洋伙伴关系之间维持了大致的平衡，意大利政府也从未设想过被迫在华盛顿与布鲁塞尔之间作出唯一的选择，特别是在关系重大的安全事务上。① 与此同时，意大利部分地缘政治学者所鼓吹的“加强与美国关系”、实行所谓“欧洲现实主义”的主张，尽管在意中右政府的对外政策实践上得到了一定程度的体现，但即使在意大利国内这种政策倾向本身也不断招致各种各样的批评。意大利左翼知识分子马西莫·卡恰尼（Massimo Cacciari）就特别尖锐地指出，贝卢斯科尼治下的意大利，其外交政策“几乎全然变成了美国在欧洲的代表”。② 部分学者甚至哀叹：考虑到美国战略决策的出发点完全在于本国利益的话，紧密追随美国对外政策而放弃了欧洲理想的意大利，既没能在伊拉克战争、阿富汗战争等21世纪头10年爆发的诸多重大国际问题上坚定捍卫自身利益，也没有达到有效提升国家地位的目标，反而沦为了美国全球战略的一枚棋子而已。③

四、动荡时代中的战略困惑

意大利独特的自然地理形态与其历史、政治、经济发展之间的联系，历来得到诸多学者的承认。当代著名欧洲史学家丹尼斯·

① Antonio Missiroli, “Italy's Security and Defence Policy: between EU and US, or just Prodi and Berlusconi?” *Journal of Southern Europe and the Balkans*, Vol. 9, No. 2, 2007, p. 155.

② Osvaldo Croci, “Italian Foreign Policy after the End of the Cold War: the Issue of Continuity and Change in Italian-US Relations,” *Journal of Southern Europe and the Balkans*, p. 117.

③ Osvaldo Croci, “Italian Foreign Policy after the End of the Cold War: the Issue of Continuity and Change in Italian-US Relations,” *Journal of Southern Europe and the Balkans*, p. 117.

斯密斯（Denis M. Smith）就指出，“直到1860年，‘意大利’还仅仅被认为是一个地理名词，指的是伸向地中海的一个半岛，而不是一个民族或一个国家。因此，意大利历史的开始与地理密不可分。亚平宁山脉从头到脚将意大利分为两块，阿尔卑斯山则将它与欧洲其他部分相分隔。这些地理特征为意大利的历史发展设定了特殊的限制。……山脉是不能移动的，即使是意志也无法改变这一点。”① 英国当代历史学家克里斯托弗·达根（Christopher Duggan）在其于1994年出版的名作《简明意大利史》中的开篇亦指出，意大利的历史与其地理特征紧密相关，这些基本的地理特征包括海岸线、地形、土壤、气候、森林与矿藏等等，这都是决定意大利国内政治治理、农业发展、工业化水平和人口数量的直接因素。②

尽管受到诸多历史学家的高度重视，但从地理因素等方面论证意大利政治发展，特别是对外政策制定与实践的学术尝试，在1861年后的意大利仍是比较少见的：在统一后长达150余年的发展历程当中，在意大利统共仅出现了两次地缘政治研究高潮。而每一次研究高潮的出现，究其原因，则正如荷兰当代地缘政治学者海尔曼·乌斯滕（Herman Wusten）指出的那样，“地缘政治如果在一个国家社会生活与日常政治辩论中的作用开始大幅增强，表明其国内社会已经充分意识到其国家的权力地位或者正在面临极大危险，或者正处于急剧变动当中。”③ 在国际权势格局急剧变动的背景下，地缘政治由于宣称能够发现隐藏在国际关系背后的“神秘且被隐藏的法则”，能够提供一种综合性的、强有力的、生

---

① Denis M. Smith, *Italy: A Modern History*, Ann Arbor: University of Michigan Press, 1959, p. 1.

② David Atkinson, “Geopolitical Imaginations in Modern Italy,” in Klaus Dodds, and David Atkinson, eds., *Geopolitical Traditions: A Century of Geopolitical Thought*, pp. 93 - 94.

③ Herman Van Der Wusten, and Gertjan Dijkink, “German, British and French Geopolitics: The Enduring Differences,” *Geopolitics*, Vol. 7, No. 3, 2002, p. 21.

动形象的解释方法和思维模式，格外强化了一个国家政治—知识精英和普通民众对于自身的认识和对于外部世界的想象，往往都被用于这个国家社会集体心态和对外战略的塑造当中。这种情况，曾经发生在20世纪30年代因全球经济大萧条和国际制裁而陷入窘境的意大利，在冷战结束后的今天亦如是。冷战后意大利地缘政治的广泛流行，应当被视为意当代政治—知识精英对两极格局瓦解、国际形势急剧变动、周边地区冲突动荡普遍高发的一种理论回应，同时也应当被看作意国内民众对于意大利在当今国际政治经济体系中权力地位日趋边缘化的一种情绪反弹。在每一次时代大变动面前，意大利部分学者都力图凭借“地缘政治理性”以帮助其自身理解国家的走向和世界形势的演进，或许唯有在这种充满变动和焦虑之际才会促成地缘政治理论在意大利的发展。

冷战后意大利地缘政治研究最主要的特色，就是其鲜明的政策服务定位。甚至早在20世纪20年代，罗莱托和马西等意大利学者便尖锐地指出，欧洲主要强国的学者在论证地缘政治学时“几乎都是从自己国家的利益目标出发的，特别是在国际形势紧张时更是如此”。因此，地缘政治研究就是“为政治事务服务，为国家和民族提供一种地理和政治意识”。[①] 近百年之后，卡洛·让也指出，在地缘政治的发展过程中，“仅仅谈及‘马克思主义地缘政治’、‘现实主义地缘政治’以及‘自由主义地缘政治’是没有意义的”，相反只有将地缘政治放在特定国家的特定境况中理解方有意义。因此，历史上出现的各种地缘政治流派更应当“被称为‘德国的地缘政治学’、‘俄罗斯的地缘政治学’、‘美国

① David Atkinson, “Geopolitical Imaginations in Modern Italy,” in Klaus Dodds, and David Atkinson, eds., *Geopolitical Traditions: A Century of Geopolitical Thought*, pp. 94 - 95.

的地缘政治学'、'法国的地缘政治学'和'意大利的地缘政治学'"。[①] 正是由于这种精神传统的存在，当代意大利地缘政治研究者在进行学术论说时，大多将自己定义为"政策建言者"的角色，始终将冷战后意大利迫切面临的诸多现实地缘政治问题作为研究关注重点，理论研究的根本目的在于通过帮助决策者在纷繁复杂的国际政治形势当中认定意大利国家利益"为何"和"所在"，从而谋划出一种的"客观"、"理性"的"大战略"，以帮助意大利"重新主张国家利益并据此展开行动"。[②] 从这点上看，在后现代主义地缘政治学术倾向流行于国际地缘政治研究界的今天，意大利地缘政治研究以其紧密关注意大利问题、坚守意大利立场、服务意大利战略的目标定位，仍致力于实现"君主的地理"这一目标，在精神内涵和叙事方式上显示出浓重的经典地缘政治风格。

但另一方面，从冷战后意大利地缘政治研究的主要议题上看，当代意大利学者在坚守经典地缘政治思想脉络的同时，也敏锐觉察到了时代发展对地缘政治研究的巨大挑战。卡洛·让就指出，随着时代的演进，当代地缘政治研究者应适当修正经典地缘政治当中对地理因素的过多强调，而采取一种更为平衡的和兼收并蓄的多学科视角，致力于加强对当前国际关系中文化和认同政治的研究（即地缘文化研究），加强对军事力量决策、应用及其后果的研究（即地缘战略研究），加强对世界市场中竞争与合作的研究（即地缘经济研究），以及加强对信息技术手段、效应的研究（即地缘信息研究）。[③] 尽管如此，以桑托罗为主要代表的部分意大利学者，依然在研究范围上固守经典地缘政治的传统志

① Elisabetta Brighi, and Fabio Petito, "The Renaissance of Geopolitics in Post – 1989 Italy," *Geopolitics*, pp. 828 – 829.

② Elisabetta Brighi, "One Man Alone? A Longue Durée Approach to Italy's Foreign Policy under Berlusconi," *Government and Opposition*, Vol. 41, No. 2, 2006, p. 282.

③ Elisabetta Brighi, and Fabio Petito, "The Renaissance of Geopolitics in Post – 1989 Italy," *Geopolitics*, p. 829.

趣，他们仍致力于在地理分析和历史归纳当中发现发掘那些主导国际关系走向的“深层次的力量”（forces profondes），努力发现领土、位置、空间在当前国际政治中的作用及其对意大利国家利益和对外战略的影响。[①]

总的来看，冷战后意大利地缘政治研究在理论构建上仍是不完备的，它还没能形成一个精细的学科标准和理论规范，在概念界定和体系建设上还存在相当的混乱。正如上文所述，卡洛·让和桑托罗这两大当代意大利地缘政治研究的领军人物就在地缘政治研究的本体论和方法论上存在诸多难以调和的巨大差异，甚至在有些方面呈现出截然相反的学术倾向。与之相类似，在当今的意大利地缘政治研究界、甚至在同一篇地缘政治著作中，一些在方法论、认识论甚至在重大观点上彼此矛盾的政治学、经济学、宗教与社会学命题，也不时地被部分学者用作证实其主张的直接证据。而“地缘政治”在当前意大利政界、知识界、公共媒体乃至普通民众之中的广泛流行，非但没有改善这一状况，反而加剧了这种认识上的混乱：部分意大利学者将地缘政治视作一种足以洞察国际政治演进的“真正的科学”，不少学者仅仅将其看作一种“政治现实主义与地理考察的结合”，而更多的意大利民众则将它视为国际事务和国家利益的同义词。针对这一异常混乱的现状，马丁·怀特（Martin Wight）不无讽刺地指出，“我们现在都是地缘政治学家，因此对‘地缘政治’这个词汇的含义不需要争论。”[②]

尽管在学科建构上存在诸多的缺陷，但冷战后意大利的地缘政治研究依然产生了广泛的学术和社会影响。以当代意大利地缘

① Elisabetta Brighi, and Fabio Petito, “Geopolitics ‘in the Land of the Prince’: a Passe-partout to (Global) Power Politics?” in Stefano Guzzini, ed., *The Return of Geopolitics in Europe? Social Mechanisms and Foreign Policy Identity Crises*, p. 140.

② Elisabetta Brighi, and Fabio Petito, “The Renaissance of Geopolitics in Post－1989 Italy,” *Geopolitics*, p. 834.

政治研究主要的学术阵地《国境》杂志为例：在冷战结束后意周边形势长期动荡不宁的背景下，短短几年间这本杂志发行量从1993年创刊时的1.4万份飙升到了1999年科索沃战争时的10万份，社会和学术影响日益显著，已经成为当前意大利赫赫有名的国际问题学术期刊。在该杂志上撰文的，既包括德米凯利斯等前意政府高官、政治人物及部分军界人士，也包括不少在当前意大利享有盛誉的历史学家、社会学家和地理学家。与此同时，在意大利周边地区重大国际政治事件高发的背景下，意大利当前很多所谓的地缘政治或地缘战略专家经常受邀在意大利公共传媒上发表观点和评论。尽管这些所谓的专家“一些是公认的和知名的，一些则是自封的”，但前者的观点及其自称的“地缘政治视角”还是凭借这样的场合成功地影响了许多意大利民众对自身和世界的想象。[①] 冷战后意大利地缘政治研究的复兴还得到了国际学术界（特别是英、法、俄等国学术界）的广泛关注。尽管部分具有浓郁的现实主义和民族主义色彩的观点招致了不少批评，但卡洛·让等当代意大利知名的地缘政治学者的观点成果仍不时见诸权威国际学术期刊，而包括《国境》、《欧亚：地缘政治研究杂志》（*Eurasia*：*Rivista di Studi Geopolitici*）等在内的意大利地缘政治学术刊物也同样成为国际学术界认识解读冷战后意大利地缘政治研究发展的重要窗口。

作为一个颇为令人瞩目的社会和政治现象，地缘政治在冷战后意大利的流行具有自身独特的国内政治背景。自1992年开始，以长期主导意政坛的天主教民主党（DC）解体为标志，冷战时期意大利维持了数十年之久的政治体制宣告瓦解，由此拉开了其国内政治高度不稳的序幕。在意大利各政党以及各类政治人物争取民众支持的过程中，对外政策问题很快便成为冷战后意公共政策辩论的焦点之一。在这场关于意大利对外政策应当“重返民族

① Elisabetta Brighi, and Fabio Petito, “The Renaissance of Geopolitics in Post－1989 Italy,” *Geopolitics*, p. 827.

主义传统”或是“维系国际主义传统”的大论争当中，那些新近形成的右翼政党以及具有浓郁政治现实主义和保守主义色彩的政治人物，在对意大利过去奉行的所谓“国际主义—进步主义”对外政策的批判过程中，利用民众对意识形态说辞的厌烦情绪及对周边安全环境恶化的普遍不满，尤为喜好用所谓的地缘政治论据为己方关于“拥有更多选择自由”、“维护国家利益”、“拓展意大利影响”、“追求大国地位”的观点服务。在此情况下，“地缘政治”很快便成为他们用来证实其“新”对外政策实践正确与否的工具，这也正是地缘政治研究得以在当前意大利迅速流行的重要原因。

地缘政治对冷战后意大利对外政策，特别是21世纪头10年的对外政策实践发挥了不容忽视的作用。意学者露西娅·夸利亚（Lucia Quaglia）总结道，分析冷战后意大利的对外政策可以看出，在1996—2001年罗马诺·普罗迪（Romano Prodi）、马西莫·达莱马（Massimo D’Alema）和朱利亚诺·阿马托（Giuliano Amato）等人就任总理、中左联盟在意大利国内政治中占上风时，意大利对外政策的主要关注点在于积极参加欧盟和联合国等多边外交，努力展现一种国际社会“好公民”形象，而非努力扩展意大利对周边地区的影响；但当21世纪头10年中右联盟开始长期执政时，主要是贝卢斯科尼第二和第三次任总理期间，意大利开始强调在对外政策中捍卫国家利益、积极参与周边安全事务、拓展国家影响，同时主张巩固与美国的“特殊双边关系”，并对欧洲事务有所疏离。[①] 在意大利政府的上述政策举措当中，均可以看出卡洛·让等意大利当代地缘政治研究者运筹谋划之功。也正是在这些地缘政治理论构想向政策实践转化的过程中，冷战后意大利地缘政治研究的大复兴最终发展到了其顶峰。

---

① Maurizio Carbone, “Introduction: Italy in the International Arena: Between the EU and the US?” *Journal of Southern Europe and the Balkans*, Vol. 9, No. 2, 2007, p. 98.

意大利当代著名国际关系学者伊丽莎白·布里吉（Elisabetta Brighi）指出，自1861年统一以来，意大利在对外政策的自我定位当中一直存在着一个具有关键性意义的问题，即：意大利到底是一个小国抑或是一个中等强国？它对外政策的目标究竟是为了确保自身的安全还是为了实现国家的扩张？[①] 对这个问题的不同回答，直接导致了历史上意大利对外战略在目标和手段上的巨大差异和历次反复。但遗憾的是，对于这个曾长期困扰19世纪后期以及20世纪上半叶意大利政治和学术精英的问题，在冷战结束后的今天，很多意大利学者和政治家似乎依然没有能够得出明确的答案。尽管当代意大利地缘政治研究的发展，从某种意义上表明目前大多数意大利民众已经充分意识到了两极格局的终结对意大利国家发展带来的机遇与挑战，但在这个变动与延续相交织的动荡时代里，意大利应当如何在准确定位自身地缘政治角色的基础上，“重获其自己的责任”，或者说“发展成为其想要成为的角色”，[②] 仍然值得那些处于迷茫或焦虑当中的意大利学者进一步深思。

第四节　日本（上）：步向毁灭之路

日本地缘政治研究具有久远的历史传承。几乎与现代西方地缘政治学的兴起同步，早在19世纪末、20世纪初，日本便出现了一批翻译介绍拉采尔、马汉以及麦金德等人观点论述的著作。本着全面吸收借鉴西方政治—战略文化之目的，以金子坚太郎、秋山真之与佐藤铁太郎等为代表的一批日本军人，就在效仿美国

① Elisabetta Brighi, “One Man Alone? A Longue Durée Approach to Italy’s Foreign Policy under Berlusconi,” *Government and Opposition*, Vol. 41, No. 2, 2006, p. 280.

② 布里吉语，见 Elisabetta Brighi, and Fabio Petito, “The Renaissance of Geopolitics in Post－1989 Italy,” *Geopolitics*, p. 824.

学者马汉“海权”（Sea Power）理论的基础上，从日本地缘政治形态特点出发，针对甲午战争和日俄战争以来国际政治形势的变化，提出日本应将发展海权作为确保强国地位、寻求区域霸权必须遵循的规律或准则，取得了广泛的政治影响。进入 20 世纪 30 年代后，以豪斯霍弗为主要代表的“德国地缘政治学”（Geopolitik），引发了日本政界、军界和学术界的浓厚兴趣。在日本加速步入军国主义道路的背景下，包括小牧实繁、饭本信之、小川琢治等人在内的一部分日本学者，在对德国地缘政治学的机理、信条和主要观点加以深入研讨的基础上，力图将日本自身的文化—政治传统与现代地缘政治理论模式相结合，创立出一种与西方模式明显有别的、“崭新的日本地政学（地缘政治学）”，以期对那个时期日本与其所处国际环境间的互动关系作出一种总体的、“科学”的空间动力学解释，从而为日本国策奠定“理论基础”[①]。在日本军国主义势力的资助和鼓吹下，这些学者的研究受到日本军界和政界的高度关注，最终成为了 20 世纪三四十年代日本一系列重大对外战略的理论依据或政策注脚，日本地缘政治研究也因此发展到了其历史的顶峰。甚至在第二次世界大战期间日军的某些战役战术中，日本地缘政治学者的部分研究成果亦得到了相当程度的实践和运用。日本地缘政治研究在日本疯狂侵略政策形成和实践过程中扮演的丑恶角色，使其与德国地缘政治学一样，最终沦为了日本军国主义势力的“邪恶代言人”和“知识滋补品”，并随着日本帝国及其“大东亚共荣圈”的迷梦一并遭到了彻底毁灭。二战结束后，以小牧实繁等一大批日本地缘政治学者被“公职流放”为标志，日本地缘政治研究全然步入了它的“末路”[②]。

① 小牧実繁『日本地政学宣言』、弘文堂、1940 年、16—17 頁。

② 村上次男「日本地政学の末路」、『空間・社会・地理思想』第 4 号、1999 年、50 頁。

一、“海国”想象与近代日本的海权观念

战前日本地缘政治研究的重要理论派别之一，在于将本国部分思想传统与马汉海权理论相结合而形成的日本近代海权思想。实际上，早在18世纪后期的德川幕府时代，包括林子平、本多利明、佐藤信渊等人为代表的一批所谓的“经世派”学者，便在分析日本地缘政治形态的基础上，提出将“演练海军”、“经略海洋”视为“东洋的大日本岛”未来能够成为“大富国”和“大刚国”，并与“西洋的英吉利岛”并驾齐驱的基本途径，开近代日本海权观念之先声。19世纪中期，主要受中英鸦片战争中西人船坚炮利之触动，日本学者坂本龙马、佐久间象山、吉田松阴等人高度关注海洋对于日本国防及未来发展的重大影响，提出以“欧罗巴”为模范，通过构筑海岸炮台、建造洋式军舰、扩张水军、兴航海通商之业等方式，在全力加强日本海防、抵御西方列强海上入侵的同时，积极向海外拓展，进而将日本发展成为可与英国比肩的强大“海国”。[①] 在这些学者的反复鼓吹下，自19世纪中后期以来，日本社会对于自身的政治文化定位开始出现重大转型：早先已延续千年之久的中华文化归属感开始被断然放弃，渡海而来的西方国家（特别是英国）成为日本着力学习模仿的典范。在这种语境下，日本开始被理解成为一个在地理形态甚至文化构成上远不同于“陆国”（或“山国”，意指中国或东亚大陆），而与当时海上强权的“西洋”具有某种近似性的“海国”。海洋扩张、商业文明、海外殖民等图景构成了这个全新地缘政治想象的组成部分，而加强海军建设、谋求海外扩张之举也被理解成为日本在地理形态和文明类型上趋向“西洋”而非东亚所必须采用的标志性举措。在这种思想意识的持续发酵下，随着

① 参见关希：《排他性的“海权论”可以休矣——析日本流行的“海洋国家战略”》，载《日本学刊》2006年第4期，第7—8页。

日本国力的初步增强，以1893年明治天皇下达《和衷共同诏》为代表，日本提出了“欲开拓万里波涛，布国威于四方”的目标，确立了“海军建设为第一急务”的方针，开始以倾举国之力建设海军，并悍然发动了包括中日甲午海战、日俄海战等在内的一系列海上冒险行动。

对其时的日本而言，美国学者、军人马汉“海权论”的提出可谓恰逢其时。1890年马汉的著作《海权对历史的影响：1660—1783年》一经面世，便迅速引发了日本社会的强烈关注和广泛引用，一些日本学者和军人立刻就从马汉的著述当中发现了能够佐证其观点的论说。当时，正在美国游学的金子坚太郎摘译了书中关于“海权诸要素”的论述，将其赠送给时任日本海军大臣的西乡从道，并在海军内部刊物《水交社纪事》进行了连载，在日本军界和政界引发剧烈反响。[①] 1896年，水交社译出该书全文，由日本半官方的学术团体东邦协会结印出版。该协会副会长副岛种臣在日文版序文中称：“外交术与海军力谓之制海二要素。吾国海国也，若能掌握‘制海权’，就能支配海洋的贸易通商。”日本海军大学原校长肝付兼行中将也在序文中写道，马汉的著作照亮了海军进步的道路，“破开了吾人心中的迷惑”[②]。在马汉海权观念风行日本之时，秋山真之、佐藤铁太郎等一批日本海军军官，开始在认真研读马汉著述的基础上，将海权理论与日本地缘政治形态相结合，提出了以《帝国国防史论》为代表的“日式”的海权理论，主张日本平战时战略的制定必须考虑其作为岛国的基本地理事实，极力呼吁加大海军建设力度、对敌形成海上优势、全力争取太平洋制海权。秋山、佐藤等人的观念，集中反映出20世纪初期日本部分军人和学者对于日本地缘政治形

① 麻田貞雄「歴史に及ぼしたマハンの影響」、『マハン海上權力論集』、岩波文庫、2010年、15頁。

② 转引自段廷志、陈华、闫雪昆著：《大家精要：佐藤铁太郎》，昆明：云南教育出版社2011年版，第49—50页。

态及应有战略的认识和思考，得到了包括肝付兼行、山本权兵卫等日本海军高官的认同和赞赏，较大地影响了20世纪初期以来日本对外战略和海军战略的发展演进。

明治维新初期，日本学界有关“海国”与“山国”具有迥异地缘政治属性的论述得到了秋山、佐藤等人的一致赞同，他们还致力于从军备建设的角度对之加以实证性论述。例如，在1892年完成的《国防私说》当中，佐藤在详细对比了当时主要海上强国的海岸线长度及兵员数量与陆上强国的陆地边境线长度及兵员数量后发现，作为当时头号海上强国、奉行海军“两强标准”、在全球权力体系中不可一世的英国，其11万海军兵力如分摊到其1800海里的海岸防御线上，每海里防守兵力仅61人；相比之下，欧陆强国德国使用58万的陆军去守卫其3350海里的国境，每海里兵力达173人，而另一强国法国则使用51万人去守卫其1575海里长的国境，每海里防守兵力竟高达323人。因此，英国每海里配备兵员数量不过是德国的1/3、法国的1/5而已。[①] 由是观之，海上强国显然可以利用其天然的地理形态优势，投入更少的人力和资源产生更为高效的国防效应，这与陆上强国在国防建设和国家发展上巨大的人力资源投入形成鲜明的对比。

在认定日本地缘政治特质的基础上，秋山、佐藤等人特别重视研究和分析同为“海国”的英国得以实现全球霸权的历史进程和战略遗产。佐藤在认真考察了英国历史后指出，自1651年《航海条例》颁发以来，英国虽面对欧洲大陆常有百万铁甲之师的隔海窥伺，却以其易守难攻之地形加之强悍的海军，经久对抗来自欧陆的军事压力却未受战败之辱。不仅如此，英国利用欧陆列强相互攻伐之机，追求财富于海外而非走征服大陆之路，才得以成就今日之强盛。正是基于这种战略，尽管英国从未出现过如拿破仑那样的战争英雄，却实现了欧洲列强均未实现之伟业。相

① 段廷志、陈华、闫雪昆著：《大家精要：佐藤铁太郎》，第101—102页。

反，如果英国决意追求欧陆霸主地位，倾尽国力争夺欧陆领土，不仅不会有今日的强大，能否维系国家之存续亦难预计。佐藤归纳道："正是放弃了大陆主义而采取海洋主义，英国才成就了今日的强大。如果英国在扩张海洋势力同时，走上征讨大陆扩大版图的道路，未必能建立今日的丰功伟业。"[①]

佐藤在此基础上指出，同属"海洋之国"和"岛屿之国"的日本，"与英国的国情非常相似，英国能做到的，我帝国未必不能做到"。[②] 佐藤在反复论证了国防三大要素（即地理、经济、国民）之间的关系后，提出日本无力也无必要同时成为陆上大国和海上大国。相反如若日本将强化陆军和海军的战力同时放在优等位置，将对日本经济乃至国力带来恶劣影响。因此，日本必须注意吸取借鉴英国成功的历史经验，时刻注意其自然地理形态与陆上国家的不同特点，在国家大战略以及军事建设方向上作出正确的选择。[③] 具体地说，就是要构筑与岛国相适应，最为经济、科学、有效的国防体制。而在当下这个"世界发展前途在海洋上"的时代里，日本应当确立的方针就是，放弃企图征服大陆之野心，利用天然的、极具优势的地理条件，扩张海上实力，走所谓的"自强"之路，依靠海上力量之强大谋求国家利益的增长。

相较日本陆军极端狂妄无度的大陆扩张野心而言，佐藤等人关于发展日本海权的论述还是较为审慎。佐藤不无遗憾地指出，作为岛国的日本，在海上配备强大海军的同时，在陆上也配备了数倍于英国的陆军，而这种战略既罔顾了日本基本的地缘政治属性，同时也过分耗费日本的国力，严重冲击了国民经济和社会民生建设，完全超过了自卫的需要。而陆军极力鼓吹日本应效仿欧洲列强张扬国威，采取征服主义、大陆主义之方式谋求国家强盛

---

① 段廷志、陈华、闫雪昆著：《大家精要：佐藤铁太郎》，第 68 页。

② 同上。

③ 渡辺利夫「海洋国家同盟論再論—日本の選択」、『環太平洋ビジネス情報』第 8 号、2008 年、10 頁。

的说法，更不足取。历史上罗马帝国被野心驱使，走上对外征服、追逐霸业之路后反受其累，终因扩张过度而分崩离析的下场，格外值得日本警惕。为此，佐藤郑重发出警告：基于历史的教训，“远离自卫、走近侵略乃亡国之根”。①

但与此同时，这部分反对大陆扩张、坚持走发展海权之路的日本军人和学者也绝非是和平主义者。同马汉类似，佐藤等人的海权理论当中同样蕴含着相当浓厚的攻击倾向。在力陈日本未来的扩张重点应当放在海洋而非陆地、日本海军建设应当得到持之以恒发展的基础上，佐藤主张，国交不论远近，凡相关国家都可视为假想敌，而其中实力最强者，应是日本的对应目标。基于这一观点，佐藤将同属太平洋国家的美国定位为日本潜在和现实的海上大敌。他与秋山真之合作，通过分析日本的地理和战略状况，反复推演美国舰队西进的可用实力，最终提出日本海军军备最低应保持在美国海军实力的70%以上，认为唯此才能确保日本在平时掌控西太平洋的制海权，在战时歼灭跨越太平洋的来犯之敌、确保战争的胜利。在佐藤观点的影响下，“对美七成说”由此成为1935年日美海军裁军谈判中日方极力死守的底线。

至少从18世纪中后期开始，日本知识界和军政界有关“海国”观念的逐步形成，为日本谋求“脱亚入欧”提供了地理形态、文化取向乃至意识形态方面的依据，而稍晚来自美国的海权观念，更为日本打造“东洋之新英国”的国家对外战略及其海上扩张主义论述提供了一个“合理的”、“科学的”理论依据。甚至在某些军政界人士那里，海权最终被神化成为其生存发展乃至取得国家成功的不二途径。公允而论，佐藤、秋山这些鼓吹发展海权的日本学者和军人的一些观点，如日本无力同时成为陆上大国和海上大国、陆海并行疯狂扩张军备必将对其民生和经济带来恶劣影响、日本大陆侵略野心必将重蹈历史上那些过度扩张大国

① 段廷志、陈华、闫雪昆著：《大家精要：佐藤铁太郎》，第60页。

覆辙等等，不乏直知灼见。与日俄战争后日本陆军和军国主义势力所极力鼓吹的、狂妄无度的亚洲侵略政策相比，这些相对审慎节制的观点，迎合了20世纪初期对日本大陆扩张政策持疑虑态度的日本政界和学界部分人士的观点。正是出于这些原因，日俄战争后，主要在伊藤博文、东乡平八郎等日本政军界元老的支持下，以大正元年（1912年）日本海军、萨摩藩派阀、财界、政治势力联合组建“大日本国防议会”以及山本权兵卫海军大臣出面组阁为标志，这种关于加强海上力量、对大陆扩张采取审慎立场的理论观点，一度在与陆军、长州藩派阀、大陆扩张论者的较量中占据了上风。

尽管如此，同马汉思想一样，以佐藤、秋山等为代表的日本近代海权理论，其逻辑观点中的进攻性、独占性、排他性的霸权主义倾向也特别突出，这在佐藤、秋山对其假想敌美国海军异常精细的分析预判和对两国未来海战的反复推演当中便可见一斑。这些都充分表明，佐藤等人的思维模式和主要观点，依然是帝国主义列强争霸、“弱肉强食”的丛林法则在海洋领域中的延续，在逻辑上完全排除了作为新兴海上强国的日本同英、美等国相互妥协的可能性，为其日后在亚洲太平洋地区对英、美等老牌海上强国悍然发动战争埋下了伏笔。从这个意义上讲，尽管在具体观点上有所区别，但至少在思想内涵上日本近代海权观念与陆军大陆扩张的狂妄野心存在逻辑上的相通性。与此同时，这种“海国”地缘政治想象和相应构筑的“西洋”政治认同，让日本知识界和政军界找到一个与大陆的、农业的中国（或东亚）的差异点，直接塑造了日本社会对于本国地理文化和国家发展道路的盲目优越感。而这种优越感，在1933年日本退出国际联盟、在国际上遭到“西洋”诸国极大孤立、已无望成为“西洋国家”之后，与所谓“皇国”政治意识相混合，格外强化了日本成为东洋盟主、独霸亚洲太平洋地区的所谓“使命感”，进而直接转向了构建“大东亚共荣圈”此类扩张主义的侵略论述，为日本在大陆和海洋同时展开疯狂冒险政策提供了思想依据。

二、“皇道”地缘政治学

地缘政治学真正作为一个独立的学科门类在战前日本被关注和研究，肇始于20世纪20年代。1925年，日本《国际法与外交杂志》以书评的形式刊载了瑞典地理学家、“地缘政治”一词的发明者鲁道夫·契伦（Rudolf Kjellén）于1916年出版的一部地缘政治著作。日本学者藤泽亲雄（Chikao Fujisawa）在评述中极为热情地指出，契伦“抛弃了那些陈旧的、抽象的传统观点，为我们对国家形态的认识开辟了一个全新的视野”。[①] 尽管如此，当时的日本知识界，特别是地理学界对于作为一个学科体系的地缘政治研究显然还是持一种怀疑甚至批判的态度。日本京都帝国大学的小川琢治（Takuji Ogawa）和石桥五郎（Goro Ishibashi）就指出，与学科发展已经相对成熟的政治地理学相比，新兴的地缘政治学显然还缺乏一个明确的研究对象和较为精细的逻辑体系。[②] 作为最早介绍和研究“德国地缘政治学”的学者之一，东京帝国大学教授饭本信之虽然承认地缘政治学作为一种国家政策工具和统治手段具有“重要价值”，但同时也不得不承认地缘政治学在方法和逻辑上缺乏严谨的科学态度。[③] 地理学者川西正鉴（Masakane Kawanishi）甚至还借助著名马克思主义理论家卡尔·魏特夫（Karl Wittfogel）的观点对地缘政治学提出了批评，称地缘政

① Keiichi Takeuchi, “Japanese Geopolitics in the 1930s and 1940s,” in Klaus Dodds, and David Atkinson, eds., *Geopolitical Traditions: A Century of Geopolitical Thought*, London and New York: Routledge, 2000, p. 72.

② Keiichi Takeuchi, “Japanese Geopolitics in the 1930s and 1940s,” in Klaus Dodds, and David Atkinson, eds., *Geopolitical Traditions: A Century of Geopolitical Thought*, pp. 72–73.

③ 飯本信之「所謂地政学の概念」、『地理学評論』第4巻第1号、1928年、97—99頁。

治学对自然条件与政治因素间的联系显然进行了一种过于机械化和简单的解释，忽略了社会生产力和其他社会经济因素对政治进程的影响。[①]

日本地缘政治研究的真正兴起开始于20世纪30年代。随着日本对外侵略步伐的加快，特别是在1931年悍然发动“九一八事变”占领中国东北及1933年被迫退出国际联盟后，在外交上陷入极大孤立的日本，在对外政策上开始与德国日趋接近。而此时正在德国风行的“德国地缘政治学”引发日本知识界的浓厚兴趣。在此情况下，德国地缘政治学代表人物豪斯霍弗的著作开始大量被翻译为日语出版，有关其理论的介绍在《日本时事》，《大阪每日新闻》等大众传媒上也频繁出现。日本学者和政军界人士特别欣赏豪斯霍弗对于日本的友善态度及在促进日德两国接近方面所付出的努力[②]，认为豪斯霍弗有关日本在“大东亚泛区”中发挥主导作用的设想与日本鼓吹的建立“东亚新秩序”（New Order in East Asia）和“大东亚共荣圈”（Great East Asia Co—Prosperity Sphere）计划不谋而合，对其所描绘的日本、苏联和德国建立“柏林—莫斯科—东京轴心”联手抵御盎格鲁—撒克逊全球霸权的前景也颇为动心。[③] 以此为背景，部分日本学者开始在介绍和引用德国地缘政治学逻辑甚至主要观点的基础上，致力于探讨建立一种具有日本特色、反映日本“空间需要”、系统性的地缘政治理论体系，以期为日本在亚洲太平洋地区的侵略扩张政策寻求一种总体解释或精神指导。

---

① Keiichi Takeuchi, “Japanese Geopolitics in the 1930s and 1940s,” in Klaus Dodds, and David Atkinson, eds., *Geopolitical Traditions: A Century of Geopolitical Thought*, pp. 76 - 77.

② 前日本驻德武官大岛浩中将曾热情地宣称，“虽然日本拥有为数不少的德国朋友，但唯独您（指豪斯霍弗）能够体会日本人的心境，且知识广博、思想精彻，为德日两国的文化交流做了许多工作。” Christian W. Spang「カール・ハウスホーファーと日本の地政学」、『空間・社会・地理思想』第6号、2001年、7頁。

③ Keiichi Takeuchi, “Japanese Geopolitics in the 1930s and 1940s,” in Klaus Dodds, and David Atkinson, eds., *Geopolitical Traditions: A Century of Geopolitical Thought*, p. 77.

日本战前地缘政治研究最具特色的一个理论流派，当属以京都帝国大学地理学教授小牧实繁为代表的所谓“京都学派”。自20世纪30年代初期开始，小牧便力图将德国地缘政治学的逻辑与日本文化传统中所谓的“皇道”精神相结合，着力发展出一套融日本传统政治文化与现代地缘政治研究于一身的、具有日本自身特色的地缘政治学。围绕在小牧实繁身边，京都学派主要研究团队还包括米仓二郎、别枝笃彦、野间三郎、柴田孝夫、松井武敏、朝永阳二郎、川上喜代四、三上正利、和田俊二、室贺信夫、川上健三、浅井得一、浅井辰郎和内藤玄匡等人，他们大多都秉持相同或相近的研究思路，定期召开会议交流彼此观点和著述。

“京都学派”地缘政治学的最大特征就是鼓吹日本政治文化精神在地缘政治研究中的巨大价值。在吸收江户时代思想家佐藤信渊、吉田松阴等人思想的基础上，小牧将“皇道”这个极具日本特色、同时含义非常模糊的政治—文化符号引入地缘政治研究当中，力图借此替换德国地缘政治学当中对于“领土”、“民族”等所谓“物质”因素的强调。他宣称，在日本传统政治文化当中，“皇道”就是有关“天地自然的真理”，而日本基于“皇道”基础上的地缘政治研究，它远远超越了低层次的政策研究范畴，而是一门呈现出鲜明日本特色的世界观和具有独创性意义、兼含实践和真理内容的“科学”，这与英、德等国具有物质决定论倾向的地缘政治研究存在本质上的差距。[①] 因此，日本的地缘政治研究应当是以日本的政治文化传统为工具，通过充分揭露欧美近代以来的全球扩张及其对于世界各地历史文化的扭曲和损害，鼓吹一种和欧美经验迥然不同的“日本模式”，以打破近代以来西人塑造的世界观和地理观在人类思想意识中的主导性地位，探寻一种以日本的政治文化经验来看待世界、改造世界，进而实现

① 小牧実繁『日本地政学宣言』、弘文堂、1940年、34頁。

“世界大同”的方式方法。小牧在其于1940年出版的《日本地缘政治学宣言》中写道，“崭新的日本地政学，必然和历史上传统的日本精神一起，成为我国国策的基础。我国的国策需要崭新的日本地理学，需要崭新的日本地政学。”①

对于日本地缘政治研究所谓“主体性”的强调，使得小牧理论中流露出一种浓厚的反西方色彩。据小牧自己表示，他在地理研究中排斥西方观念、重建日本政治文化秩序的努力，缘于他对20世纪30年代以来让日本外交陷入“窘境”的欧美国家的强烈抵触感。② 而他的努力，集中于分析揭露欧洲近代以来的全球殖民进程及其恶果，还世界以“本来之姿”，进而改变现存的、由西方所主导的世界秩序。小牧这种反西方观念，特别鲜明地体现在他对亚洲地缘政治属性的理解上。在小牧看来，亚洲（特别是东亚）自古就是一个“以农业社会为基础的命运共同体”，这里“气候多样，盛产稻米”，具有地缘政治的区位优越性和地域上的统一性，各民族间在文化传承上具有很强的亲善感，在政治和文化上融为一体。而东亚各国（主要是中日两国）当下冲突和敌对的根源，在于近代以来以权力竞争为主要内涵的西方文化之不断侵蚀，以及欧美等外部势力破坏东亚各民族间“传统亲善关系”的“阴谋”。特别是“老奸巨猾的英美势力以及带着共产主义假面具、企图蚕食中国的红色苏联等侵略势力”，为了使中国成为欧美的殖民地和附庸，通过“蛊惑中国的统治阶层”，直接推动了中日两国间摩擦和冲突的升级，最终导致“九一八事变”以及“卢沟桥事变”的爆发。③ 因此，妨害“东亚新秩序”的罪魁祸首是西方国家，绝非是日本侵略政策的结果。在此基础上小牧放言，为了排斥欧美等国对东亚传统秩序的歪曲，“建设东亚新秩

① 小牧実繁『日本地政学宣言』、弘文堂、1940年、8頁。
② 小牧実繁『日本地政学宣言』、弘文堂、1940年、15頁。
③ 小牧実繁『日本地政学宣言』、弘文堂、1940年、26頁。

序的观点绝没有谬误”。[①]

正是在所谓的“纠正欧美歪曲的世界秩序”原则下，小牧实繁组织其研究团队，展开了一系列体现“日本视角和日本志趣”的地缘政治研究。在他们集体撰写的《世界政治地理大系》丛书当中，包括“满洲·支那”、印度支那、中东、印度、南北极、太平洋、西伯利亚、欧洲、非洲和南北美洲等全球各地的地理地志、历史文化与政治经济状况，都得到了不同于西方视角、据说是“符合实际情况”的分析和梳理。在这些学者的另一部著作《大东亚地缘政治学新论》当中，从夏威夷到西亚，近乎涵盖半个地球的庞大地域都得到了他们在地理和文化上的重新论证，而上述地域也统统被列入了未来日本根据“皇道”政治传统、驱除欧美侵略、“恢复其原本文化”的地理范围。从这个意义上说，以小牧实繁为代表的日本地缘政治研究的精神内涵，与当时日本国内极其流行的“八纮一宇”世界观存在异曲同工之处，也与其时日本政军界所极力鼓吹的、建立“万民各有所得、共存共荣的世界新秩序”的理念完全一致，其基本主张都是鼓吹以日本政治文化秩序取代西方的政治文化秩序，从而建立起以日本为主导的“世界新秩序”，而日本地缘政治学的目的就是通过其地理研究为这个政治文化目标服务。

以小牧为首的京都学派与日本军部存在着异常紧密的联系。据日本学者村上次男回忆，自1939年至1945年日本宣布无条件投降时止，“日本军部，尤其是由师团长将校组成的‘皇战会’，一直在经济上支持该学派，是该学派强有力的后援”，“京都学派就是‘皇战会’的地理性的研究机构”。[②] 军部的相关人员往往会直接出席该学派的研讨会，而该学派的很多学者也通过完成日本军部，尤其是陆军所布置的大量研究课题，在分析东亚各国地

① 小牧実繁『日本地政学宣言』、弘文堂、1940年、32—35頁。

② 村上次男「日本地政学の末路」、『空間・社会・地理思想』第4号、1999年、52頁。

理地志及其在地缘政治上的重要意义方面，为日本疯狂侵略政策提供智力支持和决策参考，在日本的战争筹划和侵略实施过程中发挥了异常重大的作用。例如，京都学派干将室贺信夫在其1939年12月向日本军部提交的《英法在印度支那半岛上的侵略政策》的报告中，所提出的印度支那既是英法侵略亚洲的基地、也是英美为中国提供外部援助的战略后方，具有极为重要的地缘政治价值等观点，得到了日本军部的高度重视。10个月后，日军就开始大举进攻法属印度支那地区，企图以此切断中国接受欧美等国外援的陆上通道。而室贺在其另一份报告《新加坡军事地理考察》中，在强调新加坡在战略上具有巨大意义（如英国在远东的战略据点、位于马六甲海峡、连接印度和远东地区、关键性的贸易通道等）的同时，亦指出了其在地缘政治上存在的诸多天然劣势（如热带气候、无重工业支持、没有战略纵深等），建议日本应充分利用上述劣势从陆路突袭新加坡等观点，对于山下奉文进攻新加坡的战役战术均产生了直接的影响。① 在1941年12月日本偷袭珍珠港后，小牧实繁立即发表了《“大东亚战争”宣言》一文，为日本疯狂扩大战争之举摇旗呐喊。② 随着日本侵略扩张战争的不断升级，在所谓“驱逐欧美殖民势力”、“恢复东亚秩序”乃至构建“大东亚共荣圈”的狂想当中，京都学派的地缘政治研究最终彻底沦为了日本军部疯狂扩张政策的马前卒，与日本的军事入侵行动统一步调、亦步亦趋，完全丧失了学术的中立性和客观性，在日本的侵略战争进程当中扮演了极为不光彩的角色。

三、作为“战时国策”的地缘政治学

日本战前地缘政治研究的另一大派别，是以“日本地政学

① 村上次男「日本地政学の末路」、『空間・社会・地理思想』第4号、1999年、51頁。

② 小牧実繁「『大東亜戦争』宣言」、『週刊朝日』第4週号、1941年12月。

会”为主要学术阵地的所谓“东京学派”。日本地政学会于1941年成立于东京，其会长是时任海军中将的上田良武，主要成员有饭本信之、阿部市五郎、江泽让尔、田中启尔、神川彦松、川原次吉郎、高木友三郎等地理学、政治学乃至经济学方面的学者、军人、记者和政治家，甚至陆军大将阿部信行也在该协会挂名。在日本政军界人士的大力支持下，自1942年1月到1944年9月，该协会会刊《地政学》杂志发表了地缘政治方面的相关论文共计146篇。该协会还于1942年召开了“地政学讲习会”，邀请日本政军界和知识界大批人士出席，取得了广泛的社会影响。据该协会发表的《日本地政学协会的使命》一文称，日本地政学协会设立的目的，在于“通过地缘政治学方面的科学研讨和地理、历史方面的综合研究”，“调查以日本及其生活圈为中心的陆海空间情况”，从而“能够有效地探索战时国策，为日本高度国防国家的建设有所贡献”。[①] 从这个意义上讲，日本地政学会相关研究工作的主要努力方向，在于通过地理研究，为身处“大东亚战争”困局中的日本提供政策理论方面的依据和对外战略的合法性证明。

该协会的研究工作主要围绕三方面展开：一是通过其研究论证“大东亚共荣圈论”在地理历史方面具有的“合理性”。该协会干将川原次吉郎就曾断言：日本地缘政治研究的目的在于发现“地理性空间带给政治活动何种影响”，而在战争期间，日本地缘政治研究的“中心课题就是共荣圈的问题”。[②] 另一位学者神川彦松在几乎通盘接受源自弗里德里希·拉采尔（Friedrich Ratzel）、在豪斯霍弗那里被发扬光大的“大空间”（Grossraum）理论基础上，着力论证构建以“日、满、华”为核心的“自然共同体和文化共同体”在地缘政治上的合理性和必要性。岩田孝三则在认定日本兼具大陆性和海洋性双重特点的基础上，主张日

① 日本地政学协会「日本地政学協会の使命」、『地政学』第1号、1942年、1頁。

② 川原次吉郎「大東亜地政学の出発」、『地政学』第8号、1942年、64頁。

本在那些存在“血缘上”抑或“地缘上”关系、具有类似文化的地域（即所谓“同类文化圈”）中拓展其“生活圈”。在岩田看来，这种建立在文化和地理纽带之上的“地域结合”无疑具有较大的连带性和稳妥性。在他的论证下，不仅日本所极力鼓吹的“大东亚共荣圈”具有牢不可破的地理文化纽带，甚至“大东亚共荣圈”未来与印度洋区域的“联合”都存在着文化和地理上的依据。[①]

日本地政学会的另一个研究重心，主要集中于详细考察那些对日本“具有重要地缘政治价值”地区的风土人物和地形地貌。这些研究虽与传统的地理学研究（特别是地志学研究）存在方法上的共通之处，但在研究目的上，日本地政学会的研究在于为日本的“空间扩张”政策提供足够精细的理论参考和实用的决策依据，这与纯学术探讨存在根本的不同。例如，一向以“学术中立”自我标榜的饭本信之，就在强调地理位置对于国家发展重要性的基础上，通过着力分析那些可为日本“空间形态发展”提供现实或潜在利益的地区，力图为日本指出其未来“空间扩张”的应有方向。饭本在详尽考察了东亚大陆的地志地理后，将“满洲”定位于对日本发展具有重大价值的“新开发地区”，认为日本必须以其武力和财力为后盾，加之日本移民的团结一致，就能够将那里改造成“对日本富有贡献的盟邦”[②]。

在探讨地缘政治学研究内容和研究意义的基础上，日本地政学会还致力于将地缘政治学构建成为一个可为日本国家发展提供战略性指导的“总体学说”。该协会成员中原辙就主张，日本的地缘政治研究应当是一种具有“技术形式的社会科学”，这与“德国地缘政治学”建立在“国家有机体”基础上的“科学逻

① 岩田孝三「地政学的に見たる日本民族の大陸・海洋両面的性格」、『地政学』第2号、1942年、37—54頁。

② 有高巌「歴史上から見たる満州移民問題」、『地政学』第1巻第2号、1942年、94頁。

辑”存在一定的区别。日本地政学会另一成员佐藤弘，则认为不同的学者和不同的国家对于地缘政治学的界定和具体研究存在较大的差别。他在承认地缘政治研究工具特质的基础上，主张建立一种适应日本国情，特别是适应于构建“大东亚共荣圈”这一目的的新型地缘政治学。[①] 在这一点上，该协会会长上田良武就特别鲜明地体现出这种倾向。他曾直言不讳地宣称，地缘政治学就是一门“能为国策打下基础的综合性的指导理论”，它能够“在科学方法上（为日本的国策）发挥作用”。与此同时，上田还呼吁日本的地缘政治学家们应当不遗余力地向日本普通民众宣传其调查研究的成果，“帮助国民统一认识和思想，从而有力地推动国策的运行和实施”。[②]

总的来说，相比以小牧实繁为代表的日本京都学派而言，日本地政学会的研究理论色彩相对较为缺乏，成果的实用性和政策导向性更为突出。其原因正在于，随着日本侵略步伐的日益加快和“大东亚新秩序”建设的“全面展开”，日本政军界显然希望能够找寻到一个糅合历史学、地理学、政治学、经济学、民族学的综合性“科学理论”，在向日本国内社会证明其对外政策合理性的同时，蛊惑那些处于日本侵略铁蹄之下的国家和民族“接受和信服”其“大东亚共荣圈”的谬论，从而在精神思想上放弃对日本侵略扩张的抵抗。其结果，则导致作为一门学科体系的地缘政治研究，其原先较为浓厚的学理色彩被冲淡，其相对复杂的逻辑体系也最终被简化成为一个充斥了若干口号或信条的话语集合，甚至最终演化成为一个鼓吹通过地理、历史、政治方面的研究为实现日本“大东亚共荣圈”迷梦作出“贡献”的政治意识形态。

但也正是在这些相对简明的教条或口号的极力鼓动下，20 世

① 飯本信之「地政学上より観たるシンガポール」、『地政学』第 1 巻第 2 号、1942 年、12—36 頁。

② 『地政学』第 2 号、1942 年、125 頁。

纪40年代日本国内社会开始掀起了一股“地政学热潮”，日本国内出版了相当多以“地政学”冠名的著作和论文，其中绝大部分都是致力于从地理历史的角度论证日本大陆扩张政策，特别是建设“大东亚共荣圈”的合理性和必要性。不仅如此，鉴于该协会很多成员同时所兼具的军界和政界背景以及强大的影响力，日本地政学会一度在日本对外侵略政策的制定过程中扮演了重要角色。该协会主要成员之一饭本信之就在其回忆录中谈道，“《地政学》杂志非常畅销，军人尤其是上层军人都非常爱看。”[①] 关于这一点，日本地理学者渡边光就异常清醒地指出，正是在“满洲事变”后，日本政军界为了寻找推行大陆扩张政策的合理性依据，开始对地缘政治学产生兴趣。他们希望日本的地缘政治研究能像“德国地缘政治学”之于纳粹德国那样，为美化和诡辩国家的对外政策服务。[②]

日本学者村上次男后来指出，无论是京都学派还是日本地政协会，“在当时的时局下，在狂热的民族主义情绪的氛围中，都失去了冷静、客观考察世界情势的判断力，在日本军部的后援下，将自己掌握的地理学、政治学和历史学等方面的学识为日本侵略扩张服务”。[③] 诚如村上所言，20世纪30年代至二战结束前日本的地缘政治研究，其唯一目标就是力图改变所谓“被欧美歪曲的世界秩序和势力划分”，将“大东亚共荣圈”视为日本必须实现的地缘政治目标，从而建立一个以日本为主导的“世界新秩序”。不仅如此，这些学者或军人还自欺欺人地将此举视为符合亚洲各国人民自身利益需要、有助于驱逐欧美殖民势力，进而实现所谓世界大同的政策途径，在愚弄日本国内民众的同时，完全

---

① 佐藤由子「飯本信之が語った地政学」、『地理』第34巻第10号、1989年、107頁。

② 渡辺光「地政学の内容について」、『地理学研究』第1巻第10号、1942年、66頁。

③ 村上次男「日本地政学の末路」、『空間・社会・地理思想』第4号、1999年、50頁。

漠视日本扩张侵略给亚洲各国人民所带来的巨大伤害，最终彻底沦为日本军国主义疯狂野心的理论工具。正因为如此，这两大学派的结局也非常相近：日本战败投降后，美国占领当局开始在日本国内着手展开清除军国主义思想、铲除军国主义产生土壤等举措，包括小牧实繁、饭本信之在内，绝大多数战前日本地缘政治学者都纷纷被解除公职，遭到辞退。尽管随着 1952 年美国结束对日本的占领状态，很多学者在新组建的大学或研究机构中重新获得了职位，他们也都闭口不谈当年自己所从事的研究，日本地缘政治研究也全然步入了它的“末路”。

四、侵略政策的地理文化诡辩

战前日本地缘政治研究具有自身异常鲜明的特色。首先，战前日本地缘政治研究极端注重跟踪吸纳现代地缘政治学的理论发展。20 世纪上半叶，在马汉、契伦、拉采尔、麦金德、豪斯霍弗等学界巨擘的不懈推动下，作为独立学科门类的地缘政治学，研究方法与叙事手段基本成形，研究成果大量涌现，学术发展日益走向成熟。在这个过程中，凡是西方地缘政治研究者提出的新观点和新思路，均得到了日本军政界和知识界的高度关注，他们纷纷致力在这些观点思路当中找寻可供日本吸取借鉴甚至模仿之处，以求“顺应”所谓的“世界潮流”，追赶“西方文明”的演进步伐。小牧实繁就曾声称，“德国地缘政治学”的异军突起，代表了西方政治思想的发展方向，而发展日本地缘政治研究的目的之一，也正在于“顺应世界潮流”。[①] 关于这一点，当时美国著名地理学家汉斯·魏格特（Hans W. Weigert）的话颇具见地：日本地缘政治研究完全建立于学习现代地缘政治理论的基础之上，“大东亚共荣圈就是部分日本人潜心研究德国地缘政治学的

① 小牧実繁『日本地政学宣言』、弘文堂、1940 年、12—13 頁。

成果”。[①] 从这个意义上讲，日本战前军政界和知识界对于现代地缘政治学以及对马汉、拉采尔、豪斯霍弗等学界大家观点的引用和追随，依然是明治维新以来日本“求知识于世界”国是方针的精神延续。

战前日本地缘政治研究又一特色当属其坚定的“日本本位主义”立场。小牧实繁就曾坦言，他所展开的相关研究，均围绕构建一种“崭新的日本地缘政治学”而展开，其根本目的是为“日本国策”服务。[②] 同他一样，无论是秋山真之、佐藤铁太郎等人创立的近代海权理论，还是京都学派乃至日本地政学会的相关研究，战前日本地缘政治研究均体现出异常鲜明的实用性和政策导向。从事该领域研究的军人或学者，也几乎统统致力将西方地缘政治研究的理论成果发展或改造成为一种适合日本国情的地缘政治分析框架，以期影响日本国家对外战略的决策过程，为日本的“生存发展”，特别是为日本在帝国主义列强全球权势大厮杀中胜出服务。这也正是马汉、契伦、豪斯霍弗等人强调国家权势竞争、紧密服务于国家决策的理论观点一经出现，便受到日本知识界普遍青睐的根本原因，这同样还是同一时期相对偏重于学理探究的法国政治地理学派并不为日本知识界重视的主要原因。

对国际政治基本性质的悲观估计是战前日本地缘政治研究的另一主要特征。尽管自第一次世界大战结束以来，威尔逊“十四点计划”的提出和国际联盟的成立似乎为当时的国际社会指明了另外一种截然不同的国际政治演进方式，但战前日本地缘政治研究者眼中的世界，依旧是一个经典意义上的、国家本着自利目的追逐权势的世界。关于这一点，绝大多数的日本地缘政治研究者都坚信：所谓正义、人道依然不过是强权阳奉阴违、擅用武力的借口，国际关系中强者对弱者的欺凌和鄙视依然如故，为实现权

---

① Hans W. Weigert, *Generals and Geographers: the Twilight of Geopolitics*, New York: Oxford University Press, 1942, p. 177.

② 小牧実繁『日本地政学宣言』、弘文堂、1940 年、83—84 頁。

力欲望而相互征伐者比比皆是，战争绝难根除，太平绝不可信，各国之修好也绝不可靠。[①] 正是在这种思路主导下，日本明治维新以来通过不断对外挑起战争侵略从而得以实现“自强”的道路，被理解成为日本“突破地缘政治困境、顺应时代潮流”的“正义”之举，而战前日本地缘政治研究者所进行的所有努力，就是为确保日本在对外侵略扩张和争夺领土空间大厮杀中取胜而已。

荷兰地缘政治学者海尔曼·乌斯滕（Herman Wusten）说得有理，“一般说来，如果地缘政治在一个国家社会生活与日常政治辩论中的作用开始大幅增强，表明其国内社会已经充分意识到其国家的权力地位或者正在面临极大危险，或者正处于急剧变动当中”。[②] 日本在中日甲午战争和日俄战争中的取胜以及由此而来的权力大扩张，既引发日本军政界关于下一步侵略扩张方向的大争论，同时也催生了佐藤铁太郎等人关于发展日本海权的思考。20 世纪 30 年代日本侵华步伐的日益加快，特别是自 1938 年近卫文麿发布“东亚新秩序宣言”、1940 年松冈洋右提出“大东亚共荣圈”构想之后日本实际统治领域的急剧扩大，同样在日本国内引发了所谓的“地缘政治热潮”。以此为背景，日本地缘政治研究无论是作为一种所谓的“空间管理理论”，还是作为一种为侵略扩张辩护的政治意识形态形式，其影响力均一时无以复加，甚至最终成为一种“国家的科学”。

尽管如此，在当时的日本国内，即使是在地缘政治学最为流行之时，部分日本学者对于日本的地缘政治研究也存在着很多批评。例如，渡边光在 1942 年就曾异常尖锐地指出，虽然地缘政治似乎被定义为一整套貌似科学的理论体系，但地缘政治研究的内容和目标无外乎以下几类：一是为政治家们提供一些建立在

---

① 段廷志、陈华、闫雪昆著：《大家精要：佐藤铁太郎》，第 66—67 页。

② Herman Van Der Wusten, and Gertjan Dijkink, “German, British and French Geopolitics: The Enduring Differences,” *Geopolitics*, Vol. 7, No. 3, 2002, p. 21.

“直观推理”和地理考虑基础上的指导方针；二是为那些已经确定的国家对外政策提供合法性证明；三是以耸人听闻的语言说服民众接受那些违反基本道德标准的对外政策。[①] 渡边光的观点虽全盘否定了作为一个学科门类的地缘政治研究的学术价值和合理内涵，有过于简单、武断之嫌；但他的上述言论，对于战前日本地缘政治理论却完全适用，他特别深刻地指出了那些致力于从地理研究角度为日本疯狂侵略政策提供指引和佐证的学者或军人，在其所谓的“科学表述”下隐藏的狂妄野心。

当前国内学术界对于战前日本地缘政治学的研究具有一定的困难，相关的学术成果也较为少见。究其原因，一方面是由于日本地缘政治研究在日本侵略战争中所扮演的不光彩角色，在美国占领当局压力下，很多日本地缘政治研究的主要角色纷纷被开除公职。在战后近半个世纪的时间里，这些学者大多都对自己不光彩的“历史”保持缄默，不愿透露自己曾助长日本军国主义势力侵略罪行的丑恶往事。另一方面，则是因为在日本正式投降之前，日军曾将包括很多地缘政治研究报告在内的大批官方内部文件进行了秘密销毁，很多日本战前的地缘政治研究成果也因此而不再为人所知。尽管如此，对战前日本地缘政治学进行更为深入细致的研究依然是极其重要的，该方面的研究不但会为分析 20 世纪初至二战结束期间日本国内社会集体心态的走向提供一个极具代表性的案例分析，亦能反映出日本自明治维新时代以来其军政界和知识界对于本国和外部世界地缘政治想象的巨大变迁，同时还可看出战前日本知识界与军政界在诸多重大战略决策上极为复杂的互动反馈关系。特别值得重视的是，在冷战结束之后，随着日本国内政治形势与国际环境的革命性变动，有相当一批日本学者开始在重新评价战前日本地缘政治研究的基础上，试图从中发掘出一些观点方法，从而为当下日本应有对外战略提供思想裨

---

① Keiichi Takeuchi, “Japanese Geopolitics in the 1930s and 1940s,” in Klaus Dodds, and David Atkinson, eds., *Geopolitical Traditions: A Century of Geopolitical Thought*, p. 79.

益和理论指引，地缘政治研究在当下的日本国内知识界又呈热络之势。在中日两国关系发展日益复杂化的今天，加强对战前日本地缘政治研究的剖析和思考，并以此为视角审视预测日本未来对外战略的走向，则更具重大的理论与现实价值。

第五节　日本（下）：新时代与旧思路

20 世纪 70 年代以来，包括春名干男的《核地缘政治学入门》、太田晃舜的《海洋地缘政治学》和河野收的《地缘政治学入门》等一大批著作的出版，开启了地缘政治研究在战后日本复兴进程的序幕。特别是冷战结束后，伴随着世界政治经济形势和日本国际环境的剧烈变动，日本当代政治—知识精英紧密围绕 21 世纪的国际形势、日本的国家定位与对外战略展开了热烈讨论。在这场大论争当中，以豪斯霍弗的《太平洋地缘政治》和麦金德的《民主的理想与现实》两书日文版分别于 2005 年和 2008 年再版为标志，地缘政治在当代日本政学界又呈流行之势。在全球地缘政治研究大复兴的背景下，很多日本学者或是通过对日本战前“地政学”的回顾和反思，致力于分析揭露其历史根源、基本逻辑和实践恶果，以期得出相应的“教训总结”；或是主张从地理与历史相结合的视角出发，重新审视 21 世纪初期日本面临的国际环境，从而为日本未来对外战略的基本原则和可用手段作出应有筹划。地缘政治研究在冷战后日本社会的再度兴起，极其深刻地体现出当前日本国内集体心态发生的剧烈变动，其部分观点结论已经转化成为当前日本对外战略的组成部分，格外值得引起我们的关注。

一、对战前日本“地政学”的回顾和反思

冷战后日本地缘政治研究的重要议程与主要的学术贡献，当

属对战前日本“地政学”的反思和批判。早在冷战时期，日本政学界便出现了一股研究反思日本近现代扩张思想与实践的思潮。在这一时期，包括饭本信之、村上次男、石井素介等人在内，很多战前参与到日本地缘政治研究的一些学者陆续发表了一系列回忆文章，对战前日本“地政学”的源起、逻辑、主要观点及其与军国主义势力之间的相互关系进行了较为细致的分析和检讨。1972 年，日本自民党海空技术调查会编写了研究报告《海洋国家日本的防卫》，更是明确提出了“深究”日本“地政学”的要求。该报告指出，无论是以小牧实繁为代表的“皇道地政学”或是以饭本信之为重要成员的“日本地政协会”，日本战前的地缘政治研究主要受到了以豪斯霍弗为代表的“德国地缘政治学”的强烈影响。而也正是在日本“地政学”的大力鼓吹下，日本军部提出所谓“大东亚共荣圈”计划，在与大陆国家德国结盟的同时，与英、美等海洋势力正面为敌，这正是日本在第二次世界大战中失败的主要原因。[①]

冷战结束后，特别是进入新世纪以来，部分日本年轻一代的学者在吸收当代西方地缘政治研究新观点、新精神的基础上，对战前日本“地政学”乃至作为一个学科门类的地缘政治研究本身展开了较具有新意的反思。[②] 在对地缘政治学本体论、方法论等“元”理论问题进行探讨后，这部分日本学者指出，地缘政治学自身存在诸多难以克服的逻辑缺陷，其中最主要的缺陷就是其“随意性”和“权力性”。尽管地理学自身具有无可争议的科学性，但当其被用于政治用途时，却成为了“政治取向的奴仆和证实权力需要的工具”。在地缘政治学家的论证过程中，地理概念

① 海空技术调查会『海洋国家日本の防卫』、原书房、昭和 47 年、4、26、73 頁。

② 当代西方地缘政治研究的新发展及其诉求，可参见葛汉文：《批判地缘政治的发展与地缘政治研究的未来》，载《国际观察》2010 年第 4 期，第 42—48 页；以及葛汉文：《冷战后西方地缘政治研究的进展、问题与启示》，载《国际论坛》2013 年第 3 期，第 1—5 页。

有时被轻视，有时被过于重视，而地缘政治研究也因此成为了一种“伪造的地理”，成为了政治权力的一种表现形式，为特定的政治需要推波助澜。在此过程中，“参与国政之士将国际政治进行了‘空间化’解读，特定的事件、特定的人物都被打上了空间印记，特定的空间也因此被赋予了非地理的属性”。而正是这种通过空间角度“将己方、他方相分离”的行为，导致“帝国主义式的”国际政治实践的出现，这正是地缘政治学的“危险性”所在。[①]

基于这种逻辑，这些学者相信，战前日本“地政学”步入歧路的根本原因，在于其最基本的学术前提就是本着改变所谓“被欧美歪曲的世界秩序和势力划分”的目标，为建构“大东亚共荣圈”这种“日本式的世界秩序”提供理论证明。在这种理念指导下，所谓“皇道地政学”就是“希望通过地志学研究以建立反西方的世界观，用抽象的‘皇道’概念来弥补理论上的不足”；而日本地政协会则力图通过地缘政治学方法来研究日本在陆上和海上的势力范围，希冀建立一个“高度国防的国家”。正是在这种“权力性”的支配下，战前日本的地缘政治研究者在日本国内社会扩张主义情绪日益高涨的氛围中和军部的后援下，将自己掌握的地理学知识“随意”地塑造成为日本对外扩张的战略指南，完全失去了对世界情势“冷静、客观”的判断力，其结果“直接导致了日本在第二次世界大战中的败北”。[②]

在这些学者看来，地缘政治学自身存在逻辑缺陷及其实践恶果还不止于此。日本学者佐藤健就在借用美国当代地缘政治学家约翰·阿格钮（John Agnew）及杰拉德·奥特瓦塞尔（Gearóid Ó Tuathail）的观点后指出，尽管地缘政治的学术发展在二战结束

---

① 佐藤健「日本における地政学思想の展開—戦前地政学に見る萌芽と危険性」、『北大法学研究科ジュニア・リサーチ・ジャーナル』、第11号、1999年、132頁。

② 村上次男「日本地政学の末路」、『空間・社会・地理思想』、50頁。

后的很长时间里似乎陷入停滞，但作为一种思维方式，地缘政治学依然对战后国际格局的演进发挥强烈影响，美国等西方国家政治家和知识精英依然在使用地理知识用作其权力欲望的辩护词。而冷战也仅仅是一种为了权力目的而唤起的“意象和意象的对峙”。在抵制“共产主义势力全球空间扩张”的口号下，“资本主义”和“社会主义”这两个政治词汇的对立，开始被赋予单一化和意象化的地理空间意义，两大军事政治集团之间对立、争夺也因此被赋予了“现实”的物质标尺。①

尽管在反思战前日本“地政学”甚至作为一个学科门类的地缘政治学方面取得了部分进展，但这些日本当代学者却依然对战前日本“地政学”抱有一定程度的“同情”。在他们看来，战前日本的“地政学”研究尽管存在这样或那样的问题，但其最大的“贡献”就在于对战前西方帝国主义列强主导的世界秩序的“反抗勇气”。20 世纪三四十年代，小牧实繁等人对“欧美主宰的世界秩序”和西方文明一统天下的抨击和以及重建所谓“大东亚秩序”的构想，其实质是以一种“亚洲—太平洋秩序反对西方中心秩序”。这种战略转变，体现出日本社会精英阶层已经从较早的“脱亚入欧”心态向追求日本“特殊道路”方向发展，这体现出亚洲民族“反抗西方殖民统治的勇气”，甚至还应当被视为“多元世界观”和“亚洲一体化”观念的先声。②

当前日本部分学者对战前日本“地政学”的反思，明显吸收了流行于当代西方学界的“批判地缘政治学”（Critical Geopolitics）的逻辑观点。他们从后现代主义的角度对包括战前日本地政学在内的经典地缘政治理论的反思和批判，在很大程度上颠覆

① 佐藤健「日本における地政学思想の展開—戦前地政学に見る萌芽と危険性」,『北大法学研究科ジュニア・リサーチ・ジャーナル』、133 頁。

② Yamazaki Takashi, Takagi Akihiko, Kitagawa Shinya, and Kagawa Yuichi, "Re-emerging Political Geography in Japan," *Japanese Journal of Human Geography*, Vol. 64, No. 6, 2012, p. 550.

了传统研究中的物质决定论倾向，揭露了战前日本“地政学”隐藏其中的价值取向和真实动机。应当承认，这一点对于日本地缘政治研究打破思想枷锁、修正错误倾向具有重要的意义。但另一方面，当前日本部分学者对战前日本地缘政治研究的反思仍然是极不彻底的，立场方法存在严重的问题。他们虽然指出了战前日本“地政学”在逻辑方法上存在的致命问题，但对于小牧实繁等人的政治动机却进行了辩解和美化，仿佛日本战前学者为日本疯狂侵略政策进行的理论赞誉，仅仅是“目的正义、手段失当”而已，完全无视军国主义日本的侵略扩张野心及在“解放亚洲民族”口号下对东亚各民族犯下的血腥罪行，这一点无疑需要引起我们格外警惕。

二、重返“海洋国家论”

在对日本战前“地政学”进行了一定程度的反思和批判同时，很多日本当代学者却对日本战前另外一支地缘政治思想倾向即“海洋国家论”表示出了极大的好感。早在20世纪二三十年代日本大陆扩张野心极度膨胀之时，战前日本海权理论的主要奠基人、前海军中将佐藤铁太郎便提出，作为一个海洋国家，日本必须放弃大陆扩张的企图，转而利用天然的、极具优势的地理条件，依靠海上力量之强大谋求国家权势的增长。[①] 尽管佐藤等人的观点很快就在陆军、长州藩派阀和大陆扩张论者的联手打击下销声匿迹，但随着日本疯狂侵略野心在第二次世界大战中的彻底毁灭，战前佐藤等人要求克制陆上扩张、加强海上实力的观点很快就重新得到了战后日本学者的积极评价。

冷战结束后，随着日本面临的国内外形势的急剧变化，佐藤铁太郎、秋山真之等人在半个多世纪之前有关发展海权的论述，

① 麻田貞雄「歴史に及ぼしたマハンの影響」、『マハン海上權力論集』、岩波文庫、2010年、15頁。

再度成为了当代日本学术界重新认识战前日本地缘政治研究努力的关键组成部分，“海洋国家论”也由此在日本知识界得以迅速流行。[①] 实际上早在20世纪60年代，日本著名学者、京都大学教授高坂正尧在其提出的“海洋国家日本的构想”当中，就用极其类似佐藤的语句描述日本在亚洲的政治区位：“日本的边疆是浩瀚的海洋，从这个意义上说日本是海洋国家，日本的未来在海洋”。[②] 1978年，日本前首相中曾根康弘在总结日本近代的“经验教训”后更是明确指出：“从地理政治学的角度来看，日本是个海洋国家。”而日本一旦忘记或抛弃自己的海洋国家身份，基本上都是以失败而告终。在历史上无论是唐代的白村江之战（公元663年）、明代的万历朝鲜之役（公元1592—1593年，1597—1598年），还是近代以来的对华战争都是如此。而二战中日本试图占领大陆并与大陆国家德国结盟的结果，更使日本最终走向败亡。因此，日本必须牢记这一历史教训，坚定地走海洋国家之路。[③]

在冷战后日本“海洋国家论”兴起的过程中，有名的推手之一当属当时日本政界、学界、经济界、舆论界的代表人物所参加的“财团法人日本国际论坛”。该论坛于1998年4月至2002年1月出版了《日本的身份：既不是西方也不是东方的日本》、《21世纪日本的大战略：从岛国到海洋国家》以及《21世纪海洋国家日本的构想：世界秩序与地区秩序》等系列报告，详尽描述了当代日本政治—知识精英对日本及其所处世界的地缘政治想象，在日本国内产生了极为广泛的影响。[④] 在这些学者或政治家的眼

① 渡辺利夫「海洋国家同盟論再論—日本の選択」『環太平洋ビジネス情報』、第8号、2008年、7頁。

② 高坂正堯『海洋国家日本の構想』、中央公論社、2008年、250頁。

③ ［日］中曾根康弘：《新的保守理论》，金苏城等译，北京：世界知识出版社1984年版，第135页。

④ 转引自初晓波：《身份与权力：冷战后日本的海洋战略》，载《国际政治研究》2007年第4期，第95页。

中，作为一个为鄂霍次克海、日本海、东中国海和太平洋所围绕的岛国，日本位于所谓“欧亚大陆中心区边缘地带”，它既是“海洋国家的枢纽，也是边缘地带的连接点”。这一独特的地缘政治属性直接决定了日本对外战略的根本属性及未来的可能走向，即主要作为一个海权国家发挥地缘政治作用。日本完全应当在将周边海洋作为“天然屏障”和“安全上的优势”同时，凭借其拥有的通达世界各地的海上交通和贸易优势发挥全球影响力。因此，“从外交战略的观点看，日本与其向大陆扩张，不如重视海上权力”。①

在肯定日本地缘政治属性的基础上，这些日本政治—知识精英将日本实现生存、发展乃至成功的对外战略放在强化与其他海洋国家联盟、维护所谓“基于海洋价值观的世界秩序”上。早在20世纪70年代，日本很多具有浓厚政治色彩的非政府智库，便在鼓吹日本所谓“海洋国家属性”的基础上，对日本所应采取的对外战略进行了细致的筹划，声称日本国家安全的基础在于“绝对不能离开‘海洋国家群’”以“应对来自‘大陆国家群’的威胁”，而美日安保同盟就是“全球性海权和地区性海权的合作”。② 冷战结束后，部分日本学者更是在总结日本近代历史后“发现”：日本每当与海洋国家结盟、警惕大陆国家扩张时便能够取得繁荣，而每当与大陆国家结盟或者执行大陆扩张政策时就要失败。1904年，日本通过与海洋国家英国结盟并得到美国的支援，击败了大陆国家俄国；一战中，日本作为英、美等海洋国家的盟国，击败了大陆国家德国；但日本在二战中选择与大陆国家德国结盟，与英、美等海洋国家为敌的结果，却是惨遭失败。战后日本的再度振兴，归根到底也源自日本与海洋国家美国的结

① Akihiro Iwashita, “An Invitation to Japan's Borderlands: At the Geopolitical Edge of the Eurasian Continent,” *Journal of Borderlands Studies*, Vol. 26, No. 3, 2011, p. 279.

② 转引自段廷志、冯梁：《日本海洋安全战略：历史演变与现实影响》，载《世界经济与政治论坛》2011年第1期，第70—71页。

盟，这是日本在冷战期间维护自身安全，实现经济持续高速发展的重要保证。正是通过这种正反两方面的历史论证，他们得出的结论是：日本决不能重走大陆扩张或与大陆国家结盟的道路，而应牢记历史的教训，与大陆国家保持距离，走海洋国家之路。在此基础上，这些学者对当下日本必须坚持的对外战略筹划就是：在继续与美国保持同盟关系的同时，推动建立包括美国、澳大利亚、新西兰、印度、东盟国家在内的海洋国家联盟。“如果能做到这一步，日本就实现了名副其实海洋国家的历史使命。”①

但这些学者在审视二战以来日本的对外战略后特别“遗憾”地指出，在二战结束后的很长时期里，大多数日本人都力图“忘记”日本“帝国主义的过去”，在地缘政治想象上仅将日本定义为一个包括本州、北海道、九州、四国四个岛屿及周边诸小岛的狭小国家。与之相类似，日本对外战略的决策者也从未将日本的海洋安全和海洋利益置于战略制定的核心位置，相反在宪法第9条“和平主义条款”的“约束”下，宣布放弃战争、不保留武装力量，在安全问题上严重依赖美国，而集中关注经济发展。尽管这一战略在冷战期间基本是成功的，日本得以抽身于欧亚大陆军事对抗之外，专注经济发展，保持和平态势；但随着冷战后地缘政治形势的改变，日本紧邻的东亚大陆在总体进入相对和平稳定轨道的同时，以中日钓鱼岛归属纷争、日韩独岛（竹岛）争端、中国南海岛礁争端、日本北方四岛问题为代表，东亚海上争端却愈发激烈。然而令这些致力于鼓吹“海洋国家论”的日本政客和部分学者尤为“痛心疾首”的是，在这一急剧变动的地缘政治转向面前，大多数日本人依旧没能意识到日本当前国家安全和未来发展面临的“威胁和挑战”。

“海洋国家论”作为当下日本最为流行的地缘政治理论之一，对冷战后日本对外战略的转型发挥了强大的影响。冷战结束之

① 渡辺利夫「海洋国家同盟論再論—日本の選択」『環太平洋ビジネス情報』、7頁。

初，日美同盟的存在价值一度因苏联的解体和共同敌人的消失而受到了日本政学界的部分质疑；在 1991 年海湾战争中，日本还谨慎地拒绝派遣海上自卫队参战而以财政支援的方式向美国为首的多国部队提供支持，试图继续坚持冷战时期的“免费搭车”（free—riding）战略和“支票外交”（checkbook diplomacy）政策。[①] 但以 1992 年日本通过《联合国和平维持活动合作法》将海外派兵合法化为标志，日本政界保守势力借重新定位并持续强化日美军事同盟为手段伺机扩张日本海权的趋势愈发明显。进入新世纪以后，日本以 1999 年通过的《周边事态法案》为依据，开始对日本海上自卫队能力、使用原则和使命进行重新定义。特别是 2001 年日本通过向印度洋派遣海上自卫队协助美军在阿富汗的战事，以及 2003 年向伊拉克派遣自卫队参战等举动，大幅提升了其在美日军事同盟当中，特别是海上军事行动中所发挥的作用，日本开始以远超以往的态度参与到远洋军事行动当中，日本的海洋战略已经发生了前所未有的巨大转变。[②]

三、遏制防范“大陆国家”

“海洋国家论”在极力鼓吹“坚守”自身海洋国家属性及与其他海洋国家结盟战略的同时，如何应对所谓“大陆国家”的问题也是其关键的组成部分和重要推论之一。值得注意的是，随着冷战的结束和中国的和平发展，在当前日本政学界的主流观点当中，中国现已“取代”了苏联，成为当下日本必须警惕的、处于“海洋亚洲”之外的“大陆国家”的代表。在不少日本学者和政客的不无恶意的描画下，中国被逐步塑造成为一个处于海洋国家

① Toshi Yoshihara, and James R. Holmes, “Japan's Emerging Maritime Strategy: Out of Sync or Out of Reach?” *Comparative Strategy*, Vol. 27, No. 1, 2008, p. 31.

② James Manicom, “Japan's Ocean Policy: Still the Reactive State?” *Pacific Affairs*, Vol. 83, No. 2, 2010, p. 307.

及海洋文明对立面的“大陆国家”，具有迥然不同的地缘属性和行为方式，其近年来对亚洲大陆外围海洋空间的“不断扩张”已经成为日本维持安全与繁荣乃至东亚地区实现和平稳定的“主要障碍”。以这种精神逻辑为基础，“海洋国家论”体现在日本对外战略中的三个要点里，有两个都是以遏制防范中国等所谓的“大陆霸权”国家扩张为政策诉求。[①]

日本主流社会在精神志趣上对包括中国在内的东亚大陆的排斥与疑虑渊源甚深。早自明治维新以来，中国便被当时急欲进入“文明国家”行列的日本的学者塑造成为一个反面的、庞大的、腐朽的、可能还不时对日本构成威胁的国家。在林子平、吉田松阴、佐藤信渊等人的反复鼓吹下，日本社会早先已延续千年之久的中华文化归属感开始被“断然”放弃，渡海而来西方国家（特别是英国）成为日本着力学习模仿的典范。在这种语境下，中国开始被理解成为一个在地理形态甚至文化构成上与日本存在重大差异的“陆国”或“山国”，日本唯有在地理形态和文明类型上排斥东亚而趋向“西洋”，方能成为“大富国”和“大刚国”，进而与“西洋”的“英吉利岛”“并驾齐驱”，这实为日本“脱亚入欧论”的地缘政治翻版。[②]

虽然随着近现代历史的发展，日本政学界对中国的地缘政治想象有了“经由排斥到敌视再到蔑视”的变化调整，但总的来说，对中国的排斥和防范心理一直是一条长期潜伏在日本决策者和主流社会思想深处的精神主线。即使是在日本大陆扩张野心完全破灭之后，日本主流社会对于中国的排斥防范心理依然不减：日本“海洋国家论”先驱高坂正尧在20世纪60年代就警告日本民众防范中国崛起后“掀起波澜”、对周边国家（特别是日本）

① 廉德瑰：《略论日本“海洋派”的对外战略思想》，载《日本学刊》2012年第1期，第12页。

② 见藍弘岳：「十九世紀日本的亜洲論述與海国的想像」『2011年度財団法人交流協会フェローシップ事業成果報告書』、2012年、2頁。

“造成威胁”的可能性。[①] 甚至在20世纪七八十年代中日关系友好发展之时，中日两国邦交正常化的重要推动者之一中曾根康弘便驳斥了一些日本人对中国大陆和东南亚怀有好感的观点，认为这是旧时代“大陆主义”热情的残余，是对亚洲怀有“乡愁”式的“大亚细亚主义”情绪，这种情绪没有深刻认识日本历史，更没有冷静计算日本的国家利益得失。[②]

冷战结束以来，随着国际格局和地区形势的急剧变化，在“海洋国家论”风行日本的同时，中国很快便被塑造成为一个以“陆权大国”为属性、对日本等“海洋国家”构成直接“威胁”的地缘政治对立面，成为了所谓的“大陆亚洲”的代表。[③] 在这种论断的引导下，中国自改革开放以来的经济发展和国力增长，开始被多数日本政治—知识精英视为一种地缘政治挑战而非是促进中日友好的历史机遇。很多日本人用充满疑虑的目光看到，“随着在20世纪后半叶及21世纪前期的快速崛起，中国已经成为世界上最强有力的国家之一，麦金德的‘历史枢纽’现已移至远东。”[④] 在这种基本的“敌—友”判断前提下，很多日本当代政治—知识精英开始极力鼓吹应将对付以中国为主的“大陆国家”威胁放在日本对外战略的优先位置。

在他们的筹划当中，由于美国作为“海洋国家”拥有绝对军事优势，日本应在谋求建立与“英美特殊关系”相类似的、跨太平洋“对等的日美军事同盟”同时，必须确保那些具有无可争辩的海洋国家属性和自由主义政体并且地缘战略意义突出、处于关键贸易水道上的国家或地区成为对日“优先友好国家”，同日本一起共同防范“大陆国家”的兴起。在这些日本政客或学者看

---

① 转引自廉德瑰：《略论日本“海洋派”的对外战略思想》，第14页。

② 转引自初晓波：《身份与权力：冷战后日本的海洋战略》，第95页。

③ 白石隆『海の帝国——アヅアをどぅ考えるか』、中央公論社、2000年、178—198頁。

④ Naoto Aizawa, and Christian W. Spang, “The Pivot Moves Eastward: Mackinder and the Okinawa Problem,” *The Tsukuba Multilingual Forum*, Vol. 4, No. 1, 2011, p. 21.

来，澳大利亚、新西兰等西太平洋国家，位于巴士海峡两翼的中国台湾地区和菲律宾，连同扼守马六甲海峡的印度尼西亚和新加坡，均是日本必须拉拢、用以构建围堵防范中国包围圈的首选目标。在此基础上，部分日本学者还提出必须灵活运用“均势原则”和“远交近攻”策略，巧妙地利用各种利害关系尽量离间中俄两国，推动中俄两国产生战略对立和对抗，以防止在东亚出现中俄两大国凝聚成铁板一块的局面，因为中俄结盟是“日本的噩梦”。与此同时，如同东欧是西欧与俄罗斯之间的“缓冲地带”一样，朝鲜半岛和越南是日本与中俄等大陆霸权之间的“缓冲半岛”，日本必须联合美国防止中俄在这个缓冲地带拥有军港、航空基地和导弹基地，从而围堵“大陆国家”向海洋的扩张倾向。①

作为一种地缘战略的“海洋国家论”不仅具有强烈的现实主义色彩，还带有浓厚的意识形态色彩。与英国地缘政治学家麦金德（Halford Mackinder）在一个世纪之前所阐发的信条（即“大陆国家是专制野蛮的代言人，海洋国家是民主与自由的代表”）并无二致，当代很多日本地缘政治学者都相信：海洋国家因其独特的地缘政治属性（即缺乏资源，被迫利用海洋对外发展，依靠通商贸易等手段建立海运国家），因此更容易建立起自由民主政权。不仅如此，在一些日本学者的笔下，大陆文明甚至被认为是仅仅代表了人类古代的文明，而海洋国家崛起则直接催生了近现代文明的出现，甚至近现代人类文明本身就是海洋文明，仿佛大陆文明是属于过去的历史现象，而海洋文明才代表了人类进步的未来。正是通过这种方式，包括“海权—陆权”、“文明—野蛮”、“先进—落后”等经典地缘政治理论当中那种令人印象深刻的、充满对抗性和等级化色彩的二分法，在时隔百年之后又通过“海洋国家论”在当前日本社会广泛流行，这无疑是对当前日

---

① 松村劭「海洋国家・日本の軍事戦略戦史に照らせば防衛政策の課題は自ずで見えてくる」、『Voice』、第4号、2006年、96頁。

本社会历史认知和道德水准的又一辛辣的讽刺。

日本部分政治—知识精英在笃信“海洋国家论”基础上所筹划的对华攻势，对当前日本对外战略构成强大影响。在进入21世纪的今天，日本构建对华包围圈、在外交上破坏中国与周边国家友好合作的趋势愈发明显。早在第一次安倍内阁时期，日本就曾提出所谓的“自由繁荣之弧”战略，以强烈的意识形态诉求，试图在地缘政治上构建一条主要针对中国、分布在欧亚大陆边缘地带，在亚洲从朝鲜半岛到印度，进而一直到中亚、西亚的环形包围圈。连日本学者自己都不得不承认，从地图上看，“不能否认该战略使人产生包围中俄的印象”。2013年1月，安倍提出的所谓新的“外交五原则”，实际上仍是“自由繁荣之弧”战略的翻版，不过更强调以海洋国家定位，以日美同盟为后盾，拉拢西太平洋甚至印度洋沿岸国家共同对付中国。日本积极配合美国围堵中国的一系列举措，对中国谋求睦邻友好的对外战略构成严重威胁。有学者认为，2008年以来中国与周边某些国家外交关系出现曲折，其背后都有日本之“功劳”，日本现在已经成为美国在亚太遏制防范中国的外交“打手”。[①]

四、新时代与旧思路

大多数分析家都不认为日本现在具有一个条理清楚、足以确保日本应对各种安全挑战实现国家抱负的大战略，还有不少人坚持日本在历史上从来都没有过这样一种大战略。然而美国日本问题专家理查德·塞缪尔斯（Richard J. Samuels）却指出，自1868年明治维新以来，日本对外战略始终具有明确的延续性：日本先是通过1902年与英国结盟，成为了远东地区首屈一指的权势力量；1940年日本通过与德、意签署三国轴心条约，力图达到称霸

① 段廷志著：《日本结盟战略与实践研究》，北京：军事科学出版社2013年版，第257页。

远东的梦想；战后又与美国签订同盟条约，从而成功实现经济起飞。从这一点看，日本的所有这些结盟行为都体现出一种大战略，即务实地通过权宜之计将日本与当时的压倒性强权结盟："日本这个仅有中等规模领土、资源贫乏、与周边邻国关系糟糕的岛屿国家，需要外部的朋友方能实现其生存和繁荣。"①

自二战战败至冷战结束的近50年时间里，主导日本对外战略的实际上就是以"吉田主义"（Yoshida Doctrine）为代表的结盟原则，即在日美安保协议基础上采取非军事化、防御性与低成本的安全政策。② "吉田主义"对日本国家身份的定位极其清晰实用，其目标就是在冷战时期美苏两大超级强国全球对峙背景下，利用美苏对立谋求日本的独立和安全，在通过加入美国阵营以取得安全保障同时，尽量减少军备负担，将有限的资金投入恢复和重建经济上，从而实现安全与繁荣的一举两得。③ 但随着20世纪七十年代以来国际局势的巨大变化，特别是日本经济的崛起和美国力量的相对削弱，均对日本战后追随美国、以经济为中心的国家发展路线构成了严重的挑战。在此情况下，日本战后长期受到压抑的民族主义情绪开始逐步抬头，"（日本）越来越不甘心只做偏安于东洋一隅的经济大国和政治、军事'侏儒'，很自然地产生了对与自身经济实力相当的国际政治地位的追求，要重新在世界舞台上扮演'政治大国'的角色"。④ 主要在中曾根康弘等日本政治人物的反复鼓吹下，主张日本在全球战略事务中发挥更为积极作用的观点在日本国内很快占据了上风。

---

① Richard Halloran, "Book Review: Securing Japan: Tokyo's Grand Strategy and the Future of East Asia," *Parameters*, Vol. 38, No. 3, 2008, p. 154.

② Yuichi Hosoya, "The Rise and Fall of Japan's Grand Strategy: The "Arc of Freedom and Prosperity" and the Future Asian Order," *Asia-Pacific Review*, Vol. 18, No. 1, 2011, p. 14.

③ ［日］富森睿儿著：《战后日本保守党史》，吴晓新等译，上海：上海译文出版社1984年版，第44页。

④ ［日］中曾根康弘著：《21世纪日本的国家战略》，李寒梅等译，北京：社会科学文献出版社2000年版，第38页。

苏联的解体和冷战的结束，更加速了这一趋势的发展。美国实力的相对衰落使得美国政府不断要求日本为所谓的“国际合作”作出更多的“贡献”，敦促日本在全球事务中发挥更大的军事作用；而日本在1991年海湾战争中的“支票外交”更使得日本政府在其西方盟友和国内民众面前“颜面扫地”。受上述事态的刺激，日本国内主流社会愈发置疑其长期维持的、以“吉田主义”为代表、通过与美国结盟的方式实现“低价搭车”（cheap ride）的对外政策原则。① 在这场针对日本对外战略的大辩论中，较那些重视商业利益和强调“反军国主义文化”的构建主义主张，日本国内那些持“现实主义”观点的政治保守势力显然占据了上风，后者以冷战后东亚国际形势和权力格局出现重大调整为理由，主张日本应当在安全领域发挥“更为积极”的作用，在世界事务当中承担更多的、包括军事责任在内的国际义务。②

与之相对应，冷战后日本对外战略和安全政策开始发生重大变化。早在1991年日本《外交蓝皮书》便声称，日本对外政策正处于一个“转折点”，“今天的日本正处于一种可以实际影响所有有关建立新国际秩序的事务的位置”。③ 1995年日本《防卫计划大纲》要求在“国防需要”之外扩展日本军事能力，强调参与塑造那些“对日本和平和稳定具有重要影响”的地区的军事形势。近10年之后，2013年12月日本在《国家安全保障战略》当中更是指出，日本作为国际社会一个“主要的全球参与者，将发挥更加积极的作用”。④ 从上述政策中可以看出，在冷战后至今

① Yuichi Hosoya, “The Rise and Fall of Japan's Grand Strategy: The “Arc of Freedom and Prosperity” and the Future Asian Order,” *Asia-Pacific Review*, Vol. 18, No. 1, 2011, p. 14.

② Bhubhindar Singh, “Japan's Security Policy: From a Peace State to an International State,” *The Pacific Review*, p. 304.

③ http://www.mofa.go.jp/policy/other/bluebook/1991/1991-contents.htm

④ http://japan.kantei.go.jp/96_abe/documents/2013/__icsFiles/afieldfile/2013/12/18/NSS.pdf.

20余年的时间里，日本对外政策早已大幅改变了冷战时期那种在国家安全问题上完全依赖美国、与地区和国际安全环境脱钩的做法，日本已经采取了一种新的、范围显然大幅拓宽的国家安全观和国防概念，有意在后冷战时期在世界性的战略事务中发挥更大的作用，彰显其“大国地位”。其后果，则使得日本已经从一个“和平国家”向所谓的“国际国家”转变，日本开始变得“更为积极和更为自信”。[①] 而这种转变，目前已经不仅被日本的政治—知识精英所普遍接受，甚至在日本国内社会也达到了相当程度的共识。[②]

冷战后日本地缘政治研究的兴起，正是源自于日本社会在集体心态上的重大变化。随着美苏直接军事冲突风险的化解、传统国际政治格局的快速湮灭、东北亚安全形势的持续振荡加之非传统安全挑战的日益严峻，冷战结束之初日本国内社会对于日本国家未来发展的认识出现了大混乱。其后果，则使得在经济全球化飞速发展、意识形态争斗大体平息以及“世界地缘政治秩序的非领土化”趋势日益发展的今天，一种被称为“地缘政治目眩”的不确定感广泛波及到日本的政治实践、大众传媒，甚至通俗文化等各个领域，严重影响了日本国内社会对于“我们—他者”、“盟友—敌人”的基本判断。[③] 作为因应冷战后日本国际国内政治环境变化的结果，地缘政治开始被日本很多政治—精英用以描述日本及其所处世界、消弭这种不确定感进而重塑日本国家和社会认同的现成工具。

值得注意的是，尽管在当前日本地缘政治研究当中，出现了

① Rikki Kersten, “Japanese Security Policy Formation: Assessing the Koizumi Revolution,” *Australian Journal of International Affairs*, Vol. 65, No. 1, 2011, p. 5.

② Bhubhindar Singh, “Japan's Security Policy: From a Peace State to an International State,” *The Pacific Review*, Vol. 21, No. 3, 2008, p. 303.

③ S. J. Kang, “Imaginative Geography of the Nation and De-nationalized Narratives,” in Y. Komori, and T. Takahashi, eds., *Over the National History*, Tokyo: The University of Tokyo Press, 1998, pp. 141 – 156.

部分学者从后现代主义出发反思批判战前日本“地政学”的相关表述，但总的来说，以“海洋国家论”为主要代表的当代日本地缘政治研究，在精神风格上依然没有超越传统的、以权力争夺为主的经典地缘政治理论。不仅如此，很多日本人现在都确认，由于经典地缘政治理论紧密关注领土、区位、资源和权势之间的关系问题，因此在当下经典地缘政治并未过时。在此情况下，有学者评论称，地缘政治研究在当代日本的复活和“海洋国家论”的流行，从中透露出来的是对日本侵略历史的“胜王败寇”式的消极总结，对“美主日从”的日美同盟架构难以摆脱的心理依赖和神学式附会，对中国快速发展的莫名的恐惧与无端的仇视以及对21世纪日本生存之道的“战略贫困”。[①] 在经济全球化迅猛发展、各国经济相互依赖不断深化、区域经济一体化日趋深入的今天，日本部分地缘政治研究者所坚持的“海权—陆权”两分法及蕴含的浓厚的意识形态色彩，严重落后于时代发展，基本无益于亚太地区的繁荣稳定与地区国际关系的和平发展。这一点目前已经引起了包括中国在内的亚太国家的充分警惕。

第六节　印度：大国雄心与地理考量

印度是当前国际政治发展中最值得关注的国家之一。姑且不论其异常辉煌的古代文明及对人类历史发展进步作出的杰出贡献，仅自印度在第二次世界大战结束后不久在亚洲率先实现民族独立、建成民族国家时开始，作为南亚次大陆上首屈一指的大国、强国，印度凭借其众多的人口、较为辽阔的领土幅员、巨大的发展潜力及其展现出的勃勃雄心，使得国际观察家们不得不对印度在本地区甚至世界范围内可能发挥的重大影响时刻保持充分

① 关希：《排他性的“海权论”可以休矣——析日本流行的“海洋国家”战略》，载《日本学刊》2006年第4期，第11页。

关注。特别是冷战结束之后，在当前国际政治经济体系中头几大强国或强国集团权力地位略显颓势的情况下，包括印度在内的三四个新兴国家以其迅猛发展的国内经济、显著增强的国家实力以及呈现出的巨大活力，更是吸引了全世界的目光，有关印度国家地位和对外战略取向的回顾、描述和预测也因而成为当代国际政治研究中的热门议程。

值得关注的是，早自 20 世纪初期印度人民掀起民族解放大潮那个时候以来，包括贾瓦哈拉尔·尼赫鲁（Jawaharlal Nehru）、克里希纳·梅农（Krishna Menon）、英吉拉·甘地（Indira Gandhi）和拉吉夫·甘地（Rajiv Gandhi）母子等国务活动家以及斯里坎塔·萨斯特里（S. Srikanta Sastri）、卡瓦拉姆·潘尼迦（Kavalam Panikkar）等知识分子在内，印度现当代的政治—知识精英一直未曾停止过对于本国历史地位、国家实力和应有战略的讨论和思考。在这些讨论和思考当中，源起于 19 世纪末 20 世纪初的现代地缘政治理论得到了这些长期接受西方教育的政治—知识精英的极大关注，他们往往自觉不自觉地借助于一些主要来自马汉、拉采尔、麦金德、豪斯霍弗等人的概念、理论来描述和分析地理因素在历史、当下和未来对印度国家政治行为的制约或促进作用。冷战结束后，面对国际政治格局的革命性变动，印度政治—知识精英对地缘政治研究的喜好和借重呈愈发兴旺之势，他们在融会西方现代地缘政治理论与印度传统文化的基础上，紧密围绕印度地缘政治形态、国内治理、国际关系、对外战略等问题展开了热烈讨论，提出了一系列具有鲜明特色的思想观点，在本国和本地区产生了广泛的学术和社会影响，其中一部分已经转化成为当下印度对外战略的组成部分，因此格外值得引起人们的重视。

一、印度地缘政治思想的渊源及其鼻祖

印度地缘政治思想具有悠久的历史传统。甚至早在公元前 4

世纪末期，孔雀王朝（Mauryan Empire）开国宰相考底利耶（Kautilya）便曾作出过具有浓厚地缘政治色彩的一系列论述。在其著名的“曼荼罗”（mandala）思想当中，考底利耶将世界视为一系列以印度为核心的同心圆环。在他看来，印度外临的直接邻国最有可能成为印度的敌人，而位于直接邻国外圈的国家则有可能成为己方的友国。[①] 这种将地理距离远近作为判断敌友亲疏依据的思想，以其鲜明的地理决定论倾向和现实主义色彩，开印度地缘政治思想之滥觞。

印度地缘政治研究的真正出现肇始于20世纪上半叶。当印度政治—知识精英试图建构一种现代意义上的“民族国家认同”，为印度人民反抗英国殖民统治、争取民族解放提供精神指引时，他们却发现这个现代政治学概念与当时在政治结构、文化宗教、语言族群上处于高度分散状态的印度社会现实格格不入。为解决这个问题，流行于20世纪三四十年代的现代地缘政治理论，得到了印度学者和政治家们的充分关注，他们希望能够使用现代地缘政治的理论观点，通过发掘次大陆独特的区域地理特征与印度族群、语言、宗教和历史间的紧密联系，建构出一种现代意义上的、以强调印度“地理完整性”为主要内涵的“地缘政治想象”（geopolitical imagination），[②] 以此作为未来印度国家凝聚政治认同感的精神基础。

本着这一目的，这些学者将印度国家的地理概念甚至追溯到2500年前的《摩诃婆罗多》史诗时期。在他们看来，早自那个时候起，印度的领土范围就已经从喜马拉雅山脉延伸到南部的科摩林角，从西部的阿拉伯海延伸到东部的孟加拉湾。在印度文明的发展历程当中，这片辽阔的地理区域构成了印度教徒、佛教

---

① Mahendra P. Singh, and Himanshu Roy, eds., *Indian Political Thought: Themes and Thinkers*, Delhi: Pearson, pp. 11 – 13.

② John Agnew, *Geopolitics: Re-visioning World Politics*, London: Routledge, 1998, p. 8.

徒、耆那教徒和锡克教徒等不同宗教民众的历史家园，并且还为部分波斯人、犹太人、叙利亚基督徒等“外来者”提供了庇护场所。几千年来，不同宗教文化群体在这片区域中相互融合，共同发展，一并造就了独特的、以包容性和多元化为鲜明特色的印度文明。因此，尽管印度社会自古以来便在宗教、文化甚至族群上具有明显的差异性，但其地理和文明“统一性”的存在也是不容置疑的。[①] 在这种观念最具代表性的鼓吹者、印度独立后首任总理尼赫鲁看来，作为一片曾诞生过阿育王、伊斯兰教圣者和诗人迦比尔（Kabir）、锡克教创立者古鲁·那纳克（Guru Nanak）、穆斯林历史学家阿米尔·库斯罗（Amir Khusro）、莫卧儿王朝阿克巴（Akbar）大帝和圣雄甘地等诸多历史英雄的土地，“印度早自文明诞生以来，其作为一个地理统一体的观念便占据了印度人民的心灵”。[②] 在尼赫鲁的想象当中，南亚次大陆自古就是印度文明的“历史领土”，其周边一系列难以逾越的山脉、沙漠和深海正是现代印度国家领土边界的自然基础。[③]

与尼赫鲁的看法类似，在近现代印度争取民族解放和国家独立的历史大潮当中，无论是所谓的“世俗民族主义者”（secular nationalist）还是所谓的“印度教民族主义者”（Hindu nationalist），绝大多数印度学者关于独立后印度领土的地理边界概念是大致相同的，他们都将几乎整个南亚次大陆视为印度未来国家不可分割的领土范围，并将兴都库什山脉、喜马拉雅山脉、阿拉伯海和孟加拉湾视为定义印度边界的所谓“自然疆界”。印度近代

---

① Sanjay Chaturvedi, “Representing Post-Colonial India: Inclusive/exclusive Geopolitical Imaginations,” in Klaus Dodds, and David Atkinson, eds., *Geopolitical Traditions: A Century of Geopolitical Thought*, London and New York: Routledge, 2000, p. 213.

② Sanjay Chaturvedi, “Representing Post-Colonial India: Inclusive/exclusive Geopolitical Imaginations,” in Klaus Dodds, and David Atkinson, eds., *Geopolitical Traditions: A Century of Geopolitical Thought*, p. 213.

③ Sankaran Krishna, “Cartographic Anxiety: Mapping the Body Politic in India,” *Alternatives*, Vol. 19, No. 4, 1994, p. 509.

大历史学家萨斯特里甚至将由西自兴都库什山脉与阿富汗至东方的印度支那、马来亚、缅甸、菲律宾和荷属东印度群岛，由北自喜马拉雅至南部的锡兰在内的整个地域，都视为在历史、文化和经济上受印度文化哺育的统一整体。在他看来，独立后的印度不仅应当在次大陆上拥有“完整”的地理结构，还需在未来致力于组建一个以印度为核心的、包括所有东南部亚洲国家在内的超国家政治统一体，重现历史上由印度文化所繁盛的“南赡部洲”(Jambudvipa) 的辉煌。而那种将印度分割为巴基斯坦、锡克斯坦（Sikhistan)、旁遮普甚至达罗毗荼斯坦（Dravidistan）的企图，“在地缘政治上没有任何合理性和可能性”。[1]

值得关注的是，在论证印度独立的政治地理基础过程当中，这些学者不约而同地都将现代地缘政治理论视为一个具有重大现实价值的工具。萨斯特里就指出，尽管现代地缘政治理论，特别是“德国地缘政治学”（Geopolitik）在历史上时常服务于帝国主义侵略，其方法和价值倾向也存在严重缺陷，但地缘政治理论作为一种“治国之道”（statecraft）还是具有其独特的价值。因此，印度学者完全可以用一种“人道主义的、民主的和全面的方式”来使用这个概念，从而为“独立印度的发展、构建远东超国家联盟乃至促成未来的‘世界联合体’（World Commonwealth)”服务。[2] 在他归纳出的五种影响国家政策行为的基本因素（即领土、人口、政府、主权和律法）中，地理因素特别是领土面积大小对于印度民族独立和国家发展的重大意义得到了突出的强调。

这些学者对于现代地缘政治理论的借鉴，还在于对该理论政策实践中体现出的政治现实主义或强权政治色彩的继承。例如，

---

① S. Srikanta Sastri, *Geopolitics of India and Greater India*: *Study of Pre-war and Post-war Indian Geopolitics*, Bangalore: Madhu's Printers & Publishers, 1989, p. 36.

② S. Srikanta Sastri, *Geopolitics of India and Greater India*: *Study of Pre-war and Post-war Indian Geopolitics*, p. 28.

萨斯特里虽然曾主张在对国家政策行为的地缘政治分析当中也应考虑人类精神道德因素的作用，但他亦承认这种精神道德力量时常会根据时间、空间的不同而发生改变。在理论表述上，萨斯特里甚至还对拉采尔、豪斯霍弗等“德国地缘政治学”代表人物所狂热鼓吹的“生存空间”概念抱有一定程度的同情。在他看来，一个国家占有领土的大小须与其人口的多寡相适应是国际政治的基本原则。而20世纪初期国际政治经济秩序的严重不公，突出表现为西方殖民帝国本土人口数量的稀少与其实际占有的辽阔海外领地面积的严重失衡。基于这种逻辑，他甚至对日本20世纪30年代后谋求建立“大东亚共荣圈”的对外侵略扩张行径都抱有某种程度的同情，将此视为东方民族纠正这种不公正现状的努力之一，甚至认为随着日本对西方帝国主义在亚洲殖民势力的挑战和一个东亚联盟的出现，将会对亚洲各民族、特别是印度的独立繁荣提供“机遇”。[①] 上述这些言论，特别鲜明地体现出在和平争取印度独立频频受挫的情况下，印度部分学者对英国顽固坚持殖民统治的愤懑以及转而要求采取激进手段达到民族独立目标的呼声。

在印度人民争取民族解放的历史进程当中，上述印度学者有关“印度虽具有明显的宗教族群差异性，但同时亦是一个地理和文化统一体”的论述，极大地影响现代印度社会历史记忆和集体心态的塑造过程。这些融合了历史记忆、领土崇拜和民族传说的说辞，在20世纪上半叶的印度社会当中反复被提及，不断被强化，成功地构筑起了独立前夕印度社会政治和国家认同的地理—历史基础，并为印度在南亚次大陆创立统一的民族国家提供了合法性理由。尼赫鲁就指出，“小国是属于过去的现象。即使印度分裂为若干小国，这些小国也会因为彼此间一贯存在的强烈依赖

① S. Srikanta Sastri, *Geopolitics of India and Greater India: Study of Pre-war and Post-war Indian Geopolitics*, p. 34.

而迅速产生建立一个联盟的需要。”[①] 正是基于这种原因，印巴分治方案的出台和实施在印度政治—知识精英那里引发了剧烈反应。印度当代学者桑卡兰·克里希纳（Sankaran Krishna）就指出，1947年印度在政治地理上的分裂，使得印度社会产生了一种所谓的“制图学焦虑感”（cartographic anxiety）[②]。这种“制图学焦虑感”不仅体现为印度精英阶层“将印度建成一个地理统一体”梦想的破灭，以及对在冲突和混乱当中产生的印度领土边界的痛苦和无奈，还特别严重地干扰了独立后印度国内社会集体心态的塑造过程：印度社会不得不根据已经分裂的次大陆政治地理事实，开始对“印度—非印度”、“爱国者—叛国者”、“内部—外部”、“主流—边缘”等一系列概念进行重新界定划分。在这种焦虑感的持续影响下，如何重现“印度地理统一体”的梦想，便成为独立至今根植于印度政治—知识精英思想意识深处的精神信仰的关键组成部分。

二、冷战时期印度的地缘政治思想

尽管20世纪上半叶印度政治—知识精英在论证印度自由独立合理性与可能性的过程中，对现代地缘政治理论显现出了异乎寻常的热情态度，但在成功实现民族解放、国家独立及初步巩固了领土边界之后，主要鉴于现代地缘政治理论，特别是“德国地缘政治学”在纳粹德国侵略扩张过程中所扮演的不光彩角色，印度知识界对于作为一个学科门类的地缘政治研究的认同感却骤然下降：印度学者和政治家在谋划独立后印度的未来发展和国家战

---

① Sanjay Chaturvedi, “Representing Post-Colonial India: Inclusive/exclusive Geopolitical Imaginations,” in Klaus Dodds, and David Atkinson, eds., *Geopolitical Traditions: A Century of Geopolitical Thought*, p. 216.

② Sankaran Krishna, “Cartographic Anxiety: Mapping the Body Politic in India,” *Alternatives: Global, Local, Political*, Vol. 19, No. 4, 1994, p. 508.

略时，开始尽量避免直接引用地缘政治的概念和理论为自己的观点辩护。例如，尼赫鲁虽然在论证印度领土范围的过程中不断使用地缘政治的研究方法，但他至少在口头上断然否认自己的观点与地缘政治，特别是“德国地缘政治学”之间的联系。他甚至指出，地缘政治实质上就是政治现实主义的代表，是对权势大国“统治世界”企图提供理论证明的伪科学。这个起源于英国的理论，为纳粹的行动提供了指路明灯，满足了他们征服世界的梦想。①

与尼赫鲁的论述相类似，在独立后的印度政治—知识界，地缘政治一般都被视为一种与帝国主义侵略和殖民压迫相联系的政治术语，它基本上服务于霸权主义与强权政治，不具备多少进步意义，不可避免地将导致冲突与战争。相反，为了显示古老的印度文明对当下国际政治的“现实指导意义”，印度政治家们在描述其对外政策主张和国家抱负时，开始频繁使用诸如“非暴力、合作、正义、中立”等所谓“阿育王政治传统”的道德说辞而非“权力”、“势力范围”等地缘政治术语。这一点特别突出地体现在，印度独立伊始便极力推动“不结盟政策”并一度参与领导了世界范围内的“不结盟运动”，鼓吹以此“化解”冷战时期美苏两大超级强国的激烈争夺和战争威胁，力图借此占领国际道义高地，以求彰显印度在战后发展中国家中的“领袖”地位。②

尽管如此，在印度独立后的对外政策中还是体现出异常浓重的地缘政治和政治现实主义意味。美国印度问题专家乔治·坦纳

---

① Sanjay Chaturvedi, “Representing Post-Colonial India: Inclusive/exclusive Geopolitical Imaginations,” in Klaus Dodds, and David Atkinson, eds., *Geopolitical Traditions: A Century of Geopolitical Thought*, pp. 215 – 216.

② Sudeepto Adhikari, “India's Changing Geopolitical Code: an Attempt at Analysis,” *Geopolitics Quarterly*, Vol. 3, No. 4, 2008, pp. 5 – 6. 尼赫鲁在分析印度独立后的对外政策时称，“印度必须与那些奉行强权政治的国家集团保持距离，这种相互敌对的国家集团过去就曾引发了世界性的战争，未来还可能引发更大规模的灾难。” Baldev Raj Nayar, and T. V. Paul, *India in the World Order: Searching for Major Power Status*, Cambridge: Cambridge University Press, 2003, p. 124.

姆（George K. Tanham）指出，地理实际上一直影响着印度的历史和文化，因此它也影响着印度的战略思维，在独立后印度对外战略的形成中发挥重要作用。[①] 具体来说，姑且不论印度为争夺南亚地区的主导权在地区层面上实施的与巴基斯坦及后来与中国的敌对政策，以及在周边层面上执意延续的英印殖民帝国时期对周边弱小邻国特别是对“喜马拉雅国家”极富霸权色彩的所谓“保护政策”，仅其在独立初期奉行的不结盟政策，事实上就是一个深思熟虑的且带有强烈地缘政治色彩的战略考虑。尼赫鲁就毫不讳言地指出，印度奉行不结盟政策的重要原因之一，就是凭借其在全球地缘政治中优越的战略位置在两大强国之间左右逢源，而非仅仅出于“争取世界和平”的单纯道德考虑。而奉行这一外交政策，“有望通过道德说教增强印度的权势”，从而将“印度的安全利益、权力考虑与‘和平主义’的外交哲学合而为一”。[②] 印度独立后外交政策的重要筹划者之一梅农则从国内政治的角度出发，认为印度奉行不结盟政策将进一步增强印政府在国内政治中“遏制共产主义”的能力：在与苏联修好的情况下，印度国内的共产主义势力由于缺乏团结和外来援助，将很难对印政府提出实质性的挑战。与此同时，不结盟政策还可削减印度的军事开支，将经费更多地投向社会和经济发展，从而赢得选民支持以切断共产主义滋生的土壤，这显然比直接加入西方军事联盟更为有利。[③]

地缘政治对独立后印度政治—知识精英思想方法的巨大影

① George K. Tanham, *Indian Strategic Thought: An Interpretive Essay*, Santa Monica: Rand, 1992, p. 2.

② Sanjay Chaturvedi, "Representing Post-Colonial India: Inclusive/exclusive Geopolitical Imaginations," in Klaus Dodds, and David Atkinson, eds., *Geopolitical Traditions: A Century of Geopolitical Thought*, p. 215.

③ Sanjay Chaturvedi, "Representing Post-Colonial India: Inclusive/exclusive Geopolitical Imaginations," in Klaus Dodds, and David Atkinson, eds., *Geopolitical Traditions: A Century of Geopolitical Thought*, pp. 216 – 217.

响，还体现在这些政治家和学者在论证印度国家抱负及可用手段过程中对于印度地理位置和领土幅员政治意义的反复强调。尼赫鲁早就指出，印度处于东西方海上航运的交集之处，远东、中东、欧洲、澳洲的商船均需在印度周边海域通行。如果从南非向俄罗斯东北部、从澳大利亚向英国划两条直线的话，印度大致正处于交叉点的位置。因此，“印度由于其独特的地理位置，必将发展成为印度洋地区和东南亚至中亚细亚区域内经济和政治活动的中心”。[①] 印度著名战略家萨廷达尔·辛格也指出：“印度的地理位置决定了它的战略地位，使得印度在西亚、东南亚地区举足轻重，是东半球的中心。”[②] 正是在这些政治家和学者的不断鼓吹之下，“印度的战略地位、幅员和人口都增强了独立以来的印度领导人这样一种信念，即印度之伟大及必须在全球发挥主导性影响”。[③]

在印度政治家和学者分析印度独立后面临的安全威胁时，这种结合了地理决定论与历史分析法的研究喜好则体现得更为明显。就陆地而言，印度东北部的喜马拉雅山脉、喀喇昆仑山脉和西北部的兴都库什山脉，一向被包括尼赫鲁、甘地母子在内的印度绝大多数政治家视作印度安全的地理屏障或保护其不受外来侵略的自然堡垒。[④] 在他们眼中，独立后的印度只有控制了这些极具战略价值的山脉方能确保印度的国家安全；相反，如果失去了对这些战略要地的控制，印度国家的腹地中央—恒河平原地区将无险可恃，印度就等于向外部敌人“敞开了自己的胸膛”。但印巴在 1947 年的分裂分治，使得印度原本完整的陆地天然防线已经失去了完整性，兴都库什山脉成为了巴基斯坦与阿富汗的国际

---

① ［印］贾瓦哈拉尔·尼赫鲁著：《印度的发现》，齐文译，北京：世界知识出版社 1956 年版，第 712 页。

② 引自曹永胜等著：《南亚大象：印度军事战略发展与现状》，北京：解放军出版社 2002 年版，第 58 页。

③ George K. Tanham, *Indian Strategic Thought: An Interpretive Essay*, pp. 2 – 3.

④ George K. Tanham, *Indian Strategic Thought: An Interpretive Essay*, p. 6.

边界，早已不在印度的控制之下。而印巴分控克什米尔的结果，使得印度同样面临失去控制喀喇昆仑山脉的危险，而兴都库什山脉和喀喇昆仑山脉在过去几个多世纪的历史中一直是保卫印度免受北方入侵的天然屏障。

基于这种原因，独立后印度几度与巴基斯坦兵戎相见，全力争夺极具战略价值的克什米尔地区，其目的正是为了在其西北方向建立一道由一系列“难以逾越的地理地貌”所组成的安全边界。印度特别重视克什米尔的吉尔吉特—巴尔蒂斯坦（Gilgit-Baltistan）地区，认为该地区在地缘政治上对印度极具战略价值：控制了该地区印度就控制了通向阿富汗、中国新疆和中亚国家的桥梁，这对于巩固印度边界安全进而在中亚事务中发挥影响力极具价值。而印度于 1988 年抢占极难据守的克什米尔锡亚琴冰川（Siachen Glacier）并在该地区构筑大量军事工事的目的，也在于有不少印度学者相信，该地区可以有效地监视中巴喀喇昆仑公路的军事运输，因此有望将该地区打造成为监控甚至切断中巴战略联系的“堡垒”。而印度如果失去对锡亚琴冰川地区的控制，印度“整个北部边界的安全将受到全面削弱”。[①]

同样基于地理上的不安全感，印度在北方还一直渴望以喜马拉雅山脉作为“确保国家安全”的防御壁垒。甚至在 20 世纪 50 年代初中印两国关系最为密切的时期，印度政治家和学者便对 1950 年中国西藏和平解放从而导致印度“失去”西藏这一所谓的“缓冲区”而“深感痛惜”。为了谋求改善其地缘政治态势，印度此后迅速加强对喜马拉雅山脉三国的控制，并通过非法侵占中印传统习惯边界线以北属于中国的藏南地区，“改善”了它认为在中印边界东段地区面临的不利态势。特别是在中国的藏南地区，印度经过数十年建设，自认为已将这个极具地缘政治价值的

① Naseer Ahmed Kalis, and Shaheen Showkat Dar, “Geo-political Significance of Kashmir: An overview of Indo-Pak Relations,” *Journal of Humanities and Social Science*, Vol. 9, No. 2, 2013, p. 119.

地区经营成为向北屏蔽中国、向南威胁孟加拉国、向东加强与东南亚各国联系的战略要塞。

在这种安全观的指导下，印度洋亦被印度学者视为抵御外来入侵的天然屏障的一部分。早在20世纪三四十年代，印度近现代首屈一指的大历史学家、独立后首任驻华大使潘尼迦就极力强调印度洋对维护印度安全的重要意义。潘尼迦指出，印度在历史上尽管数度遭受来自北方的入侵，但印度文明最终都同化了异族统治。只有16世纪欧洲殖民者从海上入侵，才真正压倒了印度的本土文明并最终使其彻底丧失民族独立。正是出于这种原因，“印度的前途不决定于陆地的边境，而决定于从三面围绕印度的广阔海洋”。从历史上看，“谁控制了印度洋，谁就控制了印度”。[①] 在潘尼迦的想象当中，独立后的印度必须以其本土为核心，“打造一个由强大的蓝水海军所保护的，包括孟加拉湾、新加坡、毛里求斯、索科特拉岛和锡兰在内的钢环”，唯此方可确保印度的海上安全。[②]

潘尼迦有关控制印度洋以确保印度国家安全的论述，得到了独立后印度政治家和学者的广泛响应。印度学者拉加·米斯拉（Raj N. Misra）早就指出，“世界上很少能有国家像印度那样，在地理上就主导了一片大洋。”[③] 印度前计划委员会副主席克里希纳·帕特（Krishna Pant）也郑重表示，“印度半岛的主体被阿拉伯海和孟加拉湾所包围，深深地扎入印度洋之中。”因此，印度洋为印度提供了一个广阔的“海洋空间”和“无与伦比的战略重要性”，这种地理上的开放性为印度在印度洋的

---

① ［印］潘尼迦著：《印度和印度洋：略论海权对印度历史的影响》，德隆等译，北京：世界知识出版社1965年版，第81页。

② David Scott, “India’s ‘Grand Strategy’ for the Indian Ocean: Mahanian Visions,” *Asia-Pacific Review*, Vol. 13, No. 2, 2006, p. 101.

③ Raj Narain Misra, *Indian Ocean and India’s Security*, Delhi: Mittal Publications, 1986, p. 19.

各个方向上取得主导性地位都提供了可能。[①] 与他们的表述相类似，自独立以来印度几乎所有的政治—知识精英们无不将印度洋视为印度的“内湖”，至少在政策宣示上绝不允许他国染指。如何在显示印度在印度洋存在的同时，有效排除域外国家在印度洋的影响，就成为冷战时期印度政界长期热衷讨论的中心议题之一。

但应当看到，尽管在独立之初乃至冷战的大部分时间里印度政治家和学者对于环绕印度南部的印度洋的觊觎似乎从未曾停歇，但由于其国力孱弱、无力支持两线发展和忙于应付次大陆军事斗争，印度不得不把陆上防务作为当务之急，对印度洋的经营很难称得上得当有力。尼赫鲁在20世纪50年代就不得不承认，“印度还没有充分发展海上国防的计划”，“我们不得不将注意力集中在陆军建设上。海军应保持较小的规模，但应训练有素以待时机”。[②] 在印度既无暇也无力去争夺印度洋控制权的情况下，印度面向印度洋地区的防务亦最为薄弱，海军在印度三军当中规模最小、经费最少，仅能维持在印度沿岸的巡逻作战任务。尽管印度海军在第三次印巴战争中曾成功击败巴基斯坦海军并封锁和炮击了巴基斯坦港口，切断东巴与西巴间的海上通道，但在整个冷战期间，印度海军充其量也只能扮演二流角色，即使是在英国1968年因国力衰落宣布在军事上撤离苏伊士以东地区而拱手让出印度洋控制权后，是美国以及后来的苏联而非印度填补了英国人留下的权力真空。从这点上看，印度很多政治家和学者关于将印度洋变成“印度的洋”的豪言壮语，至少在冷战时期还仅仅是一个计划或幻想而非一个明晰可辨的国际政治现实。

---

① David Scott, “India's ‘Grand Strategy’ for the Indian Ocean: Mahanian Visions,” *Asia-Pacific Review*, p. 99.

② David Scott, “India's ‘Grand Strategy’ for the Indian Ocean: Mahanian Visions,” *Asia-Pacific Review*, p. 102.

三、冷战后印度的地缘政治思想

冷战结束后，伴随苏联的解体和两极格局的瓦解，世界政治经济形势发生了革命性的变动。在旧有国际秩序已告打破、新的国际秩序尚未形成的复杂历史背景下，许多印度学者希望在继承前人思路和基本结论的基础上，重新分析判断国际政治形势的发展和印度国家实力地位的变化，从而为印度保持在南亚次大陆实力优势地位同时，积极谋取世界大国地位提供理论帮助。在这个过程中，特别是受到冷战结束后地缘政治研究全球大复兴的触动，印度当代学者一改多年在使用“地缘政治”一词上的谨慎态度，开始频繁使用地缘政治的理论观点来论述印度的国家实力与抱负雄心，“地缘政治”也因此成为印度当前政坛的“时髦用语”，成为当代许多印度学者表述印度自身国家安全考量和展现大国抱负理论说辞的重要组成部分。

与冷战时期相比，冷战后印度的地缘政治思想在风格逻辑上体现出明显的继承性。印度当代政治家和学者依然认为，尽管冷战的结束急剧改变了战后国际秩序的基本面目，但国际关系的性质并没有发生本质性的改变，它总的来说仍然是一个大国间的零和游戏，国际权势力量特别是军事实力的不平衡分布依旧是当下国际关系的总体特征。[①] 为此，印度当代政治家和学者谋划的国家总体对外战略，在于根据 21 世纪印度面临的国际政治形势，以印度不断上升的国家实力为后盾，继续巩固其在南亚次大陆的优势地位，积极向印度洋乃至亚太地区拓展势力，企图从南亚大国逐步走向亚太大国和世界大国。

地理上的不安全感实际上依然主导着印度当代政治家和学者的思维方式。印度学者苏达普托·阿迪卡里（Sudeepto Adhikari）

---

① Li Li, “India's Security Concept and its China Policy in the Post-Cold War Era,” *Chinese Journal of International Politics*, Vol. 2, No. 2, 2008, pp. 229 - 230.

等人就指出，“在地理上环绕印度的诸多邻国当中，有很多并非都对印度热诚友好”：“中国一直着意改变1962年战争后两国的实际控制线，并始终威胁着印度。巴基斯坦即使是在1971年第三次印巴战争中失利并由此被肢解之后，也从未放弃过通过各种方式侵扰印度。而以反印为目的的中巴战略同盟也一直对印度国家领土的完整构成挑战”。[①] 在这些学者看来，印度必须破除其在南亚次大陆上的地缘政治困境，为此印度在地区层面必须彻底改变其“一直延续的不结盟政策”，而应当代之以一种“有克制的攻击性政策”。阿迪卡里指出，实际上早自1971年第三次印巴战争和1974年印核武器试爆以来，印度便已着手修正了尼赫鲁“和平主义”的外交传统。而这种修正的结果现在看来都是“行之有效”的：印度对巴基斯坦的肢解和对锡金的吞并，大幅改善了自己的地缘政治地位，体现出印度的国家实力特别是军事实力在国际事务中的作用和威力。[②] 在冷战后的今天，印度这种有克制的攻击性政策，至少应当包含三个内容：一是采取预先步骤挫败其邻国任何占领印度领土或威胁印国家领土完整性的举措；二是阻止任何反叛组织在印缅、印孟、印中及印度与尼泊尔边境地区的跨界袭击活动；三是在克什米尔阻止任何来自实控线另一侧的跨境恐怖活动。

应当看到的是，自20世纪50年代末中印交恶，特别是1962年在中印边界战争中惨败以来，印度对中国就一直持有几乎出自天然的敌视态度。“来自北方的威胁”几乎一直是印度历来政治家论述其国家安全政策时反复强调的重点，冷战结束后这种具有强烈地缘政治色彩的政策倾向亦得到了延续。有观

① Sudeepto Adhikari, Akhouri Radha Krishna Sinha, and Mukul Kamle, “India's Changing Geopolitical Code: an Attempt at Analysis,” *Geopolitics Quarterly*, Vol. 3, No. 4, 2008, p. 19.

② Sudeepto Adhikari, Akhouri Radha Krishna Sinha, and Mukul Kamle, “India's Changing Geopolitical Code: an Attempt at Analysis,” *Geopolitics Quarterly*, pp. 21 – 22.

察家认为，冷战结束后，尽管中国一再强调其和平崛起的政策，但印度仍然始终将中国视为一个经济上和军事上的主要竞争对手。[①] 但值得注意的是，与较早单纯强调中国对印度本土的军事威胁相比，印度当前学者所渲染的重点转向了对中印两国在区域、地区乃至世界等不同地理规模当中的冲突与竞争。印度前外长亚施旺特·辛哈（Yashwant Sinha）就曾借助典型的地缘政治表述阐释其对中印关系的基本看法，中印这两个亚洲大国“必须确保拥有足够的战略空间”，但这两者的战略空间在很大程度上是“重合的”，因此竞争“不可避免”。[②] 正是在这些掺杂了无依据的想象和先入为主的话语影响下，印度冷战后推出了一系列直接针对所谓“中国威胁”的战略举措。在冷战结束至今印度不断强调推行的所谓“向东看”政策当中，亦能看出其强烈的地缘政治意味：印度稳步加强与越南、缅甸、新加坡、日本和印尼等国的外交、经济和军事关系的真实目的，就是力图在次大陆中印两国传统边界之外，从另一个侧翼对抗乃至威胁中国的存在。[③]

冷战后印度的地缘政治思想最为鲜明的特色，在于更多地将目光投向了海洋，掌控海洋特别是印度洋在确保印度国家安全与未来发展中的重要意义现在得到了印度政治—知识精英的极端强调。冷战结束之后，鉴于美苏两强在印度洋的军事争竞态势已告终结，而美国在冷战结束之初由于集中关注消化苏联解体对欧洲和远东地区的冲击使其对印度洋的关注度亦有下降，这些都为印度加快向印度洋扩张提供了难得的契机。为此，冷战后印度几乎

① Walter C. Ladwig III, “Delhi’s Pacific Ambition: Naval Power, ‘Look East,’ and India’s Emerging Influence in the Asia-Pacific,” *Asian Security*, Vol. 5, No. 2, 2009, p. 89.

② David Scott, “The Great Power ‘Great Game’ between India and China: ‘The Logic of Geography’,” *Geopolitics*, Vol. 13, No. 1, 2008, p. 2.

③ Walter C. Ladwig III, “Delhi’s Pacific Ambition: Naval Power, ‘Look East,’ and India’s Emerging Influence in the Asia-Pacific,” *Asian Security*, p. 87.

所有的政治势力和学者都对加强对印度洋的控制显现出了异乎寻常的热情。2007 年印度政府在其官方文件《自由利用海洋：印度海洋军事战略》中就指出："控制从非洲之角延伸到好望角和马六甲海峡的咽喉要塞对阻止外来强国渗入印度洋极为关键。在今天，发生在印度洋周边的一切都会影响我们的国家安全，都与印度利益紧密相关。"[①] 印度前外长贾斯旺·辛格（Jaswant Singh）也在 2000 年公开宣布，"印度安全关注的范围非常清楚地延伸到了南亚之外的地理范围，考虑到印度的幅员、地理位置、贸易联系和专属经济区，印度的安全环境和潜在关切的范围从波斯湾一直延伸到马六甲海峡。"[②] 印海军前副参谋长阿尼尔·乔普拉（Anil Chopra）也极力呼吁重视海洋在印度国家对外战略中的地位："我们的头脑都被陆上的军事威胁所填满，但印度的经济发展和国际地位在于我们在南方那些充满麻烦的海域（而非在北方那些起伏的山峦）中塑造环境的能力"，"为了确保印度的持续繁荣和安全，拥有一支能够保卫印度广泛而多样的海洋权益的海军，极其关键"。[③]

正是在他们的极力鼓吹下，在冷战结束后的头 10 年间，特别是在印度人民党（BJP）执政期间，印度海军建设得到显著加快：1989 年至 1990 年间印度海军经费上升至国防总经费的 13.5%，达到历史最高水平。[④] 1990 年印度还宣布了一项为期 25 年的海军现代化计划。经过大力建设，以 2006 年印度舰队大阅兵为标志，印度开始高调宣称其海军已然建成为一支包括航空母

① Ministry of Defence, *Freedom to Use the Seas: India's Maritime Military Strategy*, New Delhi: Integrated Headquarters, 2007, p. 59.

② Amitabh Mattoo, "ASEAN in India's Foreign Policy," in Frédéric Grare, and Amitabh Mattoo, eds., *India and ASEAN: the Politics of India's Look East Policy*, New Delhi: Manohar Publisher, 2001, p. 105.

③ David Scott, "India's 'Grand Strategy' for the Indian Ocean: Mahanian Visions," *Asia-Pacific Review*, p. 98, p. 106.

④ David Scott, "India's 'Grand Strategy' for the Indian Ocean: Mahanian Visions," *Asia-Pacific Review*, p. 104.

舰、潜艇、驱逐舰和护卫舰在内的拥有137艘舰只的世界第四大海军。印度还努力借助其不断壮大的海军力量加大在印度洋海上的扩张步伐：冷战结束后，印度不断寻求加强与毛里求斯、马达加斯加、马尔代夫、塞舌尔等印度洋小国或地区的所谓“安全合作”关系，印度海军和海岸警卫队在上述地区建立监听站、港口等军用设施，并通过提供海上监视、海道测量、海军训练、海上军事设备及修理等方式，在“维护印度洋安全”的掩护下加大对印度洋小国的控制。印度的战略，用它自己的话说就是，“帮助维持印度洋的和平，符合印度的伙伴和邻国对印度的预期，为印度作为一个地区性大国奠定基础”。[①]

冷战后印度所鼓吹和实施的海洋战略，实质上就是一种彻头彻尾的“马汉式”的海权思想。印度海权论的先驱潘尼迦本人的思想就是对美国海军少将马汉相关表述的生搬硬套，他不厌其烦地引用马汉有关建设海军、争夺海洋和确保海权的论述为自己的观点服务。时至今日，印度的评论家们也不断引用马汉的话来为印度的海洋战略辩护：“谁控制了印度洋谁就统治了亚洲。印度洋是通向世界七大海域的钥匙；21世纪世界的命运将在印度洋上见分晓”。[②] 在他们看来，马汉早在19世纪末所得出的结论现在几乎已经成为一个不证自明的真理，“印度洋在塑造世界秩序中定将发挥更加重要的作用”。而印度“作为国民生产总值超过印度洋沿岸所有国家国民生产总值之和的国家，它未来定将在印度洋扮演主导性角色”。[③] 而在这些学者或政治家的规划当中，印度获得这种主导性角色已经或将要采取的手段，与一个多世纪前马汉所提出的几无二致，即通过占有和控制关键点（或是领土或是

① David Scott, “India’s ‘Grand Strategy’ for the Indian Ocean: Mahanian Visions,” *Asia-Pacific Review*, p. 98.

② Anil Singh, *India’s Security Concerns in the Indian Ocean Region*, New Delhi: Har-Anand Publications, 2003, p. 23.

③ David Scott, “India’s ‘Grand Strategy’ for the Indian Ocean: Mahanian Visions,” *Asia-Pacific Review*, p. 111.

海上通道）实现其海军力量投射，同时尽力排除他国在印度洋的可能存在。值得注意的是，这种对印度洋排他式的独占心理现在几乎已经成为当前印度社会的几大政治共识之一，这从印度媒体近年来对于美俄，特别是中国海军在印度洋活动的歇斯底里式的反应中便可见一斑。

四、大国战略的地理基础

马克思曾把印度比作“亚洲规模的意大利”：“喜马拉雅山相当于阿尔卑斯山，孟加拉平原相当于伦巴第平原，德干高原相当于亚平宁山脉，锡兰岛（即斯里兰卡）相当于西西里岛”。[①]从历史上看，罗马帝国正是因其在欧洲南部和地中海的中心位置而长期称雄西方世界，昔日处于英国殖民统治之下的印度，也正是曾凭其在南亚次大陆及印度洋的中心地位，在大英帝国全球殖民体系，特别是英国本土与香港、海峡殖民地等东方殖民领土的交通联系当中发挥着至为关键的作用。同样看到这一点，包括马汉、麦金德、豪斯霍弗在内的很多地缘政治研究大家都曾以大量的笔触提醒人们印度在全球地缘政治进程中所处的重要地位。

正是充分认识到了自身具有的显要地缘政治价值，印度学者早就开始将地理位置、空间幅员等因素融合到论证谋划印度生存发展等政治目标当中，印度地缘政治思想也因此具有较为久远的发展历史和深厚的理论积淀。特别是在20世纪前半叶争取民族解放的过程当中，部分印度学者力图通过引入西方现代地缘政治的理论、观点、方法，在精神内涵乃至具体观点上修正甘地等人极力主张的以所谓“非暴力”、“和平主义”为主要特色的政治观点，以图为印度民族独立和未来发展提供另外一种方式和途径。例如，印度地缘政治研究的主要奠基者之一潘尼迦就指出，

① 《马克思恩格斯全集》（第九卷），北京：人民出版社1961年版，第143页。

甘地等人热情宣扬的“非暴力”、“和平主义”等所谓“阿育王政治传统”并不是印度传统政治文化的基石。在他看来，作为一种宗教教义的非暴力精神，“早在佛教淡出印度之时便已被印度人民所抛弃”。相反，“印度的神话史诗和历史先贤的伟业，无不在召唤印度人民以更为积极的态度捍卫正义，必要时不惜使用武力”。[①] 而同时代另一位印度学者萨斯特里也格外赞赏印度历史上那些开疆拓土的君王，认为印度未来的民族复兴唯有凭借积极使用民族实力方能实现，绝非在非暴力口号下放弃武力抵抗而单纯指望压迫者的良心发现。[②]

秉持类似的逻辑，印度地缘政治研究者们在表述其政策主张时，几乎全盘继承了现代西方地缘政治理论的进攻性、扩张性、强权政治和沙文主义倾向。这些曾经在帝国主义侵略和暴力压迫下痛苦挣扎的印度学者，现在却希望通过采取类似的手段为印度争取独立、扩张国力乃至最终重现民族辉煌提供理论帮助。为此，这些学者纷纷热衷于利用西方地缘政治的理论方法以精确算计印度的可用实力与其战略目标之间的相互关系，“权力”、“势力范围”、“权势扩张”这些地缘政治乃至现实主义国际关系的概念和术语也因此成为这些学者惯常使用的工具。而凭借地理便利、以足够的国家实力和领土空间增进权势从而实现民族大发展和强国梦想，就成为这些学者学术研究的根本目标。这些学者所秉持的信念，60 余年之后在印度第 12 任总统阿卜杜尔·卡拉姆（A. P. J. Abdul Kalam）的话中再度得到了极为形象的表述：“只有力量方会尊重力量。除非印度兴起于世界，否则无人尊重印度。”[③]

---

① 潘尼迦著：《印度和印度洋：略论海权对印度历史的影响》，第 11 页。

② S. Srikanta Sastri, *Geopolitics of India and Greater India: Study of Pre-war and Post-war Indian Geopolitics*, p. 36.

③ A. P. J. Abdul Kalam, and Arun Tiwari, *Wings of Fire: An Autobiography*, Hyderabad: Universities Press, 1999, p. 122.

但如上文所提及的那样，在印度地缘政治思想的发展过程中，一种源自地理的、深刻的不安全感是一直深蕴其中的一大主线。诚如坦纳姆所言，长期以来印度既存在着基于地理上的安全感和自豪感，同时又怀有强烈的不安全感和危机意识。[①] 实际上早自取得国家独立时起，这种地理上的不安全感便一直在印度政治家和知识分子当中得以延续。特别是当昔日的英国殖民者离开印度时，次大陆有560多个土邦被置于权力真空当中，它们可自由加入印度、巴基斯坦或选择独立，印度面临着彻底分裂的危险。尽管在历经了混乱与战争之后，新生印度的领土边界得到了大致的稳定，但巴基斯坦的独立及两国延续多年的敌对和战争，使得印度所谓的“自然疆界”几乎被破坏殆尽，很多印度政治—知识精英的次大陆统一之梦也遭遇到了严重挫败。在此情况下，一种异常强烈的地理受害者情结在印度建国后的历史中长期占据近乎主流的话语地位，这也正是几十年来次大陆安全形势始终严峻、印巴两国关系一直无法得到彻底缓解的社会心理原因。

如果说印度地区层面的地缘政治思想充分体现出印度政治—知识精英在地理上的不安全感和受害者意识的话，那么印度更高层级的地缘政治思想则体现为一种积极进取的、以实现大国抱负为目标的心理预期。而这种强烈的心理预期，其基础在于对印度地理位置和领土幅员的高度自信，这在独立以来印度政府和知识界几乎所有的政策宣言和文本表述中均得到了充分的体现。在这种说辞当中，印度的地理位置和领土幅员均成为证实其大国命运的自然例证。基于这种说法，仿佛印度无需特别的努力，仅凭借其地理位置和领土幅员就肯定能够实现尼赫

① George K. Tanham, “Indian Strategic Thought: An Interpretive,” in George Tanham, et al., eds., *Securing India: Strategic Thought and Practice in an Emerging Power*, New Delhi: Manohar, 1996, p. 32.

鲁言中“有声有色”的大国地位。[1] 这无疑是传统地缘政治理论地理决定论逻辑的典型体现。基于地理的强烈自负感与同样强烈的地理受害者情结的相互交织，共同构成了印度地缘政治思想的两大思维主线，印度地缘政治思想也因此体现出鲜明的特色，其兴起、演进的过程也因此成为后殖民国家独立后集体心态发展的典型代表之一。

在印度地缘政治思想的演进过程当中，印度的对外战略，或者更确切地说，印度与地区主要国家（特别是与中、巴等所谓“竞争对手”）的关系是研究的重点。而对于全球地缘政治进程的发展、世界格局的走向甚至印度与美、苏（俄）等全球性强国关系等这类地理维度更加宏观的战略性问题，印度学者大多将其作为背景仅在介绍印度地缘政治特点时有所提及，而少有对其特征趋势的深入分析。而当代西方地缘政治研究所极力推崇的、对于一个国家国内社会地缘政治思维的话语分析，特别是对于国内精英—民众等不同阶层地缘政治想象形成及互动的判读和分析，更是十分缺乏。[2] 从这一点上说，印度地缘政治思想，特别是其冷战后的地缘政治思想，依然是传统研究思路在当代的延续，它依然是一种老式的、以强调领土与国家权力关系为主要论证内容的“治国之术”。而当今世界上一些具有重大现实意义并且亟待解决的国际政治和地缘政治问题，如气候变迁、资源匮乏、贫穷与发展等等，大多都在印度地缘政治学者的研究范围之外，尽管印度自身也正是上述全球性问题

---

① 尼赫鲁在论述印度未来国际地位时断言：“印度以它现在所处的地位，是不能在世界上扮演二等角色的。要么就做一个有声有色的大国，要么就销声匿迹，中间地位不能打动我，我也不相信中间地位是可能的。”参见贾瓦哈拉尔·尼赫鲁著：《印度的发现》，第 57 页。

② 当代地缘政治研究的发展及其诉求，可参见葛汉文：《批判地缘政治的发展与地缘政治研究的未来》，载《国际观察》2010 年第 4 期，第 42—48 页；以及葛汉文：《冷战后西方地缘政治研究的进展、问题与启示》，载《国际论坛》2013 年第 3 期，第 1—5 页。

的主要受害国之一。

总的来说，相比较独立后印度所奉行的“和平主义”、“不结盟”对外政策思想，印度地缘政治理论的发展演进是不连续的。由于受到独立后印度官方对外政策表态的压制，印度地缘政治思想在大多数时候，仅仅表现为潜藏在“不结盟”、“和平主义”、“非暴力”等官方对外政策口号下的一种不为人所道的思维方式，尽管这种思维方式在处理国际事务时不断泛出水面，成为印度官方两手政策的重要组成部分，在部分历史时段内甚至对印度对外政策发挥主导性影响。另外，印度地缘政治研究在学科建构上也存在严重问题，虽然从尼赫鲁、潘尼迦时起，地缘政治的概念观点便成为印度政治话语中的常用术语，但大多数印度政治家和学者均将地缘政治作为论证己方政治结论的理论工具，对地缘政治概念观点的精确梳理和细致推断并不多见，罕有全面系统论述印度地缘政治现状及趋势的权威著述出现，更遑论吸收世界上其他国家地缘政治理论优长以进行本土化改造和体系建构的学术努力。坦纳姆在评价印度战略思维时就指出，尽管印度精英长期以来已经发展出一些对外战略的观点，但总的来说，印度在对外战略思维的体系化建构和概念的精确界定上仍存在重大缺陷。[①] 坦纳姆的这一结论应当同样也适用于印度地缘政治思想的发展与现状。

世界上大多数学者和观察家都认为，冷战的结束为包括印度在内的南亚所有国家开启了一个新的开端，同时也为南亚地缘政治格局的发展带来了巨大的影响。印度作为南亚次大陆乃至整个印度洋范围内人口数量最多、领土面积辽阔、经济实力突出、发展潜力最为可观的地区大国，其对外战略的走向更值得引发国际社会的关注。而印度地缘政治思想，作为一种思想渊源深厚、自身特色突出的对外战略思维方式，在可预见的未

① George K. Tanham, *Indian Strategic Thought: An Interpretive Essay*, p. 50.

来也必将继续在印度对外战略决策过程和印度国内社会集体心态演进当中发挥影响。但正如上文中所提到的那样，印度地缘政治研究的发展迫切需要克服其一贯隐含的地理受害者心理、强权政治与沙文主义倾向，采取一种更为宽广的视野与人文关怀，以更加平衡、更加成熟、更加符合时代特点的态度分析理解世界总体政治经济形势的发展变化，唯此方能真正将印度的未来发展与世界的和平繁荣实现有机的统一。

第七节　巴西：安全与发展

历史上一些著名的地缘政治思想家历来不太重视巴西在全球地缘政治中的地位。在众多经典地缘政治论述当中，巴西连同其所在的南美大陆一般都被定义为处在“外新月形地带”的边缘，远离全球地缘政治竞争的中心，对全球地缘政治的演进影响甚微。现代地缘政治学主要奠基人、英国地理学家麦金德在其发表于1904年的《历史的地理枢纽》一文中，只是在论文的结尾略微谈及了南美潜力的开发对于加强美国实力、促进德国战略重心转移可能的推动作用。[①] 尽管巴西的地缘政治地位受到了欧美学界的长期忽视，但作为欧洲文化分支，巴西知识界实际上一向对发轫于19世纪末、20世纪初的现代地缘政治理论抱有极大兴趣：早在20世纪20年代，“德国地缘政治学”（Geopolitik）的主要学术阵地《地缘政治杂志》（Zeitschrift für Geopolitik）就曾刊载过巴西学者埃韦拉尔多·巴克豪斯（Ever-

① 麦金德在其论文《历史的地理枢纽》的结尾写道，“南美洲巨大潜力的开发，可能对这个体系产生决定性的影响。它们可以加强美国的实力，或者在另一方面，如果德国向‘门罗主义’发起挑战而取得成功的话，那么它们就可能使柏林与那个我也许可以称之为枢纽地区相分开。”H. J. Mackinder, “The geographical pivot of history,” *The Geographical Journal*, Vol. 170, No. 4, 2004, p. 313.

ardo Backhauser）有关拉采尔和契伦思想的一篇文章；20 世纪 30 年代，巴西地理学家马里奥·特拉瓦索斯（Mario Travassos）在拉采尔和麦金德等人的思想基础上曾对巴西的地缘政治形态和特点做过阐述。① 但与 20 世纪上半叶欧美等国地缘政治学界流派叠出、精彩纷呈的情形不同，包括巴西在内的南美诸国在这一时期出现的地缘政治表述仍主要以介绍欧美学者的观点为主，并未形成一种成系统的、具有重大学术价值的理论观点，社会、政治影响同样也较为有限。

第二次世界大战结束后这种情况发生了显著的变化。由于“德国地缘政治学”在纳粹德国侵略扩张中所扮演的不光彩角色，在蒙受深重战争灾难的欧美等国，地缘政治研究连同原先一度兴盛的政治地理学也受到牵连，普遍陷入低谷，进而很快销声匿迹，“地缘政治”一词在欧美学术界成了一种不折不扣的“知识禁忌”与“学术毒药”。② 与这种情形形成鲜明反差，由于远离二战主战场，没有直接受到战争的损害，地缘政治研究在南美知识界特别是巴西知识界，却得到了延续和发展。尤其是自 1964 年巴西军政权上台以来，以戈尔贝里·多科多—席尔瓦（Golbery do Couto e Silva）将军和卡洛斯·梅拉—马托斯（Carlos de Meira Mattos）将军为主要代表的一批学者、军人和国务活动家，在吸收 20 世纪上半叶欧美地缘政治思想的基础上，以《地缘政治》（Geopolítica）、《国防》（Defesa Nacional）、《安全与发展》（Segurança

① Leslie W. Hepple, “South American Heartland: the Charcas, Latin American Geopolitics and Global Strategies,” *The Geographical Journal*, Vol. 170, No. 4, 2004, p. 360.

② 例如，在二战结束后的 30 多年时间里，美国没有出版过一本书名中有“地缘政治”这一术语的著作，直至 1977 年约翰·格雷的《核时代的地缘政治》一书中出现了这一术语。Geoff Sloan, “Classical Geopolitical Theory, Does it still Matter?” *Journal of Global Competitiveness*, Vol. 13, No. 1, 2005, p. 103。又如，作为现代地缘政治学发源地及 20 世纪上半叶地缘政治研究最重要学术中心的德国，直至 2002 年才在其外交部网站上刊载了一篇题为《德法关系与地缘政治》的文章。Andreas Behnke, “The Politics of Geopolitik in Post-Cold War Germany,” *Geopolitics*, Vol. 11, No. 3, 2006, p. 397。

e Desenvolvimento）等刊物为学术阵地，围绕巴西的地缘政治形态、国内治理、国际关系、对外战略等问题展开了热烈讨论，提出了一些具有鲜明特点的思想观点，在本国和本地区产生了广泛的学术影响、社会影响和政治影响。20 世纪六七十年代，在巴西军政权的大力支持下，这些学者、军人和国务活动家在地缘政治方面的相关论述，直接参与塑造了巴西国内社会，特别是军政权执政精英阶层对巴西、南美及世界的认识和想象，在冷战时期巴西内外政策的制定和实施当中发挥了极大作用，甚至成为巴西军政权政治意识形态的一部分，对冷战期间南美国际关系和地区局势走向产生了深远影响。

一、敌对与竞争：领土的地缘政治

正如当代地缘政治研究者埃里·卡柯维奇（Arie M. Kacowicz）所说，“早自 19 世纪前 20 年以来，南美地缘政治的基本问题表现为南美新独立国家围绕领土的斗争。对领土的控制与领土调整是南美国际关系的重点，并且将来还是如此。……领土问题是南美地缘政治的实质。”[①] 南美诸国之间以领土控制为直接目的的竞争和冲突由来已久：早在殖民地时期，西班牙殖民主义者便对 17 世纪以来葡萄牙殖民主义者向西和向南的拓殖耿耿于怀，认为后者的活动范围远远超出了 1494 年《托德西利亚斯条约》的规定；而西葡美洲殖民当局为争夺一些重要地区（如拉普拉塔河出海口、“东岸地区”即今乌拉圭、米西奥内斯地区）而引发的军事冲突更是时有发生。[②] 这些历史纷争的直接后果是，南美

① Arie M. Kacowicz, “Geopolitics and Territorial Issues: Relevance for South America,” *Geopolitics*, Vol. 5, No. 1, 2000, p. 81.

② ［英］古德温编：《新编剑桥世界近代史（第 8 卷）：美国革命与法国革命（1763 ~ 1793）》，中国社会科学院世界历史研究所组译，北京：中国社会科学出版社 1999 年版，第 530 页。

诸国在19世纪初摆脱西葡两国殖民统治、实现国家独立的同时，几乎立即就陷入彼此间无休止的领土诉求和边界纠纷中。也正是由于这种原因，南美诸国在其后的一个多世纪里相互矛盾重重，彼此间的领土争议不时被激化，时常发展成为直接战争，其后果往往导致南美政治版图的大改变。在这些领土纷争和军事冲突中，作为积极参与者的巴西一直发挥着特别明显的作用。自殖民地时代一直持续至20世纪初，巴西从东方至西方、从北方至南方对前西班牙殖民帝国及后来西语诸国领土进行渗透和吞并，使其在拓展领土范围的同时，更是成为引发南美诸国（特别是南锥体国家）军事冲突的直接原因之一：1828年巴西与阿根廷的战争直接导致乌拉圭脱离阿根廷而独立，在打击阿根廷的同时，巴西并未放弃并吞乌拉圭（至少是部分领土）的企图；1842年乌拉圭内战中巴西联合乌拉圭和阿根廷反政府力量对阿根廷作战；巴西积极参与了1864—1870年的巴拉圭战争，并最终从巴拉圭获得了部分领土。

在领土争夺激烈、军事冲突频发的历史背景下，欧洲早期地缘政治研究中的一些观点，特别是拉采尔、契伦、豪斯霍弗等人把国家视为一种空间有机体的观点，在巴西知识界找到了适宜生长的土壤。在这一观点中，国家被视为一种根植于土壤、为土壤所塑造、以领土空间为基础和特征的“空间有机体”。同自然生物一样，国家的生存发展也存在“诞生、成长、繁殖，而且成长有时停滞，有时生病，到更高年龄时要经过萎缩，往往不能维持生活，而最后达到死亡”[①] 的过程。在此过程中，国家本身会产生领土饥饿感，只有通过扩展领土、扩大地理范围，国家的智慧力量方能得到解放。因此，领土的获得并对其进行有效的开发，不仅完全合乎国家生存需要，并且也是促进特定民族进步的必然

---

① Mark Bassin, “Politics from Nature,” in John Agnew, Katharyne Mitchell, and Gearóid Ó Tuathail, eds., *A Companion to Political Geography*, Malden: Blackwell Publishers Ltd, 2003, p. 45.

途径。但鉴于地球的土地是有限的，国家之间必然因生存空间问题而产生相互敌对，一个“生机勃勃”的国家将会在这场永恒的空间竞争中获胜：只有“拥有的‘生存空间’越多，这个国家就越有可能获取统治地位”。[①]

这种把国家视作一种有生命的空间有机体，须不断向外扩张、开拓土地空间以求生存发展的观点，受到了巴西地缘政治研究者的热烈响应。在巴西学者看来，南美诸国国际关系的历史演进已经为该地区此起彼伏的领土争夺和军事冲突提供了一种空间动力学上的完美解释。在这种观点的影响下，早在20世纪30年代，巴西地缘政治研究的先驱者特拉瓦索斯就曾仿效拉采尔和契伦的表述方式，把巴西辽阔的边疆地区视为一种“可变的隔膜”和“国家的皮肤”，而绝非巴西固定不变的政治国境。在他看来，巴西的发展必然要求它将更多的领土置于其有效控制之下，这是巴西强化其民族认同从而实现国家健康发展的关键。历史已证明，在葡萄牙殖民主义者于巴西海岸建立首个定居点之后的4个世纪时间里，巴西“向西方的进军”（Marcha para Oeste）便一直是增强巴西国力、打破西班牙语国家对巴西的战略包围的关键。巴西未来的领土扩张方向应沿着东西方向的两条轴线进行，而非仅仅将注意力集中于大西洋海岸线。这两个方向：一是指亚马孙盆地，二是指南美腹地。通过这种方式，巴西就能战胜阿根廷从而实现对拉普拉塔河流域以及巴拉圭、玻利维亚等巴阿之间缓冲国的控制。总之，“纵向的巴西”是巴西实现其“大陆命运”的必经之途。[②]

二战后巴西地缘政治研究的领军人物戈尔贝里与梅拉·马托

---

① Wolfgang Natter, “Geopolitics in Germany, 1919 - 1945: Karl Haushofer and the Zeitschrift für Geopolitik,” in John Agnew, Katharyne Mitchell, and Gearóid Ó Tuathail, eds., *A Companion to Political Geography*, p. 194.

② John Child, “Geopolitical Thinking in Latin America,” *Latin American Research Review*, Vol. 14, No. 2, 1979, p. 90.

斯也将领土空间问题视为巴西当代地缘政治的头等问题。在他们看来，拉采尔和契伦提出的观点不仅为巴西数个世纪以来的领土扩张提供了合法性证明，同时为当代巴西实力增长和国家发展提供了有效的实现途径。他们认为，尽管巴西在有效控制其内陆腹地方面仍存在巨大缺陷，但巴西在过去一个多世纪的领土扩张，已经为其实现大国梦奠定了坚实的空间基础。为此，戈尔贝里提出了将进行国家内部的领土整合、有效利用内部空间作为巴西未来发展必须遵循的地缘政治原则。在他看来，巴西的未来发展和实力增长都有赖于对其南美大陆腹地的开发和有效控制，巴西虽在过去的历史中获得了包括亚马孙河流域在内的南美大陆腹地的大片领土，但除非能对该地区实施有效控制，将其融入国家经济和社会生活中，否则在强敌环视之下，这些地区仍有可能脱离巴西。因此，巴西唯有将其核心地区从其南部大西洋沿岸地区转移至内陆腹地，巴西社会才能形成强烈的国家认同感，并从中获取与其幅员相称的权势力量。[①] 总之，巴西必须遵照的地缘政治原则是，从控制好本国国土着手，进而向南美大陆开拓，按部就班，循序前进，最终发挥世界级的影响。

值得注意的是，对“国家空间有机体”论述的热情拥护以及对领土问题的极端关切绝非是巴西地缘政治研究界的偶然现象。恰恰相反，类似的论述在阿根廷、智利、玻利维亚等国的地缘政治研究中也屡见不鲜，南美知识界最流行的地缘政治话语就是用“空间有机”体的观点解释国家行为、描述国际关系。当代地缘政治研究者约翰·蔡尔德（John Child）指出，二战后南美的地缘政治学者大都接受了下述基本观点：“国家是一个有生命的有机体，在它与其他国家竞争求生存的斗争中，要对地理、政治、

① Ronald A. Foresta, “Amazonia and the Politics of Geopolitics,” *Geographical Review*, Vol. 82, No. 2, 1992, p. 128.

军事、经济、人口统计以及心理等各方面的压力作出反应”。[①] 而与对国家领土扩张的大肆颂扬相反，南美很多地缘政治学者均将在空间斗争中丧失领土视为国家生存和发展的致命伤害。二战后著名拉美地缘政治学者刘易斯·塔布斯（Lewis Tambs）在分析玻利维亚独立后所经历的多次战争，先后丧失位于现今智利北部的安第斯山脉和沿海地区、巴西南部和巴拉圭北部的领土后指出，“在其领土被上千次分割后，玻利维亚正在死亡，但它的领导人却无法阻止国家在领土空间的失血症。”[②] 在他看来，每一个国家的衰变都是其淡忘民族空间概念的结果，这恰恰是独立后上秘鲁（即玻利维亚）领导人的致命失误，正是这种失误导致玻利维亚在领土空间争夺中的屡战屡败，进而沦为南美权势力量对比中的末流国家。

在二战后巴西乃至南美很多国家的地缘政治研究中，对领土空间的大力强调始终贯穿其中。在这些学者看来，他们所处的世界处于一种充满敌对和竞争、由恐惧所支配、以国家争取生存为动力的霍布斯状态中，一个国家除非从领土空间上壮大自己，否则将无法生存发展，更遑论实现“民族的伟大”（grandez）。从这个意义上说，这种思想所反映出的是一种对国际政治的悲观理解，即领土多寡对于一个国家的生存和发展具有关键性的意义，而国家争取领土、扩大空间的方式除了有限的外交手段之外唯有武力和战争。在这场永恒的空间斗争中，国家遵循自助（self-help）原则争夺空间、扩大领土的过程正是国际政治发展演进的基本动力和主要的表现方式。

---

① John Child, “Geopolitical Thinking in Latin America,” *Latin American Research Review*, Vol. 14, No. 2, 1979, p. 89.

② Leslie W. Hepple, “South American Heartland: the Charcas, Latin American Geopolitics and Global Strategies,” *The Geographical Journal*, p. 362.

二、促进内陆开发：发展的地缘政治

在高度重视领土扩张、强调领土规模对于国家生存和发展具有决定性意义的基础上，二战后巴西地缘政治研究的另一大主题在于对领土开发和国内治理问题的论述。拉采尔早就指出，国家只有在它已经对其生存空间进行稳固利用和有效开发的基础上，方能充分证明它对其领土空间的合法权利。在豪斯霍弗看来，国家唯有经常通过显示它对占有空间的利用能力，方能证明其获取更多的生存空间是合理的。在它的空间范围内，富有活力的国家要获得更大的经济主权，而且日益独立于邻国，对这种自主权的拥有才是真正强国的象征。[①]

巴西学者对于拉采尔和豪斯霍弗有关空间利用和领土控制的观点抱有极大兴趣的原因是显而易见的。在巴西广袤的领土上，19 世纪初仅生活着不到 400 万的人口，到 1872 年时不过 1000 万，20 世纪 50 年代其人口总数也仅达到 5000 万左右，且大多数集中于东南部沿海地区，在巴西西部、北部和亚马孙流域的辽阔领土上几乎渺无人烟。稀疏且分布极度失衡的人口加之交通与通信工具的严重滞后，使得巴西也如同其他美洲国家一样，在国家治理问题上存在几乎难以克服的巨大障碍。其结果是，巴西自其独立以来便始终在与国家分裂做斗争，这种分裂既表现为巴西的东南沿海地区与北部和西部内陆腹地在经济、社会发展和人口分布上的悬殊差异，亦表现为巴西国内一直未曾平息的社会分裂和政治动荡：独立之初巴西北部的巴拉那地区有过长达 4 年的动乱，最南部的南里奥格兰德州公然对抗里约热内卢当局达 10 年

---

① Mark Bassin, "Politics from Nature" in John Agnew, Katharyne Mitchell, and Gearóid Ó Tuathail, eds., *A Companion to Political Geography*, p. 17.

之久。[①] 二战结束后，特别是1954年以来，巴西的地区差异、贫富悬殊、迅速推进的工业化进程、人口向工业化都市的高速集中及由此伴随的剧烈的社会转型，已对巴西的国家完整、社会稳定和国民政治认同构成了极严峻的挑战。

为此，巴西的地缘政治研究者都致力于研究能消除这种分裂化趋势的可能途径。巴西地缘政治研究的先驱者之一巴克豪森在把领土面积视为巴西增强国家实力、实现大国梦的至关重要的指标的同时，主张巴西需要大力加强对其所有边疆地区的有效占领和开发，主张以此为手段来"巩固巴西外交之父里奥·布兰科（Rio Branco）男爵通过其艰苦的外交努力为巴西获取的大片领土"。[②] 二战结束后，戈尔贝里等当代巴西地缘政治学者更充分认识到实现巴西各地区经济社会的平衡发展对于巴西的重要意义。在进行历史宏观归纳的基础上，他们指出，北美、非洲、澳大利亚和欧亚大陆的大多数腹地直至19世纪初仍处于当地土著的占有之下。但仅在19世纪的最后10年，这些辽阔的地域便几乎全部被美国、澳大利亚和俄罗斯三国所开发利用。正是对这些广袤地域的控制和利用，为上述三国带来了20世纪的强盛和繁荣。这种历史规律同样也适用于南美：巴西实现未来发展也将建立在开发南美大陆腹地的基础上。戈尔贝里指出，在二战后巴西所面临的诸多重大挑战中，同外部威胁相比，内部威胁更值得关注："巴西今天所面临的困难主要是国内冲突，这种冲突的起因源自巴西各地区在经济社会发展中所不断积蓄的不满、苦难和饥饿。"[③] 由于巴西各地区间存在的巨大裂痕，巴西实际上更像一个

① ［英］古德温编：《新编剑桥世界近代史（第10卷）：欧洲势力的顶峰》，中国社会科学院世界历史研究所组译，北京：中国社会科学出版社1999年版，第902、904页。

② John Child, "Geopolitical Thinking in Latin America," *Latin American Research Review*, p. 90.

③ Leslie W. Hepple, "South American Heartland: the Charcas, Latin American Geopolitics and Global Strategies," *The Geographical Journal*, pp. 363 – 364.

由一系列岛屿和半岛所组成的群岛，其西北部人烟稀少、经济落后的“亚马孙岛”较之“中部核心区”（包括里约热内卢）、“东北部半岛”、中部的“西—中部半岛”和南部的“南方半岛”更值得引起世人关注，这里的广袤领土和丰富资源构成了巴西未来实现大国梦的物质基石。[①] 因此，巴西必须努力实现其国家重心从东南部沿海地区向大陆中心地区的转移，唯有将国内各地区有效地联结在一起、统统融合进国家整体经济和社会生活中，巴西才有可能真正实现国家的“安全与发展”（Seguranca e Desenvolvimento），并在此过程中获取充分的力量和坚定的国家认同。

巴西地缘政治学家有关领土开发和国家发展的构想，在 1960 年巴西迁都巴西利亚时便得到了体现。1964 年巴西军政权上台后，地缘政治学家们的观点更是得到了军政权的大力支持。1966 年，巴西政府开始实施致力于向南美腹地移民和发展当地经济的“亚马孙行动”，在很大程度上体现了地缘政治学家们的建议。在巴西政府的推动下，“亚马孙发展监管局”和“亚马孙发展银行”很快得以建立，亚马孙州的马瑙斯（Manaus）成为自由贸易区，一系列有关加快亚马孙地区经济社会发展的政策纷纷出台，亚马孙地区通向国内其他地区，特别是沿海地区的道路交通状况亦得到了很大程度的改善。1970 年，巴西总统埃米利奥·梅迪西（Emílio Garrastazu Médici）将军创立“国家一体化计划”（National Integration Plan，PIN），准备建设一条以亚马孙河流域城市圣塔伦（Santarém）和伊泰图巴（Itaituba）为中心、通向里奥布兰科（Rio Branco）和库亚巴（Cuiabá）等巴西西南部边陲地区的高速公路网，计划沿这些高速公路网推动发展集约农业，并从人口过剩的巴西东北部地区吸引大量无地农民前往开发。根据这一计划，巴西政府将在 5 年内为 10 万户家庭提供农场，在

① John Child, “Geopolitical Thinking in Latin America,” *Latin American Research Review*, pp. 91－92.

10 年内吸引 100 万户家庭定居和开发。[1] 尽管这一雄心勃勃的计划最终因财政困难和移民过少而被终止，但此举的地缘政治含义还是得到了充分体现：巴西军政府正是试图通过类似的方式，吸引大量移民开发亚马孙地区，确保巴西在当地的主权和对南美大陆腹地的空间控制不会受到挑战，并推动弥合巴西国内各地区在经济和社会发展程度上的巨大裂痕。

巴西地缘政治学家的观点与当时巴西国内的一般看法（即亚马孙地区由于人口稀少、陆路交通不便、距巴西经济中心区距离过于遥远等原因，投资回报预期较低，经济发展前途堪忧，只能作为南部沿海经济中心区的原材料来源等），实际上存在很大的冲突。与此同时，巴西地缘政治家们过多地关注诸如美洲、澳洲、欧亚国家对大陆腹地空间的开发如何明显提高国家实力这样的问题，但却对亚马孙地区实际存在的诸多地理障碍（如河流、气候、山脉、土壤等现实地理状况）考察不足，他们在关注亚马孙地区的丰富资源、开发这些资源的战略意义时，严重低估了地理障碍对于人类经济活动的阻滞效应，缺乏对开发的可行性研究。正是出于上述原因，巴西地缘政治学家们这种充满激情的设想的具体效果差强人意：把亚马孙地区发展成国家经济中心的计划实施后不久，便由于投入过大但收益有限、政府内部争议过多而被部分搁置，很多地区被证明并不适宜进行大规模的农业开发，向亚马孙腹地移民的计划最终亦不了了之。

尽管出现过这样或那样的挫折，但归因于巴西军政权对经济社会发展问题的极大关注，加之在巴西地缘政治学者推动下军政权所实施的诸项政策，1967—1974 年间巴西的经济发展还是取得了辉煌的成绩：巴西国内生产总值实现了翻番，无可争议地成了南美地区政治和经济的领头羊，甚至一度成为全球发展中国家经济发展的楷模。但与地缘政治学者们的规划恰恰相反，巴西经济

---

① Ronald A. Foresta, "Amazonia and the Politics of Geopolitics," *Geographical Review*, p. 130.

的大幅发展并非是建立在对内陆地区的开发和建立一个庞大的国内市场的基础上，而是受益于东南部那些传统定居区的快速工业化、农业现代化以及对外贸易的大幅增长。1968—1973 年，巴西出口总额年增长率平均为 27%，而亚马孙等内陆地区对于这个经济奇迹的贡献却微乎其微：1977 年亚马孙地区 6 个州的人口占巴西总人口的 4.2%，20 世纪与 60 年代相比上升了 0.4%，经济则低于全国平均水平的 60%。[①] 巴西地缘政治学者所设想的把内陆地区如同北美一样改造成国民经济发动机的宏大理想，实际上成效极为有限。

三、确保“国家安全”：意识形态的地缘政治

巴西地缘政治思想的另一特点是其强烈的意识形态色彩。20 世纪 60 年代，随着苏联实力的增强和美国陷入越南战争的泥潭，美苏之间的力量对比出现了重大变化，美苏争霸格局也开始向全球范围扩散。在拉美地区，1959 年古巴革命的胜利对左翼革命运动的复兴产生了极大的激励作用。而拉美国家普遍存在的社会贫富悬殊、土地和财富高度集中、政府腐败盛行、经济依赖外资等社会不公正现象，为革命运动的兴起提供了绝佳土壤，主张实行彻底的结构性变革的激进政党和社会运动在拉美国家的国内政治生活中逐渐占据上风。在巴西，由于对大土地所有制、贫富差距、教育和选举制度、税收体制和国家财政的极度不满，从 20 世纪 60 年代起，越来越多民众的政治立场开始转向激进，巴西共产党和左翼政治力量的活动日益活跃，“革命”几乎成了每个巴西民众政治词汇里的流行用语。

面对这种“令人惊恐不安”的革命前景，主要来自右翼军人政权内部的巴西地缘政治学家把镇压国内反抗运动、平息革命风

---

① Ronald A. Foresta, “Amazonia and the Politics of Geopolitics,” *Geographical Review*, p. 134.

暴视为确保巴西“国家安全”、进而实现国家抱负的首要前提。戈尔贝里把内部威胁放在极其重要的位置。在他看来，“国家有机体自身的政治是有风险的，这种风险不仅来自外部其他有机体，也来自自身机体内不断吞噬机体的‘癌细胞’，如共产主义、革命团体、叛乱分子等等。这些都应予以清除”。梅拉·马托斯也指出，敌人现在来自内部，并非是对我们边界的直接攻击，对巴西直接的威胁应当是国内革命运动。[①] 他们断言，巴西必须在军人领导下制止左翼“颠覆活动”，消除国内叛乱，防止出现所谓的“共产主义独裁政权”，只有这样才能维持政治稳定、实现经济增长从而维护国家安全，而这也正是1964年巴西军队发动政变上台执政的理论托词。以此为依据，军政权对国内革命运动的镇压一直是其施政重点之一。特别是在1967—1974年间，即阿图尔·达科斯塔—席尔瓦（Artur da Costa e Silva）元帅和梅迪西将军任总统期间，巴西军政权大肆镇压国内革命活动和政治异见者，军政权与国内武装反抗力量的暴力斗争也随之不断升级。在军政权的严厉政策面前，至20世纪70年代中期，巴西共产党领导的游击队的武装反抗基本上被血腥镇压了，巴西国内的群众运动也受到严重挫折。

在处理对外关系方面，本着同样的逻辑，巴西地缘政治学者把维系巴西与美国的同盟关系视为抵制“共产主义全球扩张”、实现巴西大国梦的政策支柱。戈尔贝里曾说过，苏联积极发展海军力量对于巴西等身处西方遏制链条之外的国家构成了重大威胁，为此巴西保持与美国之间的亲密关系具有头等重要的意义。在戈尔贝里看来，这种亲密关系并不代表着巴西对美国的从属地位，而是应对“共产主义全球扩张”的必然途径。与此同时，巴西还可通过向美国提供丰富的自然资源、利用其在南美大陆与南大西洋地区关键性的战略位置，为美国对抗“全球共产主义扩

---

① Leslie W. Hepple, “South American Heartland: the Charcas, Latin American Geopolitics and Global Strategies,” *The Geographical Journal*, p. 363.

张”提供帮助，进而为巴西发挥其大国作用提供契机。梅拉·马托斯将军也认为，如果巴西要履行作为南美大陆和世界大国的使命，就必须做到使自己心腹地带一体化、在保卫美洲大陆中发挥应有作用、让美国盟友利用具有战略意义的东北部地区，并且要在维护南大西洋和西非安全中发挥重要作用。[①] 在冷战的大背景下，里奥·布兰科男爵在20世纪初提出的“巴—美特殊关系”，现在又得到了来自意识形态方面的注解：巴西军政权镇压国内革命运动、确保“国家安全”的政策现已成为以美国为主导的自由世界遏制“国际共产主义全球扩张阴谋”的组成部分。正是在这些学者的鼓吹下，20世纪60年代巴西军政权强调所谓的“意识形态边疆”政策，在对外政策上紧密追随美国，把“安全问题”、“反共防共”置于其对外政策的突出位置。正是出于这样的考虑，巴西成了美国镇压拉美革命活动的得力助手：巴西参与了1965年美国镇压多米尼加革命的行动，梅拉·马托斯本人甚至还是拉美部队的指挥官；在巴西和美国的密切配合下，切·格瓦拉（Che Guevara）领导的游击队在玻利维亚遭到严重挫败，格瓦拉本人也最终被俘身亡。

事实上，在20世纪六七十年代，巴西所面对的国内革命活动是小规模的，在军事方面对巴西军政权构成的威胁更是微不足道。在巴西东部阿拉瓜伊纳—托坎廷斯（Araguaia-Tocantins）地区所爆发的民众造反事件中，2万名巴西政府军被部署在该地区对付一支仅由69名军事人员组成的武装。[②] 关于这一点，就连戈尔贝里本人也不得不承认，共产主义对巴西的威胁不是直接的，巴西面对的威胁主要来自当地社会状况。因此，改革而非压制才

① John Child, “Geopolitical Thinking in Latin America,” *Latin American Research Review*, pp. 91 – 92.

② Leslie W. Hepple, “South American Heartland: the Charcas, Latin American Geopolitics and Global Strategies,” *The Geographical Journal*, p. 364.

是解决问题的关键。[1] 尽管如此，二战后在巴西地缘政治学者有意无意的暗示下，地缘政治研究在巴西国内（至少在军政权内部）成功培育出一种过于政治化的地缘政治观。在所谓确保“国家安全”的视角下，这种观点把地区和国内爆发的任何事件的起因统统归之为意识形态的对抗，南美人民应对经济贫困、社会不公、反革命独裁而发起的反抗运动，一概被说成是由莫斯科代理人颠覆各国政权、威胁各国独立地位的“国际共产主义阴谋”，南美在全球地缘政治形态中原先几乎无足轻重的位置最终也被夸大成了全球意识形态大较量的主要战场。在这种观念的暗示下，巴西乃至整个南美地区现实存在的诸多政治、经济和社会问题都被边缘化甚至被刻意掩盖，地缘政治研究也进而成了基本上为右翼军人和政治家所主导的执政权力阶层掩盖国内社会矛盾、维护军政权独裁统治的宣传工具。

四、争夺地区霸权：南美的“心脏地带”

二战后巴西乃至整个南美地缘政治研究界热烈探讨的另一议题是对地区地缘政治形态的分析和判断。与其他南美地缘政治学者一起，巴西学者在历史归纳和地理分析的基础上，结合传统地缘政治理论，特别是麦金德的地缘政治模型，构建出一个独具特点的“南美心脏地带”的观点，并就此进行了大量论证。

有关“心脏地带”（或“枢纽地带”）的提法，最早来自麦金德的构想。1904 年麦金德在其论文《历史的地理枢纽》中，把世界地理划分为三个部分，即“枢纽地带”或“心脏地带”，包括欧亚大陆的中心和北方区域；“内新月地带”，即环绕“枢纽地带”的德国、奥地利、土耳其、印度和中国等区域；“外新月地带”，即被海洋隔离孤立的英国、南非、澳大利亚、美国、

---

① Leslie W. Hepple, "South American Heartland: the Charcas, Latin American Geopolitics and Global Strategies," *The Geographical Journal*, p. 367.

加拿大、日本等国。在世界历史发展中，至少在哥伦布到来之前，来自欧亚大陆“心脏地带”的征服者凭借其优越的机动性不断向“内新月地带”施加军事压力。尽管哥伦布时代极大地阻滞了这一历史进程，但随着时代的变迁，特别是科技的进步，陆地机动性劣于海上机动性的时代已近终结，“心脏地带”可能孕育的强势力量将得到明显增长，它更有可能扩张到欧亚大陆的边缘地带，然后就能动员丰富的大陆资源以挑战海上霸权。一旦如此，一个同时统治海陆的“世界帝国也就在望了”。[①] 在其完成于1914年的著作《民主的理想与现实》中，麦金德更是将他的宏观判断总结为一种三段论式的预言，即“谁控制东欧，谁就统治心脏地带；谁控制心脏地带，谁就统治世界岛；谁统治世界岛，谁就统治世界”。[②]

尽管在麦金德的全球地缘政治模型中，南美与世界政治的“心脏地带”在地理距离上相隔万里，但麦金德的观点还是极大地启发了一些学者对于南美地缘政治形态的思考。特拉瓦索斯早就把亚马孙河盆地视为南美的“心脏地带”，指出了由玻利维亚的科恰班巴（Cochabamba）、苏克雷（Sucre）和圣克鲁斯（Santa Cruz）构成的“神奇三角”在巴西“向西方进军”中的关键作用，主张加强对该地区的控制从而实现巴西的“大陆梦”。[③] 塔布斯也认为，南美存在两大战略区域，即加勒比海盆地和玻利维亚腹地。对南美地缘政治形态，特别是南锥体国家间关系影响最大的直接因素，在于玻利维亚腹地的地理位置、资源和形态，特别是科恰班巴、苏克雷和圣克鲁斯这三个城市所构成的三角地区，是整个南美最重要的战略地区的核心。在这里，横贯南美大

① H. J. Mackinder, “The geographical pivot of history,” *The Geographical Journal*, p. 313.

② ［英］麦金德著：《民主的理想与现实》，武原译，北京：商务印书馆1965年版，第134页。

③ Ronald A. Foresta, “Amazonia and the Politics of Geopolitics,” *Geographical Review*, p. 129.

陆的安第斯山脉被群山所打断，形成了宽广的山间高原，而再向东则突然下降为南美大陆腹心的低地。因此，该地区实际上俯瞰着整个南美大陆。与此同时，这里还是南美诸多大河的发源地，亚马孙从此处流向北部和东部，拉普拉塔河也从此流向南部和东部。该地区在地理上位于南美大陆的中心，资源丰富，气候适宜，它统治着这个大陆两大水系的源头，控制着这个大陆的交通要道，并且免受来自海洋的攻击，因此这一地区发挥着一个枢纽地带所具有的地缘政治特征，该地区是整个南美大陆的“核心地区”或“心脏地带”。

在很多南美学者看来，历史早已证明了这一地区对于南美大陆的极其重要性：早在哥伦布到来之前，该地区就是古印加帝国的一部分。西班牙殖民统治时期，该地区是西班牙上秘鲁（即恰尔卡斯，Charcas）总督辖区驻地，“是西班牙在整个南美权力的神经中枢”。[①] 但随着时代的发展和科技的进步，特别是自西班牙在南美殖民统治全面崩溃、南美各国纷纷独立以来，作为南美“心脏地带”的恰尔卡斯已无法再孕育出可以主导南美地缘政治的强大力量。与此同时，围绕恰尔卡斯的边缘地带的重要性开始日渐上升，这些边缘地带对恰尔卡斯的争夺成了南美诸国 19 世纪和 20 世纪历史发展的主轴，这可以从南美 19 世纪以来一系列国际战争（如阿根廷侵入拉普拉塔河流域、主导巴拉圭与部分玻利维亚，巴西对亚马孙河源头的入侵以及智利在 1879 年太平洋战争中征服玻利维亚入海口等等）中得到充分证实。为此，塔布斯把麦金德的论断加以修改：“控制圣克鲁斯就控制了恰尔卡斯；控制了恰尔卡斯就控制了‘心脏地带’；控制了‘心脏地带’就控制了整个南美大陆”。[②]

---

① Leslie W. Hepple, “South American Heartland: the Charcas, Latin American Geopolitics and Global Strategies,” *The Geographical Journal*, p. 362.

② Leslie W. Hepple, “South American Heartland: the Charcas, Latin American Geopolitics and Global Strategies,” *The Geographical Journal*, p. 362.

受到这种思想的极大鼓励，二战后巴西学者就此展开了热烈讨论。与塔布斯、特拉瓦索斯等人的地域划分不尽重合，戈尔贝里赋予由巴西的马托格罗索（Matto Grosso）、巴拉圭和玻利维亚构成的三角地区以重要地位，并将该地区命名为南美大陆的“焊接区域”（welding zone），认为巴西如若发挥其“命定”的大陆性作用的话，就必须确保这一地区处于巴西的控制之下。[①] 巴伦西亚·维加（Valencia Vega）把这种思想与麦金德的思想进行对比后也认为，玻利维亚作为南美的“心脏地带”，其处于南美十字路口的位置，使其在过去一个多世纪的历史中遭到了其强大邻国的不断攻击，并逐步被肢解，导致它在面对邻国入侵时无力控制这一区域。尽管玻利维亚这一处于南美“心脏地带”的国家自身无法成为南美权势的核心，但那些环绕在其周边的强国（如巴西、阿根廷和智利）如果控制“心脏地带”的话，将肯定成为其获得南美大陆主导权的一个象征。塔布斯在 1965 年指出，随着巴西新首都巴西利亚的建立、巴西移民继续在玻利维亚境内定居以及对亚马孙地区的大力开发，巴西而非阿根廷将最终在这场争夺“心脏地带”、进而称霸南美的竞争中胜出，巴西也将最终获得对这个大陆的主导权。[②]

长期以来，这种把南美内陆腹地视为南美大陆“心脏地带”的观点在南美知识界中拥有一定市场，而 20 世纪 60 年代切·格瓦拉在玻利维亚开展的游击战更成为南美地缘政治学家们证实该地区具有地缘政治核心地位的“铁证”。在他们的极力渲染下，这场来自古巴却在南美腹地燃起的革命大火被描绘成“国际共产主义染指南美‘地缘政治轴心’进而企图统治整个南美大陆的阴谋”。但实际上，这种观点存在很多问题：玻利维亚坎坷崎岖的

① John Child, “Geopolitical Thinking in Latin America,” *Latin American Research Review*, pp. 90 - 91.

② Leslie W. Hepple, “South American Heartland: the Charcas, Latin American Geopolitics and Global Strategies,” *The Geographical Journal*, p. 362.

山地根本无法满足麦金德眼中至关重要的陆地机动性的要求；玻利维亚的自然资源显然难以与巴西的亚马孙地区相提并论；该地区经济社会发展的严重滞后也使它看上去绝难具备孕育出一个地区权势中心的足够潜力。同样地，格瓦拉之所以选择玻利维亚作为革命场所，显然也是因为该地区毗邻多个国家的边界，且远离南美各国的国家权力中心，更便于机动作战和战略转移，而绝非是看中了它“足以影响南美权势分布的潜力”。尽管如此，在南美各国地缘政治学者的鼓吹下，这种以麦金德理论为蓝本、以其标志性的三段论预言而颇为引人注目，但同时也极为牵强的观念长期影响着包括巴西在内的南美各国执政军人的思维方式，对于占据“心脏地带”、实现“大空间”理想进而称霸南美的诱惑，依然在包括巴西在内的南美诸国军政权执政精英的头脑中不断徘徊。

五、中等国家的强国抱负

二战后巴西的地缘政治思想既具有明显的历史传承性，又具有自身突出的特点。就历史传承性而言，二战后巴西学者的主要观点明显受到拉采尔、契伦、麦金德和豪斯霍弗等人思想的提示和启发。欧洲经典地缘政治的诸多理论（如地理决定论、对国家的生物学类比、技术理性、国家中心视角和对国际关系的现实主义理解等等），在二战后巴西地缘政治学家的思想中都得到了不同程度的体现。特别是在论及巴西的地缘政治形态、国际关系和对外战略时，巴西研究者的有关表述鲜明地体现出经典地缘政治思想的基本立场，即国际关系总的看来是一种零和游戏，一国所得肯定是别国所失，国家间的竞争和空间争夺不可避免，在这场永恒的竞争中国家必须自助等等，都与 20 世纪初欧洲经典地缘政治思想存在明显的继承关系。[①] 正是从这种视角出发，二战后巴西地缘政治思想格外关注空间控制（特别是对南美大陆腹地的控制），并认为后者在巴西实现所谓的“大国梦”乃至在南美地缘政治的演进中将发挥决定性作用。因此，尽管巴西地缘政治学家在把经典地缘政治理论模式与巴西及南美地缘政治形态相结合并加以改造方面具有一定可取之处，但他们对地缘政治的理解实际上仍主要因袭于20世纪前期经典理论的思维方式，过于夸大空间和领土的作用，有单一决定论之嫌，基本上没有超脱经典地缘政治研究所固有的理论立场和思想模式，是一种具有强烈攻击性倾向、雄心勃勃的、民族主义的和沙文主义的思想观点，集中体现出二战后巴西军人执政精英对国际政治的现实主义理解。[②]

关注领土开发、实现国内经济社会平衡发展是巴西地缘政治研究最具特色之处。传统的地缘政治研究一般关注全球和地区的地缘政治形态，即国家间的空间增减和权力斗争的关系，历史上除“德国地缘政治学”曾对两次世界大战期间的德国国内领土空间开发态势有所涉及外，于次国家层面的地缘政治关系研究有所欠缺，对国内经济、社会发展的思考则更为有限。但巴西地缘政治研究却有所不同：在建设一个“强大的经济和稳定的国家”的号召下，巴西地缘政治学者高度关注巴西国内经济和社会发展对于巴西的巨大意义。戈尔贝里就将发展一个现代化的经济和完成巴西的地缘政治目标视为一种相辅相成的关系，“安全与发展”也一直是二战后巴西地缘政治思想乃至巴西军政权的一个标志性口号。通过这种方式，国家的军事力量、对外战略和国家经济发

① 在英国学者莱斯利·海普尔（Leslie W. Hepple）看来，与欧洲早期经典地缘政治思想的紧密联系是拉美地缘政治研究最重要的特征之一。Leslie W. Hepple, “Metaphor, Geopolitical Discourse and the Military in South America,” in Trevor J. Barnes, and James S. Duncan, eds., *Writing Worlds: Discourse, Test and Metaphor in the Representation of Landscape*, New York: Routledge, 1998, p. 137.

② Arie M. Kacowicz, “Geopolitics and Territorial Issues: Relevance for South America,” *Geopolitics*, p. 82.

展、国内政治稳定紧密地联系在一起，地缘政治规划成了国家经济社会发展的蓝图，军人的职责（确保国家安全）和政治家的职责（实现国内经济社会发展）也因此融为一体。因此，尽管二战后巴西地缘政治思想有为巴西军政权提供意识形态理论支柱之嫌，并且其提供的政策实施后也基本上没有达到预期的目标，但巴西地缘政治学家勇于从地缘政治视角分析解读国内经济社会问题的做法依然为现代地缘政治研究的发展提供了一个可以借鉴的案例。

二战后巴西的地缘政治思想是1964年到1985年军政府统治期间巴西官方政治意识形态的关键组成部分。[①] 在巴西军队、各级政府行政机构和智囊机构供职的中高级军事和文职官员中，有很多都毕业于1949年创立的高等军事学院（Escola Superior de Guerra），而该学院一直是二战后巴西地缘政治研究的重镇，包括戈尔贝里等人在内，很多巴西学者都曾在这里讲授过地缘政治课程。与此同时，巴西很多地缘政治思想家本身就是巴西军政权的核心人物：戈尔贝里曾担任过巴西国家情报局的主任，也是巴西总统的亲密顾问；巴西军政权上台后第一任总统卡斯特卢·布朗库（Catselo Branco）将军本人就曾撰写过不少地缘政治方面的著作。正是在此类学者兼国务活动家的反复鼓吹之下，通过非法军事政变而上台的所谓“威权”（Bureaucratic-Authoritarian）机构、建立所谓的“民族安全国家”（National Security States）被宣传为一种对抗外来威胁、实现民族抱负、平息国内革命、推动经济发展的合法的和有效的途径。因此，尽管其中不乏合理和客观的成分，但总的来看，二战后巴西地缘政治思想因其所具有的明确政策导向性，主要为现实政治实践提供理论说明的研究方式，忽略甚至刻意掩饰政治矛盾和社会问题，实际上与严谨的学术研究背道而驰，成为巴西军政权维持对内专制、掩盖国内社会矛

① Ronald A. Foresta, “Amazonia and the Politics of Geopolitics,” *Geographical Review*, p. 128.

盾、美化执政合法性，以及实施军事战略和政治强权的理论来源，成为“统治者对平民施加暴力、对社会进行空间控制和导致国家间领土冲突”[①] 的工具。

二战后巴西的地缘政治思想引起了南美其他国家知识界的关注和警惕。例如，在巴西的南美宿敌——阿根廷的地缘政治学者看来，巴西学者有关“边界可变性”的理解、对于发展本国实力、控制南美“心脏地带”、实现大国抱负的热衷，清楚地表现出巴西实行权势扩张、称霸地区的企图和勃勃野心。阿根廷学者不无忧虑地看到，随着20世纪60年代以来巴西经济的高速发展和国家实力的稳步增强，以及地缘政治思想对巴西军政权内外政策影响的急剧增强（尤其是在1969—1974年梅迪西总统任内），巴西将军们越来越倾向于在地区国际关系中发挥其实力优势以彰显国家地位，巴西扩张的压力已不仅指向巴西与阿根廷之间的缓冲国家（如乌拉圭、巴拉圭和玻利维亚等），甚至还直接指向阿根廷的领土，特别是极富战略价值的米西奥内斯（Misiones）地区。[②] 一位秘鲁军官也不无担心地看到，“现在的巴西似乎具有当年美国向西部扩张的势头。在这种压力下，秘鲁离（成为下一个）加利福尼亚已不太遥远”。出于同样原因，委内瑞拉总统拉斐尔·卡尔德拉·罗德里格斯（Rafael Antonio Caldera Rodríguez）也曾设想组织一个西班牙语国家联盟以对付巴西咄咄逼人的扩张态势。[③] 从这个角度看，二战后巴西地缘政治思想并未消弭南美诸国之间（特别是南锥体国家之间）存在的经久敌对（它的目

---

① 伊夫·拉考斯特（Yves Lacoste）语，见 Leslie W. Hepple，“Géopolitiques de Gauche：Yves Lacoste，Hérodote and French Radical Geopolitics，” in Klaus Dodds，and David Atkinson，eds.，*Geopolitical Traditions：A Century of Geopolitical Thought*，London and New York：Routledge，2000，p. 268.

② John Child，“Geopolitical Thinking in Latin America，” *Latin American Research Review*，p. 96.

③ Ronald A. Foresta，“Amazonia and the Politics of Geopolitics，” *Geographical Review*，p. 135.

的也不在于此），反而更进一步加剧了彼此间的猜忌和疑虑。巴西地缘政治学者所提供的确保巴西“安全”的手段，即推动经济发展、实现地区平衡、实现社会稳定从而积蓄国家实力，实际上并未给巴西带来真正的安全，反而严重恶化了它与邻国间的相互关系，使其逐步陷入地区范围的“安全两难”困境中，巴西学者、军人和国务活动家们用地缘政治话语建构出来的一种异常险恶的、国家不扩张便无法生存的国际政治推断，在他们的反复强调和亲自推动下最终成为一个“被证实的预言”。

正是在这种局面下，地缘政治对巴西决策者的吸引力在20世纪70年代末便逐步减弱。特别是在20世纪80年代，随着巴西军政权的倒台，地缘政治思想对巴西国内政治和对外关系的影响更是逐渐消弭。[①] 面对新的国际和国内形势，巴西新一代国务活动家开始逐步放弃传统地缘政治思想中的一些主要原则，在内外政策方面作出不同程度的调整。在对内政策方面，随着国内民主化进程的发展，军人重新返回军营，政府对国内社会运动和不同政见者以“反共防共”、确保“国家安全”为托词的强力压制政策宣告终结，有关内陆开发的诸多激进计划也重新得到修正；在对外关系上，巴西重新重视发展与南美邻国间的关系，力图改善其在南美大陆上的孤立状态，力图以多边外交取代传统的、以巴美同盟为核心的对外政策。1979年，若昂·菲格雷多（João Baptista de Oliveira Figueiredo）总统宣布将拉丁美洲作为巴西处理对外关系的重点地区。次年，他成为继1935年热图利奥·多内列斯瓦加斯（Getúlio Dorneles Vargas）总统后第一位访问南美宿敌阿根廷的巴西总统。随后，菲格雷多先后访问委内瑞拉、巴拉圭和智利，巴西与上述国家间的紧张关系有所缓解。冷战结束后，巴西对外政策更是从强调冲突转向强调国际合作、从传统的

---

① Arie M. Kacowicz, "Geopolitics and Territorial Issues: Relevance for South America," *Geopolitics*, p. 87.

权力政治视角转向多边外交。这种变化的出现不仅体现出巴西国内政治、经济和社会生活所发生的重大转型，更体现出巴西政府在新的国际和国内形势面前所作出的、明显有别于20世纪60年代巴西地缘政治学者思想的总体判断。

在当代的地缘政治研究中，包括巴西在内的南美地缘政治思想是不被重视的。究其原因，一方面是由于二战后南美地缘政治思想兴盛之时，恰值欧美等国地缘政治研究普遍陷入停滞之时，由此导致的思想隔绝，使得大多数南美地缘政治学家并不为国际学术界所认知。而当20世纪80年代以来南美地缘政治研究随南美军政权纷纷倒台而陷入衰退之时，其又与冷战结束前后地缘政治研究的国际性大复兴擦肩而过。另一方面的原因，则是由于受到传统地缘政治思想的严重束缚，除少数观点外，包括巴西在内的南美地缘政治思想在理论创新和学术开拓上均存在一定的局限性，这与几乎同时期法国学者在地缘政治研究领域中高举批判大旗、勇于理论创新的开拓精神形成了较大的反差。

尽管如此，二战后巴西的地缘政治思想依然值得引起当前学术界的充分关注，它实际上集中体现出二战后巴西学者对如下问题的探索和思考，即一个中等国家如何在两强全球对峙的格局下完善领土控制、加强国内治理、增强国家实力、妥善处理对外政策进而实现大国抱负。虽然巴西学者谋划的应对之道存在这样或那样的不足，但他们对于上述问题的宏大思考使得地缘政治思想成了二战后（特别是军政权时期）巴西国家大战略的重要组成部分，充分证明了地缘政治研究较之其他的国际关系理论在宏观的思维模式和政策操作性方面具备巨大优势。关于这一点，戈尔贝里就曾极为精辟地指出："地缘政治真理就像一头豪猪，它并非无所不知，但它能够在琐事中辨析关键之处。这就是地缘政治的力量所在。……说到底，地缘政治能够将复杂的事件统一起来、辨析开来，并据此展开计划和行动。"[1] 在当今这个急剧变动且异常复杂的世界政治经济形势当中，戈尔贝里所言或许正是地缘政治研究依然具有足够的时代迫切性和理论魅力之原因所在。

① Leslie W. Hepple, "South American Heartland: the Charcas, Latin American Geopolitics and Global Strategies," *The Geographical Journal*, p. 366.

第三章　新兴国家的地缘政治思想

作为当前世界政治经济发展中特别值得关注的新兴国家，乌克兰、土耳其、澳大利亚、越南和捷克等国当代地缘政治思想的发展，基于历史道路、政治文化传统、内外部环境和国家发展目标的巨大差异，具有大不相同的表述和取向。以冷战结束前后国际政治格局的大变革和大动荡为背景，地缘政治思想在上述国家的兴起，应当被视为其政治—知识精英本着应对各类复杂挑战、实现国家安全、确保国家发展目的进行的战略筹划过程，集中体现出上述国家当代政治—知识精英对其历史—政治身份、空间环境及国家演进走向的认识与想象，深刻影响了冷战结束后其国内社会集体心态和政治倾向的演进过程，其理论的实践转化亦对所在地区国际政治形势的发展施加了不容忽视的影响。

第一节　乌克兰：分裂国家的地缘政治

从字面上理解，乌克兰意为“边陲之地”[①]。这一名称极为形象地反映出乌克兰民族发展历程中所经历的颇多苦难。在历史上的绝大部分时间里，乌克兰的领土都处于分裂状态当中，分别为不同的帝国所占据，在政治形态上表现为这个或那个帝国的边陲地带：17—18 世纪，乌克兰处于俄罗斯帝国、波兰—立陶宛邦

---

① Stephen Rudnitsky, *Ukraine, the Land and Its People: an Introduction to Its Geography*, New York: Rand McNally, 1918, p. 11.

联（Polish-Lithuanian Commonwealth）和奥斯曼土耳其帝国的统治之下；19 世纪时，俄帝国和奥匈帝国占据着乌克兰的领土；尽管在第一次世界大战结束后的短暂时期里，乌克兰处于原俄罗斯帝国统治下的领土赢得了一小段时间的独立，但稍后不久即作为一个加盟共和国加入苏联，而第聂伯河以西的乌克兰领土则被归并于新独立不久的波兰。第二次世界大战后，随着西乌克兰领土的回归，作为苏联第二大加盟共和国的乌克兰至少在名义上实现了领土的统一。苏联解体和冷战结束后，以 1991 年宣布独立为标志，乌克兰领土部分或全部隶属于异族统治的历史终于宣告结束。

作为一个虽具久远民族文化传承，但在历史上却几乎从未真正独立过的国家，甫经成立的乌克兰在国内治理与对外政策实践方面显然缺乏足够的经验。与冷战后部分学者对乌克兰地缘政治作用的极高期望形成鲜明反差，在独立以来的 20 余年时间里，乌克兰一系列亟待解决的国内外问题丝毫未见缓解的迹象：政治争斗不休，经济发展乏力，社会转型进程艰难，地区离心倾向显著增强。与此同时，由于缺乏明确一贯的外交政策，乌克兰不得不在外部大国的压力下左右徘徊，在一些关系到本国的重大国际事务中进退失据。面对这一异常困难的国内外局势，自 20 世纪 90 年代至今，很多乌克兰学者开始在回顾乌民族发展历程、反思乌民族文化传统、审视乌地缘政治形态的基础上，力图重塑乌民众对于自身及所处世界的理解与想象，他们希望以此作为乌国内治理与对外政策的思想基础，从而为乌克兰民族国家的未来发展提供理论襄助。这些学者的探索与思考，反映出冷战结束后乌克兰国内社会在精神意识方面的巨大转型，同时也反映出乌民众在认识判断自身政治—文化—地理身份上的深刻分歧，形成了一些颇具自身特色的地缘政治话语模式，对当今乌克兰内外政策发挥着日渐显著的影响。

一、乌克兰地缘政治的思想渊源

冷战后乌克兰地缘政治的思想渊源，最早可以追溯至19世纪末、20世纪初部分乌克兰学者的相关论述。在致力于唤醒乌克兰民族精神、争取乌克兰民族解放的进程当中，特别是在第一次世界大战后乌克兰实现民族独立的短暂时期里，以米哈伊洛·赫鲁什维斯基（Mykhailo Hrushevsky）、斯捷潘·鲁德涅斯基（Stepan Rudnitsky）、尤里·利帕（Yuri Lypa）和米哈伊洛·德拉霍曼诺夫（Mykhailo Drahomanov）等人为代表，部分乌克兰学者企图从地缘政治的角度出发，致力于发掘乌民族精神与其领土空间的紧密联系，分析和反思长期被异族（特别是俄罗斯帝国）统治的政治地理根源，从而为乌克兰人民的民族解放斗争、民族国家的构建及其未来发展提供正确的战略指导。

这部分学者关注的重点，在于从地缘政治的角度论证乌克兰实现民族独立的正当性和可能性。乌克兰近现代最出名的政治家和历史学家赫鲁什维斯基早就主张，乌克兰人民作为一个民族实体，早自其与邻近的摩尔多瓦、匈牙利、波兰、白俄罗斯和俄罗斯等民族相分离时，就已经在黑海北部宽广的草原和森林—草原地带定居，这里周边为黑海、喀尔巴阡山脉、高加索山脉南部、波兰的沼泽和森林地带所环绕，形成了一个相对完整、单独成片且具有独特内聚力的地理区域，构成了乌克兰人世代繁衍的民族家园。[①] 历史学家乌米哈伊洛·德拉霍曼诺夫和尤里·利帕也认为，与历史上曾先后统治乌克兰的波兰和俄罗斯帝国相比，乌克兰民族家园具有独特的地缘政治属性："黑海在物质和精神上通

① Oleksandr Saltovsky, "The Geopolitical Component of Ukrainian Nation-Building Thought: First Half of the Twentieth Century," in Oleksandr Derhachov, ed., *Ukrainian Statehood in the Twentieth Century: History and Political Analysis*, Kyiv: Political Thought, 1996, p. 83.

过自北向南的自然水系将乌克兰的领土连接了起来。它连同流向黑海的诸多河流是乌克兰民族古老的、便捷的高速公路，第聂伯河是‘乌克兰的中枢神经’。”正是借助这个巨大水系所构成的网络，“乌克兰最终形成了一个单一习俗、语言和宗教的领土”。与之相比，波兰与俄罗斯实际上具有完全不同的地缘政治属性：“波兰是一个波罗的海而非黑海国家；莫斯科大公国也主要是一个波罗的海和里海国家，只是莫斯科大公国沿顿河方向的扩张使它最终来到黑海。”[①] 从这个角度说，尽管乌克兰民族在很长的时期内处于俄帝国和波兰的统治之下，但乌克兰与这两个国家完全不同的地缘政治属性，为其争取独立的政治诉求提供了无可辩驳的自然与历史证据。

在充分肯定乌克兰独特地缘政治属性的基础上，这部分学者也明确意识到乌在自然地理上存在的巨大缺陷。乌克兰地理学的主要奠基人鲁德涅斯基便认识到，与其他很多早已独立的民族和国家相比，乌克兰在北部、东南部和东部均没有可靠的自然边界。除了其南部濒临的黑海及其向西一度曾经达到的喀尔巴阡山脉之外，乌克兰领土周边明显缺少一些由高山或河流构成的自然疆界。正是由于缺乏地理屏障的保护，在历史的绝大部分时间，“乌克兰的政治边界一直不稳定，其领土也并不完整”，这正是乌民族在历史上极难保持民族的自由独立，相反却不断遭受异族入侵和异族统治的重要原因。[②] 实际上，早在 19 世纪初期时，乌克兰著名诗人叶普根尼·格瑞比昂卡（Yevhen Hrebinka）就曾特别鲜明地表达过类似的思想，“如果有人能够围绕乌克兰设下由海洋和高山组成的封锁线的话，乌克兰就可能会赢得独立；但现在

---

① Oleksandr Saltovsky, “The Geopolitical Component of Ukrainian Nation-Building Thought: First Half of the Twentieth Century,” in Oleksandr Derhachov, ed., *Ukrainian Statehood in the Twentieth Century: History and Political Analysis*, p. 84.

② Stephen Rudnitsky, *Ukraine, the Land and Its People: an Introduction to Its Geography*, p. 220.

她就像一棵路边的柳树，不断地被所有经过的人任意践踏”。[①]

这些学者特别重视俄罗斯对于乌克兰地缘政治形态的塑造与影响。尤里·利帕就指出，由于乌克兰相对不利的地理条件，早自中世纪以来，俄罗斯人便逐步占据了乌克兰的大片领土，但俄罗斯帝国的种种倒行逆施，特别是它一直在乌克兰社会和文化生活中推行的严厉的同化政策，使其从未真正拥有乌克兰。同样的情况不仅发生在俄罗斯人不是主要种族的地区（如波罗的海国家、高加索、中亚等），甚至在西伯利亚和远东这些俄罗斯人占多数的地区也是如此。从这个角度上讲，“俄罗斯近代以来的历史实际上就是俄帝国的中央权威与其统治下不同民族之间越来越残酷的斗争过程”。但特别令人遗憾的是，尽管俄罗斯庞大的幅员早已证明了其严格的中央集权政策在实践上的无效，但这场持续不断的斗争却一直未曾中断，并且每次都以付出越来越多的生命为代价。特别是进入近代以来，随着社会经济和技术的发展，俄罗斯工业中心和通信线路的地理特点，加之俄罗斯帝国政府的治理不善，使得俄帝国分崩离析的可能性进一步加大，分裂已经是俄帝国不可避免的结局：“这只是一个何时和怎样发生、以多少生命为代价的问题。”[②]

但这些学者同时警告，永远不要低估俄罗斯在乌克兰维持统治的决心，也不要低估乌克兰从俄罗斯统治下赢得和维持独立或自治的巨大难度。鲁德涅斯基就指出，那种指望俄罗斯实现了民主化后便会赞同乌克兰独立的想法无疑是极端幼稚的：“鉴于乌克兰极为重要的地缘政治地位，即使是一个已经实现了革新和民主的俄罗斯，它也必将继续推行俄帝国在乌克兰的压迫和同化政

① Oleksandr Saltovsky, “The Geopolitical Component of Ukrainian Nation-Building Thought: First Half of the Twentieth Century,” in Oleksandr Derhachov, ed., *Ukrainian Statehood in the Twentieth Century: History and Political Analysis*, p. 84.

② Oleksandr Saltovsky, “The Geopolitical Component of Ukrainian Nation-Building Thought: First Half of the Twentieth Century,” in Oleksandr Derhachov, ed., *Ukrainian Statehood in the Twentieth Century: History and Political Analysis*, p. 88.

策，这就是乌克兰人民必须尽最大努力永远不要再次被莫斯科奴役的原因。”①

正是意识到此点，这些学者大多都不得不将乌克兰摆脱俄帝国统治、实现民族解放的希望放在争取外来国家的帮助上。为此，他们特别注意探讨外来文化，特别是西方文化在乌克兰民族精神塑造过程当中所发挥的巨大作用。在他们看来，主要由于乌克兰在东西方贸易中关键的地理位置，乌克兰民族精神与外来文化一向具有紧密的关系：希腊文化、拜占庭文化，特别是中世纪晚期之后的西欧文化，都对乌克兰民族精神的形成产生了不可忽视的影响。② 尽管第聂伯河东岸乌克兰与俄罗斯于 1654 年的合并严重损及乌克兰与西欧的传统关系，但西方文化对乌克兰在思想和宗教上的影响却从未曾中断：“乌克兰民族、乌克兰人民的精神，依然向往着西方。”③ 在争取民族解放的斗争当中，乌克兰人民特别是第聂伯河西岸人民与西方文化的紧密关系，将有望为其赢得西方世界的同情和支持，从而为乌克兰摆脱“野蛮文明”数百年的统治和压迫提供帮助；而如果乌克兰能够巧妙地推动实现最大程度的自治甚至独立的话，凭借其优越的地理位置在国际事务中得益的可能性极大。

这些学者颇为感慨地指出，国际关系的逻辑早已证明了地理状况对于一个国家历史命运的重大影响，乌克兰民族的历史和前途也注定要由乌克兰人聚居区域的地理人文性质所决定，但在 19 世纪末、20 世纪初乌克兰争取民族解放的过程中，以及在 20 世

---

① Oleksandr Saltovsky, “The Geopolitical Component of Ukrainian Nation-Building Thought: First Half of the Twentieth Century,” in Oleksandr Derhachov, ed., *Ukrainian Statehood in the Twentieth Century: History and Political Analysis*, p. 89.

② Stephen Rudnitsky, *Ukraine, the Land and Its People: an Introduction to Its Geography*, p. 14.

③ Oleksandr Saltovsky, “The Geopolitical Component of Ukrainian Nation-Building Thought: First Half of the Twentieth Century,” in Oleksandr Derhachov, ed., *Ukrainian Statehood in the Twentieth Century: History and Political Analysis*, p. 91.

纪初乌克兰取得民族独立的短暂时间里，“乌克兰的政治家不仅没能很好地理解乌克兰领土的位置、形态及其作用，甚至也没有一种对乌克兰领土自然地理状态的确切认识。他们没有一个人懂得如何利用乌克兰在欧洲东南部的政治、经济和地理地位为乌克兰服务”。[①] 在他们看来，19 世纪末、20 世纪初乌克兰政治家对于乌地理形态认识的严重不足，已经对乌克兰民族解放和国家发展构成了致命的损害，这一点已经数度被 20 世纪历史所证实。

二、冷战后乌克兰地缘政治研究的国内基础

以 1991 年 8 月乌克兰政府发表的国家独立宣言、正式脱离苏联为标志，乌克兰结束了 337 年与俄罗斯结盟并事实上接受其统治的历史，首度实现了国家的真正独立。在此情势下，如何巩固国家的主权独立和领土完整进而寻求未来发展，已经成为摆在乌学者和政治精英面前的一个迫切的现实问题，对乌克兰民众的民族国家观念及乌当前领土边界现状的研究也因之成为乌当代地缘政治研究的主要内容。[②]

面对独立之初乌克兰国内普遍洋溢的乐观氛围，乌当代学者列昂尼德·什克利亚尔（Leonid Shklyar）异常冷静地评论道，虽然乌克兰在 20 世纪临近结束之时终于实现了民族独立的政治目标，但由于乌克兰长期处于异族的统治之下，缺乏较为成熟的独立民族观念，乌民众和政治精英对于乌克兰民族世代生存繁衍的土地家园及其地缘政治意义显然都不甚了解，对于乌的领土构成

① Oleksandr Saltovsky, “The Geopolitical Component of Ukrainian Nation-Building Thought: First Half of the Twentieth Century,” in Oleksandr Derhachov, ed., *Ukrainian Statehood in the Twentieth Century: History and Political Analysis*, p. 83.

② John O' Loughlin, “Geopolitical Visions of Central Europe,” in M. Pagnini, V. Kolossov, and M. Antonsich, eds., *Europe Between Political Geography and Geopolitics*, *Vol. II*, Rome: Societa Geografica Italiana, 2001, p. 608.

和政治—文化—地理状态同样知之不详。[1] 学者伊戈尔·赫列斯廷（Igor Khrestin）也同样认为，尽管自19世纪末期以来，以赫鲁什维斯基为代表的部分乌克兰学者就开始致力于传播乌克兰民族与其历史家园之间的紧密联系，但长期以来乌克兰民众对于自身民族发展的认识依然极为欠缺，对于自身领土边界也缺乏明确的概念。[2] 这种情况直接导致了当今乌克兰很大一部分民众和族群对乌克兰民族国家的合法性基础缺乏清楚认识，妨碍了在其领土边界范围内建构一个统一的民族国家观念和政治认同，对乌克兰国家的发展造成了直接的损害。

这些学者格外担忧地看到，乌克兰在实现独立后，其继承于苏联加盟共和国的领土远非是一个统一的政治—地理—文化实体，而仅是一幅由乌克兰人、俄罗斯裔、犹太人、白俄罗斯裔、波兰裔、鞑靼人及其他少数族裔定居地所拼接而成的五彩斑斓的地图。他们不无沮丧地发现，在独立以来20余年的发展过程中，乌国内各族群聚集地之间在社会、文化、经济发展和政治认同上存在的巨大裂痕并没有消融的迹象，反而益发加大。根据一项民意调查发现，2008年即乌克兰独立17年后，仍有12.5%的乌克兰公民并没有将乌克兰视为自己的祖国，同时有31.5%的人并不以其乌克兰公民的身份为荣。[3] 在乌克兰东部俄罗斯族聚居区域，特别是在顿涅茨克和克里米亚地区，这一比例则更高。面对这一局面，乌学者维克托·斯捷潘尼科（Victor Stepanenko）指出，尽管在1991年全民公决中有超过90%的乌克兰公民投票赞成独立，但是现在来看，这一结果的出现显然更多地是出自社会和经

① Leonid Shklyar, "The Ethnopolitical Dimension of Statehood," in Oleksandr Derhachov, ed., *Ukrainian Statehood in the Twentieth Century: History and Political Analysis*, p. 343.

② Igor Khrestin, "Constructing a Common Ukrainian Identity: An Empirical Study," *Journal of Undergraduate Research*, Vol. 7, No. 1, 2002, p. 57.

③ Gorshenin Institute, *Annual National Social Research Program: Ukrainian Statehood*, Kyiv: Gorshenin Institute, 2009, pp. 2 – 3.

济考虑，而非争取乌克兰民族独立观念的胜利。[①]

部分乌克兰学者指出，独立后的乌克兰之所以没有能够建构起一个统一的民族国家观念，其根源在于不同地区民众在身份认同上的巨大分歧。乌学者维亚切斯拉夫·尼库林（Vyacheslav Nikulin）借助美国当代著名政治学家塞缪尔·亨廷顿（Samuel P. Huntington）的观点以解释这种现象。与亨廷顿一样，尼库林也看到，几个世纪以来西方文明与东正教文明之间的断层线一直贯穿着乌克兰领土，因此独立后的乌克兰实际上是一个“具有两种文化的、分裂的国家”。[②] 在历史上，乌克兰西部几度归属波兰—立陶宛或奥匈帝国，生活于此的绝大部分西乌克兰人是东仪天主教信徒，讲乌克兰语，具有较强烈的乌克兰民族观念。而东乌克兰人口中的绝大多数信奉东正教，讲俄语，格外关注与俄罗斯在历史、种族和文化上的传统联系。特别是在克里米亚地区，该地区直到1954年前仍是俄罗斯联邦的一部分，只是在1954年为了庆祝俄罗斯与乌克兰合并300周年，赫鲁晓夫方决定将该地区并入乌克兰。出于不同的历史记忆和不同的思考方式，不同地区的乌克兰人在认识判断“自我—他者”、“敌人—伙伴”时往往给出了截然不同的答案：在那些生活在克里米亚和东部俄语区的乌克兰人看来，“乌克兰人是俄罗斯人的兄弟，两者属于共同的家庭”。但那些生活于乌克兰西部，在历史上与波兰、匈牙利和罗马尼亚存在密切联系的乌克兰人，却视自己为欧洲的一部分：“我们原本就属于欧洲。”[③]

在乌克兰地缘政治学者看来，正是这种情况的存在，使得独

---

① Igor Khrestin, “Constructing a Common Ukrainian Identity: An Empirical Study,” *Journal of Undergraduate Research*, pp. 57 – 58.

② Vyacheslav Nikulin, and Nataliya Selyutina, “Geopolitical Orientations of Ukrainian Political Elites and the Electoral Campaign of 2006,” *Perspectives on European Politics and Society*, Vol. 8, No. 4, 2007, p. 544.

③ Olesia Oleshko, “In Search of Ukraine’s Identity,” *The New Presence*, Vol. 12, No. 3, 2009, p. 30.

立后乌克兰不同地区的民众在政治—地理—文化身份上的观念冲突仍在继续，甚至不断激化。乌学者在这方面的忧虑显然不是无的放矢：自独立以来，乌克兰东西地区在历史、文化和心理上的巨大差异一直以政治斗争的形式得以集中显现，乌国内各地区在文化和语言上的分界线大致上就代表了政治上的分界线。早在1994年的总统选举中，持民族主义立场的列昂尼德·克拉夫丘克（Leonid Kravchuk）获得了西部13个州的多数选票，而其对手库奇马则在东部各州获得了支持；在2010年的选举当中，乌克兰中西部民众大多支持橙色革命的主要领导者、著名亲西方政治家尤莉娅·季莫申科（Yulia Timoshenko），乌克兰东部选民则支持来自东部顿涅茨克州的维克多·亚努科维奇（Viktor Yanukovich），而上述这些政治人物在国内治理、经济转型、政治改革等问题上的不同主张也基本反映出乌克兰东西部地区民众在上述问题上政策态度的尖锐对立和互不妥协。正是在这种政治对立长期未有丝毫缓解、地区离心倾向显著增强的局面下，很多乌克兰民众都开始对本民族国家的发展前景持悲观态度。一些学者甚至暗示，依照这种趋势发展下去，赢得独立仅仅20余年的乌克兰，“很快就会分裂成为两个国家”①。

诚如很多乌克兰地缘政治学者所担忧的那样，在独立后的乌克兰，统一的民族国家观念的建构过程仍远未完成，如何融合乌克兰国内各族群及其聚居地之间在政治—文化—心理上的深刻裂痕，从而构筑一个具有足够包容性、兼顾国内各族群历史文化考量的地缘政治想象，（geopolitical imagination）依然是一个迫切需要认真思考的问题。但总的来说，虽然目前绝大多数乌克兰地缘政治学者都对该问题的严重性具有比较深刻的认识，在相关领域中进行了大量的调查研究和案例分析，并得出了一些较具解释力的结论；但总的来说，他们论说的描述性内容多于规范性概念，

① George Friedman, “Geopolitical Journey: Ukraine,” http://www.stratfor.com/weekly/20101129_geopolitcial_journey_part_6_ukraine.

其思想中流露出的悲观论调也远超较具前瞻性和可操作意义的政策主张。从这个角度看，至少在精神内涵和政策主张的实用性上，冷战后乌克兰学者对于乌国内地缘政治的考察与19世纪末、20世纪初那些着力争取民族解放、主张构建统一民族国家的学者形成了较大的反差。

三、融入欧洲：指向西方的地缘政治选择

乌克兰国内地缘政治在地区层面上的严重分裂，直接影响在乌国内社会形成一个统一的地缘政治想象。其结果，则使得不同地区的乌克兰民众、政治家和学者在对自身和外部世界的认识与理解上形成了各自不同的态度，产生了不同的地缘政治倾向，在不同的时期分别对乌克兰国家对外政策的决策与实施过程产生强大的影响，这正是乌克兰对外政策长期以来在不同的战略方向上摇摆不定的主要原因。这一点，诚如当代地缘政治学者保罗·丹尼拉（Paul D' Anieri）所言，“乌克兰的国家认同依然没有塑造成形，分歧严重，而对外政策就是国家认同危机一个突出的表现领域。”①

对于乌克兰中西部民众和学者而言，他们对于加入欧盟进而融入欧洲的热情是无需置疑的。早在1993年，便有学者在首都基辅最有名的报纸发表了一篇名为《我们都是欧洲人》的文章。文章中特别引用了法国历史学家阿兰·贝桑松（Alain Besancon）的话：“从历史上看，在十六七世纪一般存在三个欧洲：第一个是较为富裕的欧洲，它从马德里经伦敦、巴黎、罗马、柏林延伸到维也纳；第二个是较为贫困的欧洲，它包括波兰、波罗的海、乌克兰和白俄罗斯，在这个时期，瑞典和匈牙利也是这个欧洲的一部分；第三个欧洲是俄罗斯帝国，它更为贫困，在地理上更为

---

① Eric A. Miller, “The Changing Face of Eurasia: Russian and Ukrainian Foreign Policy in Transition,” *Comparative Strategy*, Vol. 22, No. 4, 2003, p. 382.

偏僻，在文明发展程度上则更为野蛮。”① 此文章发表后，立刻引发了广泛的社会反响，很多乌民众都据此作为乌克兰属于西方世界、完全不同于俄罗斯的历史证据。

冷战后很多乌克兰学者还着力探寻乌在历史上与其他欧洲国家特别是波兰的紧密联系，借此强调乌克兰具有的欧洲属性。赫鲁什维斯基早就指出，西欧文化对乌克兰所发挥的巨大影响“最早在加利西亚—沃里尼亚王国（Kingdom of Galicia Volhynia）时代就已经开始了，并在波兰统治乌克兰的时期里得到了加强。正是在这个时期，意大利、法国和德国的社会文化和生活方式经由波兰对乌克兰的统治，深刻地渗入到乌克兰的民族精神当中”。② 与赫鲁什维斯基的观点一脉相承，很多当代乌克兰学者都将波兰—立陶宛邦联统治乌克兰的历史，视为波兰等欧洲国家的文化在乌克兰民族精神和社会文化上打下深刻烙印的过程，认为早自那个时候开始，“乌克兰归属欧洲的观念就被一代又一代乌克兰人所传承和牢记”。③ 这部分学者还特别强调乌克兰在地理上所具有的无可辩驳的欧洲特性，他们频繁引用 1911 年维也纳地理学会关于欧洲地理中心的有关决议，该决议确认欧洲的中心位置处于西乌克兰境内。这些学者争辩道，既然土耳其、摩洛哥此类在地理上明显不属于欧洲的国家都在力争加入欧盟，在地理归属上毫无任何争议的乌克兰，重回欧洲大家庭具有不容置疑的现实理由。④

部分归因于上述思想的推动，独立后的乌克兰积极谋求发展

---

① John O' Loughlin, "Geopolitical Visions of Central Europe," in M. Pagnini, V. Kolossov, and M. Antonsich, eds., *Europe Between Political Geography and Geopolitics*, *Vol. II*, p. 608.

② Oleksandr Saltovsky, "The Geopolitical Component of Ukrainian Nation-Building Thought: First Half of the Twentieth Century," in Oleksandr Derhachov, ed., *Ukrainian Statehood in the Twentieth Century: History and Political Analysis*, p. 86.

③ Olesia Oleshko, "In Search of Ukraine's Identity," *The New Presence*, p. 30.

④ Kataryna Wolczuk, "Integration without Europeanization: Ukraine and its Policy towards the European Union," *EUI Working Paper RSCAS No. 2004/15*, p. 6.

与欧洲国家的关系，将寻求加入欧盟作为其外交政策的主要目标之一。1994 年，乌克兰作为第一个独联体成员国与欧盟签署了合作伙伴关系协定。两年后，时任总统列昂尼德·库奇马（Leonid Kuchma）即宣布将加入欧盟、取得欧盟成员国资格作为乌克兰的“既定选择和战略目标”[①]。1998 年，乌正式提出《乌克兰与欧盟一体化战略》，提出在法律、经济、国家安全、政治民主和环境保护等方面进一步加强与欧盟的合作。在进入 21 世纪后，由于得到一些欧盟新成员国，如波兰、立陶宛和捷克此类在历史上与乌克兰存在广泛联系的国家的支持，同时也在 2004 年橙色革命后上台的维克多·尤先科（Viktor Yushchenko）总统的全力推动下，乌克兰入盟进程明显加快：乌与欧盟签订了“欧盟—乌克兰行动计划”，希望尽快满足欧盟提出的社会经济和政治条件，争取在 2008 年前加入欧盟。2010 年普遍被认为亲俄的亚努科维奇总统就职后，在不到一周的时间里就访问了布鲁塞尔欧盟总部，表示欧洲依然是乌克兰外交的优先方向，乌克兰将继续进行政治和经济改革进程以达到欧盟的标准。经大力推动，2014 年乌克兰与欧盟签订了《联系国和自由贸易协定》，入盟进程取得重大进展。与早期主要受到中西部地区民众大力支持不同，加入欧盟现已得到乌克兰多数政治精英和民众的赞同，取得欧盟成员国资格已经成为乌克兰外交政策的首要任务。

尽管如此，乌克兰由于在国内政治民主化程度、社会转型进程、经济市场化程度、人民生活水平、人权保障程度等方面长期饱受欧盟各国指责，同时亦难以在较短时间内完成欧盟提出的近乎苛刻的政治经济改革标准，乌入盟进程屡受挫折。特别是近年来，乌克兰反对派领袖和前总理季莫申科被控告及最后宣判入狱一事，严重恶化了乌克兰与欧盟各成员国（如德国、捷克和英国）之间的关系，几乎所有的欧洲国家领导人都借此抵制出席在

---

① Kataryna Wolczuk, “Integration without Europeanization: Ukraine and its Policy towards the European Union,” *EUI Working Paper RSCAS No. 2004/15*, p. 6.

基辅举行的2012年欧洲杯决赛及随后的闭幕式。在乌国内普遍的失望氛围当中，乌克兰时任总统亚努科维奇回应说："这些举动把我们从欧洲推开。……如果欧洲不把我们视为欧洲的一部分，我们就在乌克兰重建一个欧洲。"①

与此同时，乌克兰长期以来力争尽快加入欧盟的政策，在乌国内也并非毫无争议。根据2008年一项民意调查发现，有39.7%的乌克兰民众支持立即加入欧盟，而反对者占22.5%，另有38%的人没有明确态度。② 特别是那些居住在乌克兰东部的不少民众和部分政治精英认为，那种要求加速进行政治经济改革、尽快满足入盟标准的政策，完全是西方诡计的产物。从宏观上讲，此举的目的在于通过将乌克兰推向西方国家，彻底割裂乌与俄罗斯之间的历史性联系，使两个兄弟民族相互对立敌视；从微观上讲，则是西方资本主义强国在自由市场旗号下，利用比较优势扼杀乌克兰东部重工业，彻底解除乌重工业和军事工业对西方强国的潜在威胁，从而将乌克兰完全纳入其主导之下的政治经济秩序的骗局。一些更为激进的民众，甚至将乌克兰脱离苏联独立建国都视为西方邪恶阴谋的一部分，是"加利西亚分离主义阴谋"的当代延续。③

在对待当前另一大西方国际组织——北大西洋公约组织的问题上，大多数乌克兰学者和政治家更是持谨慎立场。尽管近年来乌克兰与北约的关系有所发展，北约—乌克兰协商委员会得以成立，乌克兰也已成为北约的和平伙伴关系国，但即便是那些对俄罗斯怀抱最大敌意的政治家和学者，都认识到将乌克兰维持国家安全和主权的希望完全放在北约身上是不大现实的。实际上，早

---

① "A Threatened Boycott of Euro 2012 Matches puts Ukraine's President in a Foul Mood," *Times*, June 25, 2012, p. 12.

② Gorshenin Institute, *Annual National Social Research Program "Ukrainian Statehood,"* 2008, pp. 11 - 12.

③ Olexiy Haran, "Between Russia and the West: Prospects for Ukrainian Foreign Policy Choices," *Journal of Strategic Studies*, Vol. 21, No. 4, 1998, p. 6.

在20世纪上半叶乌克兰争取民族解放之时，乌历史学家维亚切斯拉夫·利平斯基（Vyacheslav Lypynsky）就曾一针见血地指出，鉴于乌广袤的领土、不小的人口基数、丰富的自然资源和庞大的工业潜力，乌克兰在欧洲东南部具有无与伦比的、足以颠覆欧洲权力平衡的战略价值，因此“在欧洲没有人想要一个强大的乌克兰国家。相反有许多欧洲强国实际上对一个没有或者是尽可能弱小的乌克兰的欧洲感兴趣。这是为什么我们不能将恢复民族传统、实现独立建国的希望寄托在接受外来帮助上的原因。……外部强国充其量只会帮助乌克兰成为欧洲和俄罗斯之间的缓冲国”。①

出于同样的思路，尽管北约被普遍视为一个具有庞大军事力量和在欧洲有强大影响力的国际组织，但冷战后乌克兰地缘政治学者对加入北约是否能够维护乌克兰的国家安全，特别是对此举必将引发的俄罗斯军事和政治压力表示担忧。与此同时，他们对北约在应对恐怖主义和跨国犯罪时的表现也不无忧虑，唯恐成为北约成员国后会招致全球恐怖主义的威胁。例如，来自乌克兰东部地区的学者和政治人物、乌社会党领导人亚历山大·莫罗兹（Alexander Moroz）就指出，乌克兰不应加入任何军事同盟，而北约东扩也完全是个错误。在新的安全挑战面前，有必要建立一个新的国际结构以确保欧洲的安全。他还重点提及一些较为现实的考虑以论证他的观点，如：加入北约并不会使乌克兰自动加入欧盟；乌克兰军队达到北约标准需要花费3200万美元的高昂代价等等。而另一些激进的学者更表示，北约是一个强有力的、野心勃勃的政治集团，是一个反俄的军事联盟，乌克兰加入北约将会引起一系列负面的后果，如本国国防工业面临垮台、国防费用陡然剧增、先进国防技术和技术人员大量流失以及军事贸易严重

---

① Oleksandr Saltovsky, “The Geopolitical Component of Ukrainian Nation-Building Thought: First Half of the Twentieth Century,” in Oleksandr Derhachov, ed., *Ukrainian Statehood in the Twentieth Century: History and Political Analysis*, pp. 90 – 91.

受损等等。不仅如此，乌克兰加入北约还被认为有进一步增加国际冲突的可能性，并对乌俄关系造成毁灭性影响。[①] 相关的民意调查也显示，有 43.6% 的乌克兰民众认为乌不应加入北约，赞同者仅为 19.2%，另有 38% 的人没有明确态度。[②] 在此问题上，乌国内地区差异同样有所体现，克里米亚等东乌克兰地区的被调查者大多将北约视为一个“具有进攻性的武装军事集团”；而过半数的中西部乌克兰被调查者，一般都对北约怀有一定程度上的好感，将其视为一个具有防御性质的西方国家联盟体系，而加入北约还可能意味着对乌融入欧洲政策有所助益。[③]

四、俄罗斯：地缘政治机遇还是地缘政治难题

作为乌克兰民族发展历史中无法回避的一部分，俄罗斯在冷战后乌克兰地缘政治话语中占据着显要的位置。在结束了长达数百年与俄罗斯结盟，并在事实上接受其统治的历史之后，对乌俄关系的现状及未来发展的描述或预测成为冷战后乌克兰学者特别重视的一个研究领域。

在当今乌克兰，即使是最为激进的乌克兰民族主义者，也并不否认乌克兰维持与俄罗斯联邦关系的必要性。冷战结束至今，绝大多数乌学者存在着这样的共识，即：乌克兰在经济发展上不能失去俄罗斯的帮助，特别是在能源供应方面它不能不高度依赖

---

① Vyacheslav Nikulin, and Nataliya Selyutina, "Geopolitical Orientations of Ukrainian Political Elites and the Electoral Campaign of 2006," *Perspectives on European Politics and Society*, p. 554.

② Gorshenin Institute, *Annual National Social Research Program "Ukrainian Statehood*," pp. 11 – 12.

③ Oleksandr Potekhin, "The NATO-Ukraine Partnership: Problems, Achievements and Perspectives," in Kurt R. Spillmann, Andreas Wenger, and Derek Müller, eds., *Between Russia and the West: Foreign and Security Policy of Independent Ukraine*, New York: Peter Lang, 1999, p. 158.

俄罗斯。[①] 这些学者还警告称，与俄罗斯的反目成仇，极有可能造成俄罗斯族占多数的乌东部和南部地区从乌克兰国内分裂出去。正是意识到此点，乌著名的民族主义者、“讲乌克兰语者联盟”的领导人沃洛德米尔·比利斯科伊（Volodymir Biletskiy）于1996年在乌克兰东部最主要的俄罗斯族聚居区顿涅茨克称，尽管在历史上俄罗斯给乌克兰带来了许多痛苦的回忆，尽管乌克兰是一个完全不同于俄罗斯的“中欧国家”，但他仍然希望乌克兰与俄罗斯发展正常的国家间关系，并打消俄罗斯对乌克兰外交政策的疑虑，“应当将乌克兰之于俄罗斯的地缘政治作用，视为加拿大之于美国一样”。[②]

而乌克兰东部的学者和民众，显然更是格外重视乌克兰与俄罗斯在历史和现实中存在的紧密联系。这部分具有明显的亲东方地缘政治倾向的学者和民众，大多将俄罗斯视为一个兄弟国家、战略伙伴和乌克兰最亲密的邻国。这部分学者尤其反对橙色革命后上台的亲西方政府对乌俄关系的“破坏性政策”，认为这引发了乌俄关系的紧张和地区危机的出现，严重损害了乌国家利益。他们大多支持乌克兰在国际事务中持中立立场，不加入任何军事政治集团，并认为唯有这种状态最能保障乌克兰的主权和安全。这些学者并不完全反对乌克兰与北约进行合作的可能性，但他们主张这种合作必须取决于乌克兰自身国家利益，且不能损害乌克兰与其邻国特别是俄罗斯的关系。在对乌克兰国家发展的未来规划方面，这些学者大多支持进一步发展与俄罗斯、白俄罗斯、哈萨克斯坦等苏联国家的互利关系，在能源、经贸、技术等方面加强彼此合作。这些学者当中最极端的人士甚至坦言，他们最终的

---

① 乌克兰90%的石油需从俄罗斯进口，80%的天然气需从俄罗斯和土库曼斯坦进口。

② John O' Loughlin, "Geopolitical Visions of Central Europe," in M. Pagnini, V. Kolossov, and M. Antonsich, eds., *Europe Between Political Geography and Geopolitics*, *Vol. II*, p. 620.

目标在于组织一个强有力的欧亚联盟，乌克兰应与俄罗斯等国家一道团结起来，以排除美国和北约在欧亚大陆上日益扩大的政治和军事影响。

部分受到这种思想的影响，苏联解体和冷战结束后，乌克兰历届政府大都重视发展与俄罗斯的关系。在历经了独立初期源自债务问题所引发的不快后，乌俄关系于2000年重新步入正轨并逐渐升温。尽管随着2004年橙色革命的爆发和亲西方政治人物的上台，乌俄关系曾出现严重动荡，但2010年大选亲俄人士重新掌握权力后，乌时任俄关系日益改善。乌总统亚努科维奇称，基于共同的历史、文化、语言和信仰，乌克兰对外政策的关键在于恢复和保持与俄联邦的平等和友好关系，俄罗斯是乌克兰主要的邻居和战略伙伴。“毫无疑问，俄罗斯现在是，也一直是乌克兰最重要的地缘政治因素。”① 他还在乌克兰不会加入北约、保证俄语在乌国内地位、延长俄黑海舰队驻乌基地租期以及两国在能源、航空航天、经济等领域开展进一步合作作出了相应承诺。

但正如融入西方政策往往会引发乌克兰东部民众的反感一样，加强与俄罗斯关系的政策建议实际上也引起了那些主要来自乌克兰中西部、具有较为强烈的乌克兰民族主义思想的民众、学者和政治家们的疑虑。正如上文所述的那样，实际上早在19世纪末、20世纪初时乌克兰部分学者便开始致力于描述乌克兰在乌俄结盟后所蒙受的不公正对待，分析乌克兰与俄罗斯在民族性格、地理特点、生活方式和政治形态上的巨大差异，力图以此作为乌克兰要求改善自身待遇，甚至摆脱俄罗斯统治实现民族解放的理论依据。自20世纪90年代实现了国家独立之后，那些具有较为强烈的民族观念和致力于巩固国家主权独立的学者和政治家们，实际上就一直“敏感而恐惧”地关注着俄罗斯任何试图重新恢复苏联的企图。他们特别担心90年代俄罗斯有关加强独联体

① Olesia Oleshko, “In Search of Ukraine's Identity,” *The New Presence*, p. 30.

自身机构建设的建议，认为此举必将严重损及乌克兰的国家主权，使其变成下一个事事均需经过莫斯科的白俄罗斯，结果必将导致“极权主义卷土重来”。[①] 近年来，随着乌克兰独立地位的日益巩固，不少乌克兰学者已经开始承认，至少从目前来看，俄罗斯对乌克兰政策的目的，或许仅仅在于力图恢复俄罗斯在当地的传统影响或对乌施加某种程度的控制，以确保乌不落于其敌对势力（如北约）的控制之下。与此同时，俄罗斯似乎已经对付出巨大代价以重新恢复其历史上一度拥有的庞大帝国失去了兴趣，它甚至不愿再为乌克兰或其他国家承担安全和军事义务。在此情况下，这些学者对于“俄罗斯试图再度吞并乌克兰阴谋”的恐惧方才有所降温。

五、分裂国家的地缘政治

乌克兰在欧亚大陆地缘政治地位之显要，向来得到了诸多地缘政治研究大家的充分肯定。“地缘政治”一词的发明者、瑞典政治学家鲁道夫·契伦和现代地缘政治学的主要奠基人哈尔福德·麦金德在其著述中均提及乌克兰对俄罗斯和欧洲局势的重要影响，一战前后德国著名地缘政治学家弗里德里希·瑙曼也曾着重指出乌克兰在他所筹划的所谓“中欧”（Mitteleuropa）中可能发挥的作用。[②] 苏联解体和冷战结束后，美国当代著名战略学家布热津斯基更是高度关注独立后的乌克兰在欧亚大陆地缘政治中具有的战略意义。他宣称，“没有乌克兰，俄罗斯就不再是一个

① Taras Kuzo, “Slawophiles versus Westernizers: Foreign Policy Orientations in Ukraine,” in Kurt R. Spillmann, Andreas Wenger, and Derek Müller, eds., *Between Russia and the West: Foreign and Security Policy of Independent Ukraine*, New York: Peter Lang, 1999, p. 68.

② Vadym Levandovsky, “Ukraine in Geopolitical Concepts in the First Third of the Twentieth Century,” in Oleksandr Derhachov, ed., *Ukrainian Statehood in the Twentieth Century: History and Political Analysis*, p. 129.

欧亚帝国。……但如果莫斯科重新控制了拥有 5200 万人口、重要资源及黑海出海口的乌克兰，俄罗斯将自然而然重获建立一个跨欧亚强大帝国的资本。”[①] 美国当代地缘政治学者乔治·弗里德曼（George Friedman）也指出，长久以来，乌克兰之于俄罗斯的意义，相当于得克萨斯之于美国，苏格兰之于英国。此地如陷于敌手，则将对上述国家构成现实的威胁。在被俄罗斯统治时，乌克兰将俄罗斯的权力延伸至极难被突破和渗透的喀尔巴阡山脉；但如果乌克兰处于西方强权的影响或控制之下，俄罗斯和白俄罗斯的南部平原至少在地理上无险可守。因此对俄罗斯而言，乌克兰关乎国家的基本安全；而对西方强权来说，乌克兰在遏制乃至击败俄罗斯上也极具价值。[②]

尽管具有显要的地缘政治价值，但乌克兰在其独立后的 20 余年时间里发挥自身战略作用的效应仍是令人怀疑的。独立以来的乌克兰长期受困于其国内政治、经济、社会和地区差异等问题，国家政治认同的塑造仍然远谈不上成功，国内不同地区的民众和学者各具迥然不同的地缘政治想象和指向完全相反的话语倾向，绝大多数政治精英也正是以此为依据进行对外政策的制定与实践，以迎合不同地区普通民众的集体心态或心理预期。正是出于这种原因，独立以来乌克兰的国内治理和对外行为长期摇摆不定，随着掌权政治势力的不同，可能出现截然相反的政策主张。从这一点上看，普通乌克兰人的历史记忆和地缘政治想象，直接影响着乌克兰政策规划、外交实践等“高级政治”问题的萌生和定型过程。在这一过程当中，集中体现出冷战后乌国内社会政治势力、学术精英、社会机构和普通大众在反映、理解和传播地理知识上复杂且微妙的互动反馈。

---

① ［美］兹比格纽·布热津斯基著：《大棋局：美国的首要地位及其地缘战略》，中国国际问题研究所译，上海：上海人民出版社 2006 年版，第 39 页。

② George Friedman, “Geopolitical Journey: Ukraine,” http://www.stratfor.com/weekly/20101129_ geopolitcial_ journey_ part_ 6_ ukraine.

冷战后乌克兰地缘政治思想的最大特色，在于对国内地缘政治问题的敏感关注和精细考察。经典地缘政治研究一般将研究重点放在关注全球层面和地区层面的地缘政治形态的发展演进上，国家之间特别是大国强国之间的空间增减和权势斗争关系是理论考虑的首要内容。在现代地缘政治思想的发展历史上，除了“德国地缘政治学”（Geopolitik）曾对两次世界大战之间德国国内领土空间开发态势有所涉及、二战后巴西地缘政治研究对巴西国内社会和经济发展给予高度重视外，对国家内部各地区之间的地缘政治关系的研究一向有所欠缺，对一个国家国内社会地缘政治想象塑造发展进程的分析考察则更为有限。[①] 而冷战后乌克兰地缘政治研究则有所不同，正是意识到乌克兰独立后异常复杂、危机四伏的国内社会状况，乌学者并没有将其研究重点集中于地区甚至全球地缘政治形态的发展演进上，相反他们将主要精力放在对乌克兰国内各个地区民众历史记忆、集体心态、思想倾向的研读和分析上。在他们的不断努力下，冷战后乌国内地缘政治运行的现有态势和发展趋势都得到了较为细致、较贴合实际的梳理和归纳，为进一步认识理解当代乌国内社会的真实状态提供了不可多得的有益参考，也为当代地缘政治研究提供了一个较为成功的案例，这正是冷战后乌地缘政治思想的长处和优势所在。

然而也正如上文所分析的那样，冷战后乌克兰的地缘政治思想尽管在国内地缘政治存在“区域性分裂”等问题上达成了共识，并对该问题进行了卓有成效的考察分析，但却鲜有一些足以妥善解决或成功弥合国内各地区族群在历史文化心理上巨大裂痕的政策主张。相反，这些来自国内不同地区的学者和政治精英，

---

① 有关德国地缘政治学的介绍，可参见 Wolfgang Natter, “Geopolitics in Germany, 1919 - 1945: Karl Haushofer and the Zeitschrift für Geopolitik,” in John Agnew, Katharyne Mitchell, and Gearóid Ó Tuathail, eds., *A Companion to Political Geography*, Malden: Blackwell Publishers Ltd, 2003, pp. 187 - 203。有关二战后巴西地缘政治研究的介绍，参见葛汉文:《“安全与发展”: 巴西的地缘政治思想（二战结束至20世纪80年代）》，载《拉丁美洲研究》2012 年第 1 期，第 29—38 页。

在分析谋划乌克兰应有的地缘战略和对外政策时，却很多都是从自身的思想立场出发，有意无意地迎合乌部分民众的思想心理，因此所得出的结论也很难称得上中立客观。这一点集中印证了很多秉持后现代主义和批判精神的学者的观点，即在地缘政治研究当中，“并没有纯洁的、无意向的、非时间性、非地点性的研究者存在，没有纯粹的理性，也没有绝对的知识或绝对的信息，人的所有认知都是人基于其预设的观念对世界的一种反映”。[①] 从这个意义上说，地缘政治研究者也不是超然国家、民族、阶级、种族和性别立场之上独立存在的，其理论反映必然受到研究者预设的存在论、世界观和价值取向的强烈影响，无法做到真正客观和严格意义上的价值中立。[②] 这一点在冷战后乌克兰的地缘政治研究当中更是得到了鲜明的体现。

可能也正是在此类地缘政治话语的引导下，当代乌克兰国内社会对于民族和国家发展的思考实际上存在很多问题。有学者评论道，“乌克兰人曾长期渴望独立，但并没有意识到独立所带来的后果”，当前不少乌克兰人虽然已经完全认识到乌国内存在的一系列严重难题，但却似乎并不急于寻求更好的方式措施加强治理、解决自身问题，“他们好像过于注意莫斯科、华沙或布鲁塞尔而不是基辅，最关心的是如何在欧洲和俄罗斯之间进行选择”。[③] 但格外令乌克兰民众矛盾的是，他们目前并不清楚欧盟和俄罗斯谁更需要乌克兰：欧盟目前由于金融危机正处于极度虚弱当中，乌距欧盟提出的政治经济标准也相差甚远，其加入欧盟的

---

① John Agnew, *Geopolitics: Re-visioning World Politics*, London and New York: Routledge, 1998, p. 11.

② Klaus Dodds, *Geopolitics in a Changing World*, Harlow: Longman, 2000, p. 34; Gearóid Ó Tuathail, and Simon Dalby, "Introduction: Rethinking Geopolitics," in Gearóid Ó Tuathail, and Simon Dalby, eds., *Rethinking Geopolitics*, London: Routledge, 1998, pp. 5 – 6; Yves Lacoste, "Rivalries for Territory," in Jacques Lévy, ed., *From Geopolitics to Global Politics: A French Connection*, London: Frank Cass Publishers, 2001, p. 152.

③ George Friedman, "Geopolitical Journey: Ukraine," http://www.stratfor.com/weekly/20101129_geopolitcial_journey_part_6_ukraine.

目标短期内不会得以实现；而俄罗斯似乎也仅仅希望乌克兰不被敌对势力控制，使其不成为自己的一个威胁，但却不愿为其承担更多的安全和经济责任。

近年来乌克兰急剧动荡的政治进程也再度证实了很多乌地缘政治学者的忧虑绝非空穴来风。在2013年11月总统亚努科维奇否决乌克兰与欧盟的协定草案后，主要由亲西方派别组成的政治反对势力开始组织大批民众上街抗议并引发严重动乱，乌国内局势迅速恶化。在社会动荡加剧且难以平息的情况下，2014年2月22日亚努科维奇政权被推翻，乌议会议长图尔奇诺夫宣布代行总统职责，并通缉已离开基辅的亚努科维奇，乌克兰政权实际已为亲西方势力控制。在乌克兰政局急转直下的情况下，俄罗斯迅速介入，乌东部的克里米亚自治共和国被俄军占领，克里米亚在随后举行的全民公投中宣布加入俄罗斯联邦；乌东部的卢甘斯克州和顿涅茨克州也相继被亲俄势力占领，武装势力负责人宣布以上两州脱离乌克兰成立“人民共和国”，并随即与乌克兰政府军发生严重交火，武装冲突绵延至今。时至本书截稿之日，乌克兰国家安全形势，特别是国内安全形势仍无法看到根本好转的趋向，乌步入全面内战乃至最终分裂的可能性依然不能被排除。

尽管随着乌国内一些具有根本意义的地缘政治问题的存在、发酵和不断恶化，乌克兰作为一个完整民族国家的生存和发展现已受到严重威胁，但总的来看，乌克兰凭借其居欧洲第二位的领土面积、价值突出的战略位置、相对丰厚的自然资源，加之已自成体系的工业实力和历史上对地区地缘政治所发挥的重要影响，它未来依然将是欧亚大陆地缘政治格局中一个极为重要的变量。这一点，或许正如乌当代学者奥历克山大·萨尔托夫斯基（Oleksandr Saltovsky）所预计的那样，“乌克兰土地不是一块被上帝所遗弃的地区。它的地缘政治地位和贸易机会，曾使其成为世界上最重要的部分之一。在当今世界，乌克兰的重要地位必定还要继续增强。”①而冷战后乌克兰地缘政治学者所付出的努力，特别是他们对当代乌克兰国内地缘政治的精细描绘，也必将对乌摆脱当前国内困境、巩固民族国家提供难得的理论支撑。

第二节　土耳其：重现历史辉煌

土耳其地处巴尔干半岛、东地中海、黑海、高加索、中亚与中东的交集之处。其地理位置之显要，导致“几乎所有描述土耳其政治的著作，在其标题中无不包含‘东西方之间’、‘桥梁’、‘缓冲区’此类的字眼，似乎非如此绝不足以刻划土耳其地理位置之‘重要’、‘复杂’或‘艰难’”。②也正因为此，土耳其在近现代世界历史上长期位处重大国际斗争的中心，不时卷入国际战事，一向是世界强国权势争夺的焦点。为求在这一极为特殊的地缘政治条件下确保本国的生存发展进而展现民族抱负，早自在亚洲率先掀起民族解放运动、成功建成现代民族国家那个时候起，土耳其历史上诸多著名的学者与国务活动家便从未停止过对于本国国际政治身份、地缘政治定位与应有对外战略的思考。冷战结束后，面对剧烈变动的国际国内政治形势，土耳其当代部分学者、政治家与军人，出于对土现行对外政策的不满，开始将部分地缘政治概念与土耳其历史上一些思想传统相结合，对21世纪的土耳其与西方、俄罗斯、中东、中亚国家的相互关系进行了一系列战略谋划，力图以此作为土耳其当前外交政策的替代品。这

① Oleksandr Saltovsky, “The Geopolitical Component of Ukrainian Nation-Building Thought: First Half of the Twentieth Century,” in Oleksandr Derhachov, ed., *Ukrainian Statehood in the Twentieth Century: History and Political Analysis*, p. 95.

② Lerna K. Yanik, “The Metamorphosis of Metaphors of Vision: ‘Bridging’ Turkey's Location, Role and Identity After the End of the Cold War,” *Geopolitics*, Vol. 14, No. 3, 1999, p. 531.

些学者、政治家与军人的相关思考，形成了一种颇具特色的地缘政治话语体系，深刻地体现出冷战结束后土耳其国内外局势与社会集体心态发生的剧烈变动，对当今土耳其对外战略的制定与实践形成了较大影响。

一、冷战后土耳其地缘政治思想兴起的历史与社会背景

冷战结束后土耳其内外部形势的变化，特别是冷战结束前后出现的一系列极富历史意义的新事态、新趋势，在显著或微妙地改变了土耳其社会整体精神氛围的同时，也为冷战后土耳其地缘政治思想的兴起提供了历史与社会背景。这些事态或趋势包括：

第一，苏联解体对土耳其外部安全环境的重大影响。冷战时期，土耳其是西方阵营遏制苏联链条中的关键一环，在阻止苏联权势南下过程中发挥了重要作用。然而随着苏联的解体和冷战的结束，土外部安全环境开始出现重大变化：昔日对手的消失，使得土耳其北部边界的安全压力锐减，“土耳其数百年来首次从对俄国的恐惧中解脱了出来”①；不仅如此，苏联的解体导致在高加索和中亚地区产生了一大批在语言和种族上与土耳其存在紧密联系的国家，这为冷战后土耳其的对外政策开启了一个新的地缘政治领域，很多土政治家和学者很快就将该地区视为一个“充满机会、土耳其可以在此发挥重要影响的地区”②。与此同时，随着两大超级强国全球争夺态势的突然消失，原先在两极格局下长期压制的地区矛盾骤然升级。冷战结束至今，土耳其所在地区国际政

---

① Suat Kinikliog̃lu, and Valeriy Morkva, “An Anatomy of Turkish-Russian Relations,” *Southeast European and Black Sea Studies*, Vol. 7, No. 4, 2007, p. 534.

② Bülent Aras, and Hakan Fidan, “Turkey and Eurasia: Frontiers of a New Geographic Imagination,” *New Perspectives on Turkey*, Vol. 40, No. 1, 2009, p. 200.

治形势严峻：从科索沃战争、伊拉克战争、俄格冲突到叙利亚内战，土耳其周边各个方向几乎都爆发了武装冲突，而叙利亚、伊朗、巴勒斯坦等周边毗邻国家更是冷战后国际斗争长久以来的焦点。面对这种矛盾纠结、异常复杂的国际与地区形势，不少土耳其学者开始以极大的兴趣重新审视冷战后土外部安全环境出现的新变化和新趋势，以求在这个挑战与机遇并存的时代里维系国家利益、扩大国际影响进而实现大国抱负，从而为土耳其的未来发展提供相应的指导。

第二，土耳其融入欧洲政策取得的成果与挫折。土耳其的亲西方政策由来已久。早自19世纪中期开始，奥斯曼帝国即开始以西方强国为榜样的部分改革，并注意与一个或几个欧洲国家建立同盟关系以抵消外来威胁。1923年现代土耳其共和国成立之后，在开展一系列现代化改革同时，注意发展与英、法等西方国家的关系。特别是在冷战时期，面对来自苏联的威胁，土耳其通过加入北约、经济合作与发展组织、欧洲委员会等西方组织，正式加入西方阵营。时至今日，大多数的土耳其民众，特别是土政治精英都将土耳其视为西方（特别是欧洲）的一部分，“‘欧洲定位观’已经成为当代土耳其政治文化的主流”[①]。出于这种原因，冷战结束后土耳其继续大力推动与西方国家特别是欧盟国家的关系。以1995年土耳其与欧洲联盟（EU）签署关税协定、1999年在赫尔辛基欧盟首脑会议上土耳其正式成为欧盟的候选国以及2005年欧盟启动与土耳其的入盟谈判为标志，寻求加入欧盟成为冷战后土耳其对外政策的主线之一。但近年来，土耳其入盟遭遇巨大挫折：欧盟向土提出的近乎苛刻的加入条件、欧盟部分国家在土入盟问题上的激烈抵制态度，以及欧盟在库尔德、北塞浦路斯土耳其共和国等问题上对土耳其的指责和干涉，不仅严重阻滞了土耳其的入盟进程，使得土入盟前景愈发难测，同时也

---

① 张学昆：《土耳其的欧洲身份认同与入盟问题》，载《欧洲研究》2006年第4期，第46页。

格外加重了土国内一些民众和部分政治精英在土耳其入盟问题上的挫败感。部分土耳其学者开始据此质疑欧盟接纳土政府的诚意，对土政府近乎无条件的亲西方政策提出了强烈的批评，他们纷纷要求精确考量土耳其在入盟问题上的利益得失，对土耳其当前对外政策重点进行恰当的修正。

第三，土耳其国内政治形势出现的巨大变化。冷战结束后，特别是在1999年土被确认为欧盟候选国后，土耳其政府为达到加入欧盟的目标，根据欧盟提出的一系列政治与经济标准在国内展开了相应改革。随着改革的不断深化，处于转型过程中的土耳其国内政治、经济、社会生活发生巨大变化，土耳其国内社会集体心态也出现了前所未有的大分歧与大混乱，越来越多的土耳其人开始对当代土耳其的政治身份（即土耳其到底是一个西方国家还是伊斯兰国家?）与地缘政治角色（即土耳其究竟属于西方还是属于东方?）提出了各种不同的理解。[①] 与此同时，随着土耳其国内民主化进程的不断加快，以往为政治精英与军队集团所垄断的对外政策决策过程也出现新变化：包括商业组织、民众团体、知识分子、智库等在内的土国内各种政治势力开始从不同的视角、不同的政治倾向出发，提出各种对外政策构想，并在土对外政策制定中竞相发挥着影响。

二、土耳其地缘政治思想的思想渊源与当代表现

冷战后土耳其的地缘政治思想实际上并无成体系的地缘政治思想可兹传承，它更多地表现为以地缘政治的思维模式对土耳其自身历史上一些较为有名的政治思想传统进行重新解读和演绎。出于这种原因，尽管在历史上包括哈尔福德·麦金德在内的诸多

① Pinar Bilgin, “A Return to ‘Civilisational Geopolitics’ in the Mediterranean? Changing Geopolitical Images of the European Union and Turkey in the Post-Cold War Era,” *Geopolitics*, Vol. 9, No. 2, 2004, p. 269.

地缘政治思想大师曾经对土耳其在全球地缘政治中的地位给予高度关注①，但对冷战后土耳其地缘政治思想的形成发展发挥重大影响的，却是如"凯末尔主义"（Kemalism）或"欧亚主义"（Eurasianism）这类直接出自土耳其本土或在历史上曾与土耳其存在紧密联系的政治思想传统。

凯末尔主义作为一种现代主义的国家意识形态，主要来自于现代土耳其的缔造者、共和国首任总统穆斯塔法·凯末尔·阿塔图尔克（Mustafa Kemal Atatürk）的思想。在20世纪二三十年代土耳其共和国成立与初步巩固的过程中，凯末尔确立了一个由六大基本原则（即共和主义、民族主义、平民主义、革命主义、世俗主义和国家资本主义）所组成的政治思想体系，将此作为土耳其现代民族国家意识形态的基础。② 在对外政策方面，凯末尔本人在建国之初即宣布放弃原先在奥斯曼帝国政界一度流行的奥斯曼主义、泛伊斯兰主义和泛突厥主义，不主张恢复奥斯曼帝国昔日领土以谋强盛，转而奉行一种审慎、中立和以维持《洛桑和约》后土耳其国家领土现状为目标的政策，与东西方国家同时发展友好关系。自现代土耳其共和国成立以来，凯末尔的政策思想长期主导着土耳其内外政策的制定与实践，但随着第二次世界大战结束后土耳其与西方国家结盟并加入北约后，土耳其的内外政策便开始明显偏离凯末尔当年的畴划："在第二次世界大战及其后出现的超级大国集团所引发的恐惧与孤立的气氛中，凯末尔主义的反帝内涵及中立的概念被放弃了。"③ 冷战结束之后凯末尔主

① 例如，现代地缘政治理论的主要奠基者、英国地理学家麦金德在其名著《民主的理想与现实》中曾高度评价土耳其的地缘政治地位。他甚至将君士坦丁堡（即现伊斯坦布尔）称为"将西方和东方结合在一起，使海洋的自由永远渗入'心脏地带'"的关键地区。见［英］麦金德著：《民主的理想与现实》，武原译，北京：商务印书馆1965年版，第152页。

② Emel Akçali, and Mehmet Perinçek, "Kemalist Eruasianism: An Emerging Geopolitical Discourse in Turkey," *Geopolitics*, Vol. 14, No. 3, 2009, p. 551.

③ Emel Akçali, and Mehmet Perinçek, "Kemalist Eruasianism: An Emerging Geopolitical Discourse in Turkey," *Geopolitics*, pp. 554 – 555.

义所面临的挑战更是全方位的：世俗主义原则因国内政治环境的日趋宽松和伊斯兰政党的空前活跃而受到严重挑战；革命主义原则早随着冷战期间土耳其加入西方阵营而不再为人所提及；经济的中央集权也因近年来土严格执行欧盟标准开展的经济自由化改革而几乎寿终正寝。在此局面下，土耳其国内部分拥护凯末尔主义的学者、政治家以及军队精英开始大力呼吁防止西方政治经济模式对凯末尔主义的侵蚀，重新建立起凯末尔主义在土耳其国内政治以及对外政策中的主导地位。

这些学者、政治家以及军队精英的努力，主要集中在重新理解凯末尔主义的精神实质之上。他们希望重新发掘凯末尔及其他建国先贤对于土耳其民族命运和国家发展的深刻思考，从而对当代土耳其国内政治与对外政策继续发挥有力影响。例如，土耳其当代地缘政治学者埃米尔·阿克恰尔（Emel Akçali）就指出，尽管长期以来土耳其政府将凯末尔主义作为其融入西方政策的理论依据，但深究凯末尔本人的思想发展，那种将凯末尔主义等同于西方化的观点无疑是错误的。尽管凯末尔一直强调现代化对于后进民族发展的重要意义，他本人力主推行的很多改革似乎也都是西方路线的，但凯末尔言中的现代化实质上是指一种具有普世意义的文明发展形态，现代化并不同于西方化。例如，凯末尔在土耳其共和国成立七周年的演讲上就声称：土耳其并没有模仿其他民族，“土耳其既没有美国化也没有西方化，它将成为纯洁的土耳其”[①]。这些学者争辩道，从历史上看，凯末尔主义中的一些基本理念（如世俗主义、性别平等和议会民主）实际上并非是对西方政治理念的刻意模仿，而是源自中亚突厥人与安纳托利亚赫梯人的古老传统，“在这些规范和价值存在之时，大多数欧洲语言

---

① Emel Akçali, and Mehmet Perinçek, “Kemalist Eruasianism: An Emerging Geopolitical Discourse in Turkey,” *Geopolitics*, pp. 554 - 555.

还不存在"[①]，因此不能简单地将凯末尔主义归结为一种西方化的政治规划。

不仅如此，在这些学者看来，凯末尔主义实际上还是一个反帝国主义理论。在凯末尔主义形成发展之时，有关欧洲是威胁土耳其民族统一的天生大敌的观念早已深入人心，而将奥斯曼帝国依种族进行分割并将其大片领土让予基督教人口的《色佛尔条约》更是在土耳其民众的历史记忆中打下了深刻的烙印，因此"尽管凯末尔革命的设计师们仰慕启蒙运动与法国大革命原则，重视现代化对于土耳其民族发展的重要意义，但他们显然更加强调对西方帝国主义的反对立场"。[②] 从这个角度来看，"凯末尔主义者尽管使用了'西化'的政治话语，但在他们心目中，西方形象一直是作为'他者'存在的"[③]。正是通过重新解读凯末尔主义的精神实质，这些学者格外强调凯末尔主义对于西方国家根深蒂固的不信任感，格外强调凯末尔维护土耳其政治与经济主权的坚定决心。

另一个对冷战后土耳其地缘政治思想形成发挥重大作用的，当属"欧亚主义"思想。作为20世纪二三十年代一些为躲避俄国革命而逃至布拉格、柏林与巴黎等地的俄国移民创立的文化—哲学思潮，欧亚主义主要将欧亚视为一个不同于欧洲与亚洲的地理世界，强调俄罗斯与芬兰—乌戈尔人、突厥人和蒙古人等东方民族在历史与文化上的紧密关系，呼吁警惕西方对欧亚各民族文化的侵蚀、加强欧亚各民族的团结从而保持欧亚在政治经济上的独特性质。欧亚主义作为一项政治运动在20世纪30年代末就已宣告消亡，但随着冷战的结束，以俄罗斯当代最为有名的地缘政

① Emel Akçali, and Mehmet Perinçek, "Kemalist Eruasianism: An Emerging Geopolitical Discourse in Turkey," *Geopolitics*, p. 554.

② Emel Akçali, and Mehmet Perinçek, "Kemalist Eruasianism: An Emerging Geopolitical Discourse in Turkey," *Geopolitics*, p. 552.

③ Hasan Kosebalaban, "Turkey's EU Membership: A Clash of Security Cultures," *Middle East Policy*, Vol. 9, No. 2, 2002, p. 134.

治学者亚历山大·杜金（Aleksandr Dugin）为代表，欧亚主义在当代俄罗斯又呈复兴之势，并以其强烈的反西方色彩在俄联邦对外政策中发挥积极的影响。①

冷战后欧亚主义的再度兴起，也引起了当代土耳其学者的充分注意。他们饶有兴趣地发现，欧亚主义中有关欧亚空间存在独特历史文化、要求加强欧亚民族团结以抗衡西方影响的论述，使得人们不能简单地将之等同于大俄罗斯主义。相反，欧亚主义大可同土耳其近代历史上一些曾经盛行的政治思想传统（特别是泛突厥主义）相融合，从而在当代土耳其对外政策中发挥更大的影响。在冷战后很多学者和政治家们的鼓吹之下，“欧亚”概念开始在当代土耳其政治话语中广泛出现，欧亚也进而被理解为一个包括安纳托利亚、巴尔干半岛、高加索部分地区、中亚苏联加盟共和国、俄罗斯的伏尔加河流域乃至阿富汗北部在内的庞大空间区域。② 包括拉马赞·厄兹（Ramazan Ozey）和穆斯塔法·耶尔马兹（Mustafa Yilmaz）等人在内，土耳其当代最有名的地缘政治学者都相信，作为欧亚的“枢纽”或“要塞”，土耳其必将凭借其位于巴尔干半岛、高加索与中东交集之处的关键地理位置，自身独特的文化历史传统及其与该地区广泛分布的“突厥人民”在种族语言上的亲近感，在这个空间区域中赢得广泛尊敬并发挥主导性影响，甚至最终有望推动建立一个地跨欧亚大陆包括土耳其、俄罗斯、中亚诸国和伊朗在内的欧亚国家联盟，进而展现土

---

① 有关欧亚主义与冷战后俄罗斯地缘政治思想的介绍，参见 Mark Bassin, and Konstantin E. Aksenov, “Mackinder and the Heartland Theory in Post-Soviet Geopolitical Discourse,” *Geopolitics*, Vol. 11, No. 1, 2006; Charles Clover, “Dreams of the Eurasian Heartland: the Reemergence of Geopolitics,” *Foreign Affairs*, Vol. 78, No. 2, 1999; Marlène Laruelle, “The Two Faces of Contemporary Eurasianism: An Imperial Version of Russian Nationalism,” *Nationalities Papers*, Vol. 32, No. 1, 2004; 以及葛汉文：《冷战后俄罗斯的地缘政治思想》，载《国际政治研究》2012 年第 2 期，第 125—142 页。

② Anita Sengupta, *Heartlands of Eurasia: The Geopolitics of Political Space*, Lanham: The Rowman & Littlefield Publishing Group, Inc., 2009, p. 156.

耳其的大国抱负。[1] 在他们的热情鼓吹下，作为一种混合了地理、种族与文化内涵的历史概念，欧亚主义在当代土耳其已经发展成为一种直接服务于其大国抱负、相对模糊但却更具鲜明意识形态色彩的政治话语体系。

值得注意的是，以审慎、中立为基本特征的凯末尔主义对外政策，与欧亚主义（以及泛突厥主义、泛伊斯兰主义等）此类明显超越民族国家规划的对外政策构想之间实际上存在巨大的冲突。早在1923年土耳其共和国建立之初，凯末尔便正式宣布土耳其放弃泛突厥主义幻想，以建立巩固以安纳托利亚高原为核心、主体位于小亚细亚以及包括伊斯坦布尔及其周边一小块欧洲领土在内的新型民族国家为根本目标。1927年凯末尔更是宣布，土耳其“既不支持所有穆斯林民族实现联盟，也不支持所有突厥民族的联盟。……保证本民族在自然疆域之内的中立与生存”[2]。从此类表态中可以看出，凯末尔主义中的民族主义原则将土耳其的民族认同和政治认同严格限定在共和国现有疆界之内，否认了泛突厥主义、泛伊斯兰主义等超越现有国家架构的民族观和国家观，这也正是土耳其官方一般不赞成和鼓励政治性的泛突厥主义，尤其是其中的有关“突厥民族统一”观点的主要原因。

尽管如此，随着冷战后土耳其国内外形势的变化，部分不满于土耳其政府亲西方政策的凯末尔主义和社会民主主义者、在经济自由化进程中利益受到严重冲击的工商业者、在政治民主化进程中特权受到限制的土耳其军方精英，以及热切期望在高加索与中亚地区拓展政治经济影响的土耳其右翼宗教势力和极端民族主义分子，开始在“凯末尔主义—欧亚主义”的大旗下形成某些观

---

① Ruben Safrastyan, “The Concept of Eurasia and Turkey's Regional Strategies,” http: //www. globalpolitician. com.

② Hugh Poulton, *Top Hat, Grey Wolf and Crescent: Turkish Nationalism and the Turkish Republic*, New York: New York University Press, 1997, p. 93.

点上的共鸣。在这一过程中，凯末尔主义的反帝内涵为有关警惕抵制西方影响的观点提供了理论基础，而欧亚主义则为土耳其向东方（特别是在中亚和高加索地区）发挥大国影响力指明了方向。通过这种方式，上述两大看似水火不容的思想体系在冷战后土耳其地缘政治思想中得到了某种程度的融合，这部分土耳其学者、政治家和军人力图在“凯末尔主义—欧亚主义”的基础上，通过对土耳其的国内国际环境进行一种新的描述、衡量和评价，以此重新定义土耳其的国际政治身份，从而塑造出诸如“安全—危险”、“同质—差异”等概念，并运用这些概念为其对外政策主张服务。在他们的极力鼓吹下，“凯末尔主义—欧亚主义”也成为一种不同于官方理解的地缘政治话语体系，极大地影响了土耳其国内社会的集体心态与国内政治运作，对土耳其当前对外政策制定与实践产生了相当的作用。

三、对土耳其当前对外政策的批评和筹划

冷战后土耳其部分地缘政治学者最为突出的政策主张，就是对土耳其亲西方政策的猛烈抨击。在他们看来，冷战后土耳其政府所奉行的无条件亲西方政策已经产生了巨大的恶果，土耳其与其西方盟国的政治与经济关系呈现出严重的不对称发展之势：一方面，土耳其为讨好西方国家已经付出了极为沉重的代价。土耳其是第一个也是目前唯一一个非欧盟成员国与欧洲经济联盟（EEU）签署关税协定但却没有任何决策权的国家。正是由于该条约的签订，土国内大批中小型企业因无法与西方企业竞争纷纷破产，土耳其从欧盟成员国的进口额持续增长，在成为欧盟第六大出口目标国的同时，其债务也涨至 58 亿美元，经济状况不断恶化。[①] 但另一方面，尽管欧洲很多学者政治家均承认土耳其的

① Emel Akçali, and Mehmet Perinçek, “Kemalist Eruasianism: An Emerging Geopolitical Discourse in Turkey,” *Geopolitics*, p. 559.

加入对于欧盟发展的重大价值，[①] 然而部分欧洲政治家依然对土耳其加入欧盟并不热心，欧盟也从未对土获得成员国地位有过明确的态度。有“欧洲之父”之称的法国前总统德斯坦（Valéry Giscard d’ Estaing）就曾言称：“土耳其的首都不在欧洲，它人口的95%也在欧洲之外，它不是一个欧洲国家”[②]；而德国总理默克尔也在不久前强调，“土耳其入盟问题是一个末端开口的进程”[③]；另据2005年欧洲一项民意测验结果显示，只有35%的欧洲民众支持土耳其加入欧盟，而反对者则高达52%。[④]

在付出了巨大代价之后，土耳其部分地缘政治学者对于遥遥无期的入盟前景似乎已经耗尽了耐心。他们特别反对土耳其在不是欧盟正式成员的情况下与欧盟签署关税协议，还对欧盟主导的、旨在“打击”土耳其一些关键产业（如农业）的经济改革心怀不满，认为土耳其以经济自由化为目标的改革已经严重损害了土独立的经济体系，削弱了土的经济实力，这与凯末尔主义中的国家资本主义原则存在巨大冲突。另外，欧盟诸如“联邦主义”和“地区主义”等概念也受到他们的指责，他们将此与库尔德分离主义联系起来，将欧盟要求改善库尔德人权状况的要求视为西方帝国主义强权干涉土耳其内政，甚至最终试图重演《色佛尔条约》分裂土耳其的企图。他们坚持认为，欧盟在接纳土入盟问题上从未秉持严肃的态度，欧盟开出政治与经济药方的目的

① 例如，德国学者乌尔丽克·居罗特和安德烈亚·维特指出，土耳其对于欧盟的地缘战略具有无法估量的价值。“通过这一地区地理空间的开放，欧盟可以直接对危机地区（中东、黑海和高加索地区）发挥影响。”见［德］乌尔丽克·居罗特、［德］安德烈亚·维特：《欧洲的新地缘战略》，载《世界经济与政治》2005年第6期，第55页。

② 转引自 Pinar Bilgin, “A Return to ‘Civilisational Geopolitics’ in the Mediterranean? Changing Geopolitical Images of the European Union and Turkey in the Post-Cold War Era,” *Geopolitics*, Vol. 9, No. 2, 2004, p. 271。

③ Emel Akçali, and Mehmet Perinçek, “Kemalist Eruasianism: An Emerging Geopolitical Discourse in Turkey,” *Geopolitics*, p. 559.

④ 转引自李明明：《排斥与包容：土耳其加入欧盟的认同问题》，载《世界经济与政治》2005年第12期，第31页。

并非是为了接纳土耳其，而是力图缩小或转变土耳其一元化的国家结构，改变凯末尔主义长期以来作为土耳其国家意识形态的地位，最终使土沦为西方强国的经济与政治附庸。在这些学者看来，土耳其必须将这种严重损害土国家利益的亲西方政策转变为一种积极有力、基于国内和解基础、在内外政策之间取得平衡的大战略，这远比土获得欧盟成员国资格更为紧迫。

当代土耳其部分地缘政治学者对于土耳其政府亲西方政策的批评，可以被理解是土国内传统政治势力对于土国内政治经济转型的一种抵抗。土耳其依据欧盟标准进行的国内政治经济改革的持续深入，不仅使得传统意义上的民族国家功用（特别是对经济、社会发展的管控能力）面临严重挑战，亦使得长期主导现代土耳其共和国的凯末尔主义意识形态原先不可挑战的权威性受到巨大冲击。这一情势绝非仅出现在土耳其，在冷战结束后世界全球化步伐骤然加速的情况下，传统的现代政治规划（特别是民族国家的经济政治功用）正面临系统性冲击。在后结构主义和新自由主义这些主要源自当代西方社会的流行政治话语那里，民族国家自身甚至都面临被否定的命运。尽管如此，在当代土耳其，以凯末尔主义为代表的现代性政治经济规划依然被广泛信仰。至少是那些持保守立场，支持世俗主义、民族主义与国家经济集权，并大体上对政府的亲西方政策特别是西方化政治经济改革心怀不满的土耳其学者、政治家与军人，在“复兴凯末尔主义”的旗帜下集结起来，凯末尔主义也因此成为这些学者、政治家与军人抵御西方化改革、欧洲政治认同的有力工具。

在批评冷战后土政府无条件亲西方政策的同时，土耳其地缘政治学者还特别注意反思土耳其与俄罗斯的关系，并着力探讨加强与俄罗斯的关系，从而在土对外政策中平衡东西方关系的可能性。长久以来，土耳其与俄罗斯（包括沙皇俄国、苏联）的相互关系就是一个时间悠长、异常复杂、冲突丛生的历史。俄罗斯帝国与奥斯曼帝国的相互敌对由来已久：4 个世纪以来，这两大帝国共交战13次之多，其中最早的战争始于1676年，而最后一次则是1914—1918年的第一次世界大战。[①] 尽管随着苏维埃俄国与现代土耳其共和国的成立，土苏关系曾经历过一段友好发展时期，但第二次世界大战期间土苏两国在黑海海峡通航、土耳其中立政策等问题上矛盾逐步尖锐，1945年苏联宣布废除两国1921年签订的《苏土友好条约》，并对土耳其提出了领土要求。在苏联的压力下，土耳其开始将苏联视为最大的外来威胁和主要的假想敌，并在二战后通过接受马歇尔计划、加入北约、共谋建立巴格达条约组织等，采取了全面倒向西方（特别是美国），以求自保的政策。冷战时期，土耳其向北直接面对苏联，其领土上建有针对苏联的核导弹基地，向南则面对苏联在中东地区的两个伙伴国（叙利亚和伊拉克），是西方资本主义阵营在南欧和中东方向遏制苏联战略链条中的关键一环。

苏联的解体与冷战的结束，为土耳其地缘政治学者反思土俄关系提供了契机。在部分土耳其地缘政治学者看来，早自20世纪20年代开始，包括土耳其、俄罗斯、中国和伊朗在内的欧亚人民就有着相似的反帝国主义斗争经验，这些国家人民相互团结、共同反对西方列强成为了20世纪世界历史中格外重要的部分。尽管在冷战期间，土耳其与苏联长期处于敌对状态，但随着冷战的结束，俄罗斯已经不再是威胁土耳其生存的主要敌人，或许也不再是妨碍土耳其实现大国抱负的障碍。相反，一个力图抵御西方强国经济与政治影响、在西方主导下的全球化进程中极力保持自身文化特性的俄罗斯是值得土耳其人民钦佩的，而这种抵制也正是俄罗斯从苏联瓦解后极度孱弱状态下逐步恢复其经济实

---

① Suat Kiniklioğlu, and Valeriy Morkva，2015年11月24日，俄罗斯1架苏-24战机在执行轰炸叙利亚境内"伊斯兰国"武装的任务时，于土耳其和叙利亚边境被土耳其战机击落，土俄关系骤然紧张，这是土俄数百年敌对的最亲近的一次表现。"An Anatomy of Turkish-Russian Relations," *Southeast European and Black Sea Studies*, Vol. 7, No. 4, 2007, p. 533.

力与自主权力的主要原因。[1] 在此基础上，他们进一步认为，鉴于冷战后土耳其政府无条件亲西方政策所遭遇的极大挫败，土耳其必须着力加强与俄罗斯等欧亚国家的接触，此举不仅可以拓展自身的对外政策回转空间，还可加大土对西方国家的战略价值，反而更有利于实现土耳其的国家利益。部分政策态度更为激进的学者和政治家则走得更远，他们不断提醒土耳其民众早自奥斯曼帝国晚期以来西方国家不断压迫、损害土耳其的历史，极力呼吁加强与俄罗斯等欧亚国家的关系，甚至建立一个政治经济共同体以对抗当代西方的全球霸权。关于这一点，土耳其前国家安全委员会（NSC）秘书长、退役将军通杰尔·克勒奇（Tuncer Kılınç）就曾于2003年公开宣称，"欧盟永远也不会接纳土耳其，土耳其应研究如何加大与新盟友如俄罗斯和伊朗的接触。"[2]

尽管如此，部分土耳其地缘政治学者实际上还是对大力发展与俄罗斯的关系持一定的警惕态度。土当代政治学家真吉兹·坎达尔（Cangiz Candar）就警告称，基于两国在历史与地缘上的紧张关系，土耳其与俄罗斯的关系注定要不同于一般的国家间关系：这两个国家都是既在欧洲，又在亚洲发挥影响。从巴尔干到中国边境，它们在影响力上均存在竞争关系，因此两国关系充满不确定性，"两国之间的利益冲突可以被控制但不可能被消灭"[3]。值得注意的是，这种对俄罗斯的警惕与敌视态度实际上与历史上绝大多数土耳其学者的观点一脉相承。俄罗斯（包括沙皇俄国及其后的苏联）一向就是泛突厥主义者、泛伊斯兰主义者等土耳其超民族主义者言中的大敌。建立一个以撒马尔罕（乌兹别克斯坦城市）为首都、领土从安纳托利亚延伸到中国的大突厥国

---

① Emel Akçali, and Mehmet Perinçek, "Kemalist Eruasianism: An Emerging Geopolitical Discourse in Turkey," *Geopolitics*, pp. 562 – 563.

② Emel Akçali, and Mehmet Perinçek, "Kemalist Eruasianism: An Emerging Geopolitical Discourse in Turkey," *Geopolitics*, p. 562.

③ Cangiz Candar, and Graham E. Fuller, "Grand Geopolitics for a New Turkey," *Mediterranean Quarterly*, Vol. 12, No. 1, 2001, p. 32.

一直是土耳其部分学者民众的梦想，而此举必将以牺牲部分俄罗斯领土作为代价，而由此引发的土俄敌对实属不可避免。正是从这个角度出发，部分土耳其学者满意地看到：冷战结束后俄罗斯已经失去了其“穆斯林突厥帝国”的很大部分疆域，未来还将继续受到北高加索地区（如鞑靼斯坦、巴什基尔等）越来越强烈的自治与独立要求的困扰，甚至在那些“非突厥”的穆斯林国家也在抗拒俄罗斯影响的同时，倾向于将土耳其视为一个友好的、宗教同源的国家。这些学者因此断言：冷战后俄罗斯在与土耳其的地区影响力上的竞争中实际上败下阵来。[①] 而土耳其如果过于强调加强与俄罗斯的关系，甚至进而与欧亚国家建立政治经济同盟关系，可能将引发一系列难以预测的恶果：随着俄罗斯国力的恢复，这个同盟可能将成为俄罗斯谋求恢复其传统的霸权政策的有利工具，届时失去西方支持的土耳其无疑将再次成为俄罗斯全球野心的牺牲品。

冷战后几乎所有的土耳其地缘政治学者均热衷于探讨土耳其与中亚各国建立更为紧密国家间关系的可能前景。随着冷战的结束与苏联的解体，原属苏联的一大批所谓的“突厥共和国”（如哈萨克斯坦、乌兹别克斯坦、吉尔吉斯斯坦、土库曼斯坦、阿塞拜疆等）的出现，立即激发出土耳其国内几乎所有政治派别的热情。土耳其是最先承认中亚诸国独立的国家之一。土耳其许多学者和民众，均怀着极大的兴趣探讨建立一个自亚得里亚海延伸至中国长城的“突厥世界”的潜在前景。为了解释这一目标的合法性，土耳其地缘政治学者特别要求重新理解凯末尔当年对泛突厥主义的压制态度。例如，土政治学家坎达尔就指出，凯末尔在20世纪20年代对于泛突厥主义的严肃警告和强力压制，出发点在于避免因涉及苏联对高加索和中亚地区的主权而触怒苏联，从而

---

① Suat Kiniklioğlu, and Valeriy Morkva, “An Anatomy of Turkish-Russian Relations,” *Southeast European and Black Sea Studies*, Vol. 7, No. 4, 2007, pp. 533 – 534.

保证甫经成立的土耳其的生存，但随着苏联的解体与冷战的结束，土耳其对于“国外突厥人”的政策需要重新加以解释。北方大敌的消失与土耳其日益增长的国力，都为土耳其在高加索、中亚等“突厥人国家”中发挥更加活跃的作用提供了难得的时机。因此，在土耳其的对外政策中，“必须反映出它对安纳托利亚土耳其人、土库曼人、库尔德人、高加索突厥人、中国维吾尔人权利的关注”[①]。在这些土耳其学者看来，如能进一步密切中亚“突厥人民”与安纳托利亚土耳其人的历史联系，甚至最终推动整个“突厥世界”的重新统一，将会对21世纪的土耳其产生难以估量的巨大利益，届时土耳其无疑将恢复其历史上一度拥有的无上荣光和世界性影响。

在冷战后土耳其部分地缘政治学者的政策主张当中，中东政策是非常重要的一部分。冷战结束后，中东地区原先为两大超级强国激烈争夺所掩盖的矛盾骤然凸显，中东地区及地区内很多国家政局开始出现严重动荡。基于这种情况的出现，部分土耳其地缘政治学者开始对中东地区形势投入更多的关注。这些学者指出，尽管自1923年建国以来现代土耳其的世俗精英就严厉压制了这个国家的穆斯林身份，并长期将其中东邻国视为一种混乱与不稳定的来源，采取了一种主动疏远中东邻国、限制自身介入中东地区事务的政策[②]；但冷战结束后，土耳其不应过分排斥自身作为伊斯兰国家的国际政治身份，相反它更可作为中东地区几乎唯一一个稳定的、民主的伊斯兰国家而自豪：土耳其完全可为该地区那些寻求改革和现代化的中东国家提供一个极好的样板。与此同时，土耳其在该地区当中相对强大的国力和较其他国家平稳的国内政治局势，完全能够在解决地区性问题时发挥更加主动的

① Cangiz Candar, and Graham E. Fuller, “Grand Geopolitics for a New Turkey,” *Mediterranean Quarterly*, Vol. 12, No. 1, 2001, p. 24.

② Pinar Tank, “Dressing for the Occasion: Reconstructing Turkey's Identity?” *Southeast European and Black Sea Studies*, Vol. 6, No. 4, 2006, p. 463.

作用，与其他国际行为体一道保证中东地区的稳定与安全。这些学者非常小心地将土耳其扩大在中东地区影响力之举与谋求地区霸权相区别，认为土耳其加强在该地区的影响旨在为那些寻求改革和经济发展的伊斯兰国家提供一种不同的道路，在地区事务中扮演一种参与者、伙伴国与和平促进者的角色。在这一点上，坎达尔就不无自豪地声称，土耳其自身的自由与民主进程将使得土耳其在中东地区更加自信地、更有原则地去追求国外利益，这可以帮助中东地区从安全恐惧与彼此敌对的困境当中解脱出来。[①]另外，这些学者还着重指出，鉴于土耳其国内库尔德问题的跨国性质，土耳其国内形势的稳定与地区总体形势密不可分。在此情况下，土耳其加大对中东地区国际政治的参与，特别是注重改善与发展同伊朗、伊拉克、叙利亚等国家的关系，定将有助于国内库尔德问题的最终解决，从而为其最终实现大国理想扫除现实障碍。

土耳其地缘政治学者对于中东地区的极大关注，体现出冷战后土耳其国内社会对于中东地区地缘政治想象的新变化，同时也体现出在新的时代里土耳其国内社会对于“安全—威胁”概念的新理解。诚如土耳其当代地缘政治学者比伦特·阿拉斯（Bülent Aras）所言，在北方大敌消失的同时，冷战后的土耳其学者、政治家以及普通民众改变了对“威胁”的认识，土耳其开始将国内安全与地区安全相联系，将国家安全利益向本国边界之外延伸。其结果，则使得土耳其在中东地区事务中越来越倾向于采取更为积极的态度，这便在很大程度上重新塑造了土耳其传统的中东政策。[②]

---

① Cangiz Candar, and Graham E. Fuller, “Grand Geopolitics for a New Turkey,” *Mediterranean Quarterly*, Vol. 12, No. 1, 2001, p. 38.

② Bülent Aras, and Rabia Karakyapolat, “Turkey and the Middle East: Frontiers of the New Geographic Imagination,” *Australian Journal of International Affairs*, Vol. 61, No. 4, 2007, p. 478.

四、保守信条的当代延续

冷战后土耳其的地缘政治思想是一种具有强烈保守倾向的意识形态和具有浓重“现实政治”风格的国际政治话语。与冷战后其他国家地缘政治思想的发展存在一定区别，土耳其地缘政治思想对经典地缘政治理论的引用和继承并不明显，它更多地体现为对土耳其一些政治思想传统的重新解读以及循此得出的对土耳其当前对外政策的批评与谋划。正是出于这种原因，冷战后土耳其地缘政治思想并非是一种建立在坚实逻辑基础上、由特定的概念与命题所构建的严谨的理论体系。尽管如此，冷战后土耳其地缘政治的思想还是体现出自身鲜明的特色。首先在话语建构上，土耳其地缘政治研究特别注重从本国思想传统中吸取知识养分，特别注重发掘一些长久暗藏于土耳其国内社会集体记忆深处的精神信条为当前政策设计服务。例如，土耳其学者有关警惕防范西方政治经济模式侵害土耳其国家利益的观点，主要来自于对历史上西方列强着意打击摧毁奥斯曼帝国的痛苦回忆以及凯末尔主义所蕴含的反帝传统；有关加强土耳其在高加索和中亚地区影响力的观点，大致继承了欧亚主义，特别是早先虽受土政府打压却长期未能完全消退的泛突厥主义的精神内涵；有关在中东地区发挥影响、显示土耳其大国地位的主张，则与一向隐含于土耳其社会的穆斯林归属感存在千丝万缕的联系。从这个角度说，冷战后土耳其地缘政治思想对自身思想传统的固守多过对经典地缘政治理论的吸取，彰显出独特的精神气质，为当代地缘政治思想的发展提供了一个别具一格的案例。

其次，尽管冷战后土耳其地缘政治研究主要表现为对土当前对外政策的批评或畴划，但就其本质而言，土耳其地缘政治思想应被视为对近年来土耳其国内形势变化的一种思想反应。在土耳其依据欧盟标准进行的政治经济改革过程中，由于在转型过程中传统利益严重受损，从坚持凯末尔主义的职业军人到抵制经济自由化改革的土国内工商业从业者，土国内很多政治势力均对土耳其政府日益加速的融入西方政策表达出极度不满，这也正是冷战后土耳其地缘政治思想可以在当代土耳其社会取得广泛关注，并同时引发土国内左右翼政治势力重视的主要原因。因此，不能简单地将冷战后土耳其地缘政治思想视为一种“新民族主义”的复兴，相反应更多地将它视为一种具有强烈保守倾向、致力于固守传统政治经济模式的“反西方化”的政治话语。

冷战后土耳其地缘政治思想对于土国内社会集体心态和政治氛围影响甚巨。自 20 世纪 90 年代以来，以“凯末尔主义—欧亚主义”为主要表现的地缘政治话语在土耳其国内几成流行之势，很多土耳其的学术研究中心、智库、非政府组织和学术期刊都在热烈讨论土耳其对外政策转型的可能性。特别值得关注的是，从左翼的社会民主主义者到右翼民族主义者，土国内各种政治势力几乎都致力于从地缘政治当中发掘出可供自己运用的政策主张：土耳其当前重要的右翼政治人物斯胡尼·多安（Hüsnü Doğan）便极力呼吁拓展土耳其在中亚地区的影响，并计划筹建“欧亚党”以推动土政府对外政策的转变；与此同时，土耳其老牌社会主义者、土工人党主席多乌·佩林切克（Doğu Perinçek）也将他的一部著作冠以“欧亚的选择—土耳其独立的外交政策”之名。[①] 不仅如此，在土耳其地缘政治学者的热情支持下，自 1996 年以来旨在探讨欧亚主义、推动“国际欧亚运动”的国际会议多次在土耳其召开。在历次会议中，来自俄罗斯、伊朗、哈萨克斯坦、阿塞拜疆等所谓“欧亚国家”的代表与土耳其地缘政治学者、政治人物、退役军人一起，就抵制西方国家的影响、加强欧亚国家主权和安全、促进欧亚国家团结等议题进行了广泛的讨论。时至今日，土耳其已经成为“国际欧亚运动”最重要的学

① Ruben Safrastyan, “The Concept of Eurasia and Turkey's Regional Strategies,” http: //www. globalpolitician. com.

术和活动中心之一。

土耳其地缘政治思想对土耳其政府对外政策实践发挥着一定的作用。冷战结束后，随着国际形势的变化，土耳其政府对其国际政治地位的表述已经愈发接近地缘政治学者的言论。1998 年，土耳其国防部长希克梅特·萨米·图克尔（Hikmet Sami Turk）就曾公开宣称，“土耳其不仅朝向西方，也与穆斯林世界享有传统联系。它根植于中亚、中东、安纳托利亚与欧洲。简言之，土耳其是一个欧亚国家。”① 土前外交部长伊斯梅尔·杰姆（Ismail Cem）也曾声称，“毫无疑问，我们必须加入欧盟，但我们的视野更加宽广，我们的目标是在欧亚成为决策中心。”② 而据土耳其现任总理、土正义与发展党外交政策主要理论家艾哈迈德·达武特奥卢（Ahmet Davutoğlu）所言，“土耳其是巴尔干、中东和高加索地区的交集点，大体上处于欧亚的核心位置，位于从地中海到太平洋的边缘地带的中间。”③ 正是在这种新的国际政治视野的引导下，冷战后土耳其政府已经开始有意识地发展与周边其他国家（特别是俄罗斯、中东邻国与高加索地区国家）的关系。特别是在其亲西方政策遭遇挫折时，土政府甚至开始通过向西方的传统敌国主动示好，以求平衡乃至要挟西方国家。例如，当法德两国指责土耳其的政治和经济改革无法满足欧盟要求，特别是法国前总统萨科齐公开声称“我并不认为土耳其可以在欧洲有一席之地”后，时任土耳其总理雷杰普·塔伊普·埃尔多安（Recep Tayyip Erdogan）便对西方社会针对伊朗核计划的制裁措施提出置疑，

---

① Ruben Safrastyan, “The Concept of Eurasia and Turkey's Regional Strategies,” http://www.globalpolitician.com.

② Anita Sengupta, *Heartlands of Eurasia: The Geopolitics of Political Space*, Lanham: The Rowman & Littlefield Publishing Group, Inc., 2009, p. 156.

③ Bülent Aras, and Hakan Fidan, “Turkey and Eurasia: Frontiers of a New Geographic Imagination,” *New Perspectives on Turkey*, Vol. 40, No. 1, 2009, pp. 198 – 199.

并宣称土耳其将继续进口伊朗的石油。[①] 在更为精细地算计其亲西方政策利益得失的同时，土耳其政府近年来谋求扩大在中亚、高加索等所谓“突厥”地区影响的企图也愈发明显。土耳其政府高官频繁访问中亚国家，2003—2009 年间土总理埃尔多安三次访问土库曼斯坦，两次访问塔吉克斯坦，访问乌兹别克斯坦、吉尔吉斯斯坦、哈萨克斯坦各一次。[②] 另外，通过官方的“国际合作与开发署”（TIKA），土耳其自这些国家独立以来便向它们提供了大力援助，以显示“土耳其与这些‘兄弟国家’共享土耳其经济与政治成功经验的决心”。2007 年，土耳其国际合作与开发署 7.02 亿美元总预算中的 60% 都被用以援助中亚和高加索国家，以促进当地的经济与工业发展、商业贸易，加强与土耳其大学的学术合作以及教授现代土耳其语等。[③]

尽管如此，土耳其地缘政治思想在土耳其国内社会与对外政策制定过程中的影响也是相对有限的。在军事和经济上严重依赖西方的土耳其，与西方（特别是与欧盟）发展更为紧密的关系作为土耳其政府对外政策的基轴并没有发生根本性的动摇。大多数土耳其学者承认，如果与西方国家及欧盟的关系出现大倒退，在伊斯兰极端主义日趋活跃的今天，一个被欧洲孤立的土耳其无疑将步向威权主义，国内局势将出现巨大混乱，从而陷入“中东化”的困局。与此同时，多数的土耳其政治人物还看到，在缺乏西方支持的情况下，土耳其雄心勃勃的国家抱负将不会成功，土耳其也绝无可能在欧亚发挥主导性政治作用。这也是当前土耳其政府将欧亚政策置于土耳其与西方关系之下的根本原因，土耳其更企图利用西方的战略目标，特别是美国的战略目标以实现其欧亚雄

① Anthony Rusonik, “Turkey: East, West or Erdogan?” http: //www. geopolitical-monitor. com/turkey-east-west-or-erdogan – 4677.

② Bülent Aras, and Hakan Fidan, “Turkey and Eurasia: Frontiers of a New Geographic Imagination,” *New Perspectives on Turkey*, Vol. 40, No. 1, 2009, p. 200.

③ Bülent Aras, and Hakan Fidan, “Turkey and Eurasia: Frontiers of a New Geographic Imagination,” *New Perspectives on Turkey*, p. 200.

心和国家抱负。在这个过程中，土耳其执政精英们无疑还希望通过在巴尔干、高加索、中亚地区积极发挥政治影响力，特别是支持上述地区民主化的发展，增加土耳其对于西方国家的战略价值，以同西方在一些关键问题（如加入欧盟）上讨价还价。[①]

冷战结束之后，土耳其对外政策正在经历一个复杂的转型时期，它还没能建立起一个相对成熟的和全方位的国家大战略。正是在这种充满巨大变数的复杂历史环境下，冷战后土耳其地缘政治学者的努力向我们揭示出一个具有大国雄心和辉煌历史的中等国家对于实现战略抱负的极度渴求。但土耳其地缘政治学者的很多政策诉求，在目标与可用手段上实际上存在着巨大的反差。应当看到：尽管当代土耳其显然已经不再满足于作为西方主导下的联盟体系中一个小伙伴国的角色，但由于国力的限制，土耳其也还远远无法以一个举足轻重的大国身份对所在地区施加主导性影响，这也正是它仅能在“追随西方”与“独立自主的大国外交”之间设法建立起一种大致平衡关系的根本原因。因此，当代土耳其地缘政治学者所憧憬的对外政策构想，特别是有关发展并主导欧亚国家联盟的构想，显然过高估计了自身的国家实力与可用资源，极为深刻地体现出当代土耳其社会在自身国际政治身份定位与国家未来发展方向上的大分歧与大混乱。而个别特别激进的政策论述，则充斥着明显的强权政治和民族沙文主义色彩，与国际形势的发展趋势严重不符。正是出于这种原因，部分土耳其学者指责这些构想实际是一种“非理性的、与现代政治观念格格不入的落后观点，它更多地服务于狭隘的土耳其民族主义观点”。[②] 这种说法虽过于简单武断，完全抹杀其存在的合理性一面，但无疑还是直接道出了冷战后土耳其地缘政治思想中的一些致命缺陷。

---

① Cangiz Candar, and Graham E. Fuller, “Grand Geopolitics for a New Turkey,” *Mediterranean Quarterly*, Vol. 12, No. 1, 2001, pp. 37 – 38.

② Emel Akçali, and Mehmet Perinçek, “Kemalist Eruasianism: An Emerging Geopolitical Discourse in Turkey,” *Geopolitics*, p. 566.

第三节　澳大利亚："中等强国"的困惑

作为一个岛屿、国家和大陆，澳大利亚具有独一无二的地缘政治形态：印度洋与太平洋将其与外来威胁相隔绝，邻国数量寥寥可数，一向远离世界政治舞台的中心，基本不受国际形势变幻之困扰，在历史上的多数时期处于一种近似与世隔绝的状态①；与此同时，澳大利亚广袤的领土、极具战略价值的丰富资源和地理位置，使其初步具备成为一个大国特别是地区大国的雄厚潜力与物质基础。正是意识到这一点，早自 19 世纪末、20 世纪初开始，以珀西·斯蒂芬森（Percy Stephensen）等人为代表，部分澳大利亚学者在深入探究澳地缘政治形态、战略价值和可用资源的基础上，力图谋划出一种经久的、足以确保澳大利亚安全与发展的国家战略。冷战结束后，面对世界政治经济形态的大变动、亚太地区权势分布结构的革命性演进及周边安全态势的日趋复杂，如何在确保国家安全的基础上应对多样化挑战、实现权势增长进而发挥大国影响，更是引发了当代一大批澳大利亚学者的浓厚兴趣。在此情况下，诸多极具鲜明地缘政治特色的概念、论述和推论在澳大利亚大量涌现，在取得广泛的学术和社会影响的同时，部分观点主张已经转化成为当下澳对外战略的组成部分，对亚太地区乃至南半球国际政治经济形势的演进发挥了愈发突出的影响。特别是在美国加速推进"亚太再平衡"战略背景下，澳大利亚当代地缘政治思想的兴起及其政策转化实践，已经成为中国营造周边安全环境的又一重要变量，格外值得引起重视。

---

① Nick Bisley, "Geopolitical Shifts in Australia's Region Toward 2030," *Security Challenges*, Vol. 5, No. 1, 2009, p. 35.

一、澳大利亚地缘政治研究的历史渊源

作为西方文化的重要旁支，地缘政治研究在澳大利亚具有较深远的历史传统。几乎与现代地缘政治理论的出现相同步，本着确保新生国家安全、塑造对外战略之目标，早在澳大利亚联邦成立前后，很多澳大利亚学者一再告诫澳人必须深刻理解位置（Place）与时间（Time）对于澳大利亚国家生存和发展的重要意义。理解位置的意义，在于认识这样一个地理事实，即澳大利亚是一个“洲际规模国家”（Continent Nation），在受到两大洋严密保护的同时，亦具有发展成为强大权势力量的潜质；而理解时间的意义，在于认识到澳大利亚国家安全与国际政治形势发展间的紧密关系：对于澳大利亚这种人口稀少、武备薄弱、在安全上不得不极度依赖其他强国的国家来说，世界政治局势的历史性变迁，特别是澳大利亚安全庇护者对外战略的显著变动，对澳生存与发展造成的影响将远远大过世界多数国家。[①]

澳大利亚地缘政治研究的真正兴起开始于20世纪初期。作为澳大利亚的母国和主要的安全庇护者，大英帝国在亚洲权势力量的衰落加之日本在东亚的快速崛起，在引发了澳人普遍恐惧的同时，也为地缘政治研究在澳大利亚的勃兴提供了诱因。特别是以1902年英日同盟的缔结和1904年日俄战争为标志，一个非西方强国在澳周边的兴起及其引发的东亚地区权势对比的剧烈变动，使得亚洲（具体说是日本）取代欧洲成为澳大利亚人心目中军事威胁的主要来源。[②] 在此情况下，20世纪初期美国学者洛思罗普·斯托达特（Lothrop Stoddard）那些掺杂着种族主义观点的

---

① Jim Saleam, “The Geopolitics Of Australian Independence,” http://home.alphalink.com.au/~radnat/geopolitics.html.

② Stuart Macintyre, *A Concise History of Australia*, Cambridge: Cambridge University Press, 2009, p. 140.

“地缘政治”论述在澳大利亚开始流行，很多澳大利亚学者和民众开始相信，在新的世纪里一场亚洲种族（或者说有色人种）对抗欧洲种族（或白种人）的斗争已经迫在眉睫。而澳大利亚由于其地理位置的战略意义，必将成为这场大争斗的主要战场。为此，澳民众必须时刻关注国际政治形势的变迁，时刻关注澳大利亚在这场种族大斗争中面临的地缘困境。①

在澳大利亚地缘政治学术史当中，澳大利亚民族主义学者珀西·斯蒂芬森的思考具有里程碑意义。20 世纪 30 年代，斯蒂芬森引入了所谓的“对跖点”（antipodes）概念以描述澳大利亚在地理上远离欧洲的事实。在他看来，尽管联邦成立已经有 20 余年的历史，但澳大利亚民众对于“家乡”（欧洲，主要是英国）依然有着浓厚的乡愁和怀念。② 至少在国民意识上，它依然没有能够实现真正的独立，并极度依赖来自母国的保护，一直在大英帝国全球霸权的庇护下享有安全红利。但欧洲远在地球另外一端的地理事实，从根本上决定了澳大利亚将自身安全完全寄托于遥远母国的保护是不现实的，澳在对外政策上紧密追随英国，派兵直接卷入布尔战争、八国联军侵华战争、第一次世界大战等战事更是对澳大利亚生存和安全意义不大。相反，诸如日本在澳周边的快速兴起等严重影响澳大利亚生存发展的关键因素，却在澳对外战略当中并没有得到充分的考虑，此举必将对澳大利亚的安全构成直接的挑战。

澳大利亚地缘政治研究的高潮出现在冷战中后期。在 20 世纪 70 年代，面对世界经济政治形势的大变动，澳大利亚部分学者开始号召澳人减轻对“共产主义全球扩张威胁”的过度焦虑，相反应当警惕复兴当中的亚洲国家对澳大利亚安全构成的威胁。

---

① Jim Saleam, “The Geopolitics Of Australian Independence,” http://home.alphalink.com.au/~radnat/geopolitics.html.

② Percy R. Stephensen, *The Foundations of Culture in Australia: An Essay towards National Self-Respect*, Sydney: Allen & Unwin, 1986, p. 73.

在这些学者看来，澳大利亚的财富和空间，一直都吸引亚洲的权势力量将澳大利亚作为权势扩张（甚至领土征服）的主要目标。这些学者警告，在20世纪里，澳大利亚安全威胁的主要来源是国土狭小、急需发展空间和所用资源的日本；在21世纪里这个威胁可能来自具有人口优势、面临资源压力并向海洋快速发展的中国。澳大利亚对抗类似威胁的关键在于，放弃早先那种完全仰仗西方海洋强国庇护的传统心态，而应根据威胁来源的不同，积极发挥澳自身的潜力（特别是在商业和地缘战略方面的价值）并扮演“关键石”的角色，将确保海上安全特别是澳周边安全作为国家对外战略的首要目标。[①]

澳大利亚早期核计划的关键人物菲利普·巴克斯特（Philip Baxter）提醒澳人应注意那些对澳国家安全构成根本威胁的地缘因素。在他看来，尽管不太适合大规模定居，但澳大利亚领土之广袤及资源之丰富，使其极有可能成为新世纪当中的“世界生命方舟”。与当时将苏联及其亚洲盟友视为主要安全对手和意识形态敌人的澳国内社会主流观点不尽相同，他特别提醒在第三世界人口数量急剧增长、可用资源匮乏、粮食极度短缺的情况下，澳有可能被一些穷国（特别是包括中国在内的亚洲邻国）视为一块“流着奶和蜜的地方”。而难民的大量涌入甚至个别国家策划的军事入侵，将从根本上危及澳大利亚的安全。在这个“充满危机的时代”里，澳大利亚必须提出一种“危机解决方案”，远离北半球国家和集团间的冲突和对抗，在最大程度地利用其资源的基础上，采取一种进攻性的防卫政策，甚至在领土上开发和部署战术核武器以吓退任何敌人的可能进攻，唯此方能确保澳大利亚的生存与持续繁荣。[②]

---

① Nicholas Lindeman, *Japan Threat: Australia and New Zealand in the Coming World Crisis*, Armidale: N. Lindeman, 1976, p. 54.

② Jim Saleam, "The Geopolitics Of Australian Independence," http://home.alphalink.com.au/~radnat/geopolitics.html.

总的来看，一个世纪以来澳大利亚地缘政治学者提出的诸多政策主张，在精神逻辑上存在不少共通之处：他们均格外关注澳大利亚在不同时代里面临的现实安全威胁，主张必须将澳周边地区权势对比的变化作为关注重点，并对澳大利亚长期以来对国际事务特别是遥远的北半球事务的过度热衷表示强烈不满。但应当看到，澳大利亚地缘政治学者提出的这些观点实际上与澳主流政治—知识界的政策主张存在显著的分歧，亦与澳长期以来对外战略实践存在不小的差距。自联邦成立以来，澳大利亚虽偏居南半球一隅，长期以来执行的却是一种“世界性”的政策：20 世纪上半叶，澳大利亚作为大英帝国成员，是英国对外战略最积极的执行者，不断追随英国参与到非洲、南欧、中东那些远离澳本土的遥远战事当中去。冷战期间，在全球意识形态大厮杀的历史背景下，澳大利亚在对外关系上更是严格以意识形态划线，通过与美国签订《澳新美安全条约》、加入《东南亚条约组织》、派兵参加朝鲜战争甚至部分推动了美国约翰逊政府向南越派出地面部队的决策并追随美国卷入越南战争等一系列举措，积极参与到资本主义阵营与社会主义阵营的武装对峙和全球争夺当中。而澳大利亚地缘政治学者提出的诸如避免卷入北半球冲突、提防亚洲邻国可能入侵、重点关注澳本土安全的观点，在 20 世纪澳大利亚对外战略实践中发挥的作用实际上极为有限。

二、坚持海洋国家定位：确保安全的地缘政治

早自第一批欧洲移民定居澳大利亚时起，澳政治精英几乎所有关于澳对外战略的思考都建立在这样一个事实基础上，即：澳大利亚是一片难以抵达的土地，但又绝非是不可到达的。[①] 尽管澳大利亚在地理上孤悬南半球，受到太平洋和印度洋的双重保

---

① Jim Saleam, “The Geopolitics Of Australian Independence,” http://home. alphalink. com. au/~radnat/geopolitics. html.

护，但其国家安全与经济发展一直与国际形势紧密相关。从1901年向英国出口大批木材到当前向中国出口巨额铁矿石，对外贸易和外来投资以及与这两者紧密相关的国际和地区形势在维系澳大利亚生存发展上发挥着决定性的作用。有学者指出，如果国际形势恶化，特别是一旦海上航线被切断，“澳大利亚异常脆弱的经济基础就处于危险当中”，它几乎“无法取得基本的经济发展和达到高于一般的生活水平”。[①] 从这个角度看，确保澳大利亚国家安全的很多关键性因素并不在于澳大利亚自身，而统统位于澳领土范围之外。这些关键性因素包括：地区安全形势的基本稳定、全球主要贸易水道畅通无阻和国际经济秩序运转有序。

但由于自身实力的严重局限，对澳大利亚而言，以上诸多战略目标当中的任何一个显然都过于宏大，远远超过它的能力范围。在此情况下，澳大利亚几乎所有的政治—知识精英都不得不承认：澳单凭自己的力量无法实现国家生存和发展，它必须依赖盟友的保护才能获得安全。在此情况下，先天脆弱的澳大利亚所采取的对策就是与当时权势显赫的海上强国结盟，至少是确保不与之敌对。此类海上强国早先是英国，后来是美国。[②] 为换取这些海上强国对澳大利亚安全特别是海上安全的保证，早自联邦成立之时开始，澳大利亚这个相当富庶同时也安享太平的国家，就在一个世纪的时间里追随这些海上强国打了数十年之久的战争。这个异常矛盾现象的存在，究其原因，则正如当代著名战略学家乔治·弗里德曼（George Friedman）所分析的那样，“澳大利亚的安全和财富并不像看上去那样有保证”：它必须付出足够的代价，以换取主要的海上强国更为乐意地去保卫澳大利亚的利益。[③]

---

① George Friedman, “Australia's Strategy,” http://www.stratfor.com/weekly/australias-strategy.

② Derek McDougall, “Foreign Policy and International Relations: From an Australian Perspective,” *Australian Jou rnal of Political Science*, Vol. 45, No. 2, 2010, p. 286.

③ George Friedman, “Australia's Strategy,” http://www.stratfor.com/weekly/australias-strategy.

冷战结束之后，面对世界政治经济形势的大变动，澳大利亚总体国家安全环境发生了急剧改变。苏联的解体、两极秩序的消失和全球意识形态对抗的终结，使得作为西方资本主义阵营中活跃一员的澳大利亚，此时也同美国等其他西方国家一样，在敌手突然消失的情况下，不得不重新定位其对外战略的重点。与此同时，美国作为此时唯一的超级大国和澳大利亚的主要盟国，其权势相对衰弱态势已经愈发明显，在维系全球霸权方面的能力开始面临多种复杂挑战。而亚洲国家特别是澳大利亚隔海相望的东亚国家的快速崛起，更是为进入新世纪以来的澳大利亚对外政策的塑造提供了全新的背景。面对世界政治经济形势大幅动荡和地区权势力量对比的急剧变化，冷战后澳大利亚很多政治—知识精英开始重新审视当下澳大利亚安全环境面临的诸多挑战，力图为新世纪里澳大利亚对外战略的制定提供宏观指导。

当代澳大利亚地缘政治研究者依然认为，21 世纪初的澳大利亚在国际政治权势体系当中仍处于二流甚至三流的位置。与历史上多数时期一样，人口稀少、武备薄弱的澳大利亚依然无法单凭自己的力量实现地区安全形势的基本稳定、全球主要贸易水道畅通无阻和国际经济秩序运转有序等重大战略目标。而随着冷战结束后国际形势的发展，以美国权势相对衰落、中国崛起、日本依然保持世界主要经济强国地位以及东南亚国家整体兴起为标志，21 世纪初期亚太地区权势分布态势正经历剧烈变动，澳大利亚所在地区安全形势亦随之发生革命性演进。在此情况下，长期作为西方阵营一员的澳大利亚，如何处置与传统盟友美国的关系，便成为冷战结束后澳大利亚政治—知识精英关注的重点问题之一。

除了少数学者外，当代澳大利亚多数政治—知识精英对维系了半个多世纪之久的对美依附关系依然持大体肯定的态度。在他们看来，澳大利亚在整个 20 世纪中的对外战略基本是成功的。在联邦成立以来的一个世纪当中，澳大利亚在付出较少代价的情况下，分别得益于英国和美国提供的安全保护，从而成功实现了国家安全和高于一般水平之上的经济繁荣。在21世纪初，尽管美国权势的相对衰落已经成为当代国际政治中的一个既定事实，但美国在军事力量特别是海上军事力量上的绝对优势地位依然无人可以撼动，美国亦牢固保持着对国际政治经济体系的主导能力。因此，作为旧秩序的受益者，澳大利亚依旧需要坚持其海洋国家定位，依旧需要维系与美国这个当前仅有的全球海上强国紧密的盟友关系，并设法延续当前这个对其相当有利的国际政治经济秩序。唯有通过这种方式，澳大利亚作为国际权势体系当中的二流国家，才能克服当前国际政治发展出现的各种不确定性因素，继续确保在未来时代中的生存。[①]

在这种考虑主导下，尽管在冷战结束之初，主要在保罗·基廷（Paul Keating）当政时期，澳大利亚曾一度宣称要打破对传统的结盟政策的盲从，更多地考虑发展与崛起中的毗邻地区国家或国家集团间的关系，力图将澳塑造成为一个可以凭借自身实力捍卫国家利益的“中等强国”（middle power）[②]；但随着国际形势和地区安全形势的深入调整，澳很快就再度将加强与美国的盟友关系置于对外战略考虑的首位。特别是自约翰·霍华德（John Howard）政府执政以来，澳大利亚大力调整基廷政府时期的“亚洲优先”政策倾向，高调宣布对美外交仍然是澳大利亚对外政策的首要考虑，将维系澳美“紧密盟友关系”作为当下乃至未来很长时间内澳大利亚对外战略的主轴。在国际安全事务上，澳大利亚积极支持并派兵参加美国在阿富汗和伊拉克的军事行动，在诸多国际热点问题上极力支持美国巩固其所谓的“全球领导地位”；在地区事务上，配合美国“亚太再平衡”战略，扩大美国对澳军事基地的使用权限，允许美国海军陆战队自二战以来再次进驻澳

① Paul Dibb, “Australia's Alliance with America,” *Melbourne Asia Policy Papers*, Vol. 1, No. 1, 2003, p. 3.

② Carl Ungerer, “The ‘Middle Power’ Concept in Australian Foreign Policy,” *Australian Journal of Politics and History*, Vol. 53, No. 4, 2007, p. 550.

大利亚，努力扮演美国在亚洲的“代理人”角色。

当然，澳大利亚当下愈发坚定但显然也过于简单的结盟政策在国内也并非全无争议。部分持现实主义观点的澳大利亚地缘政治学者就反复警告：从历史上看，那些澳大利亚所极度依赖的海上强国，在很多涉及澳大利亚利益的问题上，出于自身的战略考虑，极易遗忘、忽略甚至有意阻碍澳大利亚的切身利益。① 以英国在二战期间对澳国土安全的忽视为典型代表，这种情况已经在澳大利亚不长的历史当中得到了数度证实。与此同时，在地理上身处亚洲大陆边缘、在经济上早已与亚洲（特别是东亚、东南亚地区）融为一体的澳大利亚，在地区权势分布格局急剧变动的形势下，其国家利益显然已与美国等西方国家出现明显的差异。在此情况下，澳大利亚作为美国全球联盟体系当中较弱的一方，必须在一系列紧密涉及自身安全利益的议题上发挥“关键强国”（pivotal power）作用，显现出更大和更加灵活的战略自主性，以实现自身独特的战略利益。此举虽然并不意味着澳美联盟的终结，但澳大利亚必须设法纠正对美国战略保证的过度依赖。②

三、调整与新兴亚洲强国的关系：确保繁荣的地缘政治

长久以来，作为孤立于亚洲大陆边缘的一大片陆地，澳大利亚却一直缺乏连续一贯的亚洲政策，并对其周边毗邻的亚洲国家有着一种极为矛盾的心理：一方面，由于地缘政治的原因，澳大利亚安全与亚洲紧密相关。在确保海上安全的情况下，澳大利亚唯一可能被军事入侵的通道，就是其与印度尼西亚隔海毗连的西

① Michael Wesley, “The Rich Tradition of Australian Realism,” *Australian Journal of Politics and History*, Vol. 55, No. 3, 2009, p. 332.

② Nick Bisley, “Geopolitical Shifts in Australia's Region Toward 2030,” *Security Challenges*, p. 15.

北部地区。[1] 而能够对澳大利亚海上安全提出挑战的国家，也多为亚洲地区新兴的海洋强国。而自我定义为西方世界一部分的澳大利亚，由于在种族、文化、语言、经济、意识形态等方面与其亚洲邻国间的巨大差异，使其几乎本能上就对周边的亚洲强国怀有天然的疑虑。从 20 世纪中前期的日本，到五六十年代的印度尼西亚，再到当前的中国，一向将维护生存安全的希望主要寄于西方盟友保护下的澳大利亚总是焦虑不安地关注亚洲地区任何非西方权势力量的兴起，并将后者视为对澳大利亚国家安全构成挑战的一种军事威胁来源而绝非一种安全机遇。

但另一方面，自 20 世纪中后期以来，澳大利亚的经济增长愈发仰赖快速腾飞的亚洲经济强国。虽然直到 20 世纪 80 年代后期，澳大利亚的经济规模仍大于所有东南亚国家经济总量之和，但在短短二三十年之后，澳大利亚经济不仅被中国、印度此类全球瞩目的大型经济体所赶超，甚至连韩国、泰国、印尼这些正在兴起的中小经济体也在经济增长上带给澳大利亚诸多机遇。冷战结束后，主要是在当前欧美制造业大量转移至亚洲的背景下，主要作为发达国家原料基地的澳大利亚与亚洲的经济联系愈发紧密，对亚洲各大经济体的依赖程度不断上升：2012 年澳大利亚十大贸易伙伴中，有九个是亚太地区的国家；如果再将美国除外，剩下的全部是亚洲国家。澳大利亚的生存发展至少在经济方面已经与亚洲密不可分。[2]

在地区形势方面，大多数澳大利亚学者均认为，早自 1972 年美国总统尼克松访问北京之后，冷战在亚洲实际上已告终结。基于中美两国正常国家关系的建立及在诸多国际事务中对抗状态

---

① Michael Wesley, "The Rich Tradition of Australian Realism," *Australian Journal of Politics and History*, p. 328.

② John Lee, "Australia's 2015 Defence White Paper: Seeking Strategic Opportunities in Southeast Asia to Help Manage China's Peaceful Rise," *Contemporary Southeast Asia*, Vol. 35, No. 3, 2013, p. 296.

的大体结束，亚洲地区进入国际关系持续缓和及经济大幅增长的阶段，澳大利亚也因此获得了自19世纪晚期以来时间最长的和平繁荣时期。[①] 但冷战结束后特别是进入21世纪以来，越南战争之后已维持几十年之久的亚洲权势秩序开始出现革命性改变。尽管在可预见的未来，美国仍是地区最具实力的战略参与者，但部分亚洲大国的强势兴起使其已经具备相当的能力和意愿对变动当中的地区权势秩序施加更大的影响。与此同时，包括朝鲜半岛、领土争端、海上权益纠纷等问题在内，亚洲地区既有的冲突焦点问题仍未得到根本解决并不时发作。加之部分亚洲大国在经济高速增长过程中对地区能源、资源、气候领域带来的更多压力，均对澳大利亚周边安全环境构成严重挑战。

在引发地区形势急剧变动的若干因素当中，几乎所有的澳大利亚学者均将中国的经济腾飞及随之而来的国家实力的大增长视作当前澳大利亚国家安全面临的最大变因。很多澳大利亚学者惊讶地发现，在经历了30余年的高速增长之后，照当前势头发展下去，中国将很快取代美国上升成为全球头号经济体，而中国实力的急剧增强及对当下权势秩序的“不满”，已经对当前由美国所主导的、由一系列政治军事同盟条约所构成的亚洲权势格局构成了前所未有的重大挑战，而这一格局也正是20世纪70年代至今澳大利亚地区安全战略的主要基础。[②] 作为澳大利亚最大的贸易伙伴、重要的投资来源国以及未来可能的最大经济体，中国已经成为澳大利亚对外战略的相关思考当中不可回避的重大问题。

然而在如何应对中国崛起的问题上，当前澳大利亚政治—知识学界出现了较大的理论分歧。值得注意的是，大多数澳大利亚

---

① Hugh White, “Power Shift: Rethinking Australia’s Place in the Asian Century,” *Australian Journal of International Affairs*, Vol. 65, No. 1, 2011, p. 81.

② Nick Bisley, “Geopolitical Shifts in Australia’s Region Toward 2030,” *Security Challenges*, p. 16.

学者将中国的兴起更多地视为一种经济上的机遇，但绝非是一种安全事务上的福音。在澳大利亚国内知识界乃至普通民众当中，有关中国经济大发展后定将以军事等传统手段挑战美国主导地位，进而“危及”地区权势秩序的看法绝非少数。不少人甚至对澳大利亚与中国当前日趋紧密，同时亦极大有益于澳经济增长的贸易联系都感到不安，认为中国的最终目标在于试图通过经济渗透的手段将澳大利亚纳入到其逐步扩大的“势力范围”当中。[①] 在这种认识的主导下，坚持巩固与美国的同盟关系，全力发展与地区其他“民主国家”（如日本、印度、韩国等）的安全合作，以应对中国可能的军事冒险对地区安全的挑战，设法延续当下亚洲地区“行之有效”的地区权势秩序，已经成为当下澳大利亚很多政治—知识精英的基本共识。

从这种考虑出发，近年来澳大利亚在努力发展与中国经济关系的同时，对中国国家实力及地区影响力的增强持明显的保留态度。一方面，澳大利亚积极评价中国经济的高速发展，宣称将发展与中国的经济关系作为澳中关系的重点。2013 年澳政府公布的《亚洲世纪中澳大利亚的中国战略》中指出，中国的崛起“定义了21 世纪的全球经济及政治秩序”，澳大利亚将“拓宽及深化与中国的社会、商业及政府联系”置于发展澳中关系的中心地位。[②] 但另一方面，澳大利亚在其首份《国家安全战略》报告中却着重警告中国的崛起及其所导致的“全球的经济和战略重心的东移”，在给澳大利亚“带来巨大机遇同时也构成澳必须面对的巨大挑战”，表示澳大利亚将继续加大参与亚太地区事务的力度，以适应亚太地区国家（主要是中国）经济实力崛起、军事现代化带来

① James Manicom, and Andrew O’ Neil, “Accommodation, Realignment, or Business as usual? Australia's Response to a Rising China,” *The Pacific Review*, Vol. 23, No. 1, 2010, p. 23.

② *Australia in the Asian Century Country Strategy for China*, Canberra: Australian Government Department of Foreign Affairs and Trade, 2013, p. 5.

的地区战略形势的变化。[①] 在这种思维的主导下，澳大利亚近年来通过与中国建立全面战略伙伴关系，并宣布实质性结束澳中自由贸易协定谈判，力图与中国建立更加紧密的经贸往来，从而在中国的经济腾飞中获利。[②] 与此同时，澳大利亚以防范遏制中国为目标，明显加强与美国等西方国家的军事安全关系。特别是在美国"重返亚太"、加大亚太地区军事部署的背景下，澳大利亚积极支持美国在亚太的军事存在，大力改造升级境内军事基地供美军使用，全力支持美国亚太战略转型。另外，澳大利亚还主动强化与日本、印度、部分东南亚国家的军事安全关系，力图在亚洲地区配合美国打造防范中国的军事安全网络。

但以澳大利亚国立大学教授、国际问题专家休·怀特（Hugh White）和尼克·比斯利（Nick Bisley）为代表的部分学者却对澳大利亚近年来的地区战略转向持明显保留意见。这部分学者指出，那种认为澳大利亚理应坚定追随美国遏制中国崛起的想法，"既高估了美国的实力，亦低估了中国的决心"。[③] 对当下的澳大利亚而言，中美权势竞争最好的结果就是中美能够在一种权力协调（concert of power）状态下相互合作，最坏的结果则是出现中美持续敌对乃至爆发冲突、其他亚洲国家被迫"选边站"的情况。因此，澳大利亚需要以更大的努力和更为精妙的技巧去说服美国同中国共处，促使美国承认中国的大国地位和愿望，以建立起一种类似于19世纪的"欧洲协调"、足以将中国等兴起中的强国容纳其中的亚洲权势新秩序。[④] 如果一旦出现中美竞争加剧，

① *Strong and Secure: A Strategy for Australia's National Security*, Canberra: Australian Government Department of the Prime Minister and Cabinet, 2013, p. 3.

② 2015年6月17日《中澳自由贸易协定》正式签署。同年12月20日该协定正式生效，中澳经济合作步入新的历史阶段。

③ Hugh White, "The Limits to Optimism: Australia and the Rise of China," *Australian Journal of International Affairs*, Vol. 59, No. 4, 2005, p. 469.

④ Nick Bisley, "Geopolitical Shifts in Australia's Region Toward 2030," *Security Challenges*, p. 33.

甚至中美直接摊牌的情况，澳大利亚必须注意与这两大强国拉开距离，以确保自身利益不受破坏。① 而澳大利亚当前这种单纯依赖与美国结盟、在安全事务上协助遏制防范中国的后果，则可能正如弗里德曼所指出的那样，“看似安全，但却将自身置于一个高风险的境地”。澳大利亚必须承担美国的军事包袱，特别是美国对亚洲尤其是对中国的军事包袱，这实际上对澳自身安全极为不利。②

尽管受到诸多批评，但不可否认的是，种族、文化、意识形态等非物质因素在澳大利亚对外战略的决策和实施过程当中一直发挥极其重要的影响。自认为属于西方文明（或更确切地说隶属盎格鲁—撒克逊文明）直系的澳大利亚政治—文化精英，几乎天然地就对与其文化、语言、宗教形态迥异的地区其他国家怀有戒心。③ 以历史上推行臭名昭著的所谓“白澳政策”为代表，这种主要以文化、血统亲疏为标准以判定敌友的做法在澳内外政策当中绝非少见。④ 正是基于对自身的地缘政治想象（geopolitical imagination），作为“西方文明前哨”（outpost of Western Civilization）⑤ 的澳大利亚一直对“非白人世界兴起”的前景惶恐不安，它总是倾向将其周边非西方强国的兴起视为对自身安全的威胁：二战前是日本，冷战时期是苏联的亚洲“共产主义盟友”和民族解放大潮中的东南亚新独立国家，当下则是经济高速发展、国力不断增强的中国，尽管这些非西方国家的兴起在历史的多数时期为澳大利亚

---

① Derek McDougall, “Australian Strategies in Response to China's Rise,” *Asian Survey*, Vol. 54, No. 2, 2014, p. 319.

② George Friedman, “Australia's Strategy,” http://www.stratfor.com/weekly/australias-strategy

③ Anthony Burke, “Questions of Community: Australian Identity and Asian Change,” *Australian Journal of Political Science*, Vol. 45, No. 1, 2010, p. 80.

④ Michael Wesley, “The Rich Tradition of Australian Realism,” *Australian Journal of Politics and History*, p. 330.

⑤ 诺曼·哈珀（Norman D. Harper）语，见 Michael Wesley, “The Rich Tradition of Australian Realism,” *Australian Journal of Politics and History*, p. 328。

带来的机遇可能远远胜过挑战。

四、扩大地区乃至半球影响：争取强大的地缘政治

作为南半球经济最发达，同时亦是世界经济最发达的国家之一，长期以来澳大利亚在地区乃至南半球事务中发挥的作用却是十分有限的。有学者指出，地理上的孤立曾经严重限制了澳大利亚战略思维的形成，澳大利亚虽长期以来一直坚持同世界主要的海上强国及全球权势体系的主导者结盟，并追随其参与了不同历史时期的多起国际战事，但在地区层面却一向对发挥自身权力优势、取得相应影响缺乏思考，“尽管在经济或是政治及军事实力上，澳大利亚在西南太平洋地区一直都是最大的一支权势力量”。[①]

意识到这一问题的存在，随着冷战的结束及世界范围内权势竞争的大致缓和，与冷战结束后西方主流地缘政治学家集中关注欧亚大陆的研究志趣形成较为明显的差距，澳大利亚地缘政治学者将更多的注意力放在研究评估亚洲南部及南半球的地缘政治意义以及如何扩大澳大利亚的国家影响方面。[②] 澳大利亚当前首屈一指的国际关系学者麦克尔·韦斯利（Michael Wesley）就指出，新的世纪里亚太地区潜在的战略冲突，可能主要集中于三个海湾和三个半岛，即阿拉伯海湾、孟加拉湾和南中国海，西太平洋半岛（从日本到中国台湾）、从泰国到马来西亚的印支半岛以及南亚半岛（即南亚次大陆）。在他看来，上述这些在贸易、能源、资源上严重依赖海洋的沿海地区，在新的世纪里彼此竞争甚至爆发战争的风险极大。出于维护地区安全乃至扩大地区影响的目

① Benjamin Reilly, “Australia as a Southern Hemisphere power,” *Strategic Insights*, Canberra: Australian Strategic Policy Institute, 2013, p. 3.

② Michael Wesley, “The Rich Tradition of Australian Realism,” *Australian Journal of Politics and History*, p. 329.

的，“澳大利亚需要对一系列最可能爆发冲突的地区内国家的战略动因加以充分的关注”。[①]

针对在地理上唯一紧邻澳大利亚的地区，东南亚一直就是澳大利亚政治—知识精英关注的重点区域。但与以往更多地将东南亚视为对澳大利亚国家安全构成潜在威胁的看法不同，新世纪里澳大利亚的决策者开始更多地将该地区看作一个对澳大利亚成为地区强国具有重要战略机遇的地区。[②] 澳大利亚在 2009 年国防白皮书中就承认，一个稳定和安全的东南亚符合澳大利亚的战略利益；而在 2013 年的国际白皮书中更是强调，东南亚由于其位于“印度洋和太平洋正中的地缘战略位置”，及其所扮演的“东亚、南亚和西亚货物、人员和思想间的高密度交流的管道”角色，对当前亚太地区权势格局演进发挥着关键性影响。[③] 从这个角度出发，当代澳大利亚学者开始致力于从不同的角度理解东南亚地区权势格局对澳国家安全的影响。这些角度既包括区域外的大国强国（包括美国、日本、俄罗斯和中国）在该地区的角逐、本地区个别国家（如印度尼西亚）权势的勃兴及对地区均势的可能挑战等传统安全威胁，也包括地区经济发展失衡、跨国犯罪、“失败国家”及引发的难民潮、骚乱等非传统安全威胁。[④]

不仅如此，当代澳大利亚学者更是高度评价新世纪里南半球的重要战略价值。尽管在世界历史发展过程当中，特别是在人口、经济和政治权力比重方面，南半球一般都处于次要的位置，

---

① “Australia and Asia's new geopolitics,” 25th March 2013, https://crawford.anu.edu.au/news/83/australia-and-asias-new-geopolitics.

② John Lee, “Australia's 2015 Defence White Paper: Seeking Strategic Opportunities in Southeast Asia to Help Manage China's Peaceful Rise,” *Contemporary Southeast Asia*, p. 297.

③ John Lee, “Australia's 2015 Defence White Paper: Seeking Strategic Opportunities in Southeast Asia to Help Manage China's Peaceful Rise,” *Contemporary Southeast Asia*, p. 297.

④ Michael Wesley, “The Rich Tradition of Australian Realism,” *Australian Journal of Politics and History*, p. 329.

但在不少澳大利亚学者看来，自20世纪70年代、特别是冷战结束以来，包括大洋洲、非洲、南美洲、南极洲等四片大陆及三个大洋在内的南半球，在政治、经济及社会层面上呈现出丰富多样化特征的同时，在世界事务中的地位亦在逐步上升。当前，南半球既拥有两个正在快速崛起的地区强国（巴西和印尼）、不少具有相当影响力的中等强国（如澳大利亚、阿根廷、南非）和两个有进取心的小国（智利和新西兰），也存在很多资源丰富的“脆弱”国家（安哥拉、刚果民主共和国、莫桑比克、巴布亚新几内亚、秘鲁）和“经济灾难”国家（津巴布韦），以及诸个位于太平洋和印度洋上的小岛国。在这些学者看来，随着南半球（特别是非洲和拉美国家）在世界事务中的重要性的增强，新世纪里澳大利亚与南半球国家间的交往互动，对于澳大利亚的“软实力”（soft power）有相当的加成效应。[①] 而进入新世纪以来，北半球权势竞争的不断加剧，及其所导致的部分全球性大国对南半球事务事实上的忽略，则为澳大利亚扩大影响、突出南半球强国地位提供了前所未有的机遇，澳大利亚的战略位置及其自身实力使其“有可能填补这个权力真空”。[②]

在这种考虑指引下，自20世纪80年代以来，澳大利亚积极推行所谓“中等强国外交”（Middle Power Diplomacy），力图在“不抛弃”澳传统盟友关系基础上，以更加外向的姿态参与涉及南半球的军备控制、国际援助、应对国际恐怖主义及环境气候事务等热点议题上来。尤其是进入新世纪以来，澳大利亚在东帝汶、所罗门群岛、斐济、巴布亚新几内亚等地维持稳定等国际安全事务上异常积极的态度，以及与撒哈拉以南非洲和南美国家在援助、贸易、科学、运动和教育方面联系的迅速增长，均证实了

① Benjamin Reilly, “Australia as a Southern Hemisphere power,” *Strategic Insights*, Australian Strategic Policy Institute, 2013, p. 3.

② Carl Ungerer, “The ‘Middle Power’ Concept in Australian Foreign Policy,” *Australian Journal of Politics and History*, p. 538.

澳大利亚对外战略中体现出的这种新趋势、新精神，即力图以“南半球主要强国”的身份树立积极、负责任的国际形象。针对这一点，澳大利亚前总理霍华德就指出，“澳大利亚不应再去纠缠我们是亚洲国家、在亚洲的国家，还是卷入亚洲的国家，或是神秘的东亚半球的一部分等问题，只需要做我们在这个地区需要做的事情。”①

五、澳大利亚地缘政治研究的特色与意义

澳大利亚是当今世界上经济最发达国家之一，国民生产总值位列全球前十位。同时它也是世界上最为孤立的国家之一，作为大洋环抱下的一整块陆地，它极难被入侵，极少被威胁。但令诸多国际问题评论家难以置信的是，这个相对孤立遥远、安享经济繁荣的国家在其不长的历史当中居然曾自愿不自愿地卷入到诸如布尔战争、一战、二战、朝鲜战争、越南战争、阿富汗及伊拉克战争等如此多的国际战事中。而它所参与的这些战争，大多发生在希腊、北非、中东这类与其安全看似毫无直接关系的地方。这种看似异常矛盾现象的存在，则正如弗里德曼所指出的那样，作为一个急需全球性强国提供安全保障，特别是确保其海上航道畅通的国家来说，澳大利亚必须凭借自身提供的辅助力量、基地和资源，以盟友的身份为全球性强国所发动的战争做出自身的贡献，以期换取这些强国对其独立和安全的承诺。② 在联邦成立以来的一百余年历史当中，这种战略实际上构成了澳大利亚对外政策的基轴。

值得注意的是，在这种看似简单的结盟战略背后，不同历史时期的澳大利亚政治—知识精英围绕澳大利亚实有和应有的对外

---

① Stuart Macintyre, *A Concise History of Australia*, p. 268.

② George Friedman, “Australia’s Strategy,” http://www.stratfor.com/weekly/australias-strategy.

战略，实际上提出了诸多逻辑思路远为丰富精细的思考和构想。而在这些思考和构想当中，从地理角度审视澳大利亚的国家实力、国际地位及对外战略，一向是贯穿澳大利亚对外政策筹划与实践过程中极为重要的精神传统。澳大利亚早期著名政治人物亚瑟·通格（Arthur Tange）就提醒澳国民众，地图是一个国家所有国防文件的基础。[①] 而澳大利亚地缘政治学界的历程也已充分证明，澳学者基于澳大利亚独特的地理位置及领土规模，以澳大利亚周边、亚洲南部及南半球为关注重点，成功构建出一种与集中关注欧亚大陆地缘政治形态的国际地缘政治学界主流迥异的研究志趣，在对澳大利亚对外政策发挥一定影响的同时，也为地缘政治研究领域和维度的拓展作出了极具价值的学术努力。

总的来看，澳大利亚的地缘政治研究主要是一种基于地理视角的现实主义国际政治话语。与美、德、俄等国当代地缘政治研究存在一定区别，澳大利亚地缘政治研究对经典地缘政治（classical geopolitics）理论的引用和继承并不明显，它更多地体现为对澳大利亚对外政策的一种别具特色的筹划过程，而历来的澳大利亚学者对于“地缘政治”一词的使用，显然也过于随意，并没有对其概念、逻辑进行过严格的界定，甚至仅仅是将其作为地理视角下的现实主义国际政治的代名词。正是出于这种原因，澳大利亚地缘政治远非是一种建立在坚实逻辑基础上、由特定的概念与命题所构建的严谨的理论体系。而究其原因，或许正如澳当代政治学者彼得·拉瓦迪（Peter Loveday）所指出的那样：“我们没有自己的成体系的政治哲学。澳大利亚政党或政治人物的思想，大多是欧洲或者美国政治哲学的只言片语而已。”[②] 拉瓦迪对于澳大利亚政治学研究的结论，似乎也大体适用于地缘政治

---

① Michael Wesley, “The Rich Tradition of Australian Realism,” *Australian Journal of Politics and History*, p. 329.

② Peter Loveday, “Australian Political Thought,” in Richard Lucy, ed., *The Pieces of Politics*, Melbourne: Macmillan, 1983, p. 1.

研究领域。

应当承认的是，当代澳大利亚地缘政治研究者所提出的若干观点，如减轻对澳美军事同盟的过度依赖、发挥自身力量推动构建亚太安全新秩序、加强与地区国家的多方位合作、主动发挥自身实力作用等等，对建立在结盟战略基轴之上、严重依赖与西方主要强国军事同盟关系的澳大利亚对外战略的影响，显然是较为有限的（特别是前三条主张）。客观上讲，澳大利亚这些持政治现实主义观点、对新世纪里澳大利亚国家生存发展有清醒认识的当代地缘政治学者，他们所提出的观点较为准确地道出了澳当前对外战略当中存在的突出问题，较为彻底地揭露出一向弥漫于澳政治精英头脑中的保守、僵化甚至是顽固的意识形态因素①，较为贴合实际地指出了澳未来对外战略筹划当中需要认真加以思考的诸多大趋势和大问题。如果这些观点能够在澳大利亚当前对外战略考虑中发挥应有作用的话，可能将有利于亚太地区国家间新型关系的构建，有利于亚太地区大国权力竞争特别是敌对竞争态势的相对缓和，从而从根本上缓解澳大利亚现实或潜在面临的重大安全挑战。

应当看到的是，当前澳大利亚对外战略当中存在的结构性矛盾，即在经济上与周边国家（特别是新兴的亚洲强国）联系日趋紧密的同时，在安全事务上刻意疏远周边国家（特别是新兴的亚洲强国）甚至配合美国制造地区潜在敌对，随着亚洲经济一体化趋势的深入及澳大利亚与地区国家相互依赖态势的愈发突出，这种矛盾显得更为明显。尽管部分澳大利亚学者早就警告称，“新世纪里澳大利亚的战略环境正在发生着显著的变化。这种变化的性质和速度，决定了澳大利亚政治决策者不能简单地依赖于单一

① 有关论述见 Lindy Edwards, “The Importance of Ideology in Australian Political History,” *Policy*, Vol. 28, No. 4, 2012, p. 56.

的战略政策"[①]，但从当前澳大利亚政府的对外战略选择上看，那种保守的、以强调澳大利亚西方文明属性为主要精神脉络的传统思维模式，在可预见的未来仍将主导澳大利亚政治精英对世界和自身的地缘政治想象。在这一点上，不少学者颇有见地地指出，在急剧变动的权力格局甚至是那些足以颠覆旧秩序的战争当中，澳大利亚总是与旧秩序的领导者站在一起维护旧秩序的延续。一战如此，二战也是如此。作为旧秩序的受益者，澳大利亚从旧秩序而来，也总是倾向于将新秩序的产生视为危险的或存在潜在危险的。[②] 而在当今全球战略中心前所未有地向亚洲地区倾斜的宏观背景下，如何根据地区安全形势的深刻变化，适时适度地调整本国对外政策，依然是当前澳大利亚政治—知识精英需要认真思考的重大战略问题。

第四节　越南：基于地理的战略恐慌

越南是东南亚的传统大国，位处东南亚地理中心位置。自1975年实现国家统一，特别是自20世纪80年代中晚期奉行"革新"（doi moi）政策以来，越南凭借其近亿的人口规模、33万平方公里的领土面积、近10年来年均超过7%的经济发展和不断增长的国家实力，正愈益成为新世纪里中国周边安全环境及东南亚地区国际政治格局演进的关键性角色之一。[③] 在越南对外战略的筹划、制定及实施过程当中，地缘政治的思考角度一直是越

① Nick Bisley，"Geopolitical Shifts in Australia's Region Toward 2030，" *Security Challenges*，p. 35.

② George Friedman，"Australia's Strategy，" http：//www. stratfor. com/weekly/australias-strategy.

③ Le Hong Hiep，"Vietnam's Strategic Trajectory：From Internal Development to External Engagement，" *Strategic Insights*，Canberra：The Australian Strategic Policy Institute Limited，2012，p. 1.

南决策者一个重要的参考依据，历史上很多越南政治—知识精英从越南地理位置和领土面积的角度出发，对越南如何在强国环伺的境况下夹缝求活乃至争取强大的战略进行深入探讨，对越南历史走向形成较为显著的影响。冷战结束后，面对世界和地区安全形势的急剧变动，越南当代政治—知识精英更是从越南独特的战略位置出发，分析判断越南新世纪里面临的地缘政治格局，提出包括向北防御、夺控南海、向东西两方向投射影响力的战略对策，在当前越南的对外战略实施当中的地位愈发突出。

一、“防范北方”：越南地缘政治的头号议题

将地理因素作为定义国家政治身份和指导国家战略的一个重要的参考因素，在越南政治—知识精英对国家总体战略的思考当中绝非孤例。越南著名历史学家、阮氏王朝遗臣陈重金在论证越南作为一个独立国家长期存在的历史时，便指出越南文化形态、政治传统及对外战略与其所处的地理位置及领土形态间的密切关系。在他那里，位于亚细亚洲东南部的越南，其横窄、竖长、弯曲如“S”形的领土形态，尤其是北部和南部鼓胀、中部狭窄的总体特征，决定了越南人口和经济的重心只能分别位于北南两端。而越南历史上不断对外扩张，特别是向南方持续扩张的原因，并非如越南历史上统治者所掩盖的那样“宣弘教化”，而是在于“我们越南人的苗裔日益繁衍增多，而在北面已有强盛的中国，西面则山多林密，交通不便，因此才沿海岸逐步南下，攻林邑，灭占城，占领真腊之地，开拓出今日的疆域”。①

在越南的地缘政治思想当中，如何应对中国的问题，始终是越南政治—知识精英战略思考的核心问题。越南学者一般认为：越南国家意识，形成于反抗中国的“占领”及“入侵”的过程

---

① ［越］陈重金著：《越南通史》，戴可来译，北京：商务印书馆 1992 年版，第 8—10 页。

当中。[1] 但在成功摆脱了中国“统治”、结束了所谓的长达千年的“北属时期”之后，越南统治者几乎立即就发现，自主后的越南面对的一个基本的地缘政治现实就是与其北方邻国在领土规模、人口数量、国家实力等方面存在的悬殊且恒久的不对称性。东濒大海的越南，“西面和南面是文明不如我们的芒人和寮人，只有北面中国比我们强大和文明”。[2] 而这种不对称性，从越南作为一个独立的政治实体出现于公元 1000 年左右开始直至今日，几乎从未发生过任何本质性的改变。[3] 在这种地理空间的严重失衡（或越南学者所称的“地理的暴政”）面前，仅仅相当于中国一个中等省份规模的越南，如何处置与北方“巨人”之间的关系，一向都是其战略思考当中的头号议题。

从历史一般情况看，越南在处理对华关系时，保持一种总体上的防御态势。在多数时期，越南通过对北方王朝名义上的顺从以换取中国的承认和册封，在奠定本国统治者道义合法性基础的同时，保持政治上的实际独立地位；而在中原新兴王朝始创、国力伸张、武力振作因而对越南展开军事行动（宋侯仁宝、元脱欢、明张辅、清孙士毅）时，越南则充分利用当地地理气候之特殊性相周旋，以求阻止中国对越南的攻击并最终排除中国势力的“侵入”；在中国严重受困于北方游牧民族军事压力或者中原战乱无暇顾及边陲的情况下，越南并不仅仅满足自主于中国之外的战略目标，甚至一度对中国采取攻势，以求扩大其领土规模。例如，北宋神宗时期，越南大将李常杰率兵攻击中国，先后攻破中国钦州、廉州和邕州，为患甚剧。[4]

---

① Edward Luttwak, *The Rise of China vs. the Logic of Strategy*, London: The Belknap Press of Harvard University Press, 2012, p. 151.

② ［越］陈重金著：《越南通史》，第 55 页。

③ Carlyle A. Thayer, “The Tyranny of Geography: Vietnamese Strategies to Constrain China in the South China Sea,” *Contemporary Southeast Asia*, Vol. 33, No. 3, 2011, p. 349.

④ ［越］陈重金著：《越南通史》，第 47 页，55 页。

新中国成立后，中国人民担负了巨大的牺牲，全力支援越南的抗法、抗美斗争，越南同中国的关系步入“同志加兄弟”的历史最好时期。但在20世纪60年代初中苏分裂之后，越南实际上就开始在中苏之间采取一种“平衡”政策。1975年越南南北统一后，国力上升、野心膨胀的越南，在国际战略上开始联合苏联以求对抗中国，在地区政策上则凭借优势军事力量积极谋求建立印支半岛霸权。以1979年中国对越自卫反击战为标志，中越关系陷入谷底，越南在战争损失、国内经济发展抑或是外部安全环境等方面均损失巨大：与中国交恶、受到美国封锁、单纯依赖苏联的越南，“在整个八十年代里，其国内、国外处境均十分困难。”[①] 正是出于对这段“苦涩回忆”的反思，尤其是在苏联解体、冷战结束后，越南很快就将实现与中国的正常关系，作为其对外政策的首要任务。以1991年中越两国关系实现正常化为契机和助力，失去苏联支持、与美国依然敌对的越南实际上极大改善了战略困局，并通过模仿中国改革开放的“革新”政策实现了经济和国家实力的恢复与增长。

越南缓和越中两国关系的考虑，实际上存在政治与经济上的双重需要。苏东剧变后，作为当前世界较为主要的社会主义国家之一，越南迫切需要来自中国的支持，以帮助其抵制国内外压力，维持政权的稳定，反对西方敌对势力“和平演变”的图谋。越南认为中国共产党的执政，不仅是其政权最重要的外部支持力量；同时也是国家安全的有力支撑。在这种考虑下，越南共产党积极采取了多种措施以实现这一目标，如举行年度双边会议讨论意识形态相关问题，在党建、处理骚乱、防止和平演变等方面交换相互经验等等。在政治关系转好的同时，越中两国经济的互相依赖程度也在迅速加深。自2004年开始，中国成为越南最大的贸易伙伴。越中双边贸易在2010年达到270亿美元，占越南贸

① Le Hong Hiep, “Vietnam's Strategic Trajectory: From Internal Development to External Engagement,” *Strategic Insights*, p. 6.

易总额的 17%。中国成为越南最大的进口国，占越南总进口额的 1/4，越南生产的农产品、鞋、衣服、纺织品、家具也主要出口中国。[①] 极大受益于中国规模空前、蓬勃发展的经济，越南同中国之间愈发牢固的经济纽带的形成，同样有助于越南维持同中国和平与合作的关系。

然而，即使在当前越中关系进入快速发展轨道的同时，越南部分政治和知识精英对于中国的疑虑实际上从未消失。很多当代越南学者从所谓历史和地理的“经验”出发，依然在不断鼓吹包括越南在内的东南亚国家对中国长久存在的“恐惧”心理：中国的实力规模和地理上的邻近、悠长的中华文明、历史上一向主导东亚国际秩序的朝贡体系以及当下华裔群体在东南亚各国巨额且失衡的财富，都加深了越南对于国力迅猛发展、致力于军事力量现代化建设的中国即将重新主导该地区的恐慌心理。[②] 与这种心态相对应，进入 21 世纪之后，主要以南海海洋权益争端为导火索，越中两国关系中的紧张因素不断上升。为了缓解来自北方的“压力”，越南开始不断增大同该地区（甚至域外）其他大国的接触，以求“平衡”中国在该地区更为明显的实力展示和愈发突出的主导性地位。[③]

这种平衡政策，最明显地体现为越南恢复与昔日大敌美国的接触及合作。在 1995 年越南加入东盟同年，越美恢复正常国家间关系。2000 年两国签订双边贸易协定，越美得以展开正常贸易活动。在 2003 年越南国防部长范文茶（Pham Van Tra）访问美

---

① Lawrence E. Grinter, “Vietnam’s Security Challenges: Dilemmas of Reform Communism,” *Southeast Review of Asian Studies*, Vol. 29, No. 1, 2007, p. 98; Le Hong Hiep, “Vietnam’s Strategic Trajectory: From Internal Development to External Engagement,” *Strategic Insights*, p. 6.

② Denny Roy, “Southeast Asia and China: Balancing or Bandwagoning?” *Contemporary Southeast Asia*, Vol. 27, No. 2, 2005, pp. 308 – 309.

③ Le Hong Hiep, “Vietnam’s Strategic Trajectory: From Internal Development to External Engagement,” *Strategic Insights*, pp. 6 – 7.

国及2004年美国太平洋总部司令托马斯·法戈（Thomas Fargo）上将、美军太平洋陆军司令詹姆斯·坎贝尔（James L. Campbell）上将相继访问河内后，越美两国关系，特别是军事合作关系快速升温。总的来看，当前越美的军事合作主要在反恐、反毒品走私、扫雷、搜救和灾难救援等较不敏感的领域展开，但越南在美国亚太战略当中的地位日趋关键：越南向美国主导的“金色眼睛蛇”年度多国军演派遣观察员，而美国则与越南展开积极谈判，促使越南在早于，甚至排除中国参与的条件下加入跨太平洋伙伴关系（TPP）。[①] 有学者评价称，越南与美国的交好，实际上是在鼓励美国在该地区的军事存在，尽管拒绝宣布与之建立军事同盟。[②] 在历经了十余年的血腥厮杀后，出于彼此心照不宣的遏制中国之目的，越美双方似乎在彼此指责对方政治制度的同时，为应对中国崛起这一共同目标走到了一起。[③]

越南还力图发展与俄罗斯、日本和印度等亚太其他大国的战略关系以求在战略上制衡中国。越南对俄罗斯一向有着较为亲厚的观感。曾在苏联时期给予越南大量军事和经济援助的俄罗斯，现在被越南视为一个能够在亚洲和全球层面上制约中国的地缘政治力量。[④] 越南甚至还认为俄罗斯同越南一样，都担忧中国对其领土可能的威胁，唯一不同的是俄罗斯惧怕中国对其东南部领土（即远东和西伯利亚）的窥视，而越南则需提防中国对其北部领

① Luong Van Ke, “The Geopolitical Paradigms in Motion and Vietnam's Choice after Cold War,” *Social Sciences Information Review*, Vol. 17, No. 2, 2013, p. 9.

② Denny Roy, “Southeast Asia and China: Balancing or Bandwagoning?” *Contemporary Southeast Asia*, Vol. 27, No. 2, 2005, p. 310.

③ Denny Roy, “Southeast Asia and China: Balancing or Bandwagoning?” *Contemporary Southeast Asia*, p. 315.

④ 1978年，越南与苏联签订友好互助条约。苏联给予越南援助额到1978年已经上升为8亿美元。1979年中国对越自卫反击战打响后，苏联对越援助额骤升至14亿美元。两国加强苏联在远东有30个师以北京为目标加紧战备，越南允许苏联使用岘港（Da Nang）和金兰湾。参见Luong Van Ke, “The Geopolitical Paradigms in Motion and Vietnam's Choice after Cold War,” *Social Sciences Information Review*, p. 9.

土和海上岛屿“入侵”的威胁。越南同样还将日本视为是一个理想的战略伙伴，认为均与中国有着上千年斗争经验的越、日两国，彼此通过海上贸易通道紧密相连，可以成为减轻中国对彼此压力、化解中国经济竞争、强化彼此国家安全的“强有力堡垒”。[①] 越南同样考虑与印度建立某种正式的军事合作关系，因为两者都有合作“对付中国威胁、确保国家安全”的现实需要。

二、夺控南海：越南地缘战略的重点

越南对于中国南海（越南称“东海”，Bien Dong）的窥伺由来已久。近几十年来，以所谓“历史依据”论证鼓吹论证其对中国西沙（越南称为“黄沙”，Hoang Sa）和南沙群岛（越南称为“东沙”，Truong Sa）的主权诉求，已经充斥了越南国内政学界。[②] 值得注意的是，冷战结束以来，从地缘政治的角度强调上述岛礁在确保越南国家安全方面的重要意义，亦成为很多越南学者论述南海问题的重要依据。在他们那里，越南狭长的、拥有3000余公里海岸线的领土，导致越南非常容易遭受来自海上的攻击，这在越南抗美战争当中已经尽显无疑，美国以航母编队为核心的空中打击力量正是从这个方向对越南北方展开了狂轰乱炸。在陆上几乎全无战略纵深的情况下，控制南海、实现对西沙和南沙岛礁的控制占领，可以使越南的国防前沿向东方增加上千公里，这对于越南国家安全着实“具有难以估价的战略价值”。相反，南海特别是南沙岛礁一旦落入中国控制的话，越南除了来自北方的恒久威胁无法消除外，其国土安全亦不得不直面来自东方

① Luong Van Ke, “The Geopolitical Paradigms in Motion and Vietnam's Choice after Cold War,” *Social Sciences Information Review*, p. 9.

② 比较全面的论述可参见 Hong Thao Nguyen, “Vietnam's Position on the Sovereignty over the Paracels & the Spratlys: Its Maritime Claims,” *Journal of East Asia & International Law*, Vol. 5, No. 1, 2012, pp. 165 – 211.

和南方的威胁，它将会面临中国的“三面夹击”。[①]

在越南对控制南海的强烈诉求当中，地缘经济因素在越南国家战略决策当中的重要性亦不断上升，南海海洋资源开发现已在越南经济发展当中占据了极其重要的地位。例如，越南国营的“越南石油天然气集团”在2010年越南国民生产总值当中的比例达到了24%。而越南石油盈利的主要来源就是来自它在南海的石油和天然气开采。另外，渔业、旅游、海上运输和港口服务对越南经济发展的作用也在日趋突出。正是看到海洋经济的巨大潜力，2007年1月越共中央通过的《2020年前越南的海洋战略规划》决议当中，宣称要在2020年前将其海洋经济总量提升到其国民生产总值的53%—55%，以及出口总额的55%—60%。[②]

正是在这种思路的指导下，虽然在20世纪50年代越南还在官方表态当中对中国西沙和南沙诸岛主权归属问题并无异议，但自南北统一之后，特别是在20世纪90年代《联合国海洋法公约》（UNCLOS）生效前后，越南很快加大了对南海诸岛，特别是南沙岛礁的侵占力度。作为当前南沙群岛占领岛礁最多、扩张野心最大以及东盟国家中唯一一个提出对西沙、南沙群岛全部主权要求的国家，越南对中国南海主权和海洋权益构成最为严重的威胁。越南甚至还将对中国南海岛礁的控制和对中国南海海洋权益的掠夺上升到国家战略的层面。早在2001年4月，越共九大就通过《2001至2010年越南经济社会发展战略》决议。该决议首次将开发南海海洋经济与“强化海上安全”相提并论，并提出加速控制开发南海的一系列措施。而在《2020年前越南海洋战略规划》当中，越南已经将海洋开发与海上安全置于国家战略的头等位置，“表达了越南政府渴望将南海海域海洋权益全部占

① Le Hong Hiep, “Vietnam's Strategic Trajectory: From Internal Development to External Engagement,” *Strategic Insights*, p. 9.

② Hong Thao Nguyen, “Vietnam's Position on the Sovereignty over the Paracels & the Spratlys: Its Maritime Claims,” *Journal of East Asia & International Law*, p. 207.

为已有的决心”。[①]

随着中国国家实力的快速增长，为应对中国愈发坚定的海上维权行动，越南求助于多种手段以巩固对中国南海岛礁的侵占和对中国海洋权益的掠夺。以 2011 年 5 月越南石油勘探船电缆“被割”、2014 年 5 月中国“中海油 981 钻井平台”西沙钻探及中国南海部分岛礁建设为借口，越南不断利用东亚峰会、东盟峰会、亚洲安全会议（香格里拉对话会）等场合全力渲染挑动南海问题，力图将其与中国的岛屿争端“国际化”，迫使中国在多边场合就该问题展开协商。与此同时，越南同时还加快了武装力量，特别是海、空军的现代化建设。自九十年代中期以来，越南相续获得了现代化的苏－30MK 系列战斗机、俄制“毒蜘蛛”Ⅲ型导弹艇、“猎豹”护卫舰、6 艘“基洛”级潜艇及“堡垒”陆基反舰导弹。[②] 主要通过武器购买，与之前微不足道的、仅由老旧的苏制甚至是美制的轻小型装备相比，越南当前主要用于应付南海方向形势的海空军实力增长已经令人耳目一新。越南还力图加强与印度、日本、美国等南海争端非当事国的军事联系，不断邀请上述国家海军舰只访问岘港、芽庄等港口，展开海军的联演联训，以求为其在南海的军事行动寻求可能的“合作伙伴”。

越南近来在中国南海问题上最出格的表演，当属 2014 年 5 月发生的“中海油 981 钻井平台事件”。尽管中国架设此平台的位置完全位于中国西沙群岛海域，但在越南当局的默许甚至纵容下，越南国内由群众抗议最终演化为一场“排华暴动”，成为东南亚地区自 1998 年印尼排华事件以来最大规模的反华暴力活动。越南总理阮晋勇 2014 年 5 月 30 日接受外媒采访时表示，越南坚决要求中国将“981 钻井平台”撤出“越南主权海域”，并积极

① Le Hong Hiep, “Vietnam's Strategic Trajectory: From Internal Development to External Engagement,” *Strategic Insights*, p. 10.

② Le Hong Hiep, “Vietnam's Hedging Strategy against China since Normalization,” *Contemporary Southeast Asia*, Vol. 35, No. 3, 2013, p. 354.

呼吁国际社会共同关注"中国这一蛮横行为"，要求中国"遵守国际法"。[①] 他在会见中国国务委员杨洁篪时更宣称，中方的行动"严重侵犯了越南的主权，给地区的和平、稳定、安全及航海、航空安全构成威胁，引起越南人民的不满并使其情感受到伤害，对两党、两国的合作关系造成消极影响"。[②]

实际上，越南对于中国南海的主张，特别是200海里专属经济区的主张，不仅与中国，甚至与柬埔寨、马来西亚、印度尼西亚、文莱、菲律宾等几乎所有的南海沿岸国家均存在冲突，仅仅不包括泰国和新加坡。[③] 尽管越南一再声称坚持通过谈判寻求南海问题的和平、长久解决，并愿在油气勘探、海洋环保、海洋科研、海上搜救、打击海盗等方面在南海同中国展开合作，但另一方面，从国家战略高度出发、采取各种措施强化巩固对南沙部分岛礁及海域的控制已经成为当前越南政治—知识精英的基本共识，而将包括西沙群岛、南沙群岛在内的中国南海全部或者绝大部分纳入实际控制之下，是越南当前对外政策的最主要的诉求之一。

三、寻求区域领导地位：越南的东南亚视野

在东南亚范围内，越南处于独特的地缘政治位置：它既可影响东南亚的大陆部分，亦可影响东南亚的海洋次区域。作为东南亚区域首屈一指的传统强国，越南在历史上对北方保持总体防御

① "越南政府总理阮晋勇接受彭博社记者的采访"，《越南共产党电子报》（越南），2014年6月1日，http：//cn. dangcongsan. vn/news/越南政府总理阮晋勇接受彭博社记者的采访－249705. html。

② "阮晋勇总理会见中国国务委员杨洁篪"，"人民报网"（越南），2014年6月18日，http：//cn. nhandan. org. vn/mobile/newest/item/2116301. html.

③ Stein Tonnesson，"Vietnam's Objective in the South China Sea：National or Regional Security?" *Contemporary Southeast Asia：A Journal of International & Strategic Affairs*, Vol. 22，No. 1，2000，p. 200.

态势的同时，对印支半岛的其他国家却不断地采取攻势：主要在前黎朝、李朝及陈朝时期，以“小中华”自居的越南以“宣弘教化”为名，频繁向南、西两个方向用兵，征占城，侵真腊，并与暹罗发生过多次争霸印支半岛的战争。① 越南一向认为，作为越南西部和西南部的重要邻国，老挝和柬埔寨在过去就是越南和暹罗这两大争雄国家的缓冲区（尤其是柬埔寨），是保证越南背部安全的“盾牌”，而“越南一直有复兴其古老梦想的打算，即建立一个由它领导的印度支那联邦”。②

在抗法及抗美战争结束后，特别是于 1975 年实现统一后，越南凭借在抗法及抗美战争当中发展起来的、相对东南亚各国具有压倒性优势的军事实力，实际上已经主导了东南亚的大陆区域。在武力极大兴盛的情况下，越南统一仅仅两年之后，便以“增强印支三国特殊关系”为借口，在通过签订《友好合作条约》实现控制老挝企图后，更是全面武装入侵柬埔寨，成功扶植起傀儡政府，力图实现所谓的“印支联邦”梦想。虽然最终在国际社会和联合国推动下，以 1991 年《柬埔寨和平协定》签署为标志，越南入侵柬埔寨图谋终以失败告终，但越南在老挝和柬埔寨发挥“传统地缘政治影响”的企图直至当下仍未消散。

进入 21 世纪以来，随着中老、中柬关系的发展，越南极为不安地看到：老、柬两国在中国的“拉拢下”，“有陷入中国轨道的迹象”。而越南既无足够的资源在老挝、柬埔寨与中国竞争，老、柬两国政治、军事领导人在抗法及抗美战争当中发展出来的对越南的“友好感情”，也因时光流逝而逐渐淡薄，越南在两国中的影响力正在全面衰落当中。尽管这两个国家仍同越南签有相

---

① 大卫·P·钱德勒：《十九世纪越南对柬埔寨的控制》，载《东南亚纵横》2000 年学术增刊，第 119—122 页。

② 李光耀（Lee Kim Chew）语，参见 Ralf Emmers, “Regional Hegemonies and the Exercise of Power in Southeast Asia: A Study of Indonesia and Vietnam,” *Asian Survey*, Vol. 45, No. 4, 2005, p. 659.

关协定，规定“不允许第三国使用其领土以危害彼此国家”，越南的西部安全依然有足够的保障；但由于中国的“渗透”，已经导致这两个国家开始在一些国际问题，特别是与中越两国有关的问题（如南海岛屿争端）上疏远越南。[①] 如何排除中国对这两个国家的渗透，巩固对老、柬两国的历史影响，成为当前越南政治精英考虑的头几号战略议题之一。

冷战结束后，越南还充分意识到地区组织，主要是东南亚国家联盟（ASEAN）在地区安全事务当中的重要意义，将积极参与东盟相关活动视为是可发挥地区领导能力的平台和有效途径。尽管越南 20 世纪 80 年代中后期争取加入东盟的动机最早是摆脱因入侵柬埔寨而导致的国际禁运与外交孤立，但很快越南便意识到加入东盟可以大幅提升越南对外战略的回旋空间。特别是在中国继续采取“敌视”越南政策、美国继续对越封锁、苏联开始寻求缓和同中美两国关系的情况下，越南加入东盟将能够极为有效地避免苏联同时与越南两大敌手交好对越南战略带来的严重冲击。[②] 与此同时，加入东盟还可将越南的国家安全与整个东南亚地区“联系在一起”。以此为平台，为越南同日、印等亚太地区其他强国发展安全合作提供了契机。越南时任外交部副部长陈光基（Tran Quang Co）指出，“单纯依赖一个主要强国（苏联）将不再与新的世界形势相适应，因此仅依靠苏联将置越南于一个新的安全两难当中”，因此“加入东盟看上去是一个好的选择”，“这可以使越南对外战略更为多元化和多边化”。[③]

1995 年越南加入东盟后，除经济合作外，越南将东盟作为其拓展国家影响力、实现国家战略企图的重要平台。2001 年在越南

① Luong Van Ke, "The Geopolitical Paradigms in Motion and Vietnam's Choice after Cold War," *Social Sciences Information Review*, p. 9.

② Nguyen Huu Quyet, *Vietnam's ASEAN Strategic Objectives since the 1986 DOI MOI Reform*, Tokyo: National Graduate Institute for Policy Studies, 2013, p. 33.

③ Nguyen Huu Quyet, *Vietnam's ASEAN Strategic Objectives since the 1986 DOI MOI Reform*, p. 38.

河内召开的第 34 届东盟外长会议，越南总理潘文凯（Phan Van Khai）就强调，越南视东盟为其对外政策中的重要组成部分，越南愿意在促进地区国家间合作等方面发挥“决定性”的作用。[①]在这种思路指导下，越南在地区热点问题上借助东盟机制，力图推动东盟服务于越南主张的做法已经屡见不鲜。尤其是在中国南海问题上，由于东盟国家中有 8 个是南海沿海国，4 个是南海海洋权益的声索国，因此拉拢东盟国家、利用东盟作为其处理同中国争端当中的砝码，在南海争端问题上形成“一致立场”以对抗中国，已经成为近年来越南东盟战略追求的主要目标之一。越南这种战略实质上已经取得了部分成功，尤其是在越南前外交部副部长黎良明（Le Luong Minh）担任东盟秘书长期间，企图将南海争端与整个东南亚安全形势相联系，在东盟各级会议当中不断推动南海问题进入议题。越南现在已经与菲律宾一起，成为利用东盟平台进行反华宣传的主要推手。

然而，越南力图通过东盟以实现支持其声索主张进而牵制中国的图谋，实际上有其严重的局限性。东盟内部很多国家从维护对华友好关系出发，对于越南利用东盟平台实现本国战略企图的做法持明显的保留态势。例如，2012 年 7 月在柬埔寨举行的第 45 届东盟部长会议（AMM）上，尽管越南和菲律宾一再坚持，但东盟部长级会议由于存在严重分歧，并没有就涉及中国南海问题发表会议公报，这在其四十余年的历史当中尚属首次，体现出东盟国家在这个问题上立场的严重对立，也反映出东盟大多数国家对越南力图绑架东盟为其国家战略服务企图的不安。对此，越南时任外交部长范平明（Pham Binh Minh）在其发表的声明中称

① Pham Quang Minh, “The East Asia Security Environment in the Beginning of the Twenty-first Century and the Adjustments in Vietnamese Foreign Policy,” *Asia-Pacific Review*, Vol. 18, No. 1, 2011, p. 103.

感到“非常失望”。[①]

四、基于地理的战略恐慌

在历史上，越南作为东亚国际体系当中的重要成员，与中国存在极为复杂的关系。一方面，自宋代自立以来，越南一般通过向中国称贡，换取中国对其地位的承认和册封，两国在历史多数时期尚能维持大致和平的局面；但另一方面，越南自立以来，在中国宋、元、明、清四个王朝乃至当代，中越两国均曾爆发过规模不等、个别时段甚至烈度极大的军事冲突。究其原因可能在于，除19世纪末期至20世纪50年代的法国、其后直至20世纪70年代初的美国外，中越两国在历史的绝大多数时间由于并不存在共同敌人带来的军事压力，因此两国间即便有宗藩关系的存在同时也维系了相当长时间的和平局面，但越南对中国的防范甚至敌视心理依然是主流，这与中国同东亚朝贡体系当中另一个重要成员朝鲜因共同敌人存在而形成的密切关系形成了鲜明的反差。

以中国角度观之，秦汉以来，交州由于远离中原政治中心，山水重隔，屡降屡叛。唐乱以来，业已形成自身传承，仓促间不可复制，因此恩威并施，不失为上策。然而从越南视角观之，其长达两千年的历史，一半的历史（即“北属时期”）是越南“反抗中国统治”的历史，而另一半的历史则是“抗击中国侵略”的历史。而基于两国在地理规模和国家实力上的悬殊差距，如何灵活运用臣服、顺从、平衡、抵制、抗击等不同的策略或策略组合，以求化解中国对于越南的“巨大压力”，已经成为自立以来所有越南决策者思考的头等问题。在这种所谓的“地理的暴政”面前，曾有一些越南学者断言，“只有成为西方国家一员或追随

① Le Hong Hiep, “Vietnam's Hedging Strategy against China since Normalization,” *Contemporary Southeast Asia*, p. 360.

西方后，中国才会真正尊重越南”。[①] 这种看法，显然既充满了对中国的偏见，同时也严重低估了越南政治—知识精英在地理和历史基础上对于北方巨人延续千年的疑惧。但在向北防御中国的同时，越南在其他战略方向上却采取了迥然不同的进攻态势。历史上越南统治区域基本上是越南北部地区，不及现代越南政治版图的1/3。而历代越南统治者一旦实现了国力的初步强盛后，便凭借其相对半岛其他各国较为优势的军事实力及模仿中国而大幅提升的文明程度，往往沿海岸线南下攻伐占城、真腊，极力扩大领土规模，这几乎已经成为惯例。

越南统一之后，“向北防御、向其他战略扩张”这一地缘政治逻辑同样也主导了击败美国这个当今世界头号军事强国而自我膨胀的越南领导人对越南未来国家战略的总体思考。但当其同苏联结盟以抗衡中国、同时在印支半岛展开军事扩张的战略大体失败之后，越南凭借抗美战争塑造起来的强国神话快速破产，更是面临到极为严峻的外部环境。陷入侵柬战争泥潭的越南绝望地看到，在地区其他方向扩张无望、美国基于意识形态因素对越南的封锁依旧牢固、中国对越自卫反击战给越南造成“巨大损失”的情况下，越南国家安全环境已经空前恶化。为缓解这种异常困难的形势，越南在国内开始采取“革新”政策以求发展经济、在国际上则采取结束柬埔寨战争、恢复同中国正常关系并寻求加入东盟的政策，在初步缓解了被四面围攻的国家安全挑战之后，越南的地缘政治境况业已取得了极大的改善。

尽管如此，从冷战结束后越南的对外战略实践来看，越南政治—知识精英对于越南自身及所处环境的“地缘政治想像”（geopolitical imagination）实际上仍未超越这一根本逻辑。本着这种思路，越南向西依旧在巩固对老挝及柬埔寨的影响力，向东则全力夺控中国南海岛礁及邻近海域。近年来越南不断以南海问题

---

① Luong Van Ke, “The Geopolitical Paradigms in Motion and Vietnam’s Choice after Cold War,” *Social Sciences Information Review*, p. 10.

为议题，极力鼓吹或暗示“中国威胁论”，挑动地区国家间的对立乃至敌对，配合域外大国对地区安全的介入，行纵横捭阖之能事，依然是“向北防御、向其他战略扩张”地缘政治逻辑的当代复活。特别是在中国国家实力日愈增强的情势下，很多越南学者颇为急切地断言，按目前发展看，中国将于21世纪中期重新成为东亚地区的超级大国、一个无可匹敌的力量，这一点现在已经不存在任何疑问。在此情况下，包括越南在内的地区中小国家将面对空前的地缘政治挑战。“当中国在成为亚太地区的新君主之前，留给越南的机会和时间均已所剩不多”。[①]

总的来看，冷战结束后越南当前很多政治—精英关于越南国家战略和地缘政治的思考，依然是一种传统的、不成体系的，主要以“零和”博弈为基本假定、以“权势”和“空间”为国家实力物质标尺的思维模式。尽管越南国内学术界并没有专门针对地缘政治理论体系建构提出较具标志性和影响力的理论演绎，但越南不少政治家和学者依旧能够相当熟练地使用地缘政治（特别是经典地缘政治理论）的概念、命题及“地缘政治”一词本身，来形容越南所处的国际环境及当下应有的国家对外战略。从这个意义上讲，越南的地缘政治思想是一种聚焦越南利益关切、以“政治现实主义加地理”为主要特征的话语体系，它依然是经典地缘政治立场、假定与精神情调的逻辑延续。

实际上，从经典地缘政治角度出发对越南当下及未来对外战略的筹划，实际上是与越南总体国家战略存在冲突的。在2016年1月28日通过的越共第十二次全国代表大会决议当中，除将越南战略目标描述为“坚决和坚持牢牢捍卫祖国的独立、主权、统一和领土完整”外，还将“捍卫党、国家、人民及社会主义制

---

① Luong Van Ke, “The Geopolitical Paradigms in Motion and Vietnam's Choice after Cold War,” *Social Sciences Information Review*, Vol. 17, No. 2, 2013, p. 10.

度而斗争”置于关键的位置。① 中国与越南同为当前世界最主要的社会主义国家，两国两党在维护国家稳定、政权安全、巩固党的执政地位等方面具有广泛的共同利益和合作基础。这一点，诚如习近平同志所指出的那样，“中国和越南都是共产党领导的社会主义国家，巩固党的执政地位、维护社会主义制度、实现国家发展目标，是我们共同的努力方向，也是中越关系大局所在。”② 与此同时，随着中越两国经济互利合作关系的空前发展以及中越经济依存度的大幅提高，也为越南超越“向北防御、向其他战略扩张”这一深植于越南部分政治—知识精英思想深处的地缘政治逻辑创造了难得的良机。在东亚经济飞速发展、国家间合作日趋深入、中国不断深化“与邻为伴、与邻为善”周边外交的今天，越南不少政治—知识精英迫切需要采取一种更为平衡和宽广的视野，从而超越经典地缘政治的思路，以合作求共赢，以协商取代对抗，否则将依旧在历史宿命论、地理决定论和国家博弈零和论的逻辑中继续延续“越中永恒敌对”这一“自我实现的预言”。

第五节　捷克：小国的生存之道

作为一个地处欧洲正中的小国，自 1918 年建国以来，捷克的国家命运历经了颇多坎坷：在摆脱老旧奥匈帝国桎梏仅二十年后，新兴的捷克斯洛伐克即遭纳粹德国的肢解与占领；纳粹败亡后，捷克斯洛伐克虽获得解放，但二十年后却再遭以苏联为首的华沙条约组织成员国的大举入侵，在冷战的绝大部分时间里一直

① “越南共产党第十二次全国代表大会决议（全文）”“人民报网（越南）”，2016 年 1 月 30 日，http：//cn. chandan. org. vn/daihoi_ xii/daihoi_ xii_ vanki endaihoi/item/3833201 – 越南共产党第十二次全国代表大会决议（全文）. html.

② “习近平会见越南国会主席阮生雄”，“新华网”，2015 年 12 月 23 日，http：//news. xinhuanet. com/photo/2015 – 12/23/c_ 128560698. htm.

处于苏联的严密控制之下；1989 年东欧剧变仅三年后，捷克斯洛伐克又告解体，捷克与斯洛伐克各自成为独立国家。捷克当代政治学家和地缘政治学者奥斯卡·克雷伊奇（Oskar Krejčí）在回顾过去一个世纪的历史后曾感慨地说："对捷克而言，1989 年的政治剧变实际上并没有特别重大的意义，因为在 20 世纪里捷克国家与政权的更叠已经经历了七八次之多。"① 面对这一异常动荡险恶、兴衰难测的历史进程，近现代以来一代又一代的捷克政治思想家纷纷通过对捷克民族历史、国家实力、地区关系的考察，以期对捷克国内外政策与发展战略进行相应谋划，从而为确保捷克的安全与生存提供理论襄助。出于同样的目的，冷战结束后，特别是自捷克斯洛伐克解体以来，在国家领土与外部环境急剧变动的宏观背景下，包括克雷伊奇等人在内的不少捷克学者开始在继承一个世纪以来前人思想的基础上，结合捷克当前的地区与国际形势，从地缘政治的角度入手，对捷克民族与国家的历史和现状、地区关系进行了新的描述与预测。尽管在捷克政治思想发展中，地缘政治历来不占据主流位置，其自身在体系发展、观点建构方面也存在严重问题，对捷克近现代以来外交政策实践的影响亦较为有限，但捷克学者在地缘政治方面的相关表述凭借其自成一体的精神格调，集中反映出冷战后捷克社会对其历史—政治身份与空间环境的认识与想象，体现出这个国家长久以来对于"强权环伺下小国生存战略"的不懈探索，格外值得学界的重视。

一、徘徊于主流与边缘之间：捷克地缘政治的思想传统

与英、德、法、美等国家相比，捷克地缘政治研究实际上并

① Oskar Krejčí, *Geopolitics of the Central European region: the view from Prague and Bratislava*, Bratislava: Veda, 2005, p. 12.

无成体系的思想传统可供传承，捷克历史上最为人所熟知的政治思想家大多都是从意识形态的角度考察和表述捷克对外政策与国际政治问题，地缘政治基本不是他们所惯常使用的工具。至少在话语文本上，捷克政治思想对于国际政治中道德规范、国际准则等人类精神实践因素的强调，远远超过对于国家权势与领土空间等此类地缘政治话语模式的重视。例如，本着为处于奥匈帝国严酷压迫之下的捷克民族争取民族权益的目的，19 世纪捷克近代民族主义理论先驱弗朗蒂舍克·帕拉茨基（František Palacky）在塑造捷克民族认同、致力于唤醒民族精神时，并没有如同时期其他国家学者那样，将民族理论置于领土传说、领土想象以及由此激发的领土崇拜基础上，而是致力于发掘贯穿于捷克民族的精神传统，特别是 15 世纪胡斯运动所体现的人文主义与民主精神，着力强调捷克民族在历史、文化、宗教等方面不同于奥匈帝国其他民族群体（日耳曼人、匈牙利人及其他斯拉夫民族）的独特之处，企图以此定义捷克民族的历史与文化身份，从而为捷克的民族解放提供正当性证明。[①] 与之类似，19 世纪末、20 世纪初，捷克斯洛伐克建国之父托马什·马萨里克（Tomáš Garrigue Masaryk）也主要是从道德规范的视角、而非欧洲均势抑或是权势斗争的角度论证捷克斯洛伐克独立的必要性与正当性。在他看来，与胡斯运动体现着相似的意义，捷克斯洛伐克自奥匈帝国中独立的诉求，是一场“自由信仰对抗神权专制的斗争、民主精神对抗老朽帝国的斗争”，这种诉求体现出的是一种“新的欧洲精神”，即“向着自由民主的进军”。[②] 在这种精神的引领下，欧洲各个民族的利益均应得到保障，捷克斯洛伐克于第一次世界大战后的独立正是顺应这一历史趋势的必然结果。

① Petr Drulák, “Between Geopolitics and Anti-Geopolitics: Czech Political Thought,” *Geopolitics*, Vol. 11, No. 3, 2006, pp. 423 – 424.

② Petr Drulák, “Between Geopolitics and Anti-Geopolitics: Czech Political Thought,” *Geopolitics*, p. 425.

尽管在上述思想家的相关表述中，国家的权势、空间及其相互关系似乎从不是他们论述的重点，但他们同样也认识到：作为一个处于大国强权夹缝中的小国，地缘政治始终是捷克生存发展时刻面临并须加以审慎应对的重大战略性问题。正是出于这种原因，在上述充满意识形态意味的话语背后，这些学者实际上也发表过许多蕴含着丰富地缘政治含义的表述。例如，尽管帕拉茨基将胡斯运动体现出的对“民主、人道主义”的追求视为贯穿捷克民族历史发展的主线，强调发掘捷克的民族精神与民族传统才是实现捷克民族复兴的必经之路；但另一方面，他也充分认识到了奥匈帝国的压迫、特别是19世纪流行的“泛日耳曼主义”与“泛斯拉夫主义”对捷克民族复兴形成的多重压力。帕拉茨基所筹划的对策就是，捷克民族应当积极参与将奥匈帝国改造成一个承认均势原则且保障弱小民族利益的中欧联邦，这个联邦将保护其内部的各个民族，并足以应对来自东、西方大国的扩张压力。[①] 本着同样的目的，为了确保一战后刚刚独立的捷克斯洛伐克国家的生存与安全，马萨里克通过将捷克视为欧洲“宗教改革与民主精神先行者”，强调捷克在培育所谓“个人责任、自律、反对外来压迫”等美德上对于欧洲民主精神的“贡献”，确立了其身份归属感，从而为两次世界大战期间捷克斯洛伐克国家大战略的确立（即寻求与法、英等享有“共同”意识形态的西方国家建立牢固的同盟关系，对德国、苏联采取充分的警惕态度）提供了理论依据。从这个角度来看，捷克当代国际政治学者彼得·德鲁拉克（Petr Drulák）说得有理，尽管历史上捷克的政治思想家们不断地以意识形态词藻来说明其对外政策，但这实际上是一种“具有地缘政治意味的‘反’地缘政治传统”。[②]

---

① Oskar Krejčí, *Geopolitics of the Central European region: the view from Prague and Bratislava*, p. 200.

② Petr Drulák, “Between Geopolitics and Anti-Geopolitics: Czech Political Thought,” *Geopolitics*, p. 423.

在主流政治思想之外，历史上捷克部分学者的表述也为捷克地缘政治思想的发展提供了养分。主要受益于德国地理学家弗里德里希·拉采尔（Friedrich Ratzel）观点的启发，两次世界大战之间捷克政治学家维克托·德沃尔斯基（Viktor Dvorsky）就将地理与权势而非规范或思想视为主导历史与政治发展的关键性力量，而地缘政治则被称为是在国家生存发展中发挥决定性作用的"国家科学"或"民族的生物学"。秉持拉采尔的逻辑，德沃尔斯基指出，地球上的每一块领土都有其自然界限，而一个国家的领土如果不能跟自然形态相符，则这样的领土注定是"暂时存在的"。在考察了独立后捷克斯洛伐克及中欧地区自然与领土形态后，他区分出所谓"流域国家"（basin state）与"山脊国家"（dorsal state）两种不同的领土形态：前者的实力中心位于河流附近，其边界位于周边山脉；后者的实力中心位于山区，边界则位于毗邻河流的山谷。德沃尔斯基在分析第一次世界大战后中东欧地缘政治形态的过程中，断定捷克斯洛伐克的西部边界必然是一块冲突之地，它位于德国"山脊战略"（将边界推进至易北河—摩尔多河流域）与捷克斯洛伐克的"流域战略"（将边界固定在周边山脉）争夺的焦点上，上述两国在该区域上的争夺乃至冲突"从地理上讲是不可避免的"。[①]

另一位对捷克地缘政治思想发展作出重大贡献的，当属同一时期捷克经济地理学家雅罗米·柯扎克（Jaromír Korčák）。与德沃尔斯基相比，柯扎克的相关表述明显更倾向于法国地理政治学派。[②] 部分吸取了维达尔·德·拉·布拉什（Vidal de La Blache）、阿尔贝特·德芒戎（Albert Demangeon）等法国学者关于人类精神力量、主观能动性对全球地缘政治进程影响的论述，柯

① Petr Drulák, "Between Geopolitics and Anti-Geopolitics: Czech Political Thought," *Geopolitics*, p. 429.

② 有关法国地理政治学的介绍，可参见葛汉文：《批判与继承：二战后法国的地缘政治思想》，载《世界经济与政治》2011 年第 2 期，第 40—54 页。

扎克引入了所谓“部落区域”（tribe area）的概念以证实新兴的捷克斯洛伐克国家存在的合法性。他认为，部落区域是一些具有极强历史持续性的、由特定的人类定居者群体所构成的地理区域，后者发展出具有独自特点的种族—地理实体，构成了一个民族的“坚核”。在柯扎克看来，中欧摩拉瓦河冲积平原、波希米亚的易北河低地与斯洛伐克的多瑙河低地就是这样一个部落区域，它历来是捷克和斯洛伐克民族历史繁衍的地理空间。从这个意义上讲，一战后捷克斯洛伐克国家的出现绝非是政治家们“臆想的创造物”，相反它是一个具有悠久历史且合乎自然的地缘政治实体。在区域地缘政治层次上，柯扎克将一些具有特别巨大能量的“部落区域”称为地缘政治的“行动中心”。他在仔细考察了20世纪30年代德国国力的复兴后，不无钦佩同时也心怀畏惧地提醒捷克斯洛伐克民众：德国迅速兴盛的权势力量已被证明是欧洲历史上先后出现的四大行动中心当中最年轻也是最活跃的一个（即所谓“波罗的海行动中心”[①]），它将是一个“新兴的、更具活力的欧洲”的发展核心；但不幸的是，它也正是新兴的捷克斯洛伐克独立与生存的大敌。[②]

在两次世界大战之间欧洲国际政治波云诡谲的情势下，捷克地缘政治思想家尝试通过借鉴不同风格的地缘政治假说，为甫经成立、国小势弱但强敌环伺的捷克斯洛伐克寻找生存发展之道。与当时主导捷克政治决策的马萨里克等人的思想形成鲜明对照，他们普遍对当时弥漫于捷克斯洛伐克国内社会并主导了对外政策制定的意识形态论调不以为然，强调必须精细考察中欧及整个欧

① 另外三个历史上的“行动中心”分别位于东地中海、意大利与莱茵河和塞纳河之间西欧区域。参见 Petr Drulák，“Czech geopolitics：Struggling for survival，” in Konstantin Khudoley，and Thomas J. Volgy，eds.，*Reflecting on a Wider Europe and Beyond*：*Norms*，*Rights and Interests*，Saint Petersburg：Saint Petersburg State University Press，2007，p. 125.

② Petr Drulák，“Between Geopolitics and Anti-Geopolitics：Czech Political Thought，” *Geopolitics*，p. 431.

洲权势空间分布态势的现状及趋势从而判定国家对外政策的基本走向；他们都强调日耳曼国家（神圣罗马帝国、奥匈帝国、特别是两次世界大战之间的德国）对捷克民族及捷克斯洛伐克国家生存构成的巨大威胁，主张改变固守意识形态桎梏、盲目依赖与西方国家同盟关系的做法，灵活运用均势原则加以化解。尽管这些地缘政治家们的观点并没有被两次世界大战之间捷克对外政策实践所采纳和验证，但 1935 年后捷克国际环境的空前恶化、1938 年《慕尼黑协定》的签署及随后捷克斯洛伐克的覆亡，至少证明了这些学者对于捷克主流政治思想及其笨拙的对外策略的批评显然不尽是无的放矢。

二、反思历史、汲取教训：冷战后捷克的地缘政治思想

冷战期间，捷克斯洛伐克作为社会主义阵营的一员，在意识形态上处于苏联的强大影响之下。而在苏联国内，由于地缘政治一直被官方痛斥为一种“伪科学”（lzhenauka）和一种为垄断资产阶级发明的、与马克思列宁主义势不两立的帝国主义侵略谬论，除二战前夕阿尔弗雷德·马汉（Alfred T. Mahan）的两部著作曾被翻译成俄语出版外，苏联学者长期以来对大多数地缘政治理论都不甚了解，并持明显的批判态度。[①] 受此影响，第二次世界大战结束后，地缘政治连同早先以帕拉茨基与马萨里克等人观点为代表的主流政治思想在捷克国内一并遭到指责，地缘政治在其后近半个世纪的时间里成为学术研究的一个禁区。

冷战结束后，伴随着欧洲乃至世界的空间权力结构的革命性重组，包括德国、俄罗斯、波兰、乌克兰在内的很多中东欧

---

① Vladimir Kolossov, and Rostislav Turovsky, “Russian Geopolitics at the Fin-de-siecle,” in Andrew H. Dawson, and Rick Fawn, eds., *The Changing Geopolitics of Eastern Europe*, London: Frank Cass Publishers, 2003, p. 142.

国家知识界开始寻求采取一种新的国际政治视角，对冷战后欧洲政治的权力格局与空间秩序进行深入解读，地缘政治也因此再度进入到他们的视野当中。[①] 正是在此背景下，地缘政治研究在冷战后的捷克斯洛伐克（及解体后的捷克共和国）应运而生，捷克当代地缘政治学者在融合吸收帕拉茨基、马萨里克、德沃尔斯基与柯扎克等人思想观点的基础上，力图从地缘政治的视角出发，重新探究捷克的民族历史与政治身份，分析考察冷战后中东欧地区环境的基本特征与发展趋势，以期从理论上发现捷克对外政策存在的不足与缺陷，从而为捷克应有的对外战略提供思想支撑。

这些学者的努力，首先集中在对捷克民族历史与政治身份的反思上。实际上早在两次世界大战之间，捷克地缘政治研究的先行者德沃尔斯基、柯扎克等人就对帕拉茨基与马萨里克关于胡斯运动对捷克民族历史具有“巨大贡献”的说法提出了强烈质疑。这些学者认为，胡斯运动实际上摧毁了波希米亚王国在宗教与民族上的统一，造成了捷克民族发展的大倒退；而9世纪左右雄起于中欧地区的大摩拉维亚帝国才是捷克民族发展中最重要的历史。[②] 与这种观点相类似，冷战后捷克地缘政治学者克雷伊奇也指出，作为中世纪中欧地区斯拉夫人所组建的最有名、最成功的国家，大摩拉维亚帝国的荣光并不完全体现在武功之强大，而在

① 对于冷战后德国地缘政治思想的述评，可参见葛汉文：《退回未来：冷战后德国地缘政治思想刍议》，载《欧洲研究》2011年第4期，第119—139页。对冷战后俄罗斯地缘政治思想较为全面的介绍，参见 Natalia Morozova，“Geopolitics，Eurasianism and Russian Foreign Policy Under Putin，” *Geopolitics*，Vol. 14，No. 4，2009，pp. 667 – 686；Marlène Laruelle，“The Two Faces of Contemporary Eurasianism：An Imperial Version of Russian Nationalism，” *Nationalities Papers*，Vol. 32，No. 1，2004，pp. 115 – 136；Mark Bassin，and Konstantin E. Aksenov，“Mackinder and the Heartland Theory in Post-Soviet Geopolitical Discourse，” *Geopolitics*，Vol. 11，No. 1，2006，pp. 99 – 118. 以及葛汉文：《冷战后俄罗斯的地缘政治思想》，载《国际政治研究》2012年第2期，第125—142页。

② Petr Drulák，“Between Geopolitics and Anti-Geopolitics：Czech Political Thought，” *Geopolitics*，pp. 429 – 431.

于其具有这样一种文化—政治功能，即将东方文化（拜占庭文化）与西方文化（罗马—日耳曼文化）融而为一，这正是它得以在中欧地区灵活应对来自各个方向的压力并成功壮大的根本原因。但是，大摩拉维亚帝国在10世纪晚期被匈牙利人击败并最终瓦解则是悲剧性的，引发了一系列严重的后果：与拜占庭帝国的联系被完全切断；捷克斯洛伐克领土被分割；斯洛伐克民族性被湮灭；捷克民族处在了日耳曼人与匈牙利人的团团包围当中。自那时起，捷克与斯洛伐克民族的历史，就成为以保证民族性延续为目的，与周边民族及强权展开的同化与反同化、压迫与反压迫的斗争过程。[①] 在这些学者看来，历史的经验已经反复证明：日耳曼人与匈牙利人始终是捷克与斯洛伐克民族的大敌，在历史上严重威胁到捷克民族与国家的生存，捷克必须对上述两国保持经久的警惕，而大摩拉维亚帝国融会东西方文化以壮大自身的成功经验，可以为化解这些外来压力提供一个值得参考的案例。

这些学者还尤其关注两次世界大战之间捷克斯洛伐克的历史。他们坦言，由于国小势弱，第一次世界大战后新兴的捷克斯洛伐克国家是无法与欧洲整体相分割的，国际环境而非国内局势才是决定这个国家建立、生存与发展的根本原因。[②] 在他们看来，一战后建国的捷克斯洛伐克在地理与文化上处于一种“东西兼顾”的位置，这种位置为其对外战略提供了多种可能：一方面，新独立的捷克斯洛伐克可以凭借其“自由民主”体制产生的所谓“意识形态归属感”而接近西方国家；另一方面，作为斯拉夫人在欧洲最西端的一支，捷克又可基于种族上的亲近感与周边的斯拉夫国家（如波兰、南斯拉夫、特别是苏联）建立联系。但令人

① Oskar Krejčí, *Geopolitics of the Central European region: the view from Prague and Bratislava*, p. 67.

② Oskar Krejčí, *Geopolitics of the Central European region: the view from Prague and Bratislava*, p. 11.

遗憾的是，在帕拉茨基与马萨里克的教诲主导捷克斯洛伐克对外政策的情况下，早先的俄罗斯帝国（及其“泛斯拉夫主义”）以及后来的苏联（及其社会主义意识形态）始终被视为捷克民族“自由精神”和捷克斯洛伐克国家“民主体制”的天生大敌，这便堵死了捷克斯洛伐克可能拥有的战略选择。而单纯依赖西方国家同盟关系的结果，已经成为历史的一个笑柄：西方国家是不会为保障遥远东方一个小国的生存而甘愿冒与一个敌对强权全面开战风险的，这早已从《慕尼黑协定》中得到了极其充分的证明。正是在这种错误战略的引领下，20 世纪 30 年代中期的捷克斯洛伐克在面对空前突出的德国威胁时，“既从法国盟友那里得不到安慰，俄国盟友又捉摸不定……捷克人陷入了孤立无友、格格不入的国际环境中”①。

在回顾历史的基础上，这些学者发现，捷克斯洛伐克的历史实际上已经充分昭示了其对外政策制定必须依据的三个基本前提：第一就是承认捷克斯洛伐克是小国，它几无任何权势潜力，也根本没有成长为强权的可能性。在中东欧范围内，它可以与奥地利、匈牙利等国相提并论，但在国家实力或权势潜力上与德国、俄罗斯等国没有任何的可比性，在历史上时常处于上述大国权势的压力之下。第二就是捷克斯洛伐克的经济、政治、社会稳定与国际环境和地区关系紧密相关。当与其他国家、特别是周边主要强国的政治、经济、军事关系一旦恶化时，它实际上几乎无法生存。第三就是捷克唯有如中世纪大摩拉维亚帝国那样充当“东西方之桥”的作用，通过平衡东西方关系，才能有效抵御其最大敌人（德国）所施加的巨大压力。②

---

① Alan Palmer, *The Lands Between: A History of East-Central Europe since the Congress of Vienna*, London: Weidenfeld and Nicolson, 1970, p. 233.

② Oskar Krejčí, *Geopolitics of the Central European region: the view from Prague and Bratislava*, p. 423.

三、欧盟与北约：对冷战后捷克对外政策的批评与讨论

在冷战结束后捷克斯洛伐克国内思想的大变动与大冲突中，捷克主流社会致力于从以帕拉茨基、马萨里克为代表的捷克传统政治思想中寻找理论依托，力图重新塑造起捷克作为“中东欧地区自由民主先行者”的民族精神和国家形象，从而与二战后捷克半个世纪的社会主义历史“划清界限”，为其“重返”西方民主国家行列进行理论铺垫。曾担任过捷克总理和总统的瓦茨拉夫·克劳斯（Václav Klaus）就强调，除了被冷战中断的四十年时间外，捷克作为西方的一部分已经有一千年的历史。而捷克斯洛伐克的分裂，则使得捷克已经不再与乌克兰、匈牙利拥有共同边界，这便意味着捷克现在已经与东方及多瑙河区域不存在任何的联系。[①] 正是出于这种考虑，自20世纪80年代末东欧剧变、冷战结束和苏联解体以来，捷克斯洛伐克（以及1993年后的捷克共和国）奉行的是一种“回归西方”的对外政策：在竭力淡化与苏联（俄罗斯）政治、军事和经济联系的同时，积极参与欧洲一体化过程，发展跨大西洋军事关系，主动扩大和加强与西方国家的政治、经济和军事联系。不仅如此，冷战后捷克对外政策还体现出浓厚的意识形态色彩。以担任捷克斯洛伐克及解体后捷克共和国总统达13年之久的瓦茨拉夫·哈维尔（Václav Havel）为例，作为一个著名的前政治异见者，哈维尔宣称他对国际政治的理解建立在“人权普世性”基础之上。在他看来，“摆脱了共产主义统治的捷克不能固守狭隘的国家利益”，而是应当将自身利益视为人类整体利益的一部分，将推进“民主”、“人权”的世

① Petr Drulák, “Between Geopolitics and Anti-Geopolitics: Czech Political Thought,” *Geopolitics*, p. 432.

界性普及作为捷克对外政策的基本原则。① 以此为理论依据，冷战后捷克在外交政策上对西方国家的积极支持（如参与海湾战争、支持北约在前南地区、阿富汗与伊拉克的军事行动等），统统被视为“维护人权和世界正义”，而绝非是为了自身利益而取悦西方国家。

尽管在捷克大多数政治精英看来，以1999年捷克成为北约正式成员国以及2004年捷克加入欧盟为标志，捷克“回归西方”的对外政策已经取得了不小的成功，但这种以强烈意识形态面目出现的国家主流政治哲学及其政策实践还是受到了捷克部分地缘政治学者的质疑。在这些学者看来，冷战的结束虽然消弭了二战后美苏两大超级强国在欧洲的军事对峙给中东欧各国生存带来的巨大威胁，但包括捷克在内的中东欧国家依旧面临着包括国内政治经济局势不稳、跨国犯罪、世界资本主义结构失序等多层次、复合性的挑战；与此同时，传统的、由于使用或威胁使用武力而引发的国际危机在欧洲依然有出现的可能。从这种意义上讲，冷战后捷克所面临的国际安全形势可能较两次世界战之间时更为复杂。然而，捷克当前所奉行的那种建立在浓厚意识形态基础上、含糊空洞的国家战略，在历史上就无法挽救捷克斯洛伐克的覆灭，而今更是拙于应付冷战后捷克所面临的复杂安全挑战。特别是在欧洲一体进程深入发展、欧盟范围扩大、北约东扩等一系列具有显著地缘政治影响的重大问题上，捷克对外政策实际上远远未能做出一种细致的和平衡的分析，其结果则导致了其对外实践的盲目性与任意性，极大地损害了冷战结束后捷克原本有利的地缘政治态势。

这些学者对于捷克积极寻求加入欧洲一体化进程实际上并无太大异议。在他们看来，尽管欧盟在机构设置与运行机制上存在很多问题，但欧洲一体化本身是一个极为宝贵的观念。作为一个

① Petr Drulák, “Between Geopolitics and Anti-Geopolitics: Czech Political Thought,” *Geopolitics*, p. 427.

新型的经济、社会与政治组织，欧盟致力于消弭各成员国间的敌对与冲突，打破了各个国家间传统的政治边界，并且建成了欧洲统一货币与统一市场。通过几十年的不断发展，它已经远远超越了传统的国际组织的概念，很可能标志着一种新型政治制度的出现。因此，捷克和斯洛伐克加入这一进程，肯定有助于加深与欧盟其他国家的彼此联系和相互依存，从而为捷克和斯洛伐克的国家安全与经济发展提供保障。但与此同时，这些学者也敏锐地看到，随着欧洲一体化进程的逐步深入，欧盟各成员国在政治、经济层面上的分裂倾向也在逐步加深。在经济层面上，随着欧盟范围的不断扩大，欧盟各成员国在经济水平、国民收入、财政状况上的差距并没有明显缩小，甚至进一步加大了，这似乎正在印证法国前总统密特朗在 20 世纪 90 年代初的预言，即："繁荣的欧洲"与"被抛弃的欧洲"之间的鸿沟还将进一步加深。[①] 在政治层面上，出于协调各方面利益的需要，近年来欧盟政治架构的发展使其致力于保护那些有较强影响力的成员国的利益，更甚于保护欧盟整体和小国的利益，这使得捷克此类小国或多或少走上了德、法这些欧盟大国对外政策的轨道。在这部分学者看来，这些趋势的发展，无不要求捷克必须对欧盟（及其主要国家）的政策动机进行更加深入的分析，才能对捷克在欧盟中的地位与应当发挥的作用做出更切合实际、更有利于捷克国家利益的评估与谋划，而当前的捷克对外政策显然没有达到这一目标。

针对冷战后捷克加入北约以寻求安全保障的做法，这部分学者表现出明显的保留立场。克雷伊奇就提醒捷克民众必须牢记两次世界大战期间西方国家通过《慕尼黑协定》出卖捷克斯洛伐克的历史。他要求当前的捷克国务活动家们务必考虑这样一个问题，即："如果来自俄罗斯的威胁现实存在的话，北约中的西方

① Oskar Krejčí, *Geopolitics of the Central European region: the view from Prague and Bratislava*, p. 449.

强国是否会为了中东欧一个小国而甘愿冒与俄罗斯核对峙的风险?”[1] 与此同时，这些学者还指出了北约在保障其成员国（特别是小国）安全方面实际上存在的诸多问题：北约不是一个自动进行集体防御的机器，由于各成员国都有其自身的利益，加之成员国国情的千差万别，因此北约机构在面临重大安全挑战时能够发挥的作用十分可疑；作为一个传统类型的、冷战时期所构建的军事组织，北约的目标在于保卫其成员国不受外来的武装入侵，但目前北约各国面临的威胁已经大多不再来自于传统安全领域，非传统安全挑战日趋突出，在应对此类挑战时，北约目前的能力和意愿显然严重不足；另外，随着 1999 年北约首脑会议“联盟战略概念”（SCA）的通过，北约很可能借此强行介入其成员国的国内事务，这无疑将对各成员国的主权独立构成一定的威胁。

针对冷战后日益加速的北约东扩步伐，这些学者更是提出了强烈批评。他们指出，冷战的结束使得在欧洲爆发大规模战争的可能性几乎完全消失，包括捷克与斯洛伐克在内的中东欧各国实际上存在于一个前所未有的、具有重大历史意义的安全环境当中。但是随着北约东扩步伐的加快与北约新战略的通过，欧洲的安全环境不但没有得到加强，却反而恶化了，其具体表现就是俄罗斯与北约之间的相互信任感大幅下降。关于这一点，捷克历史与政治学者瓦茨拉夫·科特克（Václav Kotyk）指出：冷战结束后，中欧在俄罗斯对外政策中实际仅居第二等的位置，但是美国等西方国家大力推动北约东扩的举动，反而提醒了俄罗斯中东欧在地缘政治上的重要之处。“冷战结束后，俄罗斯的政治边界实际上已经被向东推回了五百公里，如果北约的军事基地紧贴俄罗斯边界而建设，俄罗斯的行政中心与主要的经济区都将处于北约战术导弹的射程之内。……这必将导致俄罗斯在西方的步步进逼

---

① Oskar Krejčí, *Geopolitics of the Central European region: the view from Prague and Bratislava*, p. 424.

下开始改变冷战结束之初对西方的亲近立场，转而越来越多地用传统的方式保卫国家利益”。[①] 与此同时，这些学者郑重地指出，千万不要低估俄罗斯的自我恢复能力。苏联花了13年时间从一战与内战中恢复过来，农业工业产出达到了1914年的水平；二战后，苏联也仅用了10年的时间恢复了战争创伤。[②] 以此类推，普京治下的俄罗斯在实力上很快就可以恢复到一个真正大国的水平。如果考虑这种可能性，那么那种视俄罗斯为天然威胁并以扩大北约作为削弱这一威胁的做法，势必引发不可预知的危险后果，最终难免将发展成为一种“自我实现的预言”。这些学者因此推断，欧洲和平的前景无法因北约东扩而得到保障，只有维持欧洲各个强国之间的有效协议与权力平衡才是在欧洲建立新均势的关键。[③]

这些学者警告说，尽管捷克现在似乎正与冷战的胜利者站到了一边，在北约东扩，参与海湾战争、阿富汗、伊拉克等各项战事以及在捷克部署反导系统等议题上均采取了积极的态度，但捷克如果继续顽固地追随北约、利用俄罗斯短暂的羸弱帮助北约谋求更大优势的话，这必将刺激恢复国力的俄罗斯重新回到军事强权的道路。届时，捷克刻意取悦西方国家而不惜触怒俄罗斯的对外政策将使其被拖入一场永远无法取胜的冲突中去。因此，捷克加入北约实际上并不能解决一切问题，而只是为捷克生存与发展提供了一个“新的背景”而已，作为中东欧地区的小国、弱国，捷克只能仰仗自身高超的外交技巧，仔细算计自身对外战略，以灵活的方式平衡与周边各强国的关系，而非单纯依赖某个西方大国而运用其微弱的武力。但不幸的是，冷战后捷克政治精英所推行的外交政策，实际上是在将他们的国家“推向德国，拒绝其斯

① Oskar Krejčí, *Geopolitics of the Central European region: the view from Prague and Bratislava*, p. 429.

② ［美］保罗·肯尼迪著：《大国的兴衰：1500—2000年的经济变迁与军事冲突》，陈景彪等译，北京：国际文化出版公司2006年版，第402、452页。

③ Oskar Krejčí, *Geopolitics of the Central European region: the view from Prague and Bratislava*, p. 431.

拉夫起源，同时过于依赖英、法和美国”。[①] 然而英法两国早已衰弱，美国在德国没有大规模重新武装前也不会阻止德国在中东欧地区取得统治地位，俄罗斯暂时的衰弱更使得它对中东欧局势的影响大幅下降。从这种角度看，捷克目前的国际环境实际已经大幅恶化，它正在被越来越多地纳入到德国的轨道当中去，似乎正在重蹈两次世界大战之间捷克斯洛伐克对外政策的覆辙。

四、小国的生存之道

长期以来，地缘政治在捷克政治思想当中并不占据主流地位，在捷克对外政策制定中发挥的作用也较为有限。捷克知识精英以及公共舆论长时间忽视地缘政治的原因，可能在于他们相信：捷克国小势弱，如果在对外政策当中妄谈权势、领土争夺，不仅无成功之可能，反而会引发周边大国更大的敌视与压力；而突出意识形态特征，强调宗教、道德、法律或国际规范的作用，借此占领道义高地，引发外界与国际舆论的同情，反而为制约敌国行动、保障捷克生存提供了部分可能。然而，正如捷克当代部分学者所指出的那样，这种长期以来突出道德规范、以强烈意识形态色彩为特征的对外政策考虑，在实践当中所发挥的作用是十分可疑的。特别是在应对一些至为关键的国际政治事件面前，这种政策一再证明它很难在强敌环伺的国际背景下确保捷克的生存，这已在捷克国家不长的历史中得到了数次证实。主流政治思想及其对外政策实践所体现出的诸多不足，也正是地缘政治研究虽长期被排斥在捷克主流政治传统之外，但其学术研究却一直未曾中断、甚至在个别时期能够在捷克国内社会发挥一定影响的主要原因。

诚如荷兰当代地缘政治学者海尔曼·乌斯滕（Herman

① Petr Drulák, “Between Geopolitics and Anti-Geopolitics: Czech Political Thought,” *Geopolitics*, p. 435.

Wusten）所指出的那样，“如果地缘政治在一个国家社会生活与日常政治辩论中的作用开始大幅增强，表明了其国内社会已经充分意识到其国家的权力地位或者正在面临极大危险，或者正处于急剧变动当中”。① 地缘政治研究在捷克政治思想发展中的数次兴衰，也完全证实了这一规律：两次世界大战之间，新兴的捷克斯洛伐克国家所面临的异常险恶的国际局势，催生了德沃尔斯基、柯扎克等人在地缘政治方面的思考；20 世纪 80 年代末、90 年代初苏东剧变所引发的欧洲国际政治大变局，吸引了捷克当代地缘政治学者的极大注意，并引发了他们对于捷克民族历史、政治身份与当前外交政策的广泛讨论。以历史的角度观之，地缘政治研究在捷克国内社会兴起之时，往往都是捷克民族与国家权力地位出现巨大变动、捷克主流政治思想及对外政策实践面临重大挑战之时。

坦率地说，与法、德、美等国相对成熟的学术研究体系相比，捷克地缘政治研究在基本逻辑、体系建构等方面均存在很多问题。特别是冷战后捷克的地缘政治研究，更多地体现为对捷克斯洛伐克历史的批判性反思以及循此得出的对当前捷克对外政策的建议与谋划，而并非一种建立在坚实逻辑基础上，并由特定的概念与命题所构建出来的理论体系。尽管如此，冷战后捷克地缘政治思想的发展还是呈现出一些较为鲜明的特色。

首先，在研究范围上，捷克地缘政治研究关注其周边权势与空间的变化更甚于关注自身。捷克历代地缘政治学者，包括很多主流政治学者都承认，捷克的国小势微使得它的生存与发展更多地取决于欧洲的国际政治环境而非自身实力。正是在承认这一前提的基础上，捷克周边环境，特别是环伺于捷克周边的大国关系得到了捷克地缘政治学者的重点关注，如何在这些大国错综复杂的矛盾与冲突当中寻找捷克生存发展的机会，是捷克地缘政治研究的出发点与根本归宿。这与英、美、德等国主要强调自身权势

① Herman Van Der Wusten and Gertjan Dijkink, “German, British and French Geopolitics: The Enduring Differences,” *Geopolitics*, Vol. 7, No. 3, 2002, p. 21.

增长、空间扩张的地缘政治学术传统存在明显的风格差异，体现出捷克学者对于自身国家实力与地缘政治状态的清醒认识。

其次，捷克地缘政治研究还以重视探讨地缘政治进程中人文精神因素的意义而见长。长期以来，捷克的种族特性与地理位置（斯拉夫人最西端的一支）、宗教传统（新教而非天主教或东正教）、历史传承（与日耳曼人及德意志国家盘根错节的相互关系），导致捷克学者与捷克社会不得不常常纠结于其民族及国家的政治身份认同：捷克民族及国家到底是西方的一员，还是属于东方？对该问题的不同回答，不仅具有单纯的学术意义，它还深刻影响着捷克社会对于“自我—他人”、“盟友—敌人”的认定，直接主导着捷克对外政策的制定与实施。同样出于这种原因，捷克地缘政治思想历来重视民族历史文化与地理空间及对外战略之间的互动反馈关系，强调人类政治活动对地理空间的积极影响，强调“正确的”国家对外政策实践对于改善自身地缘政治态势、确保捷克生存的重大意义。这既体现了捷克地缘政治研究与其国内长期的“反”地缘政治思想传统存在的紧密联系，又体现出捷克学者长期以来对于以强调国家权势的“自然地理基础”为主要特色的德国地缘政治传统的极端反感和高度警惕。从这个意义上说，捷克地缘政治思想并非“从经久不变的地理形态中所提炼出的、永恒的政治法则”，而是一种人为建构的“社会和历史的话语”，尤为鲜明地体现出不同历史时期的捷克学者和部分民众是如何描述、衡量和评价捷克所处的地理与社会环境，从而塑造出诸如“安全—危险”、“同质—差异”等概念，以及如何运用这些概念为其对外政策主张服务的。①

再次，捷克地缘政治研究者的思维方式，在一定程度上与近年来地缘政治研究的发展方向相吻合。与早先稍显粗鄙的“物质决定论”、“地理决定论”明显不同，冷战结束后地缘政治研究

① Klaus Dodds, *Geopolitics in a Changing World*, Harlow: Longman, 2000, p. 32.

的“文化转向”趋势愈发突出。以“批判地缘政治学”[①] 的出现为代表，当代越来越多的地缘政治研究者开始反思经典地缘政治的单一决定论色彩，致力于关注“文化—地理—政治”之间的互动反馈关系，重视对特定地理单元的历史—政治身份的思考与判断，重视探究一个国家社会中知识精英与普通民众认识、分析和想象世界空间的方式与原因。这些学者的努力，极大地拓宽了地缘政治的研究范围与思想深度，为当代地缘政治研究注入了新的知识活力。而捷克地缘政治研究者对于捷克民族历史文化的相关思考，就可以被看作是地缘政治研究“文化转向”中一个较为典型的案例。

最后，在具体的主张和观点上，捷克地缘政治思想最大的特点实际上就是对德国的敌视以及对西方国家的不信任，这一点无论是在捷克学者对历史的回顾，还是对现实的思考当中都得到了鲜明的体现。在部分学者所归纳出的捷克斯洛伐克对外政策传统存在的三种倾向（即亲德意志倾向、亲西方倾向与亲东方倾向）当中，前两种政策倾向一般都被认为无法有效化解捷克生存与安全面临的现实或潜在威胁：亲德意志倾向终将导致捷克被德国支配甚至吞并，而亲西方倾向却因西方盟国的不可信赖而对保障捷克生存几乎毫无意义。[②] 在基本排除了这两种政策选择之后，捷克地缘政治学者显然大多是亲东方倾向积极或潜在的拥护者，他们一般都对俄罗斯（包括俄罗斯帝国、苏联以及现在的俄罗斯）怀有一定的好感，强调后者对于捷克民族与国家的生存存在的有益作用。捷克地缘政治研究在政策主张上体现出来的这种倾向，既是它与捷克主流政治思想存在的根本分歧之处，同时也是冷战

① 有关“批判地缘政治学”的介绍，可参见葛汉文：《批判地缘政治学的发展与地缘政治研究的未来》，载《国际观察》2010 年第 4 期，第 42—48 页。

② Petr Drulák, “Czech geopolitics: Struggling for survival,” in Konstantin Khudoley, and Thomas J. Volgy, eds., *Reflecting on a Wider Europe and Beyond: Norms, Rights and Interests*, p. 131.

后地缘政治研究在捷克国内影响作用有限的直接原因之一：在历经了苏联四十余年的严密控制之后，这些主张在冷战结束之后显然无法很快地被捷克主流社会和大多数民众所接受。

尽管捷克地缘政治研究在学术与社会影响上始终徘徊在捷克国内社会的边缘位置，受到捷克主流社会的不断排斥，但在冷战结束后，特别是在捷克斯洛伐克解体之后一段不长的时间里，随着主导捷克对外政策的意识形态观点开始受到质疑，捷克地缘政治研究的一些基本观点方法还是得到了部分捷克学者和普通民众的关注。尽管这些质疑并不代表这些学者和民众完全认同捷克地缘政治思想关于“警惕德国、西方不可依赖、必须加强与东方联系”的主张，而且也远远没有达到足以改变捷克对外政策制定的程度，但在这一过程当中，地缘政治（以及现实主义国际关系理论）的一些最基本的逻辑（如强调对外政策必须基于对国家利益的思考而非盲目地鼓吹意识形态口号等等）实际上还是对捷克部分民众和国务活动家产生了影响。例如，当时的总理克劳斯就曾对哈维尔的理想主义论调有所批评，认为哈维尔“过于热衷讨论规范性的理论”，但却没有站在国家利益基础上思考对外政策，而后者正是“外交政策制定中最重要的因素”。① 从这个角度来看，尽管地缘政治研究一直受到捷克主流政治思想的强力压制，但早在德沃尔斯基那时起，它便凭借其提供的一套迥异于主流观点的对外政策思考，尤为鲜明地体现出一个处于强国环伺之下、命运多舛的中欧小国，在争取生存的过程当中是如何认识、想象自我的历史—政治身份及其所处的空间环境的，以及这种认识和想象在不同的历史时期与不同的国际政治背景之下是如何发展变化的。从这个意义上讲，捷克的地缘政治研究不仅依然具有存在的价值，它还必将随着捷克与整个欧洲的历史演进继续有所发展创新，不断地提醒捷克民众小国生存之艰难以及正确战略选择之必要。

---

① Petr Drulák, “Between Geopolitics and Anti-Geopolitics: Czech Political Thought,” *Geopolitics*, p. 432.

第四章　新思路、新精神

自20世纪70年代以来，受到世界政治经济及精神意识领域出现的诸多新事物、新趋势的有力驱动，国际地缘政治研究领域中涌现出以马克思主义地缘政治学、批判地缘政治学为代表的诸多新兴学派。这些学派针对经典地缘政治在本体论、方法论、精神风格等方面存在的缺陷，通过对经典地缘政治理论建构与应用实践的回顾与反思，对传统理论的基本逻辑和根本假定展开了批评与重塑。总的来看，当前国际地缘政治研究领域出现的学术新动向，在革新了地缘政治研究手段方法、研究志趣和精神风貌的同时，在学理建构、研究取向、理论应用等方面亦存在不足。其得失成败，对我国学术界建构一种坚持中国立场、解决中国问题、彰显中国气派和体现中国抱负的地缘政治理论体系具有一定的启示意义。

第一节　领土与资本：马克思主义地缘政治学

马克思主义与地缘政治似乎毫无关联。在绝大多数学者和世人眼中，地缘政治一般被认为是一种位于政治光谱最右端、以国家权势扩张为目的、重视领土空间的政治意义、具有浓厚保守主义和帝国主义色彩的政治理论或对外战略，而马克思主义则被普遍视作一种左翼的、激进的、主要建立在批判资本主义现代性基础上的哲学、政治经济学和社会学理论体系。这两大理论流派在形式和内容上少有交集，本体论、方法论截然不同，主要观点结论也存在显著的分歧与紧张关系。然而，这种对马克思主义与地缘政治相互关系的通常理解，实际上一直难以得到那些长期致力于将马克思主义观点方法应用于地缘政治研究的学者们的认同。在20世纪里，包括格奥尔格·格拉夫（Georg E. Graf）、卡尔·魏特夫（Karl Wittfogel）、昂利·列斐伏尔（Henri Lefebvre）、戴维·哈维（David Harvey）、理查德·皮特（Richard Peet）、伊夫·拉考斯特（Yves Lacoste）、伊曼纽尔·沃勒斯坦（Immanuel Wallerstein）等人在内的一大批在思想上倾向于马克思主义的社会学家、地理学家和经济学家，出于对近现代世界历史中帝国主义、强权政治、暴力压迫与不平等现象的一贯不满，或是着力揭露批判经典地缘政治（classical geopolitics）理论在加强资本主义国内统治、推动强权政治与国际战争、破坏国际正义等方面所发挥的恶劣作用，或是致力于吸取地缘政治研究的长处、将地缘政治理论进行所谓“马克思主义化”的改造，均取得了显著的成果。冷战结束后，类似的学术努力在西方知识界并没有终止，反而呈愈发兴旺之势。当代部分西方学者在继承发扬马克思主义观点方法基础上，对于领土空间在维持资本主义再生产、巩固资本主义统治和推进资本主义全球扩张中的作用进行了卓有成效的挖掘和讨论，甚至旗帜鲜明地提出了建构一种“马克思主义地缘政治”（Marxist geopolitics）。尽管这部分学者的思考和言论还远未占据当前地缘政治研究的主流位置，其理论建构自身也存在若干缺陷，观点结论亦受到欧美主流学术界的刻意忽视甚至排斥；但这种将马克思主义与地缘政治研究相结合的努力，既反映出在冷战结束后全球政治经济形势发生革命性变动的特殊历史背景下，当前西方地缘政治研究界在立场、方法、视野上所出现的重大理论分野，也体现出当代部分西方学者本着打破经典地缘政治话语霸权之目的，在丰富地缘政治研究维度、拓宽研究思路方面所付出的不懈势力，同时也充分证实了马克思主义作为一种历史悠久的学术传统在当今时代依然具有深刻的洞察力和理论魅力。

一、马克思主义与地缘政治：冲突的历史

马克思主义与地缘政治理论在思想观点上所产生的交集或冲突，最早开始于20世纪30年代。主要受到当时异常流行的“德国地缘政治学”（Geopolitik）的强烈冲击，魏玛共和国时期德国不少的社会主义知识分子开始从马克思主义角度出发对地缘政治研究进行了相应的思考和审视。值得关注的是，这些学者对待作为一门学科体系的地缘政治研究的态度，从一开始就存在巨大的分歧。以格奥尔格·格拉夫、詹姆斯·霍拉宾（James F. Horrabin）、亚历山大·劳多（Alexander Radó）为主要代表的一批社会民主主义知识分子，在指出德国地缘政治学观点方法上存在严重错误的同时，也充分肯定了地缘政治研究对于马克思主义理论体系的发展具有的启示意义。在他们看来，马克思本人在强调经济生产与社会结构的互动关系对人类历史演进发挥决定性作用的同时，并不否认地理因素在社会结构变迁当中可能扮演的重要影响。因此，马克思主义者完全能够充分吸收借鉴地缘政治研究之所长，通过将地理分析引入到历史唯物主义的理论体系和研究框架当中，对帝国主义战争、列强对殖民地的剥削和霸权争夺给出更为合理的解释。[①] 不仅如此，这部分学者还坚信地缘政治研究在促进社会民主进步过程中的重要价值。格拉夫就指出，“在新兴的无产阶级依照历史发展规律获得政治权力并上升至统治阶级的过程当中，依然需要通过斗争解决一系列政治问题，这必然涉及到地缘政治。因此，无产阶级加强地缘政治方面的教育必不可少”。[②]

---

① David Thomas Murphy, *The Heroic Earth: Geopolitical Thought in Weimar Germany 1918 – 1933*, London: Kent State University Press, 1997, p. 68.

② David Thomas Murphy, *The Heroic Earth: Geopolitical Thought in Weimar Germany 1918 – 1933*, p. 70.

上述这些学者对于地缘政治思维模式的赞赏，遭到了以当时著名的马克思主义思想家、德国共产党党员卡尔·魏特夫为首的部分学者的严肃批评。自 1929 年起，魏特夫等人以《在马克思主义旗帜下》（Unter dem Banner des Marxismus）杂志为学术阵地，对地缘政治、特别是德国地缘政治学展开了猛烈的批判。[①] 魏特夫指出，德国地缘政治学对于自然地理条件与政治因素间的相互关系进行了一种过于机械化和简单的解释，它实际上“是将劳动过程中的自然因素与社会因素进行了生硬的分割”。魏特夫坚持认为，马克思早已在其有关自然与社会相互关系的表述中充分地证明：在人类历史发展过程中，“自然因素与社会因素之间的边界尽管是可变的，但它们之间的明显差别不会因此消失”，而是相互制约、并行发展。在生产过程中，地理因素既提供了总的自然环境，同时又是生产力的一部分。鉴于政治形式在本质上受社会生产关系的限定，因此地理绝非很多地缘政治研究者所宣传的那样是“主导国家政治行为的自然法则”，相反，“地理因素并不直接影响而是间接作用于政治生活领域”。[②] 在魏特夫看来，与马克思主义历史唯物主义相比较，德国地缘政治学的逻辑内核就是 18、19 世纪流行的实证自然主义（positivist naturalism）和机械的领土决定论（Bodenbedingheit），其本质是“一种肤浅的、布尔乔亚式的（bourgeois）物质主义”，充分体现出“垄断资本主义和帝国主义的矛盾性”。[③]

---

① Mark Bassin, “Nature, Geopolitics and Marxism: Ecological Contestations in Weimar Germany,” *Transactions of the Institute of British Geographers*, Vol. 21, No. 2, 1996, pp. 315 – 341; Gearóid Ó Tuathail, “The Critical Reading/Writing of Geopolitics: Re-Reading/Writing Wittfogel, Bowman and Lacoste,” *Progress in Human Geography*, Vol. 18, No. 3, 1994, p. 316.

② Karl A. Wittfogel, “Geopolitics, Geographical Materialism and Marxism,” *Antipode: A Radical Journal of Geography*, Vol. 17, No. 1, 1985, p. 23.

③ Peter J. Taylor, “Radical Political Geographies,” in John Agnew, Katharyne Mitchell, and Gearóid Ó Tuathail, eds., *A Companion to Political Geography*, Malden: Blackwell Publishers Ltd, 2003, p. 48.

作为当时最具影响力的西方马克思主义学者之一，魏特夫对德国地缘政治学乃至地缘政治研究观点方法几近彻底的否定态度，一经出现便在当时的马克思主义研究界获得广泛的学术响应。与魏特夫的结论类似，在其后绝大多数马克思主义学者的相关表述当中，地缘政治一般都被认定为一种建立在地理决定论基础上的“伪科学”和一种为垄断资产阶级发明的、与马克思主义势不两立的帝国主义侵略谬论，它在理论和实践上不存在任何积极意义，纯粹服务于垄断资产阶级对内巩固统治压迫和对外疯狂侵略的勃勃野心，而德国地缘政治学在纳粹德国对外扩张过程中所发挥的丑恶作用及其在第二次世界大战中的彻底破产，则为魏特夫等人的观点提供了充分的佐证。正是在这种压倒性的话语模式影响下，格拉夫等人力图将马克思主义观点方法与地缘政治研究相结合的学术努力刚刚出现就被迫中止，在其后几十年时间里地缘政治成为马克思主义理论研究的一个学术禁区。

西方部分马克思主义学者对于地缘政治研究的重新关注，主要兴起于20世纪60年代末、70年代初。在经历了战后初期的经济繁荣后，西方发达资本主义国家此时大多出现了工业景气下调、通货膨胀高企、失业人数剧增的困难局面，以往为战后经济快速发展所掩盖的社会矛盾也日趋激化与表面化。[①] 以此为背景，越来越多的西方学者开始从剖析传统的社会秩序与政治理论入手，借以追问资本主义经济社会危机产生的根本原因，而地缘政治研究作为保守色彩最浓、在历史上与帝国主义、强权政治联系最为紧密的政治理论传统之一，此时也作为理论批判的目标重新激发出西方学者的极大兴趣。这些学者希望借助他们所理解的马克思主义理论观点，对经典地缘政治的基本逻辑和历史功用展开更为细致的剖析和彻底的清算，充分揭露近现代以来经典地缘政

① R. J. Johnston, and Peter J. Taylor, “Introduction: A World in Crisis?” in R. J. Johnston, and P. J. Taylor, eds., *A World in Crisis?: Geographical Perspectives*, Cambridge: Basil Blackwell Inc., 1989, p. 4.

治在促进资本主义国内统治、推动帝国主义战争方面所扮演的不光彩角色，以求在学理上厘清未来地缘政治研究发展的大体思路与可用手段。在这些学者的参与和共同推动下，在70年代的欧洲和北美兴起了一股创立“新地理学”的强大学术思潮，地缘政治研究也开始了主要以西方马克思主义观点方法为表征的所谓“激进转向”。[①]

这个时期西方马克思主义者在地缘政治研究领域的学术努力之一，在于用当时流行的“结构主义—马克思主义”（structural-ist-Marxist）对经典地缘政治的本体论、方法论和历史功能展开反思和批判。在战后西方马克思主义研究的重镇法国，法国共产党党员、战后法国地缘政治研究[②]的领军人物拉考斯特极为尖锐地指出，实际上一直存在两种不同的地理研究，即所谓的“司令部的地理”（将地理知识应用于军事、政治领域）与“学术研究的地理”。其中，“司令部地理”（即地缘政治）的思想传统最早可以追溯到古希腊时期的希罗多德。自那时起，将地理知识运用于军事政治领域就成为国家军事、政治、殖民和商业战略的一个重要组成部分，而地缘政治研究也因此脱离了纯学术研究的范围，演变为根据地理经验为国家之间的领土争夺、权力竞争提供指导和政策建议，“为帝国的扩张提供正当性的证明，为国家的侵略提供伪科学的理由”。[③] 从这个意义上讲，地缘政治绝非是一种“纯技术的”与“客观中立”的知识体系，其本质是一种战略性和政治性的“思想品”，一种进行空间控制和领土争夺的思维方式和意识形态，或如福柯（Michel Foucault）所说的“权

---

① Peter J. Taylor, “Radical Political Geographies,” in John Agnew, Katharyne Mitchell, and Gearóid Ó Tuathail, eds., *A Companion to Political Geography*, p. 48.

② 关于战后法国地缘政治研究的介绍，参见葛汉文：《批判与继承：二战后法国的地缘政治思想》，载《世界经济与政治》2011年第2期，第40—54页。

③ Michael Heffernan, “On the Origins of European Geopolitics, 1890 - 1920,” in Klaus Dodds, and David Atkinson, eds., *Geopolitical Traditions: A Century of Geopolitical Thought*, London and New York: Routledge, 2000, p. 48.

力—知识”的结合体。它对领土边界等所谓的物质因素的空前强调，其真正目的在于刻意掩饰政治矛盾与社会问题，结果是有助于统治者对平民施加暴力、对社会进行空间控制与促进国家间的领土冲突。正是出于这种原因，地缘政治研究自其出现的那个时候起就“基本上服务于统治者、战争和政治控制”，最终发展为“国家、商业与官僚权力的仆从”，甚至成为近现代世界历史中“导致战争的首要因素”。①

总体而言，西方马克思主义理论家对于作为一个学科门类的地缘政治研究，一直持有天然的疑虑。在学理层面上，马克思主义的阶级学说、历史唯物主义、对社会经济生产方式的强调，与固守国家中心视角、具有浓厚地理决定论倾向、强调国家权势扩张的经典地缘政治理论，在基本逻辑和主要观点上存在显著的差距。而经典地缘政治理论在近现代世界历史中对帝国主义、强权政治与国际战争的促进推动作用，更是引发了以批判资本主义现代体系为己任的西方马克思主义知识分子的极大反感。正是出于这种原因，历史上绝大多数倾向马克思主义的西方左翼知识分子，基本上都对经典地缘政治的逻辑观点秉持积极的批判态度，他们都自觉将经典地缘政治视为帝国主义侵略政策的帮凶和辩护人。他们大多同意，地缘政治理论家们对于国家领土与权势反复鼓吹的真正目的，在于掩盖资本主义政治经济体系存在的根本矛盾，麻痹和欺骗处于垄断资产阶级统治下的广大民众，并为帝国主义对特定领土的控制和争夺提供正义的理由。

二、马克思主义与地缘政治：融合的努力

这一时期西方马克思主义知识分子对地缘政治研究关注的另

---

① Leslie W. Hepple, “Géopolitiques de Gauche: Yves Lacoste, Hérodote and French Radical Geopolitics,” in Klaus Dodds, and David Atkinson, eds., *Geopolitical Traditions: A Century of Geopolitical Thought*, pp. 273 – 274.

一个重点，则是力图将地缘政治中一些核心概念、特别是“空间”、“领土”等概念与马克思主义相结合，创立出一种新的、能够体现出所谓“马克思主义志趣”的地缘政治理论体系，以便对资本主义现代体系进行更为全面的解读。在戴维·哈维、理查德·皮特、伊曼纽尔·沃勒斯坦、罗纳德·约翰斯顿（Ronald J. Johnston）和凯文·考克斯（Kevin R. Cox）等学者的努力下，地缘政治研究开始逐步被塑造为一种从领土空间角度出发、分析解释资本主义全球再生产过程的理论工具。他们希望通过这种努力，在纠正和改造经典地缘政治逻辑观点和理论模式的同时，着重探究世界政治经济发展中的不平等、种族冲突、环境退化和不发达等问题的体制根源，从而对当前全球资本主义的性质和逻辑进行更为深入的批判性解读。

将马克思主义理论与地缘政治研究相融合在学理上至少面临两大障碍。首先就是在根本逻辑上如何将马克思主义“经济基础—政治上层建筑”的历史唯物主义辩证法与地缘政治研究的“空间/地理—政治决定论”进行调和。自20世纪70年代以来，当代西方最为杰出的马克思主义思想家之一戴维·哈维通过将“空间”概念引入到马克思主义理论体系当中，以求搭建起两大理论体系沟通的桥梁。哈维指出，尽管马克思在有关政治、经济事务与全球资本主义发展动力间关系方面作出了极为精辟的阐述，但是对空间在资本主义生产关系方面的论述有所欠缺。换句话说，马克思的历史唯物主义辩证法的“大部分内容都在阐述纯粹的时间问题，而忽略了空间”。[①] 在哈维看来，空间在资本积累的过程中同样发挥着极为关键的作用，资本通过日常的生产、贸易、金融、劳动力迁移、技术转让、信息流通和文化冲击等不同方式，在不同规模的空间中流入和流出进而实现其物质价值。因此，“资本积累的逻辑是与历史性的、连续且不稳定的空间重组相伴

① David Harvey, “The Spatial Fix: Hegel, von Thunen and Marx,” *Antipode: A Radical Journal of Geography*, Vol. 13, No. 3, 1981, pp. 308 – 309.

随的，而这种空间重组发生在各种地理层次”。这种重组实际上提供了一种可应对资本主义生产危机的“空间修复”（spatial fixes）功能，即提供了一个利用地理扩张和地理重组进而扩大或重组市场以逃避或转嫁危机的可能性。[①] 正是通过将“空间—权力”关系引入到马克思主义政治经济学当中，哈维等人试图建构出一个辩证的、综合考虑历史—地理—经济等多种因素的和唯物主义的总体理论，即他们所说的“历史—地理唯物主义”（historical geographical materialism），以求在将马克思主义与地缘政治研究相结合的同时，更好地理解资本主义现代体系在空间与时间上的运行。

如何将马克思主义所致力描述和批判的全球资本主义体系与地缘政治研究所固守的国家中心视角相结合，或者说，如何调和资本主义跨国生产与世界政治的领土国家构成的这两大基本事实，是这些学者着力解决的另一大理论难题。为此，他们采取了一种主要来自马克思主义的、彻底的社会—经济观点来审视国家的空间属性。在英国学者、当代地理学家约翰斯顿看来，现代主权国家的领土应被理解为一种具有资本主义属性的经济地理区域。在资本主义兴起和扩张的历史背景当中，主权国家的全部功用和逻辑必要性在于作为一种空间组织在资本积累和资本再生产过程中发挥作用。[②] 在哈维那里，国家所控制的领土空间，是对资本主义危机进行所谓“空间修复”的地理解决方式。因此在现代资本主义模式中，主权国家对于资本主义生产关系至关重要，正是主权国家协调着资本的需求与其在空间（当地，地区和国际）、位置（工厂，办公室，农场）和在物质形式（货币，财

① David Harvey, “The geopolitics of Capitalism,” in Derek Gregory, and John Urry, eds., *Social Relations and Spatial Structures*, London: MacMillan, 1985, p. 332.

② Ronald J. Johnston, “Marxist Political Economy, the State and Political Geography,” *Progress in Human Geography*, Vol. 8, No. 1, 1984, p. 484.

富，机械）上的循环不息的价值实现。[①] 相对于经典地缘政治理论，这部分学者实际上提供了一种关于资本主义国家功能的更为宽泛的批判性理解。在这种理解当中，现代主权国家统治下的领土空间已经不再是经典地缘政治理论所认定的具有单元属性，甚至具有某种生物学意义的物质现实，而是具有实践意义的“资本主义生产方式及其上层建筑中的一个必要组成部分”。[②]

与哈维等人重视领土空间在资本主义生产体系中的作用有所区别，美国当代经济学家沃勒斯坦将重点放在解读资本主义全球体系的结构性地理特征上。在沃勒斯坦那里，资本主义全球经济体系在空间上被划分为三种承担不同经济角色的地理区域，即中心区、半边缘区和边缘区。在这个以普遍经济联系和单一劳动分工为主要特色的，作为经济活动最复杂、技术水平最先进、资本积累水平最高的区域，中心区控制世界体系中金融和贸易市场的运转，利用边缘区提供的原材料和廉价劳动力，生产加工高附加值的工业制成品向边缘区销售牟利；边缘区除了向中心区提供原材料、初级产品和廉价劳动力外，还提供制成品的销售市场；而半边缘区作为“帝国的中间商”，介于两者之间，对中心区部分充当边缘区角色，对边缘区部分充当中心区角色，并缓冲中心地带和边缘地带的冲突压力。在这种全球性的劳动分工中，“世界经济体的不同区域被派定承担特定的经济角色，发展出不同的阶级结构，因而使用不同的劳动控制方式”。[③] 而由此产生的不平衡以及压差是整个经济体系赖以运转的保证。与此同时，受地区间资本积累速度和程度不同的限制，中心区、半边缘区和边缘区的经济角色和区域范围处于永无休止的变动当中：有边缘区上升为

① Alejandro Colás, and Gonzalo Pozo, “The Value of Territory: Towards a Marxist Geopolitics,” *Geopolitics*, Vol. 16, No. 1, 2011, pp. 212 – 213.

② Ronald J. Johnston, “Marxist Political Economy, the State and Political Geography,” *Progress in Human Geography*, p. 484.

③ ［美］伊曼纽尔·沃勒斯坦著：《现代世界体系（一）》，罗荣渠等译，北京：高等教育出版社 1998 年版，第 162 页，第 194 页。

半边缘区的、半边缘区上升为中心区的正向变化，也有某些国家经济地位下降从而沦为边缘区域的逆向变化。在这个过程当中，各区域之间始终充满复杂的阶级斗争和政治斗争，外在表现为资本主义世界体系的周期性震荡，从而产生霸权的兴衰更替乃至消亡。作为当今西方马克思主义的领军人物之一，沃勒斯坦敏锐地注意到当今世界中一些远非公正、远非合理的态势的现实存在，他特别关注发达国家对于广大发展中国家和地区的剥削及掠夺，强烈地批判了西方社会主流学术界对于广大发展中国家和地区悲惨现状的冷漠和忽视。这正如英国当代著名地缘政治学者杰弗里·帕克所评论的那样，沃勒斯坦所描述的全球资本主义体系存在两个根本性的不平衡，即“资产阶级与无产阶级之间的阶级不平衡，以及核心区与边缘区域之间在空间上的不平衡”。①

哈维、约翰斯顿及沃勒斯坦等人的学术努力，实际上是将领土、空间等地缘政治概念引入马克思主义政治经济学，力求在学理上将马克思主义与地缘政治相融合，从而弥补经典地缘政治研究对经济—社会因素的严重忽视和古典马克思主义对空间—地理因素研究的“不足”。通过他们的努力，领土空间已经不再是那种被经典地缘政治研究所反复鼓吹的、由“权力—生存—竞争”等社会学—生物学概念所构成的、主要为国家权势扩张服务的甚至有时具有神秘色彩的物质主义概念，而成为一种动态的、辩证的、与资本主义生产方式和上层建筑息息相关的物质变量。这些学者的目标，与马克思、恩格斯在一个世纪前的努力并无二致，即在于向世人明确地揭示真实的资本主义社会的运转过程，从而力争反抗和改革无产阶级在资本主义现代体系中被压迫、被剥削的历史现状。与此同时，这些学者对全球资本主义体系的空间审视，特别是他们在坚持马克思主义政治经济学基本方法的基础上所采取的大时段、多视角的综合研究方法，为西方地缘政治思想

① ［英］杰弗里·帕克著：《二十世纪的西方地理政治思想》，李亦鸣等译，北京：解放军出版社1992年版，第168页。

发展乃至当代地缘政治研究提供了一个新的观察视角，体现出深远的理论价值。美国当代著名地理学家彼得·泰勒（Peter J. Taylor）就指出，沃勒斯坦等人对于世界经济问题的探讨，为政治地理学家们重回全球性分析提供了机会，而不必效法麦金德。如果说麦金德指出了东西方之间的对抗以及核心区内部的对抗，那么沃勒斯坦则是把南北对抗放到了世界舞台的中央。[①]

三、冷战后马克思主义地缘政治学：观点与机理

冷战结束以来，面对传统国际政治格局的瓦解和诸多事态趋势的深入发展，地缘政治研究在世界范围内重新进入到一个兴盛发展的阶段。在很多新思想、新观念（如批判理论、后现代主义、国际政治经济学、女性主义等）的冲击和启发下，当前地缘政治研究较传统的、以国家领土权势论述为中心的经典地缘政治，其总体思路和研究领域大为拓宽。以此为契机，以英国学者亚历山德罗·科拉斯（Alejandro Colás）和冈萨罗·波索（Gonzalo Pozo）为主要代表，部分当代西方地缘政治研究者在继承哈维、皮特、沃勒斯坦及约翰斯顿等人思想的基础上，集中围绕领土空间在资本主义生产中的地位与作用，旗帜鲜明地提出了构建一种“马克思主义地缘政治学”，引发较大学术影响。

这些学者大多认同哈维关于领土空间在资本主义生产中的作用及价值的判断。科拉斯和波索指出，早自航海大发现那个时候起，资本主义就开始将全球不同地理区域统统纳入一个世界市场当中。在这个过程中，资本主义的扩张和强化使得这些地理区域产生了现代领土效应，它们不再是一块单独的地理环境的组成部分，而是具有了资本主义经济含义，成为一个由位置和距离组成的全球资本主义系统的一部分，成为劳动力和资本转换，乃至阶

① 帕克著：《二十世纪的西方地理政治思想》，第169页。

级敌对的“物质容器”。在这个体系当中，殖民主义、帝国主义和工业资本主义通过将自己本土的资本主义生产方式移植到世界其他地方，通过压迫、奴役、法律化的种族主义和殖民化，依靠商品生产、可转让的土地、灵活标价的劳动力、复杂的劳动分工和主权领土国家政治权威的保障，成功建立起一个“门户开放但边界封闭”（open doors and closed frontiers）的全球政治经济空间，从而也将阶级敌对从部分资本主义生产方式占统治性地位的国家普及到了整个世界。①

这些学者特别关注现代主权国家作为领土空间的组织者在资本主义生产体系中发挥的作用。科拉斯和波索指出，现代主权国家的领土空间实际上对资本主义生产的维系和发展发挥着一种关键性的“稳定作用”（valorisation）。这种稳定作用体现在不同的层面，被不同的资本主义国家所实施，它构成了资本主义生产体系日常运行的一部分。正是在主权国家的居间调和下，资本的价值方能持续不断地被生产、循环和积累。② 在此过程中，尽管资本和劳动力的地理分配主要是由资本主义市场的经济力量、个人动力和公开竞争所驱动的，但主权国家政治机构的作用依然明显：它在其领土空间之内，本着确保本国资本利益之目的，通过使用政治、外交、文化等战略手段，以立法、行政等方式，提供有利于资本再生产和资本扩张的“社会基础设施”（social infrastructure），从而在资本价值交换过程中发挥了关键性的推动和规范作用。从这个意义上讲，主权国家借助其对领土空间的控制，有效地帮助资本主义生产方式确立统治秩序。因此在资本主义生产当中，领土性是第一位的，也是最重要的社会进程，它不断地由生产、交换和价值积累所重构，同时也经由资本主义全球再生产中

① Alejandro Colás, “Open Doors and Closed Frontiers: The Limits of American Empire,” *European Journal of International Relations*, Vol. 14, No. 4, 2008, p. 619.

② Alejandro Colás, and Gonzalo Pozo, “The Value of Territory: Towards a Marxist Geopolitics,” *Geopolitics*, p. 211.

的权力关系所重构。

这些学者同时也指出，领土空间对资本主义生产所发挥的“稳定作用”实际上存在一些难以解决的问题，其最终结果往往将导致整个资本主义体系的不稳定。尽管一些主权国家通过制度建设和强制性武力成功确保了资本主义生产方式在本国的统治地位，但仍有部分国家由于在全球资本主义生产体系中获利的不平等，使其社会—政治结构时常出现周期性的大振荡。而这种振荡，在妨碍了本国资本主义生产的同时，也常常“阻碍”了国际资本的进入和获利。因此，为了维持有利的国际政治经济秩序，加之资本主义生产方式内在的扩张性，部分资本主义国家（特别是在全球资本主义生产体系中占主导地位的国家）不得不频繁地以公开或隐秘的军事行动进入和控制这些危及资本主义生产关系统治的领土。这就导致了世界很多地区或经济体的边界不得不被反复撬开，作为一个组成部分被合并到“门户开放但边界封闭”的“资本主义全球帝国”中去，而这就是国际政治中冲突、混乱和战争的由来。①

不仅如此，这些学者还特别关注作为自然物质因素的领土空间自身在资本再生产过程中价值的实现。科拉斯和波索就认为，领土空间对于资本主义生产的另一个重要作用体现在，地租（即马克思所称的那些附着于“土地及其附属物”的资本）在特定领土空间内利润的实现。② 作为一种自然物质因素，领土空间及附着其上的自然资源在资本主义生产中扮演重要角色，是生产力不可缺少的组成部分。这一点，诚如法国地理学家列斐伏尔所指出的那样，资本主义生产关系存在于领土空间当中，“地面、地

① Alejandro Colás, “Open Doors and Closed Frontiers: The Limits of American Empire,” *European Journal of International Relations*, p. 619.

② Alejandro Colás, and Gonzalo Pozo, “The Value of Territory: Towards a Marxist Geopolitics,” *Geopolitics*, p. 215.

下、空中，甚至光线都既是生产力也是产品”。[1] 因此，在资本主义生产当中，对空间的勘察、计算、界定和绘图都是对空间进行商品化努力的一部分，其目的就是最终将空间变成可以转换的商品。这些学者指出，将“土地及其附属物”进行商品化进而实现其物质价值存在多种方式，最常见的就是通过资本主义农业和矿业开采。但随着世界政治经济的发展，在当前的资本主义全球体系当中，领土空间对资本主义生产的关键性作用突出地体现为，对作为碳氢化合物（石油、天然气）、水资源、可耕作的土地等稀缺自然资源的商品化转换。但是因为这些资源在地理分布上的不均衡性，这些资源的商品化转换也就无法仅仅由市场机制所主导，领土空间，特别是富含上述资源的领土空间在全球资本主义生产中的地位作用愈发显著，对这些领土空间的争夺和竞争同时也就日益激烈。这些学者因此得出结论，由于领土空间及其附着资源的稀缺性及其对资本主义生产不可替代的重要意义，对领土空间及其附着资源的争夺，“实际上正在使这个世界变得更加不安全”。[2]

四、马克思主义地缘政治研究的特色、优长与缺陷

马克思主义与地缘政治研究之间存在一种历史性的紧张关系。由于观点方法的明显差异，长期以来，无论是西方国家还是社会主义国家的马克思主义学者，大多都对地缘政治研究，特别是经典地缘政治理论持有一种本能的敌视态度。尽管如此，正如上文所论及的那样，历史上很多的西方学者在使用马克思

① H. Lefebvre, “Space: Social Product and Use Value,” in S. Elden, and N. Smith, eds., *State, Space, World: Selected Essays*, Minnesota: Minnesota University Press, p. 188.

② Alejandro Colás, and Gonzalo Pozo, “The Value of Territory: Towards a Marxist Geopolitics,” *Geopolitics*, pp. 215 – 216.

主义观点方法批判经典地缘政治理论方法的同时，致力于将地缘政治的部分概念引入到马克思主义政治经济分析体系当中，试图以此弥补古典马克思主义在空间论述方面的“不足”，从而为分析认识资本主义现代性提供新的途径，为帝国主义和强权政治的长期存在、国际政治中战争与战乱的频发和广大不发达国家（地区）人民受压迫、受剥削的事实提供合理的解释。正是出于这种原因，马克思主义地缘政治研究历来关注的中心问题在于探讨资本主义与拥有一片领土区域的政治组织的互动反馈关系，其目标在于试图通过理解领土空间对资本主义生产的价值，从而分析验证其所引发的政治、经济和社会后果。从这个意义上讲，与强调领土空间性质决定国家权势、专注探究“治国之道”（statecraft）的经典理论相比，马克思主义地缘政治的学理性更加突出，政策实用性相对欠缺，地缘政治研究的“原色”有所淡化。那些积极将马克思主义方法视角与地缘政治研究相结合的学者，在过去近一个世纪之久的学术努力的根本目标，不在于追问“怎样才能使得国家成长壮大”（马汉）、“国家与领土之间的关系何为最佳”（拉采尔）、“国家如何建立、帝国如何强大”（麦金德）等问题，而是希望用一种“强有力的、合乎逻辑的、连续的、政治的分析方式，对事件起因提供一个深入的、精确的解释，……以理解资本主义世界的人民身边发生了什么。”①

冷战结束后马克思主义地缘政治的再度兴起，实际上是受到“批判地缘政治学”（critical geopolitics）在当前西方学术界日渐流行的启发。自 20 世纪 80 年代末、90 年代初开始，以杰拉德·奥特瓦塞尔（Gearóid Ó Tuathail）、约翰·阿格钮（John Agnew）、西蒙·达尔比（Simon Dalby）、克劳斯·多兹（Klaus

① 理查德·皮特语，见 Richard Peet, and J. V. Lyons, “Marxism: Dialectical Materialism, Social Formation and the Geographical Relations,” in M. E. Harvey, and B. P. Holly, eds., *Themes in Geographic Thought*, London: Croom Helm, 1981, p. 205.

Ddds）等人为代表，批判地缘政治学凭借其对经典地缘政治的激烈批判、对话语解读和观念解构的重视以及对精神景观和人类主观实践性的强调，部分破除了经典地缘政治的物质决定论倾向和霸权主义、强权政治的风格情调，一经出现便在欧美当代地缘政治研究界迅速赢得了广泛的学术赞誉，被认为是地缘政治研究从传统的、略显粗鄙的物质决定论向后现代的、批判性的文化解读方向演变的一个标志性进步。正是在批判地缘政治学的提示下，当代西方地缘政治研究部分开始了从“探究地理因素对政治活动的制约作用”到“探究人类是如何认识或想象地理环境从而展开政治实践”的转变。这些学者希望从中发现特定社会是如何描述、衡量和评价特定的地理环境，从而塑造出诸如“自我—他人”、“安全—危险”、“同质—差异”等概念的，以及在这些概念形成后，是如何开展相应政治实践的。[①]但不得不指出的是，批判地缘政治学对地缘政治本体论物质特征几近彻底的否定、严重“意识至上”论倾向，在将地缘政治本身归结为一种被简化的、具有审美学意义的地理想象的同时，实际上也很大程度地否定了地缘政治研究的客观性因素、合理性内涵和存在意义。

冷战后马克思主义地缘政治学的再度兴起，其学术诉求显然正是为了修正批判地缘政治学存在的上述不足。具体地说，马克思主义地缘政治的研究者通过强调作为物质变量的领土空间在资本主义生产和全球资本主义体系中的重大作用，希望当前的地缘政治研究者能够更加严肃地看待空间领土所具有的物质内涵，而非仅仅将其归之为“社会文化和政治实践的一部

① 葛汉文：《批判地缘政治学的发展与地缘政治研究的未来》，载《国际观察》2010 年第 4 期，第 43 页。

分”[①] 或归之为一种“历史性的和主观的建构过程”，[②] 从而破除批判地缘政治学“观念主导一切”的理论倾向。[③] 但与此同时，马克思主义地缘政治与批判地缘政治学在对经典地缘政治理论的认识方面实际上有着近似的立场。它们都在很大程度上承袭了历史上左翼知识分子对于经典地缘政治理论的基本看法，而对经典地缘政治的理论方法、精神内涵和历史实践表现出极大的反感。但相对而言，马克思主义地缘政治较批判地缘政治学更倾向于经典地缘政治的物质主义方法论。[④]

应当看到，与 20 世纪 70 年代以来哈维、拉考斯特、沃勒斯坦等致力于从马克思主义角度批判或重塑地缘政治的学术大家相比，冷战后马克思主义地缘政治的研究者在学术影响力上仍然较为有限。例如，在《地缘政治杂志》2011 年 2 月发起的专门探讨“马克思主义与地缘政治”专栏中撰文参与探讨的，除美国当代地缘政治学家约翰·阿格钮外，几乎没有在当前地缘政治或国际关系研究领域中特别有名的学者。而阿格钮等人也对冷战后部分学者所主张的马克思主义地缘政治的研究方法和部分观点多有诟病，认为马克思主义地缘政治对于领土空间经济价值的强调，不仅使其与国际政治经济学（IPE）以及地缘经济学的趋同倾向更为明显，实际上还无意中走上了经典地缘政治物质决定论逻辑的老路。[⑤] 从这一点可以看出，无论是在

① 多兹语。Klaus Dodds, *Geopolitics in a Changing World*, Harlow: Longman, 2000, pp. 2 – 3.

② 奥特瓦塞尔语。Gearóid Ó Tuathail, and Simon Dalby, “Introduction: Rethinking Geopolitics,” in Gearóid Ó Tuathail, and Simon Dalby, eds., *Rethinking Geopolitics*, New York: Routledge, 1998, p. 3.

③ Stefano Guzzini, “Marxist Geopolitics: Still a Missed Rendez-Vous?” *Geopolitics*, Vol. 1, No. 16, 2011, p. 226.

④ Stefano Guzzini, “Marxist Geopolitics: Still a Missed Rendez-Vous?” *Geopolitics*, p. 226.

⑤ John Agnew, “Capitalism, Territory and ‘Marxist Geopolitics’”, *Geopolitics*, Vol. 1, No. 16, 2011, pp. 230 – 233.

当前的西方马克思主义国际关系理论研究领域还是在地缘政治研究界中，马克思主义地缘政治受到的批评仍多过赞誉，它还远远没能占据学术研究领域的主流地位。

尽管如此，这种坚持将马克思主义与地缘政治研究相结合的学术努力，仍值得引起充分的关注。首先，与经典地缘政治理论机械的、物质化甚至具有生物学属性的国家论述以及批判地缘政治学激进的后现代主义国家论述相比，马克思主义地缘政治研究对于主权国家作为领土空间的组织者在资本主义生产体系中地位作用的认识，较为客观中肯，也较为切合当今世界政治经济的发展现状。与此同时，随着国际政治的历史演进，在领土掠夺和空间扩张已为诸多国际行为准则所明确禁止的条件下，马克思主义地缘政治研究对领土空间在当前资本主义全球生产体系中经济价值实现过程的描述，不仅与经典地缘政治理论强调领土空间大小影响国家权势的单一决定论相比，显然更加丰富全面，也更有助于深入理解当前国际经济中出现的周期性危机、国际政治中的冲突竞争以及广大非西方世界社会落后与经济不发达的结构性根源。从这个意义上讲，作为一种渊源传承百年之久的理论体系，以批判资本主义现代性为己任的马克思主义观点方法，在当今的历史条件下其时代适切性和学术魅力依然是广泛存在的，它依然可以随着时代的演进而延续其自身的发展，而马克思主义地缘政治研究也必将在批判性解读当今远非公正合理的国际政治经济秩序方面作出更大的贡献。

第二节　质疑经典、颠覆传统：批判地缘政治学

在过去一百年中，地缘政治理论以其宏观的思维模式和鲜明的理论格调，在意识和实践两个层面上极大地影响了世界历史总

体进程的发展，成为近现代最重要的思想传统之一。但自 20 世纪末，特别是进入 21 世纪以来，伴随着经济全球化进程的加快、科学技术的迅猛发展、交通信息网络的快速普及、国家间相互依存程度的日益加深和国际紧张局势的大体缓和，传统地缘政治在风格基调、研究方法和相当一部分理论表述上均面临严重挑战。[①]同时，一些新思想、新观念（如批判理论、后现代主义、国际政治经济学、女性主义等）在国际关系研究领域的出现与流行，为世人重新认识评判传统地缘政治理论提供了相应的思想基础。[②]以此为契机，批判地缘政治学应运而生，它通过对传统地缘政治本体论、认识论和思想史的回顾与反思，对传统理论的一些基本逻辑和根本假定展开了质疑与批评，学者们期望以此重新界定地缘政治的研究范围和可用手段，并为地缘政治的未来发展作出适当预测。

一、对地缘政治“元”理论的批判

“批判地缘政治”（critical geopolitics）一词的出现于 20 世纪 80 年代末、90 年代初。1992 年，美国学者杰拉德·奥特瓦塞尔（Gearóid Ó Tuathail）和约翰·阿格钮（John Agnew）在美国《政治地理学》杂志上发表了《地缘政治与话语：美国外交政策中的实践性理性》一文，揭开了批判地缘政治研究的序幕。[③] 20 多年来，包括奥特瓦塞尔、阿格钮、西蒙·达尔比（Simon Dalby）等

---

① 有关论说参见周桂银、葛汉文：《传统地缘政治理论的当代价值及其局限》，载《中国军事科学》2006 年第 3 期，第 63—64 页。

② 有关批判理论、后现代主义、国际政治经济学对地缘政治研究的影响可参见 Klaus Ddds, “Political Geography Ⅲ: Critical Geopolitics after Ten Years,” *Progress in Human Geography*, Vol. 25, No. 3, 2001, p. 470.

③ Gearóid Ó Tuathail, and John Agnew, Geopolitics and Discourse: Practical Reasoning in American Foreign Policy, *Political Geography*, Vol. 11, No. 2, pp. 190 - 204.

人在内的多位学者的研究成果接连面世。[①] 在他们的共同努力下，地缘政治开始以一种新的形象出现在世人面前，批判地缘政治在国际关系知识谱系中的地位与作用得到学术界越来越多的重视和关注。批判地缘政治学主要秉持以下观点：

第一，何为“地缘政治”，也就是地缘政治研究的本体论问题。在传统研究中，地缘政治一般被视为一种“关于国际政治权力与地理关系的观点，其观点根据地理环境的改变而改变”；或者说，是“一种从地理中心论的观点对国际局势背景进行的研究及整体认识”。[②] 在这种观念影响下，传统研究者往往强调通过对地理环境、领土边界的考察，从而得出前者对国家政治行为的影响和制约作用。

针对此点，批判学者指出，与地理学研究不同，地缘政治的研究对象在于地理环境与人类政治行为之间的关系问题，而非单纯的地理现象。在历史发展中，存在于一定地理空间当中的自然景观与文化、民族性所反映的精神景观早已结合成为一个整体，因此地缘政治的研究对象既是物质性的，也是表述性的，或者主要是表述性的。[③] 甚至更有学者激进地指出，地缘政治的研究对

---

① 批判地缘政治学比较有代表性的著作包括：Gearóid Ó Tuathail, *Critical Geopolitics: The Politics of Writing Global Space*, London: Routledge, 1996. John Agnew, *Geopolitics: Re-visioning World Politics*, London: Routledge, 1998. Simon Dalby, and Gearóid Ó Tuathail, eds., *Rethinking Geopolitics*, London: Routledge, 1998. Gearóid Ó Tuathail, Simon Dalby, and Paul Routledge, eds., *The Geopolitics Reader*, London: Routledge, 1998. Klaus Dodds, and David Atkinson, eds., *Geopolitical Traditions: A Century of Geopolitical Thought*, London: Routledge, 2000. Klaus Dodds, *Geopolitics in a Changing World*, Harlow: Longman, 2000. John Agnew, Katharyne Mitchell, and Gearóid Ó Tuathail, eds., *A Companion to Political Geography*, Malden: Blackwell Publishing, 2003. 国内有关批判地缘政治学的论述有，许勤华：《评批判性地缘政治学》，载《世界经济与政治》2006年第1期；孙相东：《地缘政治学：后现代主义批判的视角》，载《国际关系学院学报》2006年第1期。

② ［英］杰弗里·帕克著：《二十世纪的西方地理政治思想》，李亦鸣等译，北京：解放军出版社1992年版，第2页。

③ 许勤华：《评批判地缘政治学》，载《世界经济与政治》2006年第1期，第19页。

象并不是自然存在的东西，而只是“人类的创造物而已”，[①] 或是“一种社会的、文化的和政治的实践，而非一种明晰可辩的世界政治现实。”[②] 在此基础上，批判学者强调，地缘政治研究不应再简单地局限于物质领土、空间地域状况和世界政治地图，而必须重视人类的主观意识因素，特别是人类意识中的文化差异在地缘政治思想和实践中的重要作用。或者说，地缘政治研究不应仅强调“地”，相反更应强调“缘”，人类头脑中的文化差异、政治认同、民族性等问题理当被纳入研究领域。[③] 以此为基础，部分批判学者的研究重点开始从“探究地理因素对政治活动的制约作用”到“探究人类是如何认识或想象地理环境从而展开政治实践”的转变。学者们希望从中发现特定时期的人类社会是如何描述、衡量和评价特定的地理环境，从而塑造出诸如“自我—他人”、“安全—危险”、“同质—差异”等概念的，以及在这些概念形成后，是如何开展相应政治实践的。[④]

第二，对传统地缘政治认识论的批判。作为本体论逻辑的必然延伸，传统理论的认识论一般认定：鉴于地理形态恒久不变，因此地缘政治研究建立于客观性的基础之上，强调理论研究者通过对地理形态超然中立的观察，可以发现并做出“科学”的理论诠释。从这个角度出发，历史上很多地缘政治研究者宣称其研究的依据在于“科学”的“历史法则”或“自然（地理）法则”，如拉采尔就宣称其理论建立于缜密的地理学数据之上。[⑤] 这种将研究者与其所观察的世界截然分开（即主客体间的明确划分），

---

① ［英］杰弗里·帕克著：《地缘政治学：过去、现在和未来》，刘从德译，北京：新华出版社 2003 年版，第 210 页。

② Klaus Dodds, *Geopolitics in a Changing World*, p. 2 – 3.

③ Gearóid Ó Tuathail, and Simon Dalby, "Rethinking Geopolitics: Towards a Critical Geopolitics," in Simon Dalby, and Gearóid Ó Tuathail 1, eds., *Rethinking Geopolitics*, p. 2.

④ Klaus Dodds, *Geopolitics in a Changing World*, p. 32.

⑤ Yves Lacoste, "Rivalries for Territory," in Jacques Lévy, ed., *From Geopolitics to Global Politics*, London: Frank Cass Publishers, 2001, p. 152.

同时坚持研究者对世界的反映就是世界本质（即反映与实在的同一性）的观念，其根源深植于启蒙时期以来西方社会的世界观和认识论。[①]

批判地缘政治强烈反对这种观念。在批判学者看来，传统研究者在将地缘政治视为一个超越政治与地理的中立领域的同时，也将自己视为超然、客观的观察者和描述者，这完全是一种想当然和虚假的假定。在阿格钮看来："并没有纯洁的、无意向的、非时间性、非地点性的研究者存在，没有纯粹的理性，也没有绝对的知识或绝对的信息，人的所有认知都是人基于其预设的观念对世界的一种反映。"[②] 因此，地缘政治研究者决非超然于国家、民族、阶级、种族和性别立场之上独立存在的，其理论反映也必然受到研究者预设的存在论、世界观和价值取向的强烈影响，很难做到真正客观和严格意义上的价值中立。[③] 进一步说，地缘政治研究者所坚信的诸多"客观事实"实际上仍是由特定的人所完成和感知的，他们"对地缘政治进程的描述同时也是作者对于自身的描述"。[④] 特别是当地理知识在国家的发展、扩张和地缘政治分析中发挥作用时，更是常常同政治和意识形态纠缠在一起，并最终发展成为一种"权力—知识复合体"或一种"社会和历史话语"，被用来以"特定的方式"（或者说，更利己的方式）描述和反映这个世界。[⑤]

① John Agnew, *Geopolitics: Re-visioning World Politics*, p. 11.

② John Agnew, *Geopolitics: Re-visioning World Politics*, p. 11.

③ 在这一点上，批判学者们已经基本取得了共识。参见 Klaus Dodds, *Geopolitics in a Changing World*, p. 34; Gearóid Ó Tuathail, and Simon Dalby, "Introduction: Rethinking Geopolitics," in Gearóid Ó Tuathail, and Simon Dalby, eds., *Rethinking Geopolitics*, pp. 5 – 6; Yves Lacoste, "Rivalries for Territory," in Jacques Lévy, ed., *From Geopolitics to Global Politics*, p. 152.

④ Gearóid Ó Tuathail, and S. Dalby, "Introduction: rethinking geopolitics," in Gearóid Ó Tuathail, and S. Dalby, eds., *Rethinking Geopolitics*, p. 6.

⑤ Gearóid Ó Tuathail, and John Agnew, "Geopolitics and Discourse: Practical Reasoning in American Foreign Policy," *Political Geography*, p. 198.

第三，对传统研究范围的再思考。在“地缘政治”一词的发明者、瑞典政治学家鲁道夫·契伦看来，地缘政治研究就是“提供一套能够正确理解全球范围内民族国家及其边界、领土、实力以至相互之间关系的规范。”① 同样的，在经典的地缘政治理论当中，一系列有关国家治理方面的问题，如“怎样才能使得国家成长壮大”（马汉的一个关键命题）、“国家与领土之间的关系何为最佳？国家如何成长”（拉采尔最为关心的问题）、“国家如何建立、帝国如何强大？”（麦金德的问题），都是传统地缘政治理论关注的头等问题，“治国之术”或“强国之道”似乎成为地缘政治研究的全部内容。但随着时代的发展，面对当今时代一些显著影响国际政治走向的大趋势、大问题，如国际金融流动、跨国污染、思想观念的全球性传播、跨国犯罪和非政府组织的活动等，由于传统观念的桎梏，地缘政治研究似乎很少能够做出适当的理论回应，特别是与国际关系研究的其他领域相比，呈现出明显的“失语”状态。

正是在这种情况下，批判学者们有意识地在更大范围、更多层次展开了相应的研究。通过对地缘政治思想史的回顾，批判理论将地缘政治主要区分为三种层次：1.“应用的地缘政治”（practical geopolitics），主要指国务活动家和政策执行人的地缘政治政策构想，即对于“治国之术”或“强国之道”的研究；2.“正式的地缘政治”（formal geopolitics），主要指学术研究者的学理构建和战略性研究；3.“大众的地缘政治”（popular geopolitics），主要指新闻媒体和普通民众在涉及地理、政治及两者关系问题时所展现出的大众化视角。上述三种不同层次的地缘政治思想都有其不同的关注对象、流传运用和实践方式，包含了不同的地缘政治文化。奥特瓦塞尔指出，“如果把地缘政治研究看作是

---

① Michael Heffernan, “On the Origins of European Geopolitics: 1890－1920,” in Klaus Dodds, and David Atkinson, eds., *Geopolitical Tradition: Critical History of a Century of Political Thought*, p. 27.

社会—文化现象，那么它就有着多样和普遍的学理基础，它应当既是高级的（如国家安全和外交政策）又是低级的（如大众的日常生活）；既是可见的（如政策规划设计），又是松散的（如为军事行动辩护的言论）；既是传统的（如外交政策中永恒的宗教主题），又是后现代的（如信息管理与网络战争等）。”[①] 通过批判学者们的努力，“地缘政治”已经不再被认为是单纯有关“治国之术”和“强权”的研究，相反它扩大成为对地理知识、政治权力、学术精英、社会机构和普通大众之间相互作用的描述。

第四，对西方中心主义的批判。批判学者着重指出，西方中心主义是传统地缘政治思想最根本的特征之一。它主要体现在以下两个方面：首先，在西方地缘政治思想当中，一些西方社会历史发展中所形成的经验意识（如理性主义、社会达尔文主义、自由主义等）和组织方式（如民族国家、西方民主体制、市场经济等），往往被视为是主导人类社会发展的基本规律、必然途径或最佳形式，往往成为西方地缘政治研究者认识考察世界的基本态度。同时，地缘政治思想中的西方中心主义还体现在一种“文明—野蛮”、“自由—专制”、“进步—落后”这类带有明显偏见的二分法的长期存在。在这种蕴含着浓厚偏见的二分法中，西方社会被视为“文明的”、“自由的”和“优越的”，因而处于全球道义和权势的首要地位；而广大非西方社会则被视为是“落后的”、“野蛮的”、“可怕的”和“专制的”，大多是世界文明（更确切地说，是西方文明）的“敌人”和“威胁”。通过这种方式，广大非西方社会的地缘政治地位和地缘政治主张被刻意贬低、极端敌视甚至于长期视而不见。[②] 关于此点，批判学者们指出，“在

---

① Gearóid Ó Tuathail, and Simon Dalby, “Introduction: Rethinking Geopolitics,” in Gearóid Ó Tuathail, and Simon Dalby, eds., *Rethinking Geopolitics*, p. 5.

② 例如，在麦金德笔下，非西方地区不是在地缘政治方面无关紧要（如非洲及拉丁美洲等地区），就是具备毁灭西方文明的潜力，甚至是“威胁世界自由的黄祸”（如远东）。见 H. J. Mackinder, “The geographical pivot of history,” *The Geographical Journal*, Vol. 170, No. 4, 2004, pp. 98 – 321.

（西方）地缘政治家、学术精英和国务活动家的眼中，这个世界实际上被人为地‘空间分割’，前者往往出于利己的动机将世界各个国家或地区统统贴上了‘重要’或‘不重要’的标签”。[①]

学者们纷纷指出，西方中心主义的存在，导致绝大多数地缘政治理论文本一般都将维持或扩张西方社会（或西方特定国家）在全球权势体系中的优越地位作为理论的出发点与最终归宿，其后果则往往使其沦为西方国家利己思维和强权政策的理论工具。学者们据此认为，这种不公正的立场在严重毒化了地缘政治格调精神的同时，也导致了理论的片面化发展，最为鲜明的例证就是，传统地缘政治研究对非西方社会的地缘政治观念及实践过程严重缺乏关注，这迫切需要引起未来的地缘政治研究的充分重视。

二、拓展的研究领域

在对传统地缘政治作出深刻批评的同时，批判理论也指出了未来地缘政治研究必须重视的几个研究方向：第一是重新解读传统地缘政治的思想文本。批判学者试图通过对传统地缘政治思想及实践发展进程的回顾，深究一些地缘政治观点产生发展的社会文化背景，以期还原其历史真实面目，洞悉其背后隐含的价值主张和思想倾向，从而作出新的解读。在这种考虑下，批判地缘政治学者已经开始系统地考察地缘政治思想发展及其全球扩散的历史进程。例如，米切尔·哈弗南（Michael Heffernan）系统地回顾了两次世界大战之间欧洲地缘政治思想的发展，分析了当时欧洲不确定的学术和政治气候对于地缘政治思想发展的影响；大卫·奥特金森（David Atkinson）论述了现代意大利的地缘政治想象在民族国家建构和发展中所体现的作用和意义、法西斯意大利

① John Agnew, *Geopolitics: Re-Visioning World* Politics, p. 2.

对法国和德国地缘政治学的理解以及意大利地缘政治与法国、德国地缘政治思想的异同之处；克劳斯·多兹（Klaus Dodds）对阿根廷地缘政治的研究则提醒人们关注非英语地区地缘政治思想所受的欧洲影响及其独特之处；格莱汉姆·史密斯（Graham Smith）重点研究了俄罗斯地缘政治观念发展的历史，并试图由此发现出俄联邦九十年代车臣政策的渊源；阿兰娜·伯兰（Alana Boland）通过考察中国在相互依存和确保国家主权这一两难处境中关于如何确保粮食安全的认识与看法，重点分析了在不同文化背景下地缘政治理性产生的根源及其具体的实践过程。[①] 另外，批判学者们还对来自于佛朗哥时代的西班牙、建国后的印度和战前芬兰的地缘政治思想进行了卓具新意的考察。

值得注意的是，批判理论对于地缘政治思想史的重新解读强调建立于"批判"的角度之上，而非是对地缘政治思想的简单重复和一般性介绍。在此过程中，批判学者们尤其关注不同社会的不同人群是如何塑造、评价和使用"地缘政治"概念的，尤其关注来自非西方社会的地缘政治观念及经验，尤其关注批驳西方地缘政治传统中存在的决定论倾向，注意揭露其理论文本背后所隐含的价值取向和真实动机。

第二，对民族国家空间形态的重新思考。对于民族国家这个传统的考察重点，批判学者们也投入了极高的研究热情。通过对诸多典型案例的分析探讨，批判学者们发现，国家作为一种民族共同体的产生、强化是一种典型的地缘政治实践过程。这个过

---

① Michael Heffernan, "On the origins of European geopolitics, 1890 – 1920," David Atkinson, "Geopolitical imaginations in modern Italy" and Klaus Dodds, "Geopolitics and the geographical imagination of Argentina," in Klaus Dodds, and David Atkinson, eds., *Geopolitical Traditions: A Century of Geopolitical Thought*; Graham. Smith, "The masks of Proteus: Russia, Geopolitical Shift and the New Euroasianism," *Transactions of the Institute of British Geographers*, Vol. 24, No. 2, pp. 481 – 500; Alana Boland, "Feeding Fears: Competing Discouyse of Interdependence, Sovereignty, and China' s Food Security" *Political Geography*, Vol. 19, No. 1, pp. 55 – 76.

程，包括了创建民族空间（领土）、创建民族时间（共同历史）、创建民族认同感等全部行为。[①] 经研究发现，民族国家外部领土边界的确定及其变化属于一种空间行为或实践过程，而将分裂的和异质的历史统合为一个先验的和确凿的民族历史以及借此创建民族认同感，则属于一种精神意识发展的过程。因此，学者们认定，作为传统地缘政治的首要研究对象，民族国家从来不是一个纯粹意义上的物质现实，而是一个“臆想的共同体”，人的意识、观念和行为实践在民族国家空间形态的形成、发展中发挥着决定性的作用。[②] 伴随着社会文化氛围的演进，人民大众对于国家实有和应有空间形态认识与想象也处于不断发展之中，后者构成了国家空间行为实践（领土边界变动）的根本动力，直接影响了国际政治的发展和世界历史的走向。

在传统认识当中，国家的外部边界被视为一种物质的、将“国内社会—国外社会”明确加以划分的客观存在。而批判地缘政治学有关民族国家的表述，与传统的地缘政治思想（或经典的国际关系理论）有很大不同，其精神内涵与其对地缘政治本体论的解读一脉相通。严格地讲，它拒绝承认民族国家的“物质性、客观性和恒定性”，反对国际关系的“台球理论”，而倾向于将民族国家空间形态的确立、变动完全归结为社会意识及其实践的演进过程。在此基础上，学者们指出，未来地缘政治研究迫切需要深究国家边界变动和日常行为形成的内在根源，即深究不同的地理知识、文化背景、历史记忆对于特定社会普通大众、知识和政治精英所发挥的影响，及其在民族国家空间形态的创建、强化和改变过程中导致的历史后果。在这个方面，金·莱齐（Kim Rygiel）对土耳其建国过程前后民族认同感的形成、领土边界的

① Gearóid Ó Tuathail, and Simon Dalby, “Introduction: Rethinking Geopolitics,” in Gearóid Ó Tuathail, and Simon Dalby, eds., *Rethinking Geopolitics*, p. 3.

② Gearóid Ó Tuathail, and Simon Dalby, “Introduction: Rethinking Geopolitics,” in Gearóid Ó Tuathail, and Simon Dalby, eds., *Rethinking Geopolitics*, p. 3.

确定、国内不同种族的思想分歧等问题所做的剖析具有一定的代表意义。[①]

第三，批判地缘政治学呼吁关注世界政治、经济和社会的最新发展及其对地缘政治研究的启示与意义。当今世界政治、经济和社会的发展无论从其规模或是性质而言，都与过去两百年迥然不同。经济的全球化、全球传媒和因特网的高速发展、跨国犯罪网络和信息虚拟空间的出现，均对世界政治经济的基本面目、社会生活的基本形态、人类的思想观念和政治认同产生了极大的影响。在新的挑战面前，批判学者指出，当前的地缘政治研究迫切需要探讨和评估这些新事态、新事实或新趋势对于人类社会心理所带来的改变，以及这种改变所造成的地缘政治后果。具体地说，未来的地缘政治研究不应仅仅关注大国、强国、发达国家的地缘政治思维及实践过程，也要关注那些在经济全球化浪潮中几乎被边缘化的小国、弱国、极不发达国家的社会意识走向及其地缘政治后果；既要关注权力、领土此类“高级政治”议题，也要关注那些直接影响普通大众日常生活的“低级政治”议题（如环境、气候、粮食问题等）；既要关注国家、跨政府组织等国际政治主要行为体的行为活动，也应关注那些力图以特定方式解释和反映政治空间的其他行为体（如电影电视、平面传媒、非政府组织或其他机构等），特别是那些来自女性、少数族裔的地缘政治视野和经验及其对社会地缘政治心理和实践的影响。[②] 阿格钮坦率地指出，未来的地缘政治研究迫切“需要以普通人的生活为目的，考察不同人群对物质福利、精神认同和世界政治的理解。因此，这就需要关注当今时代中大规模人口散居流动、全球不平等的日益发展、地区

---

① Kim Rygiel, “Stablilizing Borders: the Geopolitics of National Identity Construction in Turkey,” in Gearóid Ó Tuathail, and Simon Dalby, eds., *Rethinking Geopolitics*, pp. 106 – 130.

② Klaus Dodds, *Geopolitics in a Changing World*, p. 6.

对经济增长方面日益突出的制约作用、地区层次和国际层次超国家主义的兴起，以及世界各国和地区逐步扩大的生产和金融全球化趋势及其影响。”①

三、批判地缘政治学的贡献、意义与影响

作为一个拥有百余年发展历程的思想传统，地缘政治研究在其思想演进和学科发展过程中曾对近现代国际政治走向产生过不容忽视的重大影响。然而与这种情况形成鲜明对照的是，在当代西方主流学术界，地缘政治研究却渐呈式微之势，“地缘政治过时论”、“地缘政治无用论”层出不穷，甚至不断有部分西方学者宣称：“地缘政治已经死了”。不可否认，随着冷战的结束、经济全球化进程的加快、信息技术广泛扩散和人类思想意识的大幅演进，传统地缘政治的研究范围、研究手段、基本命题和若干核心问题正面临越来越严峻的挑战。正是在这种背景下，批判地缘政治从反思地缘政治传统入手，通过对地缘政治一些“元理论”和思想史的不懈探究，为地缘政治研究的继续发展作出以下三方面的贡献：

首先，通过对地缘政治本体论、认识论和思想史的批判，批判地缘政治颠覆了传统思想中的命定论、物质决定论、“科学”万能论观点，破除了传统研究中的种种“理论神话”，有效地克服了其机械化和庸俗化倾向。特别是针对历史上许多打着“法则”、“科学”、“真理”幌子的地缘政治观点，批判学者们无情地揭露了那些隐藏于“真理”幌子之后的价值取向和真实动机，并进行了道德清算。应当承认，这一点对于未来地缘政治研究摆脱历史包袱、打破思想枷锁、修正错误倾向具有特别关键的意义。

---

① John Agnew, *Geopolitics: Re-Visioning World* Politics, p. 127.

其次，批判地缘政治学强调道德规范和人文关怀在当代地缘政治研究中的重要意义，要求研究者勇于摒弃传统研究中的“西方中心主义”立场和冰冷的、宿命的、启示录般的理论说教，呼吁研究者应当秉持更高的道德诉求和人文关怀，从人类整体的利益和更为公正的立场出发，承认人类社会在物质（领土、资源等）、实践（如政治权势、经济福利、社会发展、军事实力等）和意识思想范畴（如知识观念、科学技术等）上长期存在的失衡态势，关注后殖民时代知识和交换的不平等性，关注广大不发达地区在全球政治经济体系中的不利地位和悲惨状况，以期建构出一种与以往传统迥异的、更具人文与正义色彩的地缘政治理论。西方当代学者的这种态度转变，在一定程度上有益于推动学科的健康发展和既定问题的公正解决，值得肯定与提倡。

第三，拓宽了地缘政治的研究范围和可用手段。在当今历史条件下，一系列直接关系到人类生存和发展的重大现实问题相互交织、相互影响、并行发展。这些重大的现实问题，既包括以往地缘政治研究中有所涉及的问题，如世界各组成区域之间在政治、经济、技术等方面的不平衡发展、部分西方大国的霸权主义图谋与广大发展中国家人民反对霸权主义的斗争等等，也包括一些传统地缘政治研究没有涉及或关注不足的问题，如人口问题、气候问题、资源短缺、环境恶化、社会思想演进等等。有鉴于此，批判地缘政治学鼓励研究者摆脱传统思维的束缚局限，考察不同层次的地缘政治行为体（如国际组织、国家、非政府行为体等）在应对上述问题时的反应—反馈过程，以求有所开拓，这无疑也是值得鼓励的努力方向。

当然，批判地缘政治也存在值得商榷之处。其中最引发争论的一点，便是它将地缘政治基本定义为一种“更为宽泛的社会、文化和政治现象，或者是一套由话语、反映和实践所组成的、且充满矛盾的复杂体系。”批判学者们实际上是在暗示：“那些致力于解释世界事件和周边状态的人对世界的感知来源于一系列的假想、规则和习惯之中。”[①] 通过这种方式，地缘政治的思想文本被大致归结成为一种被简化的、具有美学意义的地理想象，在“意识至上”的认定中很大程度上倾向于抹杀地缘政治思想（特别是历史上一些地缘政治理论文本）的客观性因素、合理性内涵和存在意义，有一定的虚无化倾向，存在矫枉过正的现象，这一点需要引起我们的充分注意。

公允而论，批判地缘政治学研究虽然已经在一个系统的框架内达成某种共识，但至今依然没有形成一套完整缜密的学理体系。不过，批判地缘政治研究的目的或许也并不在此。在过去二十年的时间里，批判地缘政治通过对传统地缘政治本体论、认识论的批判和对传统理论文本的重新解读，完成了对传统理论的解构与重塑，拓展了研究领域，讨论了未来地缘政治研究的可能范围和基本思路，成果斐然。在学者们的努力下，当代西方地缘政治研究极大地破除了传统研究中的理论迷信、物质决定论倾向、西方中心视角的理论色彩，风格为之一变。在大多数人看来，地缘政治研究现在已经不再是枯燥单调的几条警句或断言，相反呈现出一种更趋多元的和更为丰富的理论内涵。面对当今世界政治经济发展中所出现的诸多新趋势和新问题，当代地缘政治研究完全可以进行相应解读，实现新的理论增长。就此意义而言，地缘政治并未如一些学者所预言的那样正在“走向死亡”，而是正向着跨学科、跨流派的综合研究领域迈进。

① Klaus Dodds, *Geopolitics in a Changing World*, p. 35.

第三节　冷战后地缘政治理论研究的进展、问题与启示

在世界政治经济格局革命性发展和国际权势结构剧烈变动的宏观历史背景下，与冷战时期国际地缘政治研究的相对低潮局面不同的是，冷战结束后，当代地缘政治学术研究的步伐明显加快，地缘政治思潮在全球范围内呈现出罕见的大复兴态势。在这一极具深刻意义的思维演进过程当中，部分当代学者在借鉴社会科学研究领域一些新观点、新方法基础上，对于传统地缘政治的理论方法、历史功用与研究范围展开了广泛的探讨，得出了与经典地缘政治（classical geopolitics）精神内涵、研究志趣、功能效果迥然有别的研究结论。使得地缘政治这门相对“古老”的研究领域呈现出诸多令人耳目一新的新精神与新面貌，在取得广泛的学术和社会影响同时，对于地缘政治研究的未来发展、特别是对于当代中国学者构建具有中国特色的地缘政治理论体系存在重要的启示意义。

一、冷战后地缘政治研究的主要理论成就

当代地缘政治研究取得的主要理论进展，主要体现在以下三个方面：首先是对传统地缘政治一些根本理论问题的反思与探讨。长期以来，地缘政治一般被认为是一种“从地理中心论立场出发对国际局势进行的研究和整体的认识”。[①] 根据这一立场，地缘政治的研究对象一般被认定为一个客观存在的全球空间进程和真实的国际关系事实，研究者通过对地理形态超然中立的观察，

① ［英］杰弗里·帕克著：《二十世纪的西方地理政治思想》，李亦鸣等译，北京：解放军出版社 1992 年版，第 2 页。

可以从中发现国家政治活动必须遵循的客观规律，从而作出“科学”的理论诠释。从这种立场出发，历史上很多地缘政治学者都坚称其结论建立在客观事实基础上，具有无可争议的“科学”内涵，甚至是对“历史法则”或“自然法则”的真实重现。[①] 这种将研究者与其所观察的世界截然分开（即主客体间明确划分），同时坚持研究者对世界的反映就是世界本质（即反映与实在同一性）的看法，其根源均深植于启蒙时期以来西方社会的世界观和认识论。[②]

早自20世纪70年代开始，以伊夫·拉考斯特（Yves Lacoste）为代表的法国地缘政治学者就主要从批判的角度入手，拉开了对传统地缘政治理论方法进行清算的序幕。[③] 进入90年代后，以杰拉德·奥特瓦塞尔（Gearóid Ó Tuathail）、约翰·阿格钮（John Agnew）、克劳斯·多兹（Klaus Ddds）等人为代表的部分西方学者，在吸取批判理论、后现代主义、建构主义等方法观点的基础上，对传统地缘政治的本体论、认识论等“元”理论问题进行了一种近乎颠覆性的解释。[④] 尽管在细节与表述上还存在差异，但这些学者大体上都反对将地缘政治视为一种纯粹物质属性的、明晰可辨的国际关系事实，相反主张将其理解为一套融合了地理、政治表述的话语模式，一种与人类主体意识紧密联系的社会、文化和政治实践，兼具物质和反映性质，与权力、知识和

---

① 地缘政治理论的主要奠基人之一，德国政治地理学家弗里德里希·拉采尔（Friedrich Ratzel）就宣称其理论“建立于缜密的地理学数据之上”，因而是“自然（地理）法则”的再现。转引自 Yves Lacoste, “Rivalries for Territory,” in Jacques Lévy, ed., *From Geopolitics to Global Politics: A French Connection*, London: Frank Cass Publishers, 2001, p. 152.

② John Agnew, *Geopolitics: Re-visioning World Politics*, London: Routledge, 1998, p. 11.

③ 参见葛汉文：《批判与继承：二战后法国的地缘政治思想》，载《世界经济与政治》2011年第2期，第42页。

④ 有关“批判地缘政治学”的评论文章，参见葛汉文：《批判地缘政治学的发展与地缘政治研究的未来》，载《国际观察》2010年第4期，第42—48页。

经济的社会再生产存在紧密联系。[①] 根据这种逻辑，传统理论关于地缘政治研究“知识中立”与“客观性”的认识论判断也随之瓦解。学者们指出，正因为地缘政治研究者不是超然于国家、民族、阶级、种族和性别立场独立存在的，其理论也必然受到研究者预设的存在论、世界观和价值取向的强烈影响，无法做到真正客观和严格意义上的价值中立。特别是当地理知识在国家发展、扩张谋划中发挥作用时，更时常同政治意识形态纠缠在一起，并最终发展成为一种“权力—知识复合体”或一种“社会和历史话语”，被用来以“特定的方式”描述和反映这个世界。[②]

这些学者对于地缘政治本体论与认识论的探讨，主要受到以哈贝马斯为代表的法兰克福学派批判哲学的强烈影响，也得益于福柯、德里达和葛兰西等人思想的启发。[③] 简单地讲，这种观点通过将地缘政治归结为一种人类的意识实践过程，致力于调和传统地缘政治认识论中物质世界与研究者精神世界的二元对立；通过强调地缘政治知识的历史性与价值性特征，反对地缘政治研究中“客观真理”与“纯粹知识”的存在。在这种立场的鼓励下，当代地缘政治研究部分开始了从“探究地理因素对政治活动的制约作用”到“探究人类是如何认识或想象地理环境从而展开政治实践”的转变。

当代地缘政治研究取得的又一理论进展，当属对传统地缘政治思想倾向和历史功用的再检讨。作为对近现代以来国际政治演进的认识与反映，传统地缘政治将领土空间视为主权国家生存、发展乃至权势扩张的关键性因素。因此，传统地缘政治绝大多数

---

① G. Ó Tuathail, and Simon Dalby, “Introduction: Rethinking Geopolitics,” in G. Ó Tuathail, and Simon Dalby, eds., *Rethinking Geopolitics*, London: Routledge, 1998, p. 2.

② Gearoid Ó Tuathail, and John Agnew, “Geopolitics and Discourse: Practical Reasoning in American Foreign Policy,” *Political Geography*, Vol. 11, No. 2, 1992, p. 198.

③ Phil Kelly, “A Critique of Critical Geopolitics,” *Geopolitics*, Vol. 11, No. 8, 2006, p. 28.

的理论归纳和概念命题（如空间对抗、势力范围、霸权、实力中心等）均着眼于全球范围内的空间权势争夺，大多致力于为特定国家的权势扩张和领土争夺进行理论筹划。正是看到此点，当代部分激进的西方学者指出，传统地缘政治的全部信念都是为近现代以来强权国家间的领土争夺和权力竞争提供理论依据，它忽略甚至刻意掩饰政治矛盾与社会问题，基本上服务于统治者、战争和政治控制，结果则有助于统治者对平民施加暴力、对社会进行空间控制与促进国家间的领土冲突。① 正出于以上原因，地缘政治才得到了近现代以来国务活动家与极权者的狂热偏爱，而地缘政治在为特定国家实施军事战略与政治强权提供理论来源的同时，也已演变成为一种福柯所说的“权力—知识”体系②，一种进行空间控制和领土争夺的意识形态，在近现代世界历史中更是成为了“导致战争的首要因素”。③

出于对近现代世界历史中帝国主义、强权政治、暴力压迫与不平等现象的一贯不满，这些主要来自西方社会左翼的学者，将批判的重点放在揭露传统地缘政治在加强资本主义国内统治、推动强权政治与国际战争、破坏国际正义等方面的负面作用上。结合对传统地缘政治认识论的反思，这些学者特别呼吁道德规范和人文关怀在地缘政治研究中的重要意义，主张未来的地缘政治研究应当从人类整体利益出发，以更为公正的学术立场和更高的道德诉求，承认人类社会在物质（领土、资源等）、实践（如政治权势、经济福利、社会发展、军事实力等）和意识思想（如知识

① ［英］杰弗里·帕克著：《地缘政治学：过去、现在和未来》，刘从德译，北京：新华出版社 2003 年版，第 75 页。

② 参见福柯关于国家权力与文学、学术与政治结构关系的论述。Leslie W. Hepple, “Géopolitiques de Gauche: Yves Lacoste, Hérodote and French Radical Geopolitics,” in Klaus Dodds, and David Atkinson, eds., *Geopolitical Traditions: A Century of Geopolitical Thought*, p. 292.

③ 转引自 Klaus Dodds, *Geopolitics in a Changing World*, Harlow: Pearson Education Ltd., 2000, p. 32.

观念、科学技术等等）等范畴上长期存在的失衡态势，关注后殖民时代知识和交换的不平等性，关注广大不发达地区在全球政治经济体系中的不利地位和悲惨状况，以期建构出一种更富人文关怀的地缘政治理论体系。当代地缘政治研究者的这种态度转变，在一定程度上打破了传统地缘政治过于浓重的、主要偏重权势竞争与空间争夺的现实主义理论风格，有益于推动学科的健康发展和既定问题的公正解决，值得肯定与提倡。

冷战后地缘政治研究最有价值的学术进展则是对传统研究范围的大幅拓展。在反思地缘政治理论方法与历史功用的基础上，学者们结合当今世界政治经济发展中出现的诸多新事实、新趋势，敏锐地指出了拓展地缘政治研究范围的必要性。多兹就指出，在面对当今这个“国际金融流动、跨国污染、跨国观念传播和国际化犯罪、非政府组织广泛活动”的世界时，“地缘政治应当承认其研究范围仍然需要细化”。[①] 在他看来，传统地缘政治研究过多着眼于分析和推测大国、强国的地缘政治形态，而对小国、弱国的地缘政治状况、思想与实践关注不足；过多地关注权力、领土此类“高级政治”议题，而对当下那些直接影响普通大众日常生活的“低级政治”议题（环境、气候、粮食问题等）无法应对；过多地审视地理形态对主权国家权势的制约和影响，而对国际组织、跨政府机构、次国家团体及非政府组织等“新国际政治行为体”的地缘政治分析严重欠缺，这一事实的存在已经对地缘政治的理论增长与时代适切性构成了严重的挑战。

为更好地应对上述问题，当代学者特别加强了对地缘政治的话语研究与决策层面的考察，致力于探究人的主观意识在认识、反映世界空间及展开相应地缘政治实践中的作用。他们通过批判性地解读历史上地缘政治话语文本与国家政策实践之间的互动反馈关系，着重分析宗教、民族性、政治认同、文化差异对特定社

① Klaus Dodds, *Geopolitics in a Changing World*, pp. 6 – 7.

会“地缘政治理性”的影响，以求从中发现特定国家的权力—知识精英是如何以特定的方式反映与建构国际政治中的“地理事实”（如政治领土、国际边界）的，以及如何据此展开国际政治实践的。[①] 这与以往传统理论侧重于分析全球地缘政治状况与特定国家空间形态、重视领土资源、边界疆域等物质范畴的研究取向迥然有别。与此同时，一改以往集中关注西方大国强国的研究志趣，西方当代地缘政治研究者有意识地加强了对小国弱国、非西方国家地缘政治思想与实践的研究，包括土耳其、芬兰、巴西、印度、阿根廷、日本等国的地缘政治论述与实践都已进入西方当代地缘政治的研究视野。不仅如此，面对冷战结束后世界政治经济在诸多领域中所发生的重大变化，部分学者主张，当代地缘政治应当是“一个突出发展的全球复杂性的研究领域”[②]。这要求研究者采取一种新的地球意识，努力扩大地缘政治的研究范围，从而对这个急剧变动的世界进行更为细致地解读。具体地说，就是要将其研究重点“从国家主权转移到全球化、从固定的领土转移到具有符号学意义的边界、从‘治国之道’转移到相互依赖、从地缘政治集团转移到虚拟环境”。[③] 在德国学者保罗·罗依博（Paul Reuber）归纳的当今地缘政治的六大主要研究方向（即生态政治与资源冲突、领土冲突与边界、地缘政治与认同政治、全球化与新型国际关系、政治权力的符号学反映、地区冲突与社会运动）中，至少有四项议题都处于传统的研究范围之外。[④]

---

① G. Ó Tuathail, “The Bush Administration and the ‘End’ of the Cold War: A Critical Geopolitics of US Foreign Policy in 1989,” *Geoform*, Vol. 23, No. 4, 1992, p. 439.

② Jacques Lévy, “Beyond Geopolitics: A French Connection,” in Jacques Lévy, ed., *From Geopolitics to Global Politics: A French Connection*, p. 4.

③ G. Ó Tuathail, “Postmodern Geopolitics? The Modern Geopolitical Imagination and Beyond,” in G. Ó Tuathail, and S. Dalby, eds., *Rethinking Geopolitics*, London: Routledge, p. 28.

④ Paul Reuber, “Conflict Studies and Critical Geopolitics: Theoretical Concepts and Recent Research in Political Geography,” *GeoJournal*, Vol. 50, No. 4, 2000, p. 37.

二、当代地缘政治研究中存在的问题

当代地缘政治研究在取得了丰富学术进展的同时，在学科建构、研究方法、学术影响等方面依然存在不少问题。在学科建构方面，与政治地理学或国际关系学等较为成熟的相近学科门类相比，作为一门学科体系的地缘政治在关键概念的梳理、理论框架的建构等方面仍存在较大的缺陷。法国学者丹尼斯·勒达莱（Denis Retaillé）早就指出，地缘政治作为一门介于社会科学（政治学）与自然科学（地理学）之间的研究领域，长期游移于这两种“彼此不同且相互冲突”的知识体系之间。作为一种“历史性科学”，地缘政治是实用主义与描述性的，建立于对过去及当前形势的经验分析基础之上；与此同时，地缘政治也是一种“预测性科学”，其目的在于通过研究对未来作出预测及证实这种预测。这正是地缘政治无法成为一门真正“科学”的原因所在。[①] 美国学者菲尔·凯利（Phil Kelly）也认为，地缘政治长期以来存在的不精确性、理论目的的矛盾性（即在解释性学科和描述性学科、学术理论和政策实践之间摇摆不定）以及缺乏一种被普遍接受的分析框架，严重阻碍了地缘政治研究的发展。[②]

地缘政治研究的学术进展，依然没有很好地解决这些问题，甚至更进一步激化了此类矛盾：尽管部分当代地缘政治研究者相当重视学理探究，并在一些元理论问题上大致取得了共识，但由于其批评性多于建设性，重视对传统理论的解构多于对学术体系的重塑，因此距建构起一个被普遍接受的、缜密严谨的逻辑体系还相差甚远。不仅如此，在概念使用、分析视角与研究志趣等方面，当代地缘政治研究者之间亦存在严重的分歧。例如，当代

① Denis Retaillé, “Geopolitics in History,” in Jacques Lévy ed., *From Geopolitics to Global Politics: A French Connection*, p. 46.

② Phil Kelly, “A Critique of Critical Geopolitics,” *Geopolitics*, p. 25.

“新”地缘政治研究两大领军人物奥特瓦塞尔与阿格钮，便在“地缘政治”概念的使用、研究重点等方面存在明显的学理争论。[1] 而部分学者对地缘政治本体论物质特征几近彻底的否定，激进地将地缘政治归结为一种被简化的、具有审美学意义的“地理想象”，这实际上也很大程度地否定了地缘政治研究的客观性因素、合理性内涵和存在意义。而这种严重的“意识至上论”和虚无化倾向，不仅加剧了地缘政治研究领域的学理纷争，更是严重拖累了地缘政治学科体系的构建进程。

与此同时，当代部分地缘政治研究者所提出的一些方法主张，在实践过程中存在诸多难以克服的困难。例如，部分学者对传统研究中的国家中心主义的批判，虽意识到了超国家、次国家行为体在当今世界政治经济中日益重要的地位作用，具有相当的时代敏感性；但公允而论，当代绝大多数国家的地缘政治研究依然受限于传统的国家中心视角，鲜有采取超国家或亚国家视角较有代表性的研究出现。从这一情况可以看出，与具有明确领土边界标识和空间属性的现代民族国家相比，目前绝大多数超国家或亚国家行为体的领土空间属性依然模糊，其地缘政治意识和实践是否存在仍值得商榷。同时也表明，在民族国家依然占据当今世界政治主要行为体与首要角色的今天，地缘政治的研究对象在很长一个时期里仍然主要是民族国家，而那些要求全面超越国家中心视角的呼声明显过于超前。又例如，当下很多学者极力推崇的文本解读和文化研究，目前也面临着一些很难克服的困难。特别是针对“非西方”和“小国弱国”社会地缘政治文化的讨论，由于研究者所借助的文本资料大多是由本地语言翻译而来，在此过程当中由于翻译者审美视角和政治倾向的不同，存在文本误读的可能性；与此同时，研究者所选取的这些资料是否具有较为普遍的意义，是否能够较为全面地体现既定国家社会的地缘政治视

① Phil Kelly, “A Critique of Critical Geopolitics,” *Geopolitics*, p. 29.

野和志趣，这点也值得怀疑。另外，当代很多地缘政治研究者在社会文化考察方面似乎也不具备相应的训练，一些研究成果在证据的充分性上并不完备，其论证过程还是显得较为生疏稚嫩。

当代地缘政治理论研究当中最致命的问题，则是严重削弱了传统地缘政治研究紧密关注领土空间争夺、紧密关注国家权势增减、紧密关注国际政治格局变化的鲜明理论色彩，而后者一向是地缘政治与其他国际关系理论相比最具特色之处。具体地说，当代地缘政治在学术范围得到大幅拓展、研究层次得到极大丰富的同时，也使得该领域的研究似乎正在变成一个以历史追忆和文本叙事为主的、包容万象同时也是“东拉西扯”的领域。[①] 这种情况的出现，确实说明当代很多地缘政治研究者已经在观点立论上与传统地缘政治理论明显拉开了距离，其研究志趣目前主要致力于从批判视角出发挑战传统的、主流的和官方的地缘政治论述，而非为国家间的权力斗争提供战略筹划。这些学者当下更加偏好学理辨析而非实践应用，无疑是对拉考斯特半个世纪前提出的“地缘政治研究回归学术”口号的积极响应。但其后果，则使得地缘政治在政策可操作性、理论的实用意义和与国际政治的现实贴合性上均有所下降，在模糊了地缘政治鲜明理论特征的同时，也极大削弱了地缘政治在国家决策层面的影响力，使得地缘政治在当前国际关系研究中的学术地位更加边缘化。

三、总结教训、汲取启示

中国学者很早便意识到地理环境对于人类政治活动的重要影响。在中国历史上，早在春秋战国时期，很多名噪一时的政治家和学者便自觉不自觉地从地理环境角度出发，对当时的政治活动作出了较为准确的描述和预测，积累了尤为丰富的理论经验，

① Alejandro Colás, and Gonzalo Pozo, “The Value of Territory: Towards a Marxist Geopolitics,” *Geopolitics*, Vol. 16, No. 1, 2011, p. 211.

“合纵连横”、“近睦远交”、“隆中对”皆为不同时期中国本土地缘政治表述的典型代表。但应当承认的是，中国古代学者的有关论述多是从经验和直觉出发，紧密服务于现实政治需要，主要体现为战略决策谋划，缺乏系统的概念辨析、学术梳理和逻辑推导。在研究目的上，则是致力于为不同时期的政治决策者影响控制特定历史时期的政治格局走势，进而主导“天下”提供宏观战略指导。在研究范围上，则严格局限于以华夏民族聚居区为主的“中原”领域，少有对外部世界的关注和研究兴趣。

1840 年以来，随着资本主义列强的入侵，中国开始逐步被纳入到资本主义全球体系之中。在西人船坚炮利的威胁下，中国部分先进学者为了拯救民族危机，寻求救国救民的真理，开始大量介绍和引用西方政治思想理论，以求解决中国面临的现实问题。中国学者对地缘政治理论的关注大约开始于 20 世纪中后期。但在“左”的思想意识的长期影响和主导下，当时国内学术界一般认为：地缘政治理论在研究方法上不外乎错误的地理决定论，在具体理论表述上则是帝国主义侵略扩张政策的托词：从本质上讲，地缘政治学就是“战争的地理学”或“侵略的地理学”的代名词。[①] 因此，在新中国诞生后的很长时间内，地缘政治理论一直处于被忽视和批判的境况。尽管如此，以毛泽东、周恩来、邓小平为代表的老一辈革命家在对外政策思想和国际政治实践中，仍自觉地把地缘政治因素纳入对国际战略形势的判断中，以宏观和全球的视角分析中国在当时国际政治格局中的地位与作用，形成了许多极具影响的理论观点。20 世纪 40 年代末毛泽东关于“中间地带”的观点、60 年代初关于“第一中间地带”、“第二中间地带”的划分，特别是 70 年代关于“三个世界”理论的提出，即为鲜明的例证。

改革开放以来，与国内学术界思想解放进程同步，地缘政治

① 商务印书馆编辑部：《出版说明》，载［美］斯皮克曼著：《和平地理学》，刘愈之译，北京：商务印书馆 1965 年版，第 I 页。

研究得到了中国学者前所未有的关注与重视。在这一阶段，地缘政治研究进入一个历史上前所未有的繁荣兴盛时期，许多西方地缘政治研究的经典著述在中国得以翻译出版，不少介绍评析地缘政治理论的著作不断面世。与此同时，一些中国学者还开始有意识将地缘政治理论应用到国际政治研究领域中，力图以此为依据解释和预测中国在当前世界经济发展和国际政治格局中的地位与作用。此外，还有不少中国学者在系统归纳地缘政治研究成果的基础上，致力于探究地缘政治的本体论与方法论等核心理论问题，希望藉此构建具有中国特色的地缘政治理论体系。[①]

冷战结束后、特别是进入新世纪以来，随着世界政治经济形势和国际政治格局复杂性和不确定性的凸显，一系列直接关系到中国国家安全与繁荣发展的重大现实问题相互交织、相互影响、并行发展。中国在和平发展与实现中华民族伟大复兴的历史进程中，如何妥善处理与大国、周边地区和广大发展中国家的相互关系，如何在扩大对外开放、贯彻好互利共赢原则的基础上正确处理中国国家利益拓展与尊重他国利益的关系，如何在进一步融入国际体系的过程中坚持中国特色社会主义道路，如何统筹兼顾周边地区各个战略方向以便创造一个有利于中国和平发展的国际环境，如何管控处理好周边毗邻的有争议地理区域等等，如此一系列重大现实问题尚待中国学者从地缘政治的角度出发，在这些复

① 中国学者在地缘政治研究领域中的代表性著述有：程广中著：《地缘战略论》，北京：国防大学出版社 1999 年版；李义虎著：《地缘政治学：二分论及其超越》，北京：北京大学出版社 2007 年版；刘从德著：《地缘政治学：历史、方法与世界格局》，武汉：华中师范大学出版社 1998 年版；陆俊元著：《地缘政治的本质与规律》，北京：时事出版社 2005 年版；沈伟烈主编：《地缘政治学概论》，北京：国防大学出版社 2005 年版；孙相东著：《地缘政治学：思想史上的不同视角》，北京：中共中央党校出版社 2005 年版；王正毅著：《现代地理政治学》，天津：南开大学出版社 1993 年版；姚有志主编：《二十世纪战略理论遗产》，北京：军事科学出版社 2001 年版；叶自成主编：《地缘政治与中国外交》，北京：北京大学出版社 1998 年版；朱听昌著：《西方地缘战略理论》，西安：陕西师范大学出版社 2005 年版；张文木著：《世界地缘政治中的中国国家安全利益分析》，北京：中国社会科学出版社 2012 年版。

杂难辨的问题和现象中寻找直接影响中国未来发展的大问题、大趋势，发展出一种既坚持中国立场、解决中国问题、彰显中国气派、体现中国抱负，同时又具有广泛包容力、兼收并蓄的开放性理论体系。而当代国际地缘政治学界取得的进展及呈现的问题，也对中国地缘政治研究的未来发展提供了如下启示：

启示之一：中国地缘政治研究必须坚持服务于中国国家利益、服务于中国国家战略的基本立场。作为一门具有悠久思想传统的学科门类，地缘政治研究一向以鲜明的现实主义国际政治立场和政策倾向著称于世。尽管其理论方法、观点、结论不时遭到不少学者（特别是部分西方学者）的强烈批判，但地缘政治研究从特定国家立场出发、解决特定国家问题、紧密服务于特定国家对外战略这一基本定位，对于当前中国地缘政治研究的发展仍具有指导性意义。从当代国际地缘政治研究的主流来看，无论是美、俄等大国的地缘政治思想，抑或是德、法、意、日、印等地区强国的地缘政治思想，还是澳大利亚、乌克兰、越南、捷克等新兴国家的地缘政治思想，无不聚焦冷战结束后世界政治经济秩序和国际政治格局的剧烈变动，努力从中发掘、评估本国权势地位和国家安全所经受的影响和触动，从而为本国在未来时代的生存、安全及发展寻求解决方案。我们应当清醒地看到，尽管求和平、谋发展、促合作在当今世界已成为不可阻挡的时代潮流，国际形势保持总体和平、缓和、稳定的基本态势，但在中国和平发展过程中，国家安全面临的机遇和挑战、特别是周边面临的现实或潜在威胁日益多样化、复杂化、联动化。在此背景下，中国地缘政治研究者应始终坚持学术研究、解决中国问题、捍卫中国利益的基本原则，合理利用地缘政治理论的一些概念、观点、方法，以冷静、客观的态度和战略、宏观的视角，认真分析地理空间与中国国家实力发展的关系，为实现稳定周边的对外战略服务，为和平发展和实现民族伟大复兴的国家大战略服务。

启示之二：当代部分地缘政治研究者关于地缘政治本体论、

认识论及历史功用的解读，为中国学者以谨慎和科学的态度对待传统地缘政治话语文本提供了相当的借鉴意义。特别是在借助传统地缘政治的一些概念、方法和命题分析研判当今世界政治经济发展态势和中国的战略时，中国学者应当更加留意这些概念、方法和命题产生的历史文化背景、蕴含的战略企图与价值倾向，在摒弃或纠正其错误倾向和错误论断的同时，注意吸纳借鉴其有益的观点、方法和理论价值。具体地说，中国学者应当本着不盲从、不迷信的态度，坚持科学的扬弃态度，认真辨析传统地缘政治的研究角度（如将人类政治经济活动与地理环境相结合的宏观视角）、研究手段（如整体性思维、综合分析、区域研究、单元考察）和部分概念命题（如海权、陆权、空权对国际政治的重要影响）在当今时代可能具有的应用价值，恰当评判其存在的片面性与单一决定论色彩，从而对一些仍可沿用但存在缺陷的概念命题进行与时俱进的改造，使之从传统的、排他的、强调对抗争夺的理论倾向转变为符合时代特征的、突出互利共赢及合作协调的叙事风格。唯有如此，才能使一些传统的概念观点获得新生，适应时代发展的需要。

启示之三：针对当代部分地缘政治学者加强地缘政治文化研究的呼声，我们亦需认真分析其利弊，汲取其优长。对中国地缘政治研究者而言，在加强对全球宏观地缘政治格局、周边安全环境等国际政治实践层面研究的同时，也可适当注意特定国家及其社会精神文化因素对其地缘政治思维与实践的影响。举例来说，可以从发掘中国社会对于特定领土区域的认识与想象入手，审视中国地缘文化思维方式的兴起和变迁过程，从而正确解读历史上中国社会是如何将文化与地理因素相结合，建构“自我—他人”、“敌手—盟友”等“想象边界”，以及如何根据这种认识完成相应的国际政治实践的。与此同时，还可加强对中国周边各国地缘政治文化的研究，研读中国诸多邻国看待中国和看待自身领土的方式方法，分析其国内社会地缘政治思维的发展和演进过程及在历史和现实中引发的国际政治效应，从而有效推测其未来可能遂行的地缘政治实践及对中国周边安全环境的影响。

启示之四：在坚持地缘政治研究的国家中心视角、重视国际权势变更等传统研究方法的同时，也应密切注意吸收社会科学研究中的其他理论观点，以丰富地缘政治的研究方法，拓展研究领域，实现多视角相互补充，以期对当今愈发复杂的全球地缘政治进程作出更为全面的理解。例如，在研究气候变迁、资源匮乏、能源危机对特定国家权势的影响时，可以将国际政治经济学和地缘经济学的观点方法应用于地缘政治研究中；在分析领土空间在经济全球化条件下的地位和功能时，可以吸取经典马克思主义理论关于土地是资本主义生产要素的论述；在对特定国家国内社会地缘政治思维的分析论述中，还可引入社会学和人文地理学的研究方法和相关知识。总之，在当今经济全球化进程加快、科学技术迅猛发展、交通信息网络快速普及、国家间相互依存程度日益加深和国际紧张局势大体缓和的历史背景下，中国学者应在坚持地缘政治传统研究领域与研究特色的同时，致力于扩大地缘政治研究的手段方法和适用领域，努力加强对新领域和新问题的学术开拓，从新的维度出发为国家营造安全稳定的周边环境，进而为实现中华民族的伟大复兴提供理论襄助。

参考文献

［澳］约瑟夫·凯米莱里、吉米·福尔克著：《主权的终结？日趋“缩小”和“碎片化”的世界政治》，李东燕译，杭州：浙江人民出版社 2001 年版。

［德］弗里德里希·李斯特著：《政治经济学的国民体系》，陈万煦译，北京：商务印书馆 1983 年版。

［德］康拉德·阿登纳著：《阿登纳回忆录（1945—1953）》，上海外国语学院译，上海：上海人民出版社 1973 年版。

［德］乌尔丽克·居罗特、［德］安德烈亚·维特：《欧洲的新地缘战略》，载《世界经济与政治》2005 年第 6 期。

［俄］A. П. 齐甘科夫、П. A. 齐甘科夫主编：《当代俄罗斯国际关系学》，冯玉军等译，北京：北京大学出版社 2008 年版。

［俄］巴·阿·齐甘科夫：《俄罗斯国际关系学：现状与前景》，载《世界经济与政治》2006 年第 5 期。

［俄］瓦列里·列昂尼多维奇·彼得罗夫著：《俄罗斯地缘政治：复兴还是灭亡》，于宝林等译，北京：中国社会科学出版社 2008 年版。

［法］阿·德芒戎著：《人文地理学问题》，葛以德译，北京：商务印书馆 2007 年版。

［法］安德烈·梅尼埃著：《法国地理学思想史》，蔡宗夏译，北京：商务印书馆 1999 年版。

［加］卡列维·霍尔斯蒂著：《和平与战争：1648—1989 年的武装冲突与国际秩序》，王浦劬等译，北京：北京大学出版社 2005 年版。

［美］保罗·肯尼迪著：《大国的兴衰：1500—2000 年的经济变迁与军事冲突》，陈景彪等译，北京：国际文化出版公司 2006 年版。

［美］查尔斯·库普乾著：《美国时代的终结：美国外交政策与 21 世纪的地缘政治》，潘忠岐译，上海：上海人民出版社 2004 年版。

［美］汉斯·摩根索著：《国家间政治：权力斗争与和平》，徐昕等译，北京：北京大学出版社 1991 年版。

［美］戴维·霍罗威茨著：《美国冷战时期的外交政策：从雅尔塔到越南》，上海市“五·七”干校六连翻译组译，上海：上海人民出版社 1974 年版。

［美］弗朗西斯·福山著：《历史的终结及最后之人》，黄胜强等译，北京：中国社会科学出版社 2003 年版。

［美］理查德·哈特向著：《地理学的性质—当前地理学思想述评》，叶光庭译，北京：商务印书馆 1996 年版。

［美］理查德·哈特向著：《地理学性质的透视》，黎樵译，北京：商务印书馆 1983 年版。

［美］亨利·基辛格著：《大外交》，顾淑馨等译，海口：海南出版社 1998 年版。

［美］亨利·基辛格著：《选择的必要：美国外交政策的前景》，国际关系研究所编译室译，北京：商务印书馆 1972 年版。

［美］乔治·凯南著：《当前美国对外政策的现实：危险的阴云》，刘觉俦译，北京：商务印书馆 1980 年版。

［美］乔治·凯南著：《美国外交》，葵阳等译，北京：世界知识出版社 1989 年版。

［美］［美］保罗·肯尼迪编：《战争与和平的大战略》，时殷弘等译，北京：世界知识出版社 2005 年版。

［美］克里斯托弗·莱恩著：《和平的幻想：1940 年以来的美国大战略》，孙建中译，上海：上海人民出版社 2009 年版。

［美］孔华润主编：《剑桥美国对外关系史》，王琛等译，北京：新华出版社 2004 年版。

［美］雷蒙德·加特霍夫著：《冷战史：遏制与共存备忘录》，伍牛等译，北京：新华出版社 2003 年版。

［美］罗伯特·吉尔平著：《全球政治经济学——解读国际经济秩序》，苏长和等译，上海：上海人民出版社 2001 年版。

［美］唐纳德·怀特著：《美国的兴盛与衰落》，徐朝友等译，江苏人民出版社 2002 年版。

［美］唐纳德·米切尔著：《俄国与苏联海上力量史》，朱协译，北京：商务印书馆 1983 年版。

［美］威廉森·默里、［英］麦格雷戈·诺克斯、［美］阿尔文·伯恩斯坦著：《缔造战略：统治者、国家与战争》，时殷弘等译，北京：世界知识出版社 2004 年版。

［美］尼古拉斯·斯皮克曼著：《和平地理学》，刘愈之译，北京：商务印书馆 2004 年版。

［美］塞缪尔·亨廷顿著：《文明的冲突与世界秩序的重建》，周琪等译，北京：新华出版社 1998 年版。

［美］伊曼纽尔·沃勒斯坦著：《现代世界体系》，罗荣渠等译，北京：高等教育出版社 1998 年版。

［美］伊曼努尔·华勒斯坦等著：《自由主义的终结》，郝名玮等译，北京：社会文献出版社 2002 年版。

［美］伊曼努尔·华勒斯坦等著：《历史资本主义》，路爱国等译，北京：社会文献出版社 1999 年版。

［美］约翰·米尔斯海默著：《大国政治的悲剧》，王义桅等译，上海：上海人民出版社 2008 年版。

［美］兹比格纽·布热津斯基著：《大棋局：美国的首要地位及其地缘战略》，中国国际问题研究所译，上海：上海人民出版社 2006 年版。

［日］白石隆『海の帝国——アヅアをどぅ考えるか』、中

央公論社、2000年。

［日］富森睿儿著：《战后日本保守党史》，吴晓新等译，上海：上海译文出版社1984年版。

［日］高坂正堯『海洋国家日本の構想』、中央公論社、2008年。

［日］海空技术调查会『海洋国家日本の防卫』、原书房、昭和47年。

［日］麻田貞雄「歴史に及ぼしたマハンの影響」、『マハン海上權力論集』、岩波文庫、2010年。

［日］小牧実繁『日本地政学宣言』、弘文堂、1940年。

［日］中曾根康弘著：《新的保守理论》，金苏城等译，北京：世界知识出版社1984年版。

［日］中曾根康弘著：《21世纪日本的国家战略》，李寒梅等译，北京：社会科学文献出版社2000年版。

［苏］谢·格·戈尔什科夫著：《国家的海上威力》，济司译，北京：三联书店1977年版。

［印］贾瓦哈拉尔·尼赫鲁著：《印度的发现》，齐文译，北京：世界知识出版社1956年版。

［印］潘尼迦著：《印度和印度洋：略论海权对印度历史的影响》，德隆等译，北京：世界知识出版社1965年版。

［英］戴维·费尔霍尔著：《俄国觊觎海洋—对苏联海上力量扩张的研究》，上海市“五·七”干校六连翻译组译，上海：上海人民出版社1974年版。

［英］杰弗里·帕克著：《二十世纪的西方地理政治思想》，李亦鸣等译，北京：解放军出版社1992年版。

［英］杰弗里·帕克著：《地缘政治学：过去、现在和未来》，刘从德译，北京：新华出版社2003年版。

［英］麦金德著：《民主的理想与现实》，武原译，北京：商务印书馆1965年版。

［越］陈重金著：《越南通史》，戴可来译，北京：商务印书馆 1992 年版。

Acheson, Dean *Present at the Creation: My Years in the State Department*, New York: W. W. Norton, Inc., 1969.

Adhikari, Sudeepto, Akhouri Radha Krishna Sinha, and Mukul Kamle, "India's Changing Geopolitical Code: an Attempt at Analysis," *Geopolitics Quarterly*, Vol. 3, No. 4, 2008.

Agnew, John "Capitalism, Territory and 'Marxist Geopolitics'," *Geopolitics*, No. 16, Vol. 1, 2011.

Agnew, John *Geopolitics: Re-visioning World Politics*, London and New York: Routledge, 1998.

Agnew, John, Katharyne Mitchell and Gearóid Ó Tuathail, eds., *A Companion to Political Geography*, Malden: Blackwell Publishers Ltd, 2003.

Agnew, John, Matthew G. Hannah, Joanne Sharp, Peter J. Hugill, Lorraine Dowler and Gerry Kearns, "Reading Gerry Kearns' Geopolitics and Empire: The Legacy of Halford Mackinder," *Political Geography*, Vol. 30, No. 1, 2011.

Aizawa, Naoto and Christian W. Spang, "The Pivot Moves Eastward: Mackinder and the Okinawa Problem," *The Tsukuba Multilingual Forum*, Vol. 4, No. 1, 2011.

Akçali, Emel and Mehmet Perinçek, "Kemalist Eruasianism: An Emerging Geopolitical Discourse in Turkey," *Geopolitics*, Vol. 14, No. 3, 2009.

Alexaner, Lewis "The New Geopolitics: A Critique," *The Journal of Conflict Resolution*, Vol. 5, No. 4, 1961.

Antonsich, Marco "Geopolitica: The 'Geographical and Imperial Consciousness' of Fascist Italy," *Geopolitics*, Vol. 14, No. 2, 2009.

Aras, Bülent and Hakan Fidan, "Turkey and Eurasia: Frontiers of a New Geographic Imagination," *New Perspectives on Turkey*, Vol. 40, No. 1, 2009.

Aras, Bülent and Rabia Karakyapolat, "Turkey and the Middle East: Frontiers of the New Geographic Imagination", *Australian Journal of International Affairs*, Vol. 61, No. 4, 2007.

Bach, Jonathan and Susanne Peters, "The New Spirit of German Geopolitics", *Geopolitics*, Vol. 7, No. 3, 2002.

Bassin, Mark "Between Realism and the 'New Right': Geopolitics in Germany in the 1990s", *Transaction of the Institute of British Geographers*, Vol. 28, No. 3, 2003.

Bassin, Mark "Mackinder and the Heartland Theory in Post-Soviet Geopolitical Discourse", *Geopolitics*, Vol. 11, No. 1, 2006.

Bassin, Mark "Nature, Geopolitics and Marxism: Ecological Contestations in Weimar Germany," *Transactions of the Institute of British Geographers*, Vol. 21, No. 2, 1996.

Bassin, Mark "The Two Faces of Contemporary Geopolitics", *Progress in Human Geography*, Vol. 28, No. 5, 2004.

Bassin, Mark and Konstantin E. Aksenov, "Mackinder and the Heartland Theory in Post-Soviet Geopolitical Discourse," *Geopolitics*, Vol. 11, No. 1, 2006.

Bassin, Mrak "History and Philosophy of Geography," *Progress in Human Geography*, Vol. 21, No. 4, 1997.

Behnke, Andreas "The Politics of Geopolitik in Post-Cold War Germany," *Geopolitics*, Vol. 11, No. 3, 2006.

Berger, Mark T. "From Nation-Building to State-Building: the Geopolitics of Development, the Nation-State System and the Changing Global Order," *Third World Quarterly*, Vol. 27, No. 1, 2006.

Bilgin, Pinar "A Return to 'Civilisational Geopolitics' in the-Mediterranean? Changing Geopolitical Images of the European Union and Turkey in the Post-Cold War Era," *Geopolitics*, Vol. 9, No. 2, 2004.

Bisley, Nick "Geopolitical Shifts in Australia's Region Toward 2030," *Security Challenges*, Vol. 5, No. 1, 2009.

Bohr, Annette "Regionalism in Central Asia: New Geopolitics, Old Regional Order," *International Affairs*, Vol. 80, No. 3, 2004.

Brighi, Elisabetta "Europe, the USA and the 'Policy of the Pendulum': the Importance of Foreign Policy Paradigms in the Foreign Policy of Italy (1989 - 2005)," *Journal of Southern Europe and the Balkans*, Vol. 9, No. 2, 2007.

Brighi, Elisabetta "One Man Alone? A Longue Durée Approach to Italy's Foreign Policy under Berlusconi," *Government and Opposition*, Vol. 41, No. 2, 2006.

Brighi, Elisabetta and Fabio Petito, "The Renaissance of Geopolitics in Post-1989 Italy," *Geopolitics*, Vol. 16, No. 4, 2011.

Burke, Anthony "Questions of Community: Australian Identity and Asian Change," *Australian Journal of Political Science*, Vol. 45, No. 1, 2010.

Candar, Cangiz and Graham E. Fuller, "Grand Geopolitics for a New Turkey," *Mediterranean Quarterly*, Vol. 12, No. 1, 2001.

Carbone, Maurizio "Introduction: Italy in the International Arena: Between the EU and the US?" *Journal of Southern Europe and the Balkans*, Vol. 9, No. 2, 2007.

Carbone, Maurizio and Valter Coralluzzo, "The Politics of Italy's Foreign Policy in the Mediterranean," *Mediterranean Politics*, Vol. 14, No. 3, 2009.

Chatelet, F. ed. , *La Philosophie des Sciences Socials*, Paris: Hachette-Litterature, 1973.

Chaturved, Sanjay "Common Security? Geopolitics, Development, South Asia and the Indian Ocean," *Third World Quarterly*, Vol. 19, No. 4, 1998.

Chernayavskii, Sergei "The Era of Gorshkov: Triumph and Contradictions," *The Journal of Strategic Studies*, Vol. 28, No. 2, 2005.

Clover, Charles "Dreams of the Eurasian Heartland: the Re-emergence of Geopolitics," *Foreign Affairs*, Vol. 78, No. 2, 1999.

Colás, Alejandro "Open Doors and Closed Frontiers: The Limits of American Empire," *European Journal of International Relations*, Vol. 14, No. 4, 2008.

Colás, Alejandro and Gonzalo Pozo, "The Value of Territory: Towards a Marxist Geopolitics," *Geopolitics*, Vol. 16, No. 1, 2011.

Collin, Koh Swee Lean "ASEAN Perspectives on Naval Cooperationwith India: Singapore and Vietnam," *India Review*, Vol. 12, No. 3, 2013.

Costachie, Silviu "German School of Geopolitics: Evolution, Ideas, Prospects," *Revista Română de Geografie Politică*, Vol. 13, No. 2, 2011.

Cowen, Deborah and Neil Smith "After Geopolitics? From the Geopolitical Social to Geoeconomics," *Antipode*, Vol. 41, No. 1, 2009.

Croci, Osvaldo "Italian Foreign Policy after the End of the Cold War: the Issue of Continuity and Change in Italian-US Relations," *Journal of Southern Europe and the Balkans*, Vol. 9, No. 2, 2007.

Dalby, Simon "Imperialism, Domination, Culture: The Continued Relevance of Critical Geopolitics," *Geopolitics*, Vol. 13,

No. 3, 2008.

Danspeckgruber, Wolfgang F. ed., *Perspective on the Russian State in Transition*, Princeton: LISD, 2006.

Dawson, Andrew H. and Rick Fawn, eds., *The Changing Geopolitics of Eastern Europe*, London: Frank Cass Publishers, 2003.

Ddds, Klaus "Political Geography Ⅲ: Critical Geopolitics after Ten Years," *Progress in Human Geography*, Vol. 25, No. 3, 2001.

Derhachov, Oleksandr ed., *Ukrainian Statehood in the Twentieth Century: History and Political Analysis*, Kyiv: Political Thought, 1996.

Dibb, Paul "Australia's Alliance with America," *Melbourne Asia Policy Papers*, Vol. 1, No. 1, 2003.

Dijkink, Gertjan "Geopolitics as a Social Movement?" *Geopolitics*, Vol. 9, No. 2, 2004.

Dodds, Klaus and David Atkinson, eds., *Geopolitical Traditions: A Century of Geopolitical Thought*, London and New York: Routledge, 2000.

Dodds, Klaus and James D. Sidaway, "Halford Mackinder and the 'Geographical Pivot of History': A Centennial Retrospective," *The Geographical Journal*, Vol. 170, No. 4, 2004.

Dodds, Klaus *Geopolitics: A Very Short Introduction*, New York: Oxford University Press Inc., 2007.

Drulák, Petr "Between Geopolitics and Anti-Geopolitics: Czech Political Thought", *Geopolitics*, Vol. 11, No. 3, 2006.

Edwards, Lindy "The Importance of Ideology in Australian Political History," *Policy*, Vol. 28, No. 4, 2012.

Elden, S. and N. Smith, eds., *State, Space, World: Selected Essays*, Minnesota: Minnesota University Press, 2012.

Emmers, Ralf *Geopolitics and Maritime Territorial Disputes in East Asia*, London: Routledge, 2010.

Emmers, Ralf "Regional Hegemonies and the Exercise of Power in Southeast Asia: A Study of Indonesia and Vietnam," *Asian Survey*, Vol. 45, No. 4, 2005.

Erşen, Emre "The Evolution of 'Eurasia' as a Geopolitical Concept in Post - Cold War Turkey," *Geopolitics*, Vol. 18, No. 1, 2013.

Farinelli, Franco "Friedrich Ratzel and the Nature of (Political) Geography," *Political Geography*, Vol. 19, No. 8, 2000.

Grare, Frédéric and Amitabh Mattoo, eds., *India and ASEAN: the Politics of India's Look East Policy*, New Delhi: Manohar Publisher, 2001.

Gregory, Derek and John Urry, eds., *Social Relations and Spatial Structures*, London: MacMillan, 1985.

Grinter, Lawrence E. "Vietnam's Security Challenges: Dilemmas of Reform Communism," *Southeast Review of Asian Studies*, Vol. 29, No. 1, 2007.

Guzzini, Stefano "Marxist Geopolitics: Still a Missed Rendez-Vous?" *Geopolitics*, No. 16, Vol. 1, 2011.

Guzzini, Stefano ed., *The Return of Geopolitics in Europe? Social Mechanisms and Foreign Policy Identity Crises*, New York: Cambridge University Press, 2012.

Halloran, Richard "Book Review: Securing Japan: Tokyo's Grand Strategy and the Future of East Asia," *Parameters*, Vol. 38, No. 3, 2008.

Haran, Olexiy "Between Russia and the West: Prospects for Ukrainian Foreign Policy Choices," *Journal of Strategic Studies*, Vol. 21, No. 4, 1998.

Harvey, David "The Spatial Fix: Hegel, von Thunen and Marx," *Antipode: A Radical Journal of Geography*, Vol. 13, No. 3, 1981.

Harvey, M. E. and B. P. Holly, eds., *Themes in Geographic Thought*, London: Croom Helm, 1981.

Hosoya, Yuichi "The Rise and Fall of Japan's Grand Strategy: The 'Arc of Freedom and Prosperity' and the Future Asian Order," *Asia-Pacific Review*, Vol. 18, No. 1, 2011.

Işeri, Emre "The US Grand Strategy and the Eurasian Heartland in the Twenty-First Century," *Geopolitics*, Vol. 14, No. 1, 2009.

Iwashita, Akihiro "An Invitation to Japan's Borderlands: At the Geopolitical Edge of the Eurasian Continent," *Journal of Borderlands Studies*, Vol. 26, No. 3, 2011.

Johnston, R. J. and P. J. Taylor, eds., *A World in Crisis?: Geographical Perspectives*, Cambridge: Basil Blackwell Inc., 1989.

Johnston, Ronald J. "Marxist Political Economy, the State and Political Geography," *Progress in Human Geography*, Vol. 8, No. 1, 1984.

Kalam, A. P. J. Abdul and Arun Tiwari, *Wings of Fire: An Auto-biography*, Hyderabad: Universities Press, 1999.

Kalis, Naseer Ahmed and Shaheen Showkat Dar, "Geo-political Significance of Kashmir: An overview of Indo-Pak Relations," *Journal of Humanities and Social Science*, Vol. 9, No. 2, 2013.

Kannan, George "The Sources of Soviet Conduct", *Foreign Affairs*, Vol. 25, No. 4, 1947.

Kersten, Rikki "Japanese Security Policy Formation: Assessing the Koizumi Revolution," *Australian Journal of International Affairs*, Vol. 65, No. 1, 2011.

Khrestin, Igor "Constructing a Common Ukrainian Identity: An

Empirical Study," *Journal of Undergraduate Research*, Vol. 7, No. 1, 2002.

Khudoley, Konstantin and Thomas J. Volgy, eds., *Reflecting on a Wider Europe and Beyond: Norms, Rights and Interests*, Saint Petersburg: Saint Petersburg State University Press, 2007.

Kiniklioğlu, Suat and Valeriy Morkva, "An Anatomy of Turkish-Russian Relations," *Southeast European and Black Sea Studies*, Vol. 7, No. 4, 2007.

Klinke, Ian "Geopolitics in Germany: the Return of the Living Dead?" *Geopolitics*, Vol. 16, No. 3, 2011.

Kolossov, Vladimir "High and Low Geopolitics: Images of Foreign Countries in the Eyes of Russian Citizens," *Geopolitics*, Vol. 8, No. 1, 2003.

Komori, Y. and T. Takahashi, eds., *Over the National History*, Tokyo: The University of Tokyo Press, 1998.

Kosebalaban, Hasan "Turkey's EU Membership: A Clash of Security Cultures," *Middle East Policy*, Vol. 9, No. 2, 2002.

Krejčí, Oskar *Geopolitics of the Central European Region: the View from Prague and Bratislava*, Bratislava: Veda, 2005.

Krishna, Sankaran "Cartographic Anxiety: Mapping the Body Politic in India," *Alternatives*, Vol. 19, No. 4, 1994.

Kubyshkin, Aleksandr and Aleksandr Sergunin, "The Problem of the 'Special Path' in Russian Foreign Policy (From the 1990s to the Early Twenty-First Century)," *Russian Politics and Law*, Vol. 50, No. 6, 2012.

Lacoste, Yves "An Illustration of Geographical Warfare: Bombing of the Dikes on the Red River, North Vietnam," *Antipode*, Vol. 5, No. 2, 1973.

Lacoste, Yves "Geography and Foreign Policy," *SAIS Review*,

No. 4, Vol. 2, 1984.

Ladwig III, Walter C. "Delhi's Pacific Ambition: Naval Power, 'Look East,' and India's Emerging Influence in the Asia-Pacific," *Asian Security*, Vol. 5, No. 2, 2009.

Lankowski, Michael "America's Asian Alliances in a Changing World," *Australian Journal of International Affairs*, Vol. 57, No. 1, 2003.

Larrabee, R. Stephen "Russia, Ukraine, and Central Europe: the Return of Geopolitics," *Journal of International Affairs*, Vol. 63, No. 2, 2010.

Laruelle, Marlène "The Two Faces of Contemporary Eurasianism: An Imperial Version of Russian Nationalism," *Nationalities Papers*, Vol. 32, No. 1, 2004.

Le, Hong Hiep "Vietnam's Hedging Strategy against China since Normalization," *Contemporary Southeast Asia*, Vol. 35, No. 3, 2013.

Le, Hong Hiep "Vietnam's Strategic Trajectory: From Internal Development to External Engagement," *Strategic Insights*, Canberra: The Australian Strategic Policy Institute Limited, 2012.

Lee, John "Australia's 2015 Defence White Paper: Seeking Strategic Opportunities in Southeast Asia to Help Manage China's Peaceful Rise," *Contemporary Southeast Asia*, Vol. 35, No. 3, 2013.

Lévy, Jacques "Geopolitics after Geopolitics: A French Experience," *Geopolitics*, Vol. 5, No. 3, 2000.

Lévy, Jacques ed., *From Geopolitics to Global Politics: A French Connection*, London: Frank Cass Publishers, 2001.

Li, Li "India's Security Concept and its China Policy in the Post-Cold War Era," *Chinese Journal of International Politics*, Vol.

2, No. 2, 2008.

Lindeman, Nicholas *Japan Threat: Australia and New Zealand in the Coming World Crisis*, Armidale: N. Lindeman, 1976.

Lowe, C. J. and F. Marzari, *Italian Foreign Policy, 1870 - 1940*, London: Routledge, 1975.

Lucy, Richard ed., *The Pieces of Politics*, Melbourne: Macmillan, 1983.

Luong, Van Ke "The Geopolitical Paradigms in Motion and Vietnam's Choice after Cold War," *Social Sciences Information Review*, Vol. 17, No. 2, 2013.

Luttwak, Edward *The Rise of China vs. the Logic of Strategy*, London: The Belknap Press of Harvard University Press, 2012.

Macintyre, Stuart *A Concise History of Australia*, Cambridge: Cambridge University Press, 2009.

Mackinder, H. J. "The Geographical Pivot of History," *The Geographical Journal*, Vol. 170, No. 4, 2004.

Manicom, James "Japan's Ocean Policy: Still the Reactive State?" *Pacific Affairs*, Vol. 83, No. 2, 2010.

Manicom, James and Andrew O' Neil, "Accommodation, Realignment, or Business as usual? Australia's Response to a Rising China," *The Pacific Review*, Vol. 23, No. 1, 2010.

McDougall, Derek "Australian Strategies in Response to China's Rise," *Asian Survey*, Vol. 54, No. 2, 2014.

McDougall, Derek "Foreign Policy and International Relations: From an Australian Perspective," *Australian Journal of Political Science*, Vol. 45, No. 2, 2010.

Miller, Eric A. "The Changing Face of Eurasia: Russian and Ukrainian Foreign Policy in Transition," *Comparative Strategy*, Vol. 22, No. 4, 2003.

Misra, Raj Narain *Indian Ocean and India's Security*, Delhi: Mittal Publications, 1986.

Missiroli, Antonio "Italy's Security and Defence Policy: between EU and US, or just Prodi and Berlusconi?" *Journal of Southern Europe and the Balkans*, Vol. 9, No. 2, 2007.

Morozova, Natalia "Geopolitics, Eurasianism and Russian Foreign Policy Under Putin," *Geopolitics*, Vol. 14, No. 4, 2009.

Murphy, David T. *The Heroic Earth: Geopolitical Thought in Weimar Germany 1918 – 1933*, London: Kent State University Press, 1997.

Nayar, Baldev Raj and T. V. Paul, *India in the World Order: Searching for Major Power Status*, Cambridge: Cambridge University Press, 2003.

Netzahualcoyotzi, Raul and Aurora Furlong, "Geopolitics andEurasia," *Suma de Negocios*, Vol. 3, No3, 2012.

Nguyen, Hong Thao "Vietnam's Position on the Sovereignty over the Paracels & the Spratlys: Its Maritime Claims," *Journal of East Asia & International Law*, Vol. 5, No. 1, 2012.

Nguyen, Huu Quyet*Vietnam's ASEAN Strategic Objectives since the 1986 DOI MOI Reform*, Tokyo: National Graduate Institute for Policy Studies, 2013.

Nikulin, Vyacheslav and Nataliya Selyutina, "Geopolitical Orientations of Ukrainian Political Elites and the Electoral Campaign of 2006," *Perspectives on European Politics and Society*, Vol. 8, No. 4, 2007.

O'Loughlin, John and Paul F. Talbot, "Where in the World is Russia? Geopolitical Perceptions and Preferences of Ordinary Russians," *Eurasian Geography and Economics*, Vol. 46, No. 1, 2005.

Oleshko, Olesia "In Search of Ukraine's Identity," *The New Presence*, *Vol.* 12, No. 3, 2009.

Pagnini, M., V. Kolossov and M. Antonsich, eds., *Europe between Political Geography and Geopolitics*, *Vol.* Ⅱ, Rome: Societa Geografica Italiana, 2001.

Palmer, Alan *The Lands Between: A History of East-Central Europe since the Congress of Vienna*, London: Weidenfeld and Nicolson, 1970.

Parker, Geoffrey "Ratzel, the French School and the Birth of Alternative Geopolitics," Political *Geography*, Vol. 19, No. 8, 2000.

Pham, Quang Minh "The East Asia Security Environment in the Beginning of the Twenty-first Century and the Adjustments in Vietnamese Foreign Policy," *Asia-Pacific Review*, Vol. 18, No. 1, 2011.

Poulton, Hugh *Wolf and Crescent: Turkish Nationalism and the Turkish Republic*, New York: New York University Press, 1997.

Profant, Tomáš "French Geopolitics in Africa: From Neocolonialism to Identity," *Perspectives*, Vol. 18, No. 1, 2010.

Reilly, Benjamin "Australia as a Southern Hemisphere power," *Strategic Insights*, Canberra: Australian Strategic Policy Institute, 2013.

Reuber, Paul and Günter Wolkersdorfer "The Transformation of Europe and the German Contribution: Critical Geopolitics and Geopolitical Representations", *Geopolitics*, Vol. 7, No. 3, 2002.

Roy, Denny "Southeast Asia and China: Balancing or Bandwagoning?" *Contemporary Southeast Asia*, Vol. 27, No. 2, 2005.

Rozov, N. S. "Geopolitics, Geoeconomics, and Geoculture: The Interrelation of Dynamic Spheres in the History of Russia," *Russian Social Science Review*, Vol. 53, No. 6, 2012.

Rudnitsky, Stephen *Ukraine, the Land and Its People: an Introduction to Its Geography*, New York: Rand McNally, 1918.

Sastri, S. Srikanta *Geopolitics of India and Greater India: Study of Pre-war and Post-war Indian Geopolitics*, Bangalore: Madhu's Printers & Publishers, 1989.

Schulman, Alex "Testing Ideology Against Neorealism in Hitler's Drive to the East," *Comparative Strategy*, Vol. 25, No. 1, 2006.

Scott, David "India's 'Grand Strategy' for the Indian Ocean: Mahanian Visions," *Asia-Pacific Review*, Vol. 13, No. 2, 2006.

Scott, David "The Great Power 'Great Game' between India and China: 'The Logic of Geography'," *Geopolitics*, Vol. 13, No. 1, 2008.

Scott, David "US Strategy in the Pacific: Geopolitical Positioning for the Twenty-First Century," *Geopolitics*, Vol. 17, No. 3, 2012.

Sengupta, Anita *Heartlands of Eurasia: The Geopolitics of Political Space*, Lanham: The Rowman & Littlefield Publishing Group, Inc., 2009.

Sherry, Michael S. *In the Shadow of War: The United States since the 1930s*, New Haven: Yale University Press, 1995.

Singh, Anil *India's Security Concerns in the Indian Ocean Region*, New Delhi: Har-Anand Publications, 2003.

Singh, Bhubhindar "Japan's Security Policy: From a Peace State to an International State," *The Pacific Review*, Vol. 21, No. 3, 2008.

Sloan, Geoff "Classical Geopolitical Theory, Does it still Matter?" *Journal of Global Competitiveness*, Vol. 13, No. 1, 2005.

Smith, Denis M. *Italy: A Modern History*, Ann Arbor:

University of Michigan Press, 1959.

Smith, Graham "The Masks of Proteus: Russia, Geopolitical Shift and the New Eurasianism," *Transactions of Institute of British Geographers*, Vol. 24, No. 4, 1999.

Solovyev, Eduard G. "Geopolitics in Russia: Science or Vocation?" *Communist and Post-Communist Studies*, Vol. 37, No. 1, 2004.

Spillmann, Kurt R., Andreas Wenger and Derek Müller, eds., *Between Russia and the West: Foreign and Security Policy of Independent Ukraine*, New York: Peter Lang, 1999.

Stephensen, Percy R. *The Foundations of Culture in Australia: An Essay towards National Self-Respect*, Sydney: Allen & Unwin, 1986.

Takashi, Yamazaki, Takagi Akihiko, Kitagawa Shinya and Kagawa Yuichi, "Reemerging Political Geography in Japan," *Japanese Journal of Human Geography*, Vol. 64, No. 6, 2012.

Tanham, George et al., eds., *Securing India: Strategic Thought and Practice in an Emerging Power*, New Delhi: Manohar, 1996.

Tanham, George K. *Indian Strategic Thought: An Interpretive Essay*, Santa Monica: Rand, 1992.

Tank, Pinar "Dressing for the Occasion: Reconstructing Turkey's Identity?" *Southeast European and Black Sea Studies*, Vol. 6, No. 4, 2006.

Thayer, Carlyle A. "The Tyranny of Geography: Vietnamese Strategies to Constrain China in the South China Sea," *Contemporary Southeast Asia*, Vol. 33, No. 3, 2011.

Taylor, Peter J. *Political Geography: World Economy, Nation-State and Locality*, London and New York: Longman, 1985.

Tonnesson, Stein "Vietnam's Objective in the South China Sea: National or Regional Security?" *Contemporary Southeast Asia: A Journal of International & Strategic Affairs*, Vol. 22, No. 1, 2000.

Tripodi, Paolo "A Half-century of Italian Foreign Policy," *Contemporary Review*, Vol. 269, No. 1, 1996.

Tuathail, Gearóid Ó "The Critical Reading/Writing of Geopolitics: Re-Reading/Writing Wittfogel, Bowman and Lacoste," *Progress in Human Geography*, Vol. 18, No. 3, 1994.

Tuathail, Gearóid Ó and John Agnew, "Geopolitics and Discourse: Practical Reasoning in American Foreign Policy," *Political Geography*, Vol. 11, No. 2, 1992.

Tuathail, Gearóid Ó and Simon Dalby, eds., *Rethinking Geopolitics*, London: Routledge, 1998.

Tuathail, Gearóid Ó *Critical Geopolitics: The Politics of Writing Global Space*, London: Routledge, 1996.

Tuathail, Gearóid Ó, Simon Dalby and Paul Routledge, eds., *The Geopolitics Reader*, London: Routledge, 1998.

Ungerer, Carl "The 'Middle Power' Concept in Australian Foreign Policy," *Australian Journal of Politics and History*, Vol. 53, No. 4, 2007.

Vaughn, Bruce R. "Australia's Strategic Identity—Post-September 11 in Context: Implications for the War Against Terror in Southeast Asia," *Contemporary Southeast Asia*, Vol. 26, No. 1, 2004.

Vego, Milan N. "Russian and the Return of Geopolitcs," *JFQ*, Vol. 45, No. 2, 2007.

Walton, C. Dale "Beyond China: The Geopolitics of Eastern Eurasia," *Comparative Strategy*, Vol. 21, No. 3, 2002.

Weigert, Hans W. *Generals and Geographers: the Twilight of Geopolitics*, New York: Oxford University Press, 1942.

Wesley, Michael "The Rich Tradition of Australian Realism," *Australian Journal of Politics and History*, Vol. 55, No. 3, 2009.

White, Hugh "Power Shift: Rethinking Australia's Place in the Asian Century," *Australian Journal of International Affairs*, Vol. 65, No. 1, 2011.

White, Hugh "The Limits to Optimism: Australia and the Rise of China," *Australian Journal of International Affairs*, Vol. 59, No. 4, 2005.

Wittfogel, Karl A. "Geopolitics, Geographical Materialism and Marxism," *Antipode: A Radical Journal of Geography*, Vol. 17, No. 1, 1985.

Wusten, Herman Van Der and Gertjan Dijkink, "German, British and French Geopolitics: The Enduring Differences," *Geopolitics*, Vol. 7, No. 3, 2002.

Yanik, Lerna K. "The Metamorphosis of Metaphors of Vision: 'Bridging' Turkey's Location, Role and Identity after the End of the Cold War," *Geopolitics*, Vol. 14, No. 3, 1999.

Yoshihara, Toshi and James R. Holmes "Japan's Emerging Maritime Strategy: Out of Sync or Out of Reach?" *Comparative Strategy*, Vol. 27, No. 1, 2008.

后　记

地缘政治研究并不是一项特别精细的科学，它在概念界定上的简约直观、方法论上的粗线条甚至相当程度的不严谨，实际上早已饱受学界诟病。但在一个世纪之后，我们依然需要向拉采尔、麦金德、马汉等学术先辈致以足够的敬意。身处于那个异常动荡、前途难料的时局当中，彼等集中关注国际政治演进中的“变”与“不变”，以其宏大叙事，力图为笼罩在重重迷雾当中的同胞指出一条摆脱恐惧、振衣前行的道路。正是从这个意义上讲，地缘政治从来不仅仅是对全球性或者地区性政治地理的简单描述，它更应当是一种“君王的地理”（geography of prince）。而一个杰出的地缘政治学家所肩负的责任，也必须如克劳塞维茨所指出的那样，“一是在这种茫茫的黑暗中仍能发出内在的微光以照亮真理的智力，二是敢于跟随这种微光前进的勇气”。

本书是国家社科基金课题青年项目“冷战后世界各国地缘政治思想的发展、特色及国际政治意义研究”的最终成果。自2012年6月立项以来，这个课题的研究工作就得到了解放军国际关系学院首长和机关的关心和鼓励。感谢中国人民大学时殷弘教授在百忙当中颀然提笔为这本小书作序。近二十年前，正是时先生对我的研究生课程论文《技术因素对地缘政治理论的影响》的赞赏和激励，不断给予我深究既定议题的信心和勇气。在课题研究过程中，我还得到了军事科学院袁扬研究员、董鸿宾研究员，海军指挥学院庄从勇教授、段廷志教授，解放军国际关系学院薛兴国教授、刘强教授、宋德星教授，上海国际问题研究院张春研究员的指导和帮助，你们治学之严谨、造诣之精深，令我受益良多。

本书的撰写，同样引发了我的父亲和岳父的极大兴趣，两位搏击于激荡年代的老者在其古稀之年依然以极大的热情关注着中国及所处世界的演化大道。感谢我的母亲、岳母和爱妻对我生活的悉心照料。儿子葛祺骏今年已是第一个本命年，你的欢笑始终是我学海枯舟的休憩港湾，唯愿岁月静好，时光安然……

葛汉文

2016 年元月于南京板桥